21世纪应用型本科金融系列规划教材

公司金融

（第四版）

朴哲范　陈荣达　主编

东北财经大学出版社
Dongbei University of Finance & Economics Press

大　连

图书在版编目（CIP）数据

公司金融/朴哲范，陈荣达主编. —4版. —大连：东北财经大学出版社，2022.12（2025.1重印）

（21世纪应用型本科金融系列规划教材）

ISBN 978-7-5654-4662-7

Ⅰ.公… Ⅱ.①朴… ②陈… Ⅲ.公司–金融学–高等学校–教材 Ⅳ.F276.6

中国版本图书馆CIP数据核字（2022）第197911号

东北财经大学出版社出版

（大连市黑石礁尖山街217号 邮政编码 116025）

网 址：http://www.dufep.cn

读者信箱：dufep@dufe.edu.cn

大连日升彩色印刷有限公司印刷 东北财经大学出版社发行

幅面尺寸：185mm×260mm 字数：405千字 印张：18

2022年12月第4版 2025年1月第3次印刷

责任编辑：孙晓梅 责任校对：肖 眉

封面设计：张智波 版式设计：原 皓

定价：55.00元

教学支持 售后服务 联系电话：（0411）84710309

版权所有 侵权必究 举报电话：（0411）84710523

如有印装质量问题，请联系营销部：（0411）84710711

第四版前言

党的二十大报告首次提出"加强教材建设和管理",将教材建设作为深化教育领域综合改革的重要环节。这一系列重要部署既凸显了教材工作在党和国家事业发展全局中的重要地位,也为新时代教材建设和管理提供了根本遵循。

"公司金融"是高等院校金融学专业的必修课程。最近 30 多年,在罗斯(Stephen A. Ross)等合著的《公司理财》(Corporate Finance)、布雷利(Richard A. Brealey)等合著的《公司财务原理》(Principles of Corporate Finance)、科普兰(Thomos E. Copeland)等合著的《财务理论和公司政策》(Financial Theory and Corporate Policy)等一些著名教材和专著的影响下,公司金融学理论体系不断规范和完善。"公司金融"是一门主要研究与公司制企业(corporation)金融(或财务)相关的经营活动的学科,主要包括资本结构(capital structure)、股利策略(dividend policy)、兼并与收购(mergers and acquisitions)、公司治理(corporate governance)和投资银行业务过程(investment banking process)等内容。如何在本科教学要求和计划课时内,让学生了解和掌握公司金融学的理论框架、研究方法并加以应用,一直困扰着"公司金融"课程的授课教师。与此同时,在"新文科"背景下的课程改革是当前我国高校本科教育改革的重要方面,以"金课"建设为突破口是高校本科教育培养新时代创新型人才的重要选择。目前金融学专业也面临课程设置改革,一方面,增加更为实用的、与实践紧密联系的课程为学生所期盼;另一方面,缺乏"两性一度"(高阶性、创新性及挑战度)的教学内容、教育质量不高等问题为教师所苦恼。鉴于此,在本书已成为"浙江省普通高校'十二五'优秀教材"和"浙江省普通本科高校'十四五'重点立项建设教材"的基础上,编者紧紧围绕立德树人根本任务,在查阅国内外大量相关资料的基础上,结合新时代背景下高等院校金融学专业本科教学要求和教学计划,对本书进行了再次修订。在本次修订过程中,编者结合我国金融学专业的教学实践,突出内容的实用性和应用性,使信息技术与本书内容深度融合,使专业知识与课程思政相结合,按照公司金融理论基础、资本结构理论、公司金融风险控制、股利策略和兼并与收购等内容设计了本书的框架。本次修订,突出了以下几个特点:

(1)通过系统掌握公司金融理论及应用,培养学生运用公司金融理论分析、解决公司金融实践问题的能力,注重科学思维方法训练和科学精神培养,帮助学生培养职业精神、树立良好的职业道德。

（2）在内容组织上，本书既考虑到作为教材的完整性与通用性，又突出了新时代对高级金融人才培养的要求，包括基于财务报表的公司经营绩效分析、基于投资学的公司投资项目收益与风险分析、资本结构理论、公司财务风险控制、股利策略、兼并与收购等，每章都设置了"思政小课堂"，还在第1章、第7章和第16章设置了"思政案例"。本书内容既可满足高校金融学、会计学及其他经济管理类专业的本科教学需要，又可为备考特许金融分析师（Chartered Financial Analyst，CFA）、金融分析师（Financial Risk Management，FRM）的考生及相关专业的研究生提供参考。

（3）侧重从学生学习和掌握知识的角度来编写。本书作为金融学专业的本科教材，为了便于学生掌握，通过新形态教材编写思路，使电子版和纸质版相结合，在对公司金融学知识进行全面、系统介绍的同时，在写法上尽量做到言简意赅、深入浅出，在内容安排上尽量做到由浅入深。

（4）在编写思路上，突出实用性。本书每章都有针对性地设置了例题、图表，有的章后还设置了附录（二维码），这些都有利于读者对本书内容的理解和对经济现象的解读。每章结尾都设计了种类多样的习题，包括不同难度的计算题，还有即测即评，便于读者检验知识掌握、应用的程度。本书还配有习题参考答案、案例使用说明和案例数据库、电子课件，任课教师可登录东北财经大学出版社网站（www.dufep.cn）查询和下载。

本书是浙江财经大学金融学院众多一线教师多年来教学实践的成果，是在参阅大量文献的基础上对公司金融学领域的总结和升华。本书除了适用于高等院校金融学、会计学及其他经济管理类专业的教与学，对从事上市公司经营业务的相关人员也有一定的参考价值。

本书由朴哲范、陈荣达主编，朴哲范负责总体框架的设计、写作大纲的编写以及全书的修改、统稿和定稿。具体分工如下：朴哲范教授编写第一篇、第三篇、第四篇和附录，陈荣达教授编写第二篇的第4章、第6章和第7章，何梦薇、罗媛、陈勇编写第二篇的第5章，朴哲范和何梦薇编写思政小课堂，张乐、何梦薇、柏杨和邹静编写第二篇、第三篇和第四篇的习题，何梦薇、柏杨、邹静、易雨旸、肖赵华、郑子涵和吴云等参与校对工作。

本书在编写和修订过程中参考了大量的国内外文献资料，在此一并向有关作者表示衷心的感谢。由于时间紧迫，书中难免有不足、疏漏之处，恳请各位专家和读者不吝赐教。

编　者

2022年10月

（2024年1月修改）

目　录

第二篇　投资决策管理

第一篇 公司金融导论与基础

第 1 章 公司金融的基本范畴

第 2 章 企业财务分析与财务计划

第 3 章 货币的时间价值

第1章

公司金融的基本范畴

本章要点 ✔ --●

本章主要介绍公司金融的基本范畴，主要包括什么是公司金融、公司金融的研究对象、公司金融的研究内容、公司金融的目标等。

1.1 什么是公司金融

公司金融（corporate finance）又称公司财务管理、公司理财等，主要研究一家公司的融资和投资决策问题，它是金融学的分支学科，用于考查公司如何有效地利用各种融资渠道，获得最低成本的资金来源，并形成合适的资本结构，还包括企业投资、利润分配、运营资金管理及财务分析等方面。例如，当你决定创办一家生产皮鞋的公司时，你将雇用一位经理，购买原材料，并招募一批生产和销售皮鞋的员工。用公司金融的语言来说，你在存货、机器、土地和劳动力方面进行了投资。你投入在这些资产上的现金等于你筹集的资金。当你开始销售皮鞋的时候，你的公司将获得现金。这是创造价值的过程。

不仅如此，它还涉及现代公司制度中的一些深层次的问题，如委托-代理结构的金融安排等。一般来说，公司金融学会利用各种分析工具来管理公司的财务，例如，使用贴现法来为投资计划价值进行评估，使用决策树分析法来了解投资及营运的弹性。

1.1.1 公司资产负债表模型

图1-1是公司资产负债表的概念图解，它从财务角度展示了公司及其经营活动，可以帮助我们进一步了解公司金融。

资产负债表（balance sheet）的左边是公司的资产，这些资产可以划分为流动资产和固定资产两种类型。固定资产（fixed assets）又称为非流动资产，是指那些持续时间较长的资产，包括有形固定资产和无形固定资产；流动资产（current assets）是指持续时间较短的资产，如存货（inventory）。公司筹集资金的方式反映在资产负债表的右边。公司一般通过借款和发行股票来筹资，分为负债和所有者权益。负债（liabilities）可以分为短期负债和长期负债。短期负债（short-term liabilities）也称为流动负债，指一年内必须偿还的贷款和债务；长期负债（long-term liabilities）是指不必在一年内偿还的债务。所有者权益（owners' equity）又称为股东权益（stockholders' equity），等于公司的资产价值与负债之间的差额，是股东对企业资产的剩余索取权。

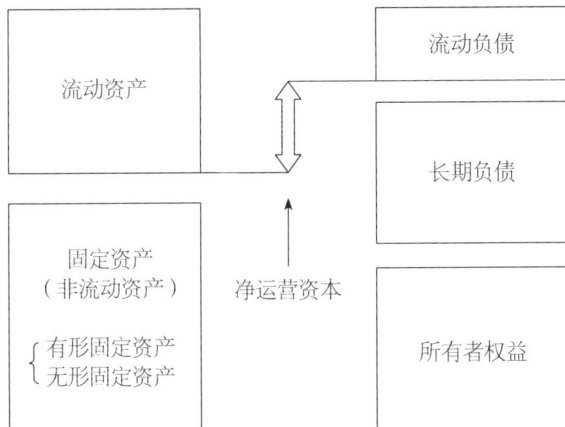

图1-1　公司资产负债表图示

资产负债表相当于医院给患者开出的一张 X 光片，它反映企业在某一时刻所拥有全部资产和与之相对应的全部要求权。资产负债表所表达的基本关系实质上就是整个会计的基础，其基本的会计方程式是：

资产=负债+所有者权益

1.1.2　财务经理

在公司中，公司金融活动通常与公司高层管理者有关。图 1-2 描绘了公司的组织结构，并突出其财务活动。财务总监（Chief Finance Officer，CFO）负责向总经理述职，下设财务经理、投资经理和审计部经理。

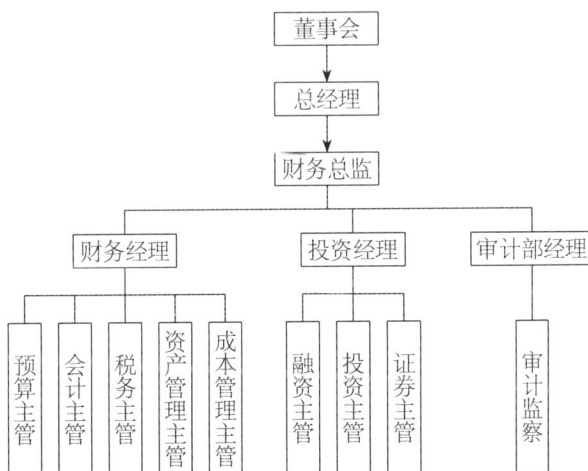

图1-2　公司组织结构

1.2 公司金融的研究对象

公司金融主要研究企业的融资、投资、收益分配以及与之相关的问题。一般而言，企业的财务管理或理财是以现金收支为主的企业资金收支活动的总称，是在企业的会计信息基础上进行管理的，而公司金融的研究对象则更广泛。

一是它不再局限于企业内部，因为现代公司的生存和发展都离不开金融系统，所以必须注重研究企业与金融系统之间的关系，以综合运用各种形式的金融工具与方法，进行风险管理和价值创造。这是现代公司金融的一个突出特点。

二是就企业内部而言，公司金融的研究对象也比财务管理或理财要广，公司金融还涉及与公司融资、投资以及收益分配有关的公司治理结构方面的非财务性内容。

1.3 公司金融的研究内容

公司的基本活动是从资本市场上筹集资金，投资于生产性经营资产，并运用这些资产进行生产经营活动。因此，公司的基本活动可以分为投资、筹资、营运资本管理三个方面。投资（investment）主要涉及资产负债表的左方下半部分的项目，这些项目的类型和比例往往因公司所处行业不同而有差异；筹资（financing）主要涉及资产负债表的右方下半部分的项目，这些项目的类型和比例往往因企业组织的类型不同而有差异；营运资本管理（working capital management）主要涉及资产负债表的上半部分的项目，这些项目的类型和比例与组织及行业都有关。这三部分内容是相互联系、相互制约的，其最终目的都是增加企业价值。从财务管理的角度来看，投资可以分为长期投资（long-term investment）和短期投资（short-term investment），筹资也可以分为长期筹资（long-term loans）和短期筹资（short-term loans）。由此，财务管理的内容可以分为五个部分：长期投资、短期投资、长期筹资、短期筹资和营业现金流管理。短期投资、短期筹资和营业现金流管理有密切关系，把它们合并在一起称为营运资本管理或短期财务管理。

1.4 公司金融的目标

公司金融的目标取决于企业的目标，企业的目标是营利。营利不但体现了企业的出发点和归宿，而且可以概括其他目标的实现程度，并有助于其他目标的实现。公司金融的目标也就是企业的目标，主要有四种观点：①利润最大化；②每股收益最大化；③股东财富最大化；④企业价值最大化。公司金融的目标总结如图1-3所示。

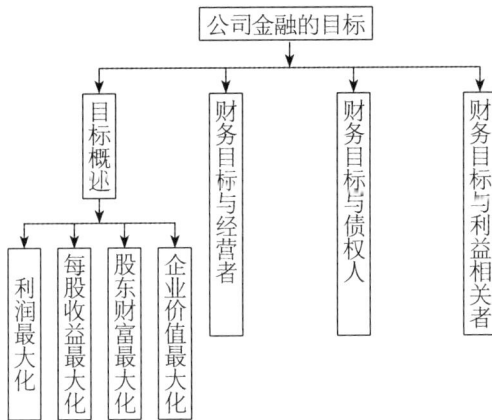

图1-3 公司金融的目标

1.4.1 财务目标与经营者

股东为企业提供了财务资源，但是他们处在企业之外；而经营者，即管理当局，在企业里直接从事管理工作。企业是所有者，即股东的企业，公司金融的目标也就是股东的目标。股东委托经营者代表他们管理企业，为实现他们的目标而努力，但经营者与股东的目标并不完全一致。股东的目标是使自己的财富最大化，千方百计要求经营者以最大的努力去完成这个目标。经营者也是最大合理效用的追求者，其具体行为目标与委托人不一致。其目标有：①增加报酬，包括物质和非物质报酬；②增加闲暇时间；③避免风险。

经营者的目标和股东不完全一致，经营者有可能为了自身的目标而背离股东的利益。这表现在两方面：①道德风险（moral hazard），即经营者为了自己的目标，不是尽最大努力去实现企业的目标。他们没有必要为提高股价而冒险，因为股价上涨的好处归股东，若冒险失败了则他们的"身价"会下跌。他们不做什么错事，只是不十分卖力，以增加自己的闲暇时间。这样不会构成法律和行政责任问题，而只是道德问题，股东很难追究他们的责任。②逆向选择（adverse selection），即经营者为了自己的目标而背离股东的目标。例如，购置高档汽车；蓄意压低股票价格，自己借款买回，导致股东财富受损。

防止经营者背离股东目标的方式有：

（1）监督

经营者背离股东目标的条件是双方信息不对称，经营者知道的企业信息比股东多。避免道德风险和逆向选择的方法之一是股东获取更多的信息，对经营者进行监督，在经营者背离股东目标时，减少其各种形式的报酬，甚至解雇他们。但是，全面监督实际上是行不通的。股东是分散的或者远离经营者，得不到充分的信息；经营者比股东有更大的信息优势，比股东更清楚什么是对企业更有利的行动方案；全面监督管理行为的代价是高昂的，很可能超过它所带来的利益。股东对情况的了解和对经营者的监督总是必要的，但受到监督成本的限制，不可能事事都监督，监督可以减少经营者违背股东意愿的行为，但不能解决全部问题。

（2）激励

防止经营者背离股东利益的另一个方式是采用激励计划，使经营者分享企业增加的财富，鼓励他们采取符合股东利益最大化的行动。就支付报酬的方式和数量而言，可以有多种选择。报酬过低，不足以激励经营者，股东不能获得最大利益；报酬过高，股东付出的激励成本过大，也不能实现自己的最大利益。因此，激励可以减少经营者违背股东意愿的行为，但也不能解决全部问题。监督成本、激励成本和偏离股东目标的损失之间，此消彼长、相互制约。股东要权衡轻重，力求找出能使三项之和最小的解决方法，那就是最佳的解决办法。

1.4.2　财务目标与债权人

当公司向债权人借入资金后，两者就形成一种委托-代理关系（principal-agent relationship）。债权人把资金借给企业，其目标是到期时收回本金，并获得约定的利息收入；公司借款的目标是扩大经营，投入有风险的生产经营项目。两者的目标并不一致。债权人事先知道借出资金是有风险的，并把这种风险的相应报酬纳入利率。一般来说，债权人考虑的因素包括公司现有资产的风险、预计公司新增资产的风险、公司现有的负债比率、公司未来的资本结构等。

借款合同一旦成为事实，资金划到企业，债权人就失去了控制权。股东为了自身利益，可以通过经营者损害债权人的利益，其常用方式有：①股东不经债权人的同意，投资比债权人预期风险更高的新项目，债权人拿不到超额利润，却可能分担更高的风险。②股东为了提高公司的利润，不征得债权人的同意而指使管理当局发行新债，致使旧债券的价值下降，使旧债权人蒙受损失。旧债券价值下降的原因是发行新债后公司负债比率加大，公司破产的可能性增加。

债权人为了防止其利益被损害，除了寻求立法保护，如破产时优先接管、优先于股东分配剩余财产等外，通常采取以下措施：①在借款合同中加入限制性条款，如规定资金的用途、规定不得发行新债或限制发行新债的数额等。②发现公司有损害其债权意图时，拒绝进一步合作，不再提供新的借款或提前收回借款。

1.4.3　财务目标与利益相关者

公司的利益相关者分为两种：一种是合同利益相关者，包括主要客户、供应商和员工，他们和企业之间存在法律关系，受到合同的约束；另一种是非合同利益相关者，包括一般消费者、社区居民以及其他与企业有间接利益关系的群体。

股东和合同利益相关者之间既有共同利益，也有利益冲突。股东可能为自己的利益损害合同利益相关者的利益，合同利益相关者也可能损害股东的利益。因此，要通过立法调节他们之间的关系，保障双方的合法权益。

1.4.4　公司金融理论的局限

在过去的几十年中，公司金融理论受到各界很多批评。人们认为美国部分公司的失败可以归因于经营者对公司金融理论的依赖。其中，有一些批评意见是合理的，这些批评是根据一味地追求股东财富最大化的缺陷而作出的；然而有些批评则是建立在对公司金融内涵的误解之上。多数批评意见过分夸大了公司金融在公司制定重要决策中的作用。

经济学，特别是其中的金融学曾经被打上"财神信条"的烙印，因为它强调金钱。

那些批评家的"后代"认为公司金融不符合道德原则，因为它强调"底线"和市场价格，有时甚至意味着工人要失业或降低工资。比如在企业重组和清算的案例中，对股东而言，价值最大化可能意味着其他利益相关者，诸如客户和雇员要遭受损失，这种情况是真实可信的。然而在大多数情况下，增加市场价值的决策也能够使客户和雇员获益。此外，如果一家公司确实陷入困境，那么可能是因为竞争对手的竞争压力而被迫廉价出售货物，或是因为该公司的产品在技术上已经过时，这时要做的选择就不是清算或生存了，而是要寻找一个快速的解决方案（这个问题正是公司金融理论所要介绍的），或者坐以待毙、慢慢等死。尽管公司最终垮台要经历一段时间，但在这个过程中社会将付出相当可观的成本。

公司的价值最大化和社会福利之间的冲突是导致商学院中人们的注意力被转移到道德观上去的原因。从来没有一个目标功能或是决策规则能够完全地将社会关注作为一个研究要素来考虑，原因很简单，因为许多社会关注很难使用量化的方法，因而总会带有主观色彩。因此，从某种意义上说，公司金融理论假设决策的制定者不会去制定造成大量社会成本的决策，尽管他们设计的模型反映的是另外一种情况。就绝大多数情况而言，人们假定决策的制定者是有道德感的，并且不会给社会或其他权益方造成不合理的成本。这一假定虽然没有明确地在公司金融理论中得到表述，却是构成该理论的基础。当违背这一假定的时候，它将使公司金融理论处于伦理道德的攻击之中，尽管这种攻击应该是针对公司金融理论的违背者的。

1.5 公司制企业

企业一般是指以营利为目的，运用各种生产要素（如土地、劳动力、资本、技术和企业家才能等），向市场提供商品或服务，实行自主经营、自负盈亏、独立核算的具有法人资格的社会经济组织。依照中国法律的规定，公司是指有限责任公司和股份有限公司，具有企业的所有属性。

公司制企业又叫股份制企业，是指由一个以上投资人（自然人或法人）依法出资组建，有独立法人财产、自主经营、自负盈亏的法人企业。

1.5.1 个人独资企业、合伙企业、公司制企业的区别

个人独资企业（soleproprietorships）是指依照我国独资企业法在中国境内设立，由一个自然人投资，财产为投资人个人所有，投资人以其个人财产对企业债务承担无限责任的经营实体。

合伙企业（partnerships）是指依照我国合伙企业法在中国境内设立的由各合伙人订立合伙协议，共同出资、合伙经营、共享收益、共担风险，并对合伙企业债务承担无限连带责任的营利性组织。

合伙企业包括普通合伙企业和有限合伙企业。普通合伙企业由普通合伙人组成，合伙人对合伙企业债务承担无限连带责任。有限合伙企业由普通合伙人和有限合伙人组成，有限合伙人以其认缴的出资额为限对合伙企业债务承担责任。

公司制企业一般是指以营利为目的，从事商业经营活动或为某些目的而成立的组织。根据我国现行公司法的规定，其主要形式为有限责任公司和股份有限公司。两类

公司均为法人，投资者可受到有限责任保护。

公司是指登记于法定登记机关的一类营利性法人团体。

1.5.2 公司制企业的优缺点

（1）公司制企业的优点

① 无限存续：一家公司在最初的所有者和经营者退出后仍然可以继续存在。

② 有限债务责任：公司债务是法人的债务，不是所有者的债务。所有者的债务责任以其出资额为限。

③ 所有权的流动性强。

④ 在资本市场上的地位优越。

（2）公司制企业的缺点

① 双重课税：公司作为独立的法人，其利润需缴纳企业所得税，企业利润分配给股东后，股东还需缴纳个人所得税。

延伸阅读1-1

金融市场

② 组建公司的成本高：我国公司法对于组建公司的要求比组建独资或合伙企业高，并且需要提交各种报告。

③ 存在代理问题：经营者和所有者分开后，经营者为代理人，所有者为委托人，代理人可能为了自身利益而损害委托人利益。

思政小课堂 ☑ ------------●

一

本章以什么是公司金融为切入点，重点介绍公司金融的研究对象、研究内容，通过厘清现代公司制企业的优缺点，探讨公司金融的最终目标，强化社会主义核心价值观在"公司金融"课程中的引领作用，帮助学生树立正确的价值观念、提高职业素养。现代公司制度是先进的企业制度，为企业的长期发展提供了更多可能。公司的股东、管理者在追求企业价值最大化的过程中，更要注重所承担的责任，坚持合法经营、诚实守信。

二

党的二十大报告提出："完善支持绿色发展的财税、金融、投资、价格政策和标准体系，发展绿色低碳产业，健全资源环境要素市场化配置体系，加快节能降碳先进技术研发和推广应用，倡导绿色消费，推动形成绿色低碳的生产方式和生活方式。"

吉利汽车作为中国汽车行业的领军企业，一直致力于推动绿色经济转型。《吉利控股集团2022可持续发展报告》显示，吉利汽车的多个整车基地被评为国家级"绿色工厂"，其光伏装机容量达到了307兆瓦。2022年，吉利汽车的单车全生命周期碳排放量相比于2020年和2021年分别下降了8.1%和5.6%，尾气碳排放密度平均降低了10%。吉利汽车在产品端融入了ESG（环境、社会、公司治理）理念，通过开发低碳材料、使用轻量化和循环材料、打造零碳工厂等方式，将环保理念贯穿于制造流程的每个环节。在新时代背景下，绿色转型成为我国企业转型发展的必由之路。党和政府要积极引导企业将绿色转型发展理念纳入企业社会责任体系中，培养企业的内生动力，加强相应的法治保障，构建完善的评估体系，助力企业绿色创新。

思考与练习 ✔️

1.公司金融的目标是增加股东财富,下列表述正确的是哪个?请说明理由。

(1)股东财富的增加可以用股东权益的市场价值与股东投资资本的差额来衡量。

(2)股东财富的增加可以用股东权益的市场价值来衡量。

(3)股价最大化与增加股东财富有同等意义。

(4)企业价值最大化与增加股东财富有同等意义。

2.下列关于公司金融目标的表述,不正确的是哪个?请说明理由。

(1)假设投入资本相同、利润取得的时间相同,利润最大化是一个可以接受的观念。

(2)假设股东投资资本不变,股东价值最大化与增加股东财富具有同等意义。

(3)假设股东投资资本和债务价值不变,企业价值最大化与增加股东财富具有同等意义。

(4)股东财富可以用股东权益的市场价值来衡量。

3.公司制企业的鲜明特征是什么?

4.经理不应关注当前的股票价格,因为这会以牺牲长期利润为代价,过分强调短期利润。这种表述正确吗?

5.谁拥有公司?描述所有者控制企业管理当局的过程。在公司组织形态中存在委托-代理关系的主要原因是什么?在这种背景下,可能产生什么问题?

6.股东协调自己和经营者目标的最佳办法是什么?

7.债权人为了防止其利益被损害,除了寻求立法保护外,通常还可以采取哪些措施?

8.在公司金融的目标中,利润最大化目标的缺点是什么?

9.在公司金融的目标中,每股收益最大化目标的缺点是什么?

10.简述股东财富最大化目标的内容。

11.股票价值最大化的目标可能和其他目标(比如为了避免不道德或者非法的行为)相冲突吗?特别地,你认为顾客和员工的安全、环境以及社会的总体利益是否在这个框架之内,或者它们完全被忽略了?考虑一些具体的情形阐明你的回答。

12.在股东财富最大化目标下,如何协调债权人、股东与经理人之间的利益冲突?

13.假设你是一家非营利企业(比如非营利的医院)的财务经理,你认为什么样的财务管理目标是比较恰当的?

14.假设你拥有一家公司的股票,股价现在是每股25元。另外一家公司刚刚宣布想购买这家公司,愿意以每股35元的价格收购发行在外的所有股票。你拥有股票的这家公司的管理层立即展开对这次恶意收购的斗争。管理层是为了股东的最大利益行事吗?为什么?

第1章
即测即评

思政案例 ✔️

我国上市公司在国民经济中的地位日显重要[①]

随着中国证券市场的发展,上市公司在国民经济中的地位日显重要,如图1-4和

---

① 朴哲范、何梦薇编写,数据来自同花顺数据库。

图1-5所示。截止到2022年7月，我国上市公司达到4 856家，总市值为96.53万亿元（截止到2021年年末），规模稳居全球第二。与非上市企业比较而言，我国上市公司融资渠道比较多，资产质量比较高，企业制度比较健全，经营行为比较规范，很多已成为行业的领头羊。2021年，上市公司立足新发展阶段，深入贯彻新发展理念，主动融入新发展格局，经营绩效持续向好，研发创新等方面表现突出。

图1-4　A股证券市场上市公司总数与总市值趋势图（1991—2022年7月）

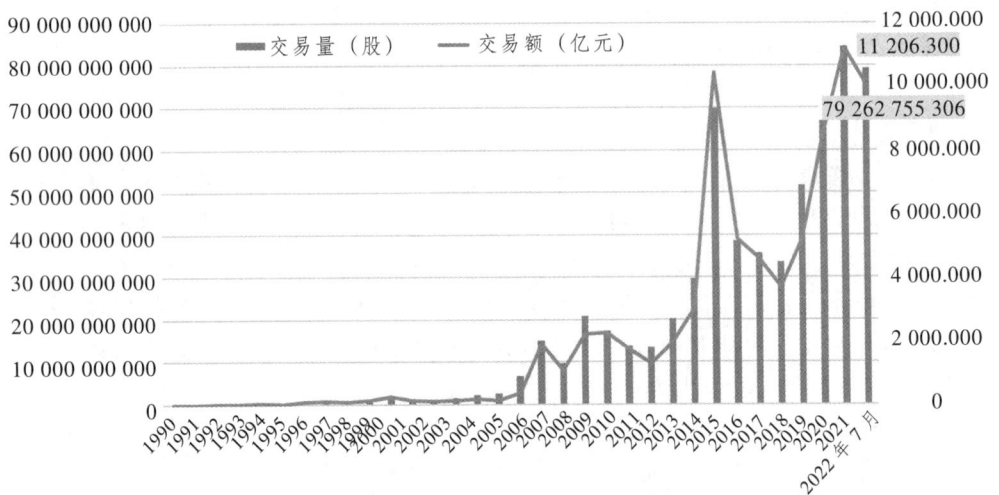

图1-5　A股证券市场交易量与交易额趋势图（1991—2022年7月）

中国上市公司协会资料显示：（1）上市公司经营业绩持续向好。2021年，上市公司共实现营业总收入64.97万亿元，占全年GDP的56.81%。全年共实现净利润5.30万亿元，同比增长19.56%；扣非后净利润4.43万亿元，同比增长24.39%。（2）研发创新表现突出。2021年，非金融类上市公司研发投入金额合计约1.31万亿元，同比增长23.53%，占全国企业研发支出总额的47.02%。专利数量从2020年的122.70万件增加至2021年的145.05万件，增加了18.22%。（3）持续提供社会保障。2021年，上市公司缴纳税费金额合计约4.04万亿元，占全国税收总收入的23.41%，国民经济支柱地位更加彰显。

第2章

企业财务分析与财务计划

本章要点 ☑ --●

本章主要介绍财务分析及财务计划，主要包括财务分析的目的、财务比率的类型、财务比率分析框架、现金流量分析、财务计划等。

2.1 财务分析的目的

财务分析的目的是运用财务数据评价企业当前及过去的业绩并评估其可持续性，包括比率分析和现金流量分析等内容，强调分析的系统性和有效性，并强调透过财务数据发现企业问题。管理层为了评价公司的财务状况和经营成果，最常用的工具就是财务比率（financial ratio）。

2.2 财务比率的类型

财务比率主要有三种类型：第一种概括了公司某一时点的财务状况的某些方面，是两个存量项目的对比，通常也称为资产负债表比率；第二种概括了公司一段时期的经营成果的某些方面，将利润表的一个流量项目与另一个流量项目作比较，习惯上称为利润表比率；第三种反映了公司的综合经营成果，是将利润表中的某个流量项目与资产负债表中的某个存量项目加以比较，称为利润表与资产负债表比率。存量项目作为来自资产负债表的余额，不能准确地反映这个变量在一定时期的流量变化情况，因此采用资产负债表期初、期末余额的平均值作为某个利润表与资产负债表比率的分母，可使其更好地反映公司的整体情况。下面提及的保障比率、周转率和盈利能力比率均属于利润表与资产负债表比率，都需要采用存量项目的平均值。

另外，还可以将财务比率细分成五种：清偿能力比率、财务杠杆比率、保障比率、周转率和盈利能力比率，如图2-1所示。

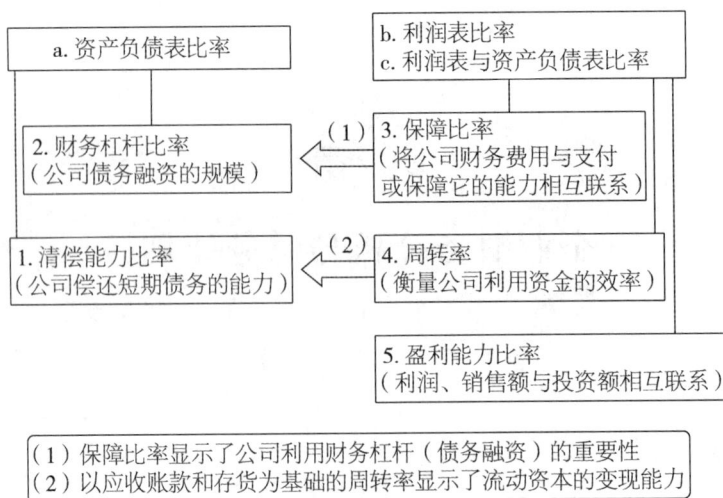

图2-1　财务比率的种类

2.3　财务比率分析框架

2.3.1　清偿能力比率

清偿能力比率是衡量公司偿还短期债务能力的比率。清偿能力比率是对短期债务与可得到的用于偿还这些债务的短期流动资金来源进行的比较。

①流动比率（current ratio），显示公司用其流动资产偿还流动负债的能力，是最常用的清偿能力比率。其计算公式为：

流动比率=流动资产÷流动负债 （2-1）

一般情况下，流动比率越高，公司短期偿债能力越强，债权人的权益越有保证。一般认为2：1的比例比较适宜。但是流动比率也不能过高，过高则表明公司流动资产占用较多，会影响资金的使用效率和公司的获利能力。

②酸性测试比率（acid-test ratio），也称速动比率（quick ratio），表示公司用变现能力最强的资产偿还流动负债的能力。其计算公式为：

酸性测试比率=（流动资产-存货）÷流动负债 （2-2）

2.3.2　财务杠杆比率

财务杠杆比率反映公司通过债务进行筹资的比率。

①产权比率（equity ratio），反映由债权人提供的负债资金与所有者提供的权益资本的相对关系，以及公司基本财务结构是否稳定。其计算公式为：

产权比率=负债总额÷股东权益 （2-3）

产权比率表示，股东每提供1元，债权人愿意提供的借款额。当通货膨胀加剧时，公司多借债可以把损失和风险转嫁给债权人；当经济繁荣时，公司多借债可以获得额外利润。

②资产负债率（debt asset ratio），反映债务融资对于公司的重要性。其计算公

式为：

$$资产负债率=负债总额÷资产总额 \tag{2-4}$$

资产负债率与财务风险有直接关系：资产负债率越高，财务风险越高；反之，资产负债率越低，财务风险越低。

③长期资本负债比率（debt-to-long capital ratio），反映长期负债对于资本结构（长期融资）的相对重要性。其计算公式为：

$$长期资本负债比率=长期负债÷长期资本 \tag{2-5}$$

长期资本是所有长期负债与股东权益之和。

2.3.3　保障比率

保障比率是将公司财务费用和支付及保障它的能力相联系的比率。利息保障比率（interest coverage ratio）表示公司支付利息费用的能力。其计算公式为：

$$利息保障比率=息税前利润（EBIT）÷利息费用 \tag{2-6}$$

或

$$利息保障比率=息税折旧摊销前利润（EBITDA）÷利息费用 \tag{2-7}$$

折旧和摊销是按照权责发生制对以前发生的支出进行调整，实际上仍然属于本年的现金流量，也可以用来支付利息费用。因此，编者认为，采用EBITDA比采用EBIT更为精确。

2.3.4　周转率

周转率是衡量公司利用其资产的有效程度的比率。

①应收账款周转率（receivables turnover ratio），反映公司应收账款的质量和公司收账的业绩，说明应收账款年度内变现的次数。其计算公式为：

$$应收账款周转率=年销售净额÷应收账款 \tag{2-8}$$

②应收账款周转天数（days sales outstanding），又称平均收现期。其计算公式为：

$$应收账款周转天数=一年中的天数÷应收账款周转率 \tag{2-9}$$

或

$$应收账款周转天数=（应收账款×一年中的天数）÷年赊销金额 \tag{2-10}$$

应收账款周转率和应收账款周转天数这两个比率与公司的信用政策有密切关系。应收账款周转越快，销售实现距离实际收到现金的时间就越短。但过快的应收账款周转速度与过短的平均收现期可能意味着过于严厉的信用政策，账面上应收账款余额很低，却可能使销售额和相应的利润大幅度减少。

③应付账款周转率（account payable turnover rate）。其计算公式为：

$$应付账款周转率=年赊购金额÷应付账款 \tag{2-11}$$

④应付账款周转天数（days payable outstanding），又称平均付现期。其计算公式为：

$$应付账款周转天数=一年中的天数÷应付账款周转率 \tag{2-12}$$

或

应付账款周转天数=（应付账款×一年中的天数）÷年赊购金额

⑤存货周转率（inventory turnover）。其计算公式为：

存货周转率=销售成本÷存货 (2-13)

⑥存货周转天数（days sales of inventory）。其计算公式为：

存货周转天数=一年中的天数÷存货周转率 (2-14)

或

存货周转天数=（存货×一年中的天数）÷销售成本 (2-15)

存货周转得越快，存货的流动性就越高，但过快的周转速度可能是存货占用水平过低或存货频繁发生缺货的信号。

⑦营业周期（operating cycle），是指从外购承担付款义务到收回因销售商品或提供劳务而产生的应收账款的这段时间。其计算公式为：

营业周期=存货周转天数+应收账款周转天数 (2-16)

营业周期的长短是决定公司流动资产需要量的重要因素。较短的营业周期表明公司对应收账款和存货的管理很有效。

⑧现金周期（cash conversion cycle）。其计算公式为：

现金周期=营业周期-应付账款周转天数 (2-17)

分析现金周期时必须注意，该指标既影响公司经营决策，又影响公司财务决策，并且人们可能忽略对这两种决策的错误进行管理。例如，不及时付款，损害了公司信用，却能直接缩短现金周期。

⑨总资产周转率（total assets turnover rate），表示公司利用其总资产产生销售收入的效率。其计算公式为：

总资产周转率=销售净额÷总资产 (2-18)

2.3.5 盈利能力比率

①销售毛利率（gross profit margin），是公司的销售毛利与销售净额的比率。销售毛利是指销售净额减去销售成本的余额。销售净额为销售收入扣除销售退回、销售折扣及折让的差额。其计算公式为：

销售毛利率=销售毛利÷销售净额

=（销售净额-销售成本）÷销售净额 (2-19)

销售毛利率是商品流通企业和制造业企业反映商品或产品销售获利能力的重要财务指标。商品流通企业商品的销售成本为商品的进价成本；在制造业企业中，销售成本则为产品的生产或制造成本。销售毛利扣除经营期间费用后就是经营利润。可见，销售毛利率反映了公司产品或商品销售的初始获利能力，保持一定的销售毛利率对公司利润实现是相当重要的。

②销售利润率（sales margins），又称销售回报率（return on sales），是利润额占销售收入净额的百分比。该指标表示公司每销售1元产品所获取利润的能力。其计算公式为：

销售利润率=利润额÷销售收入净额 (2-20)

运用该比率进行分析时，利润额习惯上使用利润总额，但利润总额不仅包括销售利润，而且包括投资收益及营业外收支等，这又会造成分子和分母计算口径的差异。

所以，采用狭义的销售利润，这样得到的实际上是主营业务利润率，它是衡量一家公司能否持续获得利润的重要指标，对管理层决策更有价值。

③投资回报率（return on investment，ROI），是衡量公司综合效率的指标。其计算公式为：

$$投资回报率=税后净利÷资产总额$$
$$=销售净利率×总资产周转率 \tag{2-21}$$

④权益报酬率（rate of return on common stockholders' equity，ROE），反映股东账面投资额的盈利能力。其计算公式为：

$$权益报酬率=税后净利÷股东权益$$
$$=销售净利率×总资产周转率×权益乘数$$
$$=投资回报率×权益乘数 \tag{2-22}$$

高的权益报酬率通常说明公司有高的投资价值，但如果公司有较高的财务杠杆水平，则高的权益报酬率可能是过高的财务风险的结果。

2.3.6 财务分析体系

公司的各项财务活动、财务指标都是相互联系、相互影响的，这便要求财务分析人员应将公司财务活动看成一个大系统，对系统内相互依存、相互作用的各种因素进行综合分析。杜邦财务分析体系是一种传统的财务分析体系，是指根据各主要财务比率和财务指标之间的内在联系，综合分析公司财务状况的方法。

通过杜邦财务分析体系自上而下地进行分析，不仅可以揭示企业各财务指标间的结构关系，查明各项主要指标变动的影响因素，而且可以为决策者优化经营决策、提高企业经济效益提供思路。从图2-2中可以看出，杜邦财务分析体系把有关财务比率和财务指标以系统分析图的形式连在一起。

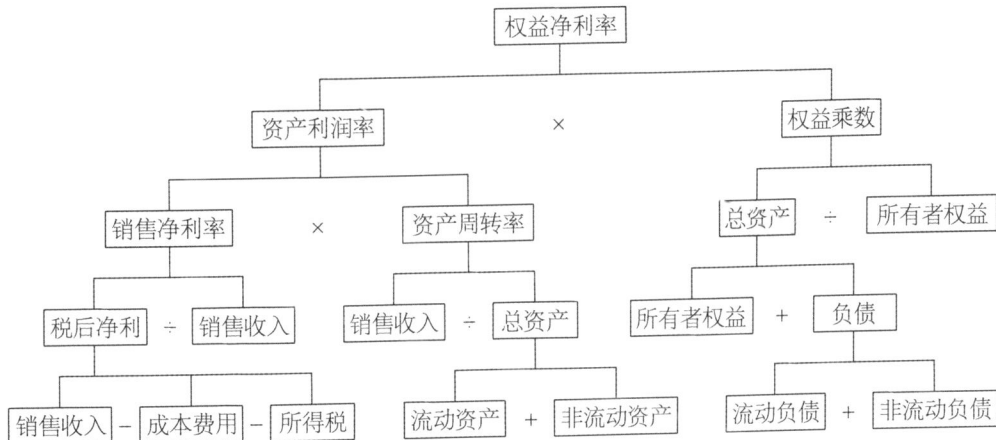

图2-2 杜邦财务分析体系

2.4 现金流量分析

现金净流量（net cash flow）是指现金流入与现金流出的差额。现金净流量可能是正数，也可能是负数。如果是正数，则为净流入；如果是负数，则为净流出。现金净流量反映了企业各类活动形成的现金流量的最终结果，即企业在一定时期内，现金流入大于现金流出，还是现金流出大于现金流入。现金净流量是现金流量表反映的一个重要指标。

现金流量分析具有以下作用：第一，对获取现金的能力进行评价；第二，对偿债能力进行评价；第三，对收益的质量进行评价；第四，对投资活动和筹资活动进行评价。

现金流量分析主要考查企业经营活动产生的现金流量与债务之间的关系，主要指标包括：

①现金流量与当期债务比。现金流量与当期债务比是指年度经营活动产生的现金净流量与当期债务的比值，是表明现金流量对当期债务偿还满足程度的指标。其计算公式为：

$$现金流量与当期债务比=经营活动现金净流量÷流动负债×100\% \tag{2-23}$$

这项比率与反映企业短期偿债能力的流动比率有关。该指标数值越高，现金流入对当期债务清偿的保障越强，企业的流动性越好；反之，则企业的流动性越差。

②债务保障率。债务保障率是以年度经营活动所产生的现金净流量与全部债务总额相比较，表明企业现金流量对其全部债务偿还的满足程度。其计算公式为：

$$债务保障率=经营活动现金净流量÷（流动负债+长期负债）×100\% \tag{2-24}$$

现金净流量与全部债务总额之比的数值越高越好，它也是债权人关心的一个现金流量分析指标。

延伸阅读2-1

财务计划

思政小课堂 ☑

一

财务分析是研究公司金融问题的基础与抓手，本章主要介绍财务分析与财务计划，理清了财务比率的类型、财务比率的分析框架、现金流量分析的重要作用，使学生学会以马克思主义的科学立场与方法解决问题，培养独立思维，强调财务分析工作需要尊重事实、严谨客观的基本职业精神与法治态度。

二

党的二十大报告提出："加强和完善现代金融监管，强化金融稳定保障体系，依法将各类金融活动全部纳入监管，守住不发生系统性风险底线。健全资本市场功能，提高直接融资比重。加强反垄断和反不正当竞争，破除地方保护和行政性垄断，依法规范和引导资本健康发展。"

2023年4月29日，中国上市公司协会发布《中国上市公司2022年经营业绩分析报告》。报告显示，2022年，境内首发上市公司424家，总数增至5 079家；实现营业收入71.53万亿元，同比增长7.2%；实现净利润5.63万亿元，同比增长0.8%；整体业绩保持平稳增长态势，在国民经济中占据重要地位。然而，目前上市公司质量和发展水平与实现经济高质量发展的要求还存在一定差距。近几年，上市公司财务造假、"黑天鹅""灰犀牛"事件时有发生。维护金融安全必须统筹金融发展，必须在党的领导下深化金融改革开放，与此同时，也必须加强金融监管，特别是运用数字化技术的金融监管。增强金融对实体经济的支持力度，提升金融资源配置效率，是推动经济高质量发展的重要突破口。

思考与练习 ☑ ···•

1. 某企业用"销售收入"计算出来的存货周转次数为5次，用"销售成本"计算出来的存货周转次数为4次。已知该企业的销售毛利为2 000万元，净利润为1 000万元，则该企业的销售净利率为多少？

2. 把下列财务比率分析指标的说法中不正确的纠正过来：

（1）应收账款周转天数以及存货周转天数越少越好。

（2）非流动资产周转次数=销售成本÷非流动资产。

（3）总资产周转率=流动资产周转率+非流动资产周转率。

（4）将应收账款周转率用于业绩评价时，最好使用多个时点的平均数，以减少季节性、偶然性和人为因素的影响。

3. 下列关于长期偿债能力指标的说法，正确的是哪一个？请说明理由。

（1）权益乘数表明1元的股东权益借入的债务数额。

（2）资产负债率与权益乘数是反方向变化的。

（3）资产负债率与产权比率是同方向变化的。

（4）长期资本负债率是指负债占长期资本的百分比。

4. 下列各项指标中，可以反映企业短期偿债能力的是哪一个？请说明理由。

（1）现金流量比率。

（2）总资产净利率。

（3）资产负债率。

（4）利息保障率。

5. 下列业务中，能够降低企业短期偿债能力的是哪一项？请说明理由。

（1）企业采用分期付款方式购置了一台大型机械设备。

（2）企业从某国有银行取得3年期500万元的贷款。

（3）企业向战略投资者进行定向增发。

（4）企业向股东发放股票股利。

6. 某企业的资产净利率为30%，若资产负债率为40%，则权益净利率为多少？

7. 下列表达式正确的有哪些？请说明理由。

（1）税后利息率=（利息支出-利息收入）÷负债。

（2）杠杆贡献率=［净经营资产净利率-利息费用×（1-税率）÷（金融负债-金融资产）］×净负债÷股东权益。

（3）净经营资产净利率=税后经营净利率×净经营资产周转次数。

（4）净经营资产÷股东权益=1+净财务杠杆。

8. 杜邦财务分析体系的局限性有哪些？

9. 已知甲公司20×8年现金流量净额为150万元，其中，筹资活动现金流量净额为-20万元，投资活动现金流量净额为60万元，经营活动现金流量净额为110万元；

20×8年年末负债总额为150万元，资产总额为320万元，营运资本为25万元，流动资产为120万元；20×8年税后利息费用为5万元，所得税税率为25%。下面正确的是哪一项？请说明理由。

（1）现金流量利息保障率为8。

（2）20×8年年末流动负债为95万元。

（3）现金流量与当期债务比为73.33%。

（4）长期资本负债率为24.44%。

10.下列关于短期偿债能力的说法中，正确的是哪几项？请说明理由。

（1）净营运资本的合理性主要通过短期债务的存量比率来评价。

（2）流动比率是对短期偿债能力的粗略估计。

（3）采用大量现金销售的商店，速动比率大大低于1很正常。

（4）准备很快变现的非流动资产属于影响短期偿债能力的表内因素。

11.财务报表分析的局限性主要表现在哪些方面？

12.指出下列说法中不正确的是哪个，并且说明理由。

（1）在销售收入既定的条件下，总资产周转率的驱动因素是流动资产。

（2）营运资本周转率是一个综合性的比率。

（3）应收账款周转率=营业收入÷平均应收账款余额。

（4）存货周转天数不是越低越好。

13.为什么标准的利润表上列示的收入和成本不代表当期实际的现金流入和现金流出？

14.S公司的负债权益比为0.7，资产收益率为8.4%，总权益为840 000元，其权益乘数是多少？权益收益率是多少？净利润呢？

15.T公司的净利润为314 000元，销售利润率为8.9%，应收账款余额为152 800元，假设销售额中有80%为赊销，该公司的应收账款回收期是多少天？

16.P公司最近年度的净利润是9 620元，所得税税率为25%，支付的总利息费用为2 380元，折旧费用为3 170元。该公司现金对利息的保障比率是多少？

第3章
货币的时间价值

本章要点 ✔ ···•

本章主要介绍货币时间价值的相关内容，主要包括单利、复利、终值、现值和现金流量等概念，不同种类的年金及其现值、终值的计算方法，以及如何根据贴现现金流量的基本原则评估债券和股票的价值。

3.1 货币时间价值的概念

货币时间价值（time value of money）是指货币随着时间的推移在投资和再投资过程中所增加的价值。货币时间价值表明当前人们所持有的一定货币量（如1元人民币、1欧元、1美元等）比未来获得的等量货币具有更高的价值。这是因为如果把现在的1元钱进行投资，如采用风险最小的投资方式，即存入银行，假设年利率为10%，那么1年后将会得到1.1元。这1元钱，经过1年的时间增加了0.1元，这就是货币的时间价值。

货币存在时间价值的原因主要有以下三个方面：

① 货币用于投资可获得利息，因此现在的一定货币量可在将来获得更多的货币量。

② 货币购买力会受到通货膨胀的影响而贬值，因此现在的货币比将来等量的货币价值要高。

③ 由于预期收入的不确定性，在未来要获得现在的等量货币要付出一定的风险成本，因此现在的货币要比将来等量的货币价值高。

3.2 货币时间价值的计算

货币时间价值的计算方法和利息的计算方法类似，因此，货币时间价值的计算涉及利息计算方法的选择。目前利息的计算方法有单利计息和复利计息两种。

3.2.1 单利和复利

单利（simple interest）是指在规定时期内只就本金计算利息，每期的利息收入在下一期不作为本金，不产生新的利息收入。而按照复利（compound interest）计算，上一期产生的利息在下一期将计入本金，并在下一期产生利息，俗称"利滚利"。由于企业的再生产过程是连续的，资金的运动也是周而复始的，所以"复利"概念体现了资金时间价值的含义。因此，在计算资金的时间价值时，通常采用复利。

3.2.2　终值与现值

终值（future value）是指未来时点上现金流的价值，也称未来值，用 FV 表示。现值（present value）是指未来时点上产生的现金流在当前时点上的价值，用 PV 表示。资金等待的时间越长，其现值越低。另外，利率水平的变化也导致未来现金流量的现值发生显著变化。如图 3-1 所示，在同一时间点，相同数量的金额以利率 5% 计算得到的现值要高于以利率 10% 计算得到的现值。

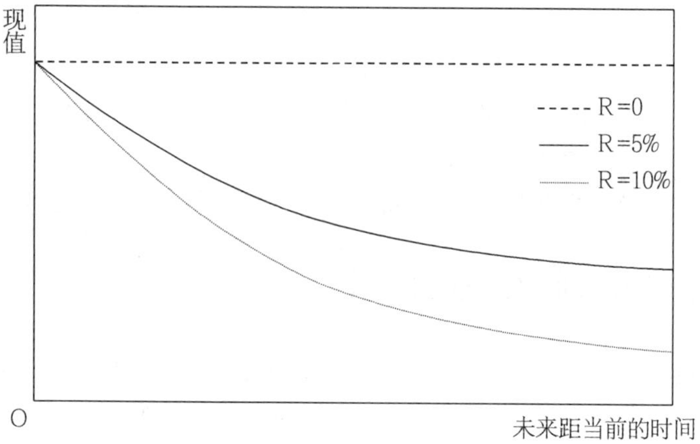

图3-1　未来现金流量的现值

3.2.3　单利终值与现值的计算

（1）单利终值的计算

单利终值是指一定时期以后的本利和，也就是若干期以后包括本金和利息在内的未来价值。当所借资金为 PV 时，n 期后所应归还的本利和为 FV，i 为利率，用公式表示如下：

$$FV=PV+PV\times i\times n \tag{3-1}$$

本利和 FV 即终值，初始资金 PV 即现值，上式就是两者的对应关系。

（2）单利现值的计算

单利现值是指未来一笔资金现在的价值，即由终值倒求现值。现值的计算公式为：

$$PV=FV_{n}\times\frac{1}{1+i\times n} \tag{3-2}$$

式中：i 为贴现率。

3.2.4　复利终值与现值的计算

（1）复利终值的计算

复利终值是指一定量的本金按复利计算的本利和。若 FV 代表终值，PV 代表现值，n 代表期限，i 代表利率，复利终值的计算公式为：

$$FV=PV(1+i)^n \qquad\qquad (3-3)$$

式中：$(1+i)^n$ 为复利终值系数。在实际工作中，财务人员利用终值系数表就可以方便地计算出终值。表3-1是部分期限和利率的终值系数表。

表3-1　　　　　　　　　　　**部分期限和利率的终值系数表**

n	i							
	1%	2%	3%	4%	5%	6%	7%	8%
1	1.010	1.020	1.030	1.040	1.050	1.060	1.070	1.080
2	1.020	1.040	1.061	1.082	1.102	1.124	1.145	1.166
3	1.030	1.061	1.093	1.125	1.158	1.191	1.225	1.260
4	1.041	1.082	1.126	1.170	1.216	1.262	1.311	1.360
5	1.051	1.104	1.159	1.217	1.276	1.338	1.403	1.469
6	1.062	1.126	1.194	1.265	1.340	1.419	1.501	1.587
7	1.072	1.149	1.230	1.316	1.407	1.504	1.606	1.714
8	1.083	1.172	1.267	1.369	1.477	1.594	1.718	1.851

【例3-1】假设某人在银行存入10 000元，期限6年，年利率6%，复利计息。那么，存款到期时他将获得的金额，即终值为：

$$FV=PV(1+i)^n=10\,000\times(1+6\%)^6=14\,190（元）$$

在终值系数表中查到与6年和6%利率相对应的数值1.419，再将其乘以10 000元，就得出终值14 190元。

单利、复利计息时100元投资的价值比较见表3-2和图3-2。

表3-2　　　　　　　　　**单利、复利计息时100元投资的价值比较**　　　　　　单位：元

年份	初始价值（单利）	单利利息	单利期末金额	初始价值（复利）	复利利息	复利期末金额
1	100	10	110	100.0	10.0	110.0
2	110	10	120	110.0	11.0	121.0
3	120	10	130	121.0	12.1	133.1
4	130	10	140	133.1	13.3	146.4
5	140	10	150	146.4	14.6	161.1
6	150	10	160	161.1	16.1	177.2
7	160	10	170	177.2	17.7	194.9
8	170	10	180	194.9	19.5	214.4
9	180	10	190	214.4	21.4	235.8

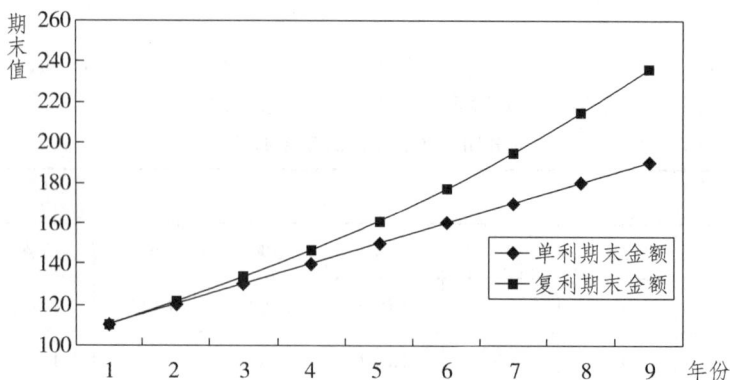

图3-2 单利、复利计息时100元投资的价值比较（单位：元）

（2）复利现值的计算

复利现值是复利终值的对称概念，是指未来一定时间的特定资金，按复利计算的现在价值，或者说是为了获得将来一定的本利和，现在所需要的资金。

现值计算是终值计算的逆运算。也就是说，为了将来能获得一定数量的钱，你现在需要投入多少钱。现值的计算称为贴现，计算中所用的利率称为贴现率。

复利的现值计算公式为：

$$PV=\frac{FV}{(1+i)^n} \tag{3-4}$$

式中：$1/(1+i)^n$为现值系数。计算现值时，同样可以查找终值系数表，方法是用已知终值除以终值系数。

【例3-2】假如大学的教育费用1年为10 000元，银行存款的年利率为6%。那么，某人为子女5年后上大学准备第1年的学费，现在应该存入多少钱？

$$PV=\frac{FV}{(1+i)^n}=10\ 000\div(1+6\%)^5=7\ 472.58（元）$$

3.2.5 计息次数、实际年利率及连续复利

（1）计息次数与非整年计息

复利计息通常是按一年一次来计算的，这种利率称为年度百分率（annual percent rate，APR），如每年6%。但在实际生活中，并不都是按整年一次计息的，如1年中有按季度计息的、有按月计息的，甚至有按日计息的。显然，1年中复利计息的次数越多，将来的终值就越大。以m表示1年内复利计息的次数、n表示年限，则非整年计息的终值计算公式为：

$$FV=PV\ (1+\frac{APR}{m})^{mn} \tag{3-5}$$

【例3-3】假设某人在银行存入2 000元，年利率为6%，期限为5年，按月计息。那么，到期后他将获得多少钱？

$$FV=PV\ (1+\frac{APR}{m})^{mn}=2\ 000\times(1+6\%\div12)^{12\times5}=2\ 697.70（元）$$

（2）实际年利率

由于计息次数不同，复利计息的终值也就不同。为了进行利率的直接比较，可以

将各种不同计息次数换算为每年一次计息时的对应利率，这就是实际年利率（effective annual rate，EAR）。实际年利率的计算公式为：

$$EAR=(1+\frac{APR}{m})^m-1 \tag{3-6}$$

【例3-4】假如某人可从A银行获得按季度计息、年利率为6%的贷款；也可从B银行获得按月计息、年利率为5.5%的贷款。他向哪家银行借款更合算呢？这就需要比较这两家银行贷款的实际年利率，以EAR_A与EAR_B分别代表A银行和B银行的贷款实际年利率。

$$EAR_A=(1+\frac{APR}{m})^m-1=(1+6\%\div4)^4-1=6.14\%$$

$$EAR_B=(1+\frac{APR}{m})^m-1=(1+5.5\%\div12)^{12}-1=5.64\%$$

B银行的实际年利率低于A银行的实际年利率，所以应该向B银行借款。

（3）连续复利计息

当APR一定时，随着计息次数的增多，实际年利率越来越大，并最终趋向一个极限。当m趋向无穷大时，EAR的值会越来越趋近于$e^{APR}-1$，其中，e为2.71828（自然常数）。因为：

$$\lim_{m\to\infty}\left(1+\frac{APR}{m}\right)^m-1=e^{APR}-1 \tag{3-7}$$

在理论上和银行的业务活动中，人们也会采用连续复利计息方式评估贷款、存款或投资的价值。以i表示年利率、n表示期限、FV表示投资的终值、PV表示现值、x表示1年中计息的次数，则连续复利计息下的终值为：

$$FV=PV\times\lim_{x\to\infty}FV=PV\times\lim_{x\to\infty}\left(1+\frac{i}{x}\right)^{xn}=PV\times e^{in} \tag{3-8}$$

【例3-5】某银行有一笔500万元的贷款，年利率为9%，期限为4年，求连续复利计息下的本利和。

$$FV=PV\times e^{in}=500e^{9\%\times4}=716.66（万元）$$

716.66万元就是这家银行以9%年利率发放这笔贷款在4年中能够获得的最大本利和。

3.3　年金

3.3.1　年金的定义及分类

年金（annuity）是指一定时期内连续每期等额收付的系列现金流量。在现实生活中，年金的应用非常广泛，如按年计提的折旧、住房按揭的分期付款、零存整取的银行存款、分期支付的租金、养老金的领取等都属于年金。年金的特点是资金收入或付出是分次等额发生的，而且每次发生的时间间隔都是相等的，属于系列收付的均匀现金流量。

年金按其每次收付款项发生时点的不同，可以分为普通年金、即付年金、递延年金和永续年金等类型，如图3-3所示。

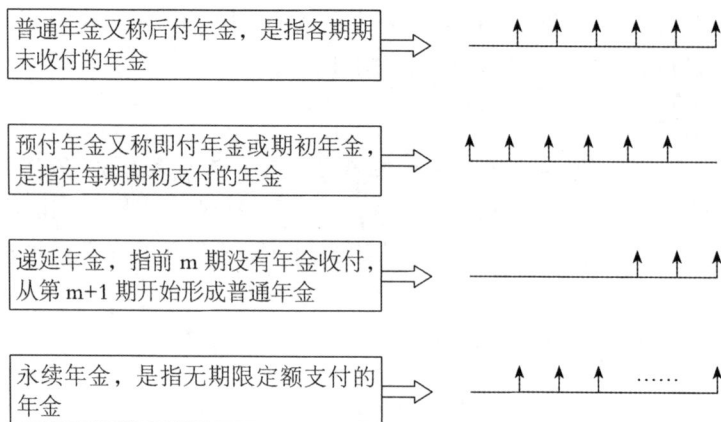

普通年金又称后付年金，是指各期期末收付的年金	
预付年金又称即付年金或期初年金，是指在每期期初支付的年金	
递延年金，指前 m 期没有年金收付，从第 m+1 期开始形成普通年金	
永续年金，是指无期限定额支付的年金	

图3-3 年金的种类及含义

3.3.2 年金的计算

（1）普通年金

普通年金是指从第1期开始的一定时期内，每期期末等额收付的系列款项。普通年金的收付款项均发生在每期的期末，又称后付年金。

①普通年金终值。普通年金终值是指在一定时期内，每期期末等额的系列收付款项的复利终值之和。

假设等额年金为A、年利率为i，按复利计息，n年后普通年金终值如图3-4所示。

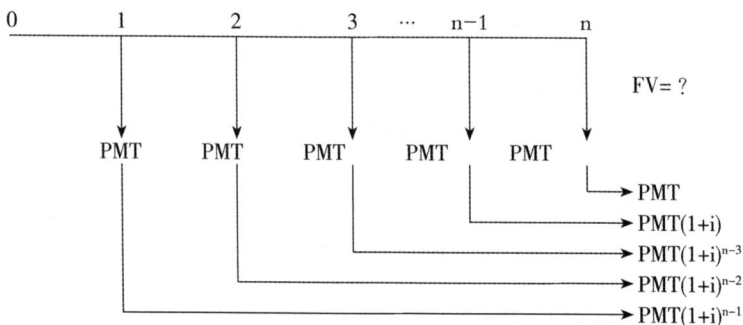

图3-4 普通年金终值计算示意图

由图 3-4 可知，以 PMT 表示年金，第 1 期期末年金支付额的终值为 $PMT(1+i)^{n-1}$，第 2 期期末年金支付额的终值为 $PMT(1+i)^{n-2}$，第 n 期期末年金支付额的终值为其本身，将其加总，即可得n期后所支付年金的终值。其计算公式为：

$$FV = PMT \frac{(1+i)^n - 1}{i} \tag{3-9}$$

$$FV = PMT(1+i)^0 + PMT(1+i)^1 + \cdots + PMT(1+i)^{n-2} + PMT(1+i)^{n-1} = PMT \sum_{t=1}^{n} (1+i)^{t-1} \tag{3-10}$$

$$FV \times (1+i) = PMT(1+i) + PMT(1+i)^2 + \cdots + PMT(1+i)^n \tag{3-11}$$

式（3-11）-式（3-10），得：

$$FV \times i = PMT(1+i)^n - PMT = PMT[(1+i)^n - 1]$$

式中：t为每笔收付款项的计息期数；$[(1+i)^n-1]/i$为普通年金终值系数，用$FVIFA_{i,n}$表示；其他符号的含义同前。我们利用普通年金的终值系数表来计算年金的终值。

【例3-6】假设你每年年末存入银行100元，连续存3年，在银行利率为10%的情况下，到第3年年末你将积累多少钱？图3-5为普通年金示意图。

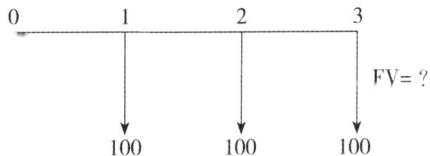

图3-5　普通年金示意图

如图3-5所示，我们得到：

$$FV=PMT\frac{(1+i)^n-1}{i}=100\times\frac{(1+10\%)^3-1}{10\%}=331（元）$$

②偿债基金的计算（已知年金终值FV，求年金PMT）。偿债基金是指为了在约定的未来某一时点清偿某笔债务或积聚一定数额的资金而必须分次等额保留的准备金。由于每次形成的等额准备金类似年金存款，因而同样可以获得按复利计算的利息，所以债务实际上等于年金终值，每年提取的偿债基金等于年金。也就是说，偿债基金的计算实际上是年金终值的逆运算。其计算公式为：

$$PMT=FV\times\frac{i}{(1+i)^n-1} \tag{3-12}$$

式中：$\frac{i}{(1+i)^n-1}$ 为偿债基金系数。由于是已知年金终值FV，求年金PMT，故为普通年金的逆运算，在此不多叙述。

③普通年金现值。普通年金现值是指在一定时期内，每期期末等额的收付款项的现值之和。图3-6为普通年金现值计算示意图。

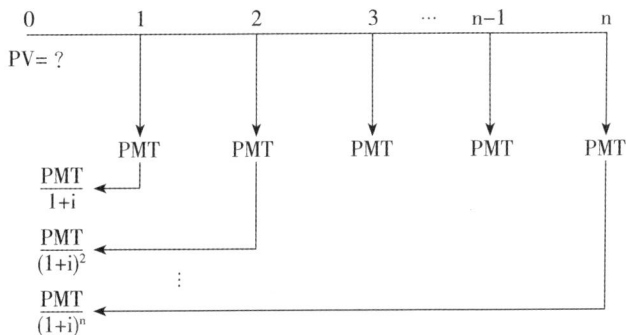

图3-6　普通年金现值计算示意图

第1期期末年金支付额的现值为PMT/（1+i），第2期期末年金支付额的现值为PMT/（1+i）^{2}，第n期期末年金支付额的现值为PMT/（1+i）^{n}，将其加总，即可得普通年金的现值。其计算公式为：

$$PV=PMT\times\frac{1-(1+i)^{-n}}{i} \tag{3-13}$$

式中：$\frac{1-(1+i)^{-n}}{i}$ 为普通年金的现值系数，用 $PVIFA_{i,n}$ 表示。同样，我们也可以运用普通年金现值系数表来计算年金的现值。

④资本回收额的计算（已知年金现值PV，求年金PMT）。资本回收额是指在一定期限内，分若干期回收一笔利率固定的款项，每期收回等量金额。资本回收额的计算是年金现值的逆运算。其计算公式为：

$$PMT=PV\times\frac{i}{1-(1+i)^{-n}} \tag{3-14}$$

【例3-7】某人购房在年初按揭借得200 000元贷款，10年期，年利率为12%，每年年末等额偿还。已知年金现值系数为5.6502，每年应付金额为多少？

$$PMT=PV\div PVIFA_{12\%,10}=200\,000\div5.6502=35\,397（元）$$

（2）即付年金

即付年金是指从第1期开始的一定时期内每期期初等额收付的系列款项，又称先付年金或预付年金。即付年金与普通年金的区别仅在于收付款时间不同，即付年金每次收付款的时间不是在年末，而是在年初。比如房租支付、学费支付、保险费支付等，都是典型的即付年金。

①即付年金终值。即付年金终值是指在一定时期内每期期初等额的系列收付款项的终值之和。图3-7为即付年金终值计算示意图。

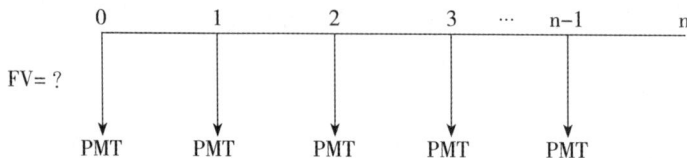

图3-7　即付年金终值计算示意图

即付年金终值的计算公式为：

$$FV=PMT\times\frac{(1+i)^n-1}{i}\times(1+i) \tag{3-15}$$

调整该式为：

$$FV=PMT\times\left[\frac{(1+i)^{n+1}-1}{i}-1\right] \tag{3-16}$$

式中：括号内的内容可称作即付年金终值系数，它是在普通年金终值系数的基础上，期数加1、系数减1后所得的结果。

【例3-8】某人每年年初存入银行2 000元，年利率为7%，则第4年年末可以得到本利和多少元？

$$FV=PMT\times\left[\frac{(1+i)^{n+1}-1}{i}-1\right]=2\,000\times\left[\frac{(1+7\%)^5-1}{7\%}-1\right]=9\,501.4（元）$$

②即付年金现值。即付年金现值是指在一定时期内每期期初等额的收付款项的现值之和。即付年金现值和普通年金现值的计算相似，区别在于收付款的时间不同。图3-8为即付年金现值计算示意图。

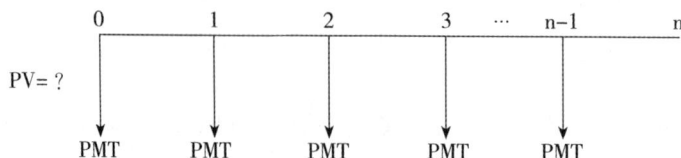

图3-8　即付年金现值计算示意图

即付年金现值的计算公式为：

$$PV = PMT \times \left[\frac{1 - (1 + i)^{-(n-1)}}{i} + 1 \right] \qquad (3-17)$$

式中：括号内的部分为即付年金的现值系数。它与普通年金现值系数相比，期数减1，而系数加1。

（3）递延年金

递延年金是指第一次年金的收付发生在第2期或第2期以后，即最初若干期没有收付款项，但后面若干期发生等额收付款项。凡不是从第1期开始的普通年金都是递延年金，递延年金是普通年金的特殊形式。递延年金终值的计算与递延期无关，其计算方法与普通年金终值计算相同。这里我们只介绍递延年金现值的计算方法。图3-9为递延年金现值计算示意图。

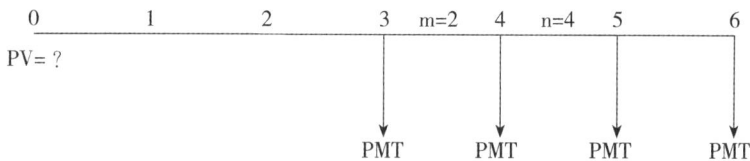

图3-9 递延年金现值计算示意图

递延年金现值的计算方法有两种，用 PV 表示递延年金的现值、m 表示取得年金前的间隔期、n 表示取得年金的期数。

第一种方法是在递延期为 m 期的递延年金中，把从第 m+1 期开始的递延年金视为 n 期普通年金，n 表示该普通年金中 PMT 的个数，求出递延期末 m 的现值，然后再将此现值调整到第 1 期期初。由于第 m 期期末距离第 1 期期初的间隔为 m 期，所以再按复利折现 m 期。

第二种方法是假设递延期 m 也进行收付，先求出 m+n 期普通年金现值，然后扣除递延期 m 内实际并未发生收付的普通年金现值，即可得出 n 期递延年金现值。

【例3-9】假设某人计划在年初存入一笔现金，从而能够在第6年至第10年每年年末支取2 000元。在银行存款利率为10%的情况下，此人最初的存款额应为多少？

方法一：

$$PV = 2\ 000 \times (PVIFA_{10\%,\ 5}) \times \frac{1}{(1 + 10\%)^5} = 4\ 707.6\ （元）$$

方法二：

$$PV = 2\ 000 \times (PVIFA_{10\%,\ 10}) - 2\ 000 \times (PVIFA_{10\%,\ 5}) = 4\ 707.6\ （元）$$

（4）永续年金

①永续年金现值。永续年金是指从第1期开始，无限期每期期末等额收付的系列款项。永续年金是普通年金的一种特殊形式，如图3-10所示。例如，如果公司持续经营，其优先股的固定红利支付可视为永续年金。由于永续年金期限趋于无穷，因此没有终值。其现值的计算公式可由普通年金现值的计算公式导出：

$$PV = PMT \frac{1 - (1 + i)^{-n}}{i} \qquad (3-18)$$

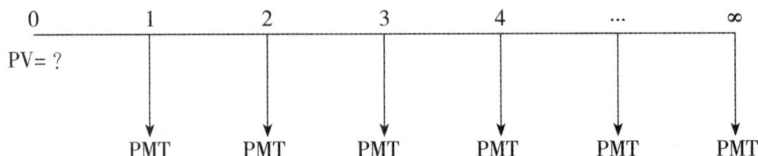

图3-10 永续年金示意图

当n趋近于无穷大时，$(1+i)^{-n}$的极限为零，故永续年金的计算公式为：

$$PV=PMT\frac{1}{i} \tag{3-19}$$

【例3-10】假如某永续年金每年年末的收入为800元，利率为8%，求该永续年金的现值。

$$PV=PMT\frac{1}{i}=\frac{800}{8\%}=10\ 000（元）$$

②永续增长年金现值。如果永续年金中的每期现金流不是等额的，而是以一定的比例增长的，而且这种增长趋势会永远持续下去的话，那么此类永续年金就称为永续增长年金，如图3-11所示。以C表示第1期的现金流、g表示增长率，永续增长年金现值的计算公式为：

$$PV = \sum_{n=1}^{\infty}\frac{C\times(1+g)^{n-1}}{(1+i)^n} \tag{3-20}$$

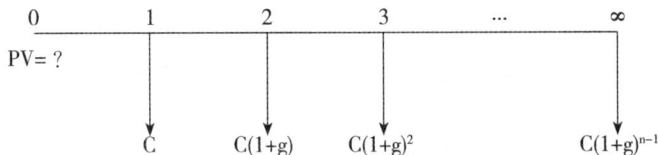

图3-11 永续增长年金示意图

这个公式是将等比数列相加，当公比$(1+g)/(1+i)<1$时，即i大于g，且n趋于无穷大时，永续增长年金现值可以用下面的公式表示：

$$PV=\frac{C}{i-g} \tag{3-21}$$

总之，普通年金、即付年金、递延年金与永续年金最大的区别就在于收支时间点与期限不同。其中，普通年金是最基础、最重要的年金，其他三种年金的相关计算均是通过普通年金进行转换的。

思政小课堂 ☑ ------------------------------------●

"不积跬步，无以至千里；不积小流，无以成江海。"复利的计算原理恰如其分地为我们诠释了积累的重要性。本章基于货币时间价值的相关概念，着重介绍不同类型年金及其现值、终值的计算方法，以及对债券和股票进行估值的方法，并为分析公司投融资项目现金流奠定基础。通过对货币时间价值的分析和计算，引导学生正确认识金额与价值、现值与终值，从而利用科学方法去解决生活及实践中的货币价值问题。

延伸阅读3-1

债券与股票的价值评估

附录1 我国上市公司财务会计信息披露透明度

延伸阅读3-2

基于财务指标的康恩贝（600572）集团经营绩效评价

思考与练习 ✅ ⋯⋯⋯⋯⋯⋯⋯⋯⋯⋯⋯⋯⋯⋯⋯•

1.什么是货币的时间价值？

2.货币时间价值存在的原因是什么？

3.为什么说现值与终值是相对的？

4.单利和复利的区别是什么？

5.年金的定义是什么？年金主要分为哪几类？

6.永续固定增长的年金现金流量的现值由哪几个因素决定？

7.优先股的定价方式和普通股的定价方式有什么不同？

8.A 银行对其储蓄账户每年支付 5% 的单利，而 B 银行每年支付 5% 的复利。若在两家银行各存入 10 000 元，则 10 年后从 B 银行能多赚多少利息？

9.假设某人今年在银行存入 10 000 元，1 年后又存入 8 000 元，第 2 年年末再次存入 5 000 元。若银行利率为 6%，那么从现在开始 3 年后此人可以利用的存款有多少？

10.若一位客户将 1 000 元存入 A 银行，该银行的年利率为 6%。分别计算按半年、按季度以及按月复利计息的终值。

11.假定某银行提供一种存单，条件是现在存入 7 938.32 元，3 年后支付 10 000元。该银行的存款利率是多少？

12.某人决定购买一套价值 400 000 元的住宅，首付款为 20%。抵押贷款的名义年利率为 8%，按月计复利，要求在接下来的 30 年内每月等额支付。该按揭贷款每月支付额为多少？

13.某保险公司开发一种保险产品，该产品保证，它将永远、每年支付给你和你的子孙 15 000 元。若必要报酬率为 8%，那么这一产品的定价应为多少？

14.给定每年 6.5% 的利率，始于第 15 年的 3 000 元的永续现金流，在第 7 年的价值是多少？

15.某公司发行了一种面值 1 000 元的债券，期限为 20 年，息票率为 8%，每半年支付一次票息。若到期收益率为 10%，则该债券的价格是多少？

16.某公司将在下一年支付的股利为每股 3.6 元，该公司保证无限期增加公司的股利支付，每年增加 4.5%。如果投资的必要报酬率为 13%，那么该公司目前的股票价格是多少？

17.某公司准备把盈余用于投资，因此在接下来的 9 年中将不支付股利。第 10 年准备支付股利每股 8 元，之后，股利以每年 6% 的速度增长。如果股票的必要报酬率为 13%，那么该公司目前的股票价格为多少？

18.假定一只普通股的预期股利为 5 元，预期年增长率为 5%，交易价格为 50 元，则该普通股的收益率为多少？

19.假设你正在为你的两个孩子进行教育储蓄。他们年龄相差两岁，大孩子将在 15 年后上大学，小孩子则是在 17 年后上大学。你预计他们的大学费用为每个孩子 65 000 元/年，在每学年初支付。你的储蓄将在 1 年后开始，在大孩子进入大学之后停

止。假设大学学制4年，年利率为8.4%。你需要每年储蓄多少钱来确保完成这项教育储蓄？

20.假设某公司签订了一项合同，约定在3年后以135 000元的价格售出一项资产，该资产今天的价格为89 000元。如果这项资产的相关折现率为每年13%，那么该公司在这项资产上能否赚取利润？在什么利率下，该公司刚好实现盈亏平衡？

第二篇 投资决策管理

第4章

投资价值评价方法

本章要点 ☑️ ----------------------------------●

本章主要介绍投资价值评价方法，主要包括投资项目分类、净现值法、内部收益率法、投资回收期法等。

4.1 资本预算概述

4.1.1 资本预算的概念

资本预算（capital budget）是提出长期投资方案（其回收期在1年以上）并进行分析、选择的过程。通俗地说，资本预算就是一张列有明年或未来某一时间计划投资项目的清单，一般按标准格式或标准计算机模板对每一个项目进行简明扼要的描述，然后进行一系列筛选工作。最终的资本预算要反映公司整体的战略意图与发展方向。

尽管每个企业进行资本预算的工作细节不尽相同，但一般来说，进行资本预算的过程涉及以下几个方面：①提出与公司战略目标相一致的投资方案；②预测投资项目的税后增量营业现金流量；③预测投资项目的增量现金流量（净现金流）；④依据财富最大化目标选择投资项目；⑤继续评估修正后的投资项目，审计已完成的投资项目。

4.1.2 资本预算的分类

（1）按投资目的划分

① 扩充型项目。扩充型项目是指使公司能够扩充已有的产品和项目或进入一个新的市场生产新产品的项目。当一家公司决定扩展它的产品和市场时，经常要开拓一条新的销售渠道或者分销渠道，在这种情况下，公司必须设法准确估估对于产品和服务的需求。扩充型项目从某种意义上讲风险是最大的，因为它要进入一个从未涉足过的领域。正因为如此，一般情况下，扩充型项目的评估往往使用一个相对较高的、要求最低的收益率，扩充型项目会取得高于其他项目的回报。

② 调整型项目。调整型项目就是与法律法规相一致的项目。社会责任的约束与调整型项目的决策有很大的关系。例如，环保部门通常会制定空气和水的清洁标准，

任何项目都必须遵守这些标准。调整型项目并不是简单地追求股东权益的最大化，而是要首先遵守政府部门制定的行为标准。这样，追求股东权益最大化的现金流分析方法和追求公司长期生存发展的方法在调整型项目中的适用性就会大大降低，最优先考虑的应该是将遵守规则的成本降到最低。

③ 研发型项目。研发型项目是许多公司保证其长期发展能力的关键，特别是那些生产科技产品和提供科技服务的公司。同时，在研发型项目上的支出所能带来的效益估计起来也是十分困难的，通常要到将来的某个时刻才能实现，所以这样的项目需要相当大的投资规模。由于其现金流入的不确定性和较高的投资水平，研发型项目被列入风险最高的资本项目之一。

（2）按关系划分

① 相互独立的项目。相互独立的项目是指为达到投资目的，只有一个投资项目可供选择。尽管这样，对投资项目是否可行的决策仍可在两个方案中进行，即投资此项目和不投资此项目。由此可以看出，决策的本质就是比较择优。

② 相互排斥的项目。相互排斥的项目是指为达到投资目的，可供选择的投资项目有两个以上，而公司在一定时期的投资规模是有限的，或存在其他资源限制，不可能将可行的项目全部都实施，只能选取满足公司需要的最佳项目。

③ 相互关联的项目。相互关联的项目处于以上两者之间，因为它们之间既相互影响又不能完全排斥对方。相互关联的项目是指一个项目的市场份额会影响其他项目的市场份额。例如，如果项目A是生产一种新型的小型汽车，而项目B是生产中型汽车，那么两个项目都可以接受，但小型汽车的一部分潜在顾客可能会被吸引而购买中型汽车。这两个项目是相互关联的，其中一个项目收入的增加会使另外一个项目的收入减少。

4.2　项目未来现金流量的预测

4.2.1　现金流量的概念

所谓现金流量（cash flow），在投资决策中是指一个项目引起的企业现金流出和现金流入的数量。这里的现金是广义的现金，它不仅包括各种货币资金，而且包括项目需要投入的企业现有的非货币资源的变现价值。例如，一个项目需要使用原有的厂房、设备和材料等，相关的现金流量是指它们的变现价值，而不是其账面成本。新建项目的现金流量包括现金流出量、现金流入量和现金净流量三个统计概念，它们之间的关系如图4-1所示。

（1）现金流出量

一个方案的现金流出量，是指该方案引起的企业现金支出的增加额。例如，企业购置一条生产线，通常会引起以下现金流出：

① 购置生产线的价款。购置生产线的价款可能是一次性支出，也可能分几次支出。

② 垫支流动资金。该生产线扩大了企业的生产能力，进而引起对流动资金需求的增加。企业需要追加的流动资金也是由购置该生产线引起的，应列入该方案的现金流出量。企业只有在营业终了或出售该生产线时才能收回这些资金，并用于别的

目的。

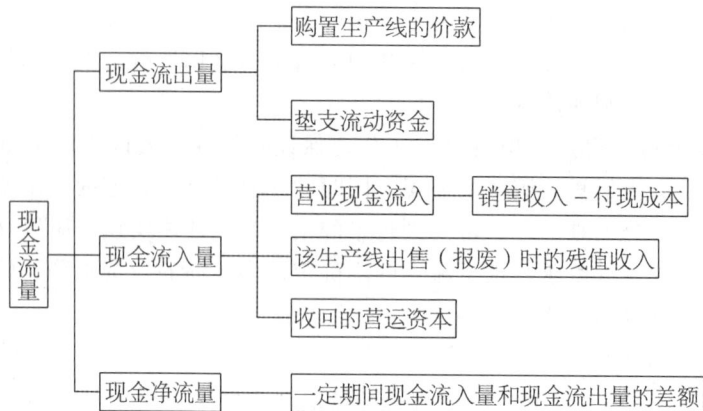

图4-1 现金流量的概念

（2）现金流入量

一个方案的现金流入量，是指该方案引起的企业现金收入的增加额。例如，企业购置了一条生产线，通常会引起下列现金流入：

①营业现金流入。购置生产线扩大了企业的生产能力，使企业销售收入增加。扣除有关的付现成本后的余额，就是该生产线引起的一项现金流入。

营业现金流入=销售收入-付现成本

付现成本在这里是指需要每年支付现金的成本。成本中不需要每年支付现金的部分称为非付现成本，其中主要是折旧费。所以，付现成本可以用成本减折旧来估计。

付现成本=成本-折旧

如果从每年现金流动的结果来看，增加的现金流入来自两部分：一部分是利润造成的货币增值；另一部分是以货币形式收回的折旧。

营业现金流入=销售收入-付现成本

=销售收入-（成本-折旧）

=利润+折旧

②该生产线出售（报废）时的残值收入。资产出售或报废时的残值收入，是由于当初购置该生产线引起的，应当作为投资方案的一项现金流入。

（3）现金净流量

现金净流量是指一定期间现金流入量和现金流出量的差额。这里所说的一定期间，有时是指1年内，有时是指投资项目持续的整个年限内。现金流入量大于现金流出量时，现金净流量为正值；反之，现金净流量为负值。

4.2.2 现金流量的估计

估计投资方案所需的资本支出，以及该方案每年能产生的现金净流量，要涉及很多变量，并且需要企业有关部门的参与。例如，销售部门负责预测售价和销量，涉及产品价格弹性、广告效果、竞争者动向等；产品开发和技术部门负责估计投资方案的成本支出，涉及研制费用、设备购置、厂房建筑等；生产和成本部门负责估计制造成本，涉及原材料采购价格、生产工艺安排、产品成本等。财务人员的主要任务是为销售、生产等部门的预测建立共同的基本假设条件，如物价水平、贴现率、可供资源的限制条件等；协调参与预测工作的各部门人员相互衔接与配合，防止预测者因个人偏好或部门利益而高估或低估收入和成本。

在确定与投资方案相关的现金流入量时，应遵循的基本原则是：只有增量现金流量才是与项目相关的现金流量。所谓增量现金流量，是指接受或拒绝某个投资方案后，企业总现金流量因此发生的变动。只有那些由于采纳某个项目引起的现金支出增加额，才是该项目的现金流出；只有那些由于采纳某个项目而引起的现金流入增加额，才是该项目的现金流入。

为了正确计算投资方案的增量现金流量，需要正确判断哪些支出会引起企业总现金流量的变动，哪些支出不会引起企业总现金流量的变动。在进行判断时，要注意以下四个问题：

（1）区分相关成本和非相关成本

相关成本是指与特定决策有关的、在分析评价时必须加以考虑的成本。例如，差额成本、未来成本等都属于相关成本。与此相反，与特定决策无关的、在分析评价时不必加以考虑的成本是非相关成本，如沉没成本、过去成本、账面成本等。

例如，某公司在2018年曾经打算新建一个车间，并请一家会计公司做过可行性分析，支付咨询费5万元，后来由于该公司有了更好的投资机会，该项目被搁置下来，该笔咨询费作为费用已经入账了。2021年该公司旧事重提，在进行投资分析时，这笔咨询费是否仍是相关成本呢？答案当然是否定的。该笔支出已经发生，不管该公司是否采纳新建一个车间的方案，它都已经无法收回，与该公司未来的总现金流量无关。

如果将非相关成本纳入投资方案的总成本，那么一个有利的方案可能因此变得不利，一个较好的方案可能变为一个较差的方案，从而造成决策错误。

（2）不要忽视机会成本

在投资方案的选择中，如果选择了一个投资方案，则必须放弃投资其他方案的机会。其他投资机会可能取得的收益是该方案的一种代价，被称为这个投资方案的机会成本。

例如，上述公司新建车间的方案，需要使用该公司拥有的一块土地。在进行投资分析时，因为该公司不必动用资金去购置土地，可否不将这块土地的成本考虑在内呢？答案是否定的。因为该公司若不利用这块土地来建设车间，则可将这块土地移作他用，并取得一定的收入。只是由于在这块土地上建设车间才放弃了这笔收入，而这笔收入代表建设车间使用土地的机会成本。假设这块土地出售可净得15万元，这15万元就是建设车间的机会成本。值得注意的是，不管该公司当初是以5万元还是20万元购进这块土地，都应以现行市价作为这块土地的机会成本。

机会成本不是通常意义上的"成本"，它不是一种支出或费用，而是失去的收益。这种收益不是实际发生的，而是潜在的。机会成本总是针对具体方案，离开被放弃的方案就无从计算确定。机会成本决策的意义在于它有助于全面考虑可能采取的各种方案，以便为既定资源寻找最为有利的使用途径。

（3）要考虑投资方案对公司其他部门的影响

当选定一个新项目后，该项目可能对公司的其他部门造成有利或不利的影响。例如，当新建车间的产品上市后，原有的其他产品的销量可能会减少，而且整个公司的销售额也许不会增加甚至会减少。因此，上述公司在进行投资分析时，不应将新车间的销售收入作为增量收入来处理，而应扣除其他部门因此减少的销售收入。当然，也可能发生相反的情况，新产品上市后促进了其他部门的销售增长。这要看新项目与原有部门是竞争关系还是互补关系。

当然，诸如此类的交互影响，事实上很难准确计算，但决策者在进行投资分析时仍要将其考虑在内。

（4）对净营运资金的影响

一般情况下，当公司开办一项新业务并使销售额增加后，对于存货和应收账款等流动资产的需求也会增加，公司必须筹措新的资金以满足这种额外需求；另外，公司扩充后，应付账款与一些应付费用等流动负债也会同时增加，从而降低公司流动资金的实际需要。所谓净营运资金的需要，是指增加的流动资产与增加的流动负债之间的差额。

当投资方案的寿命周期快要结束时，公司将与项目有关的存货出售，应收账款变为现金，应付账款和应付费用也随之偿付，净营运资金恢复到原有水平。通常，在进行投资分析时，假定开始投资时筹措的净营运资金在项目结束时收回。

4.3 提出投资项目

证券投资和项目投资的很多基本概念是相同的，但是，它们之间也存在重要区别：首先，证券投资是在市场上已存在的许多产品中进行选择，比如在股票市场或债券市场上选择适合自己的产品；而项目投资却是完全由公司自己提出的。其次，大多数投资证券市场的投资者，其自身活动对该投资产生的现金流几乎没有影响；而在项目投资中，公司起了非常大的作用。在证券定价和资本预算过程中，我们首先要预测未来的现金流，然后计算其现值，当现金流入的现值超过投资成本时，我们才会进行投资。

公司开发新产品、完善现有产品以及降低经营成本的能力决定了公司的发展前景、竞争能力和生存能力。因此，一家管理完善的公司总是竭尽全力去开发好的项目。一般而言，公司可以采用如下步骤开发新的投资项目：首先，公司的研发部门要不断开发新产品并改进现有产品。其次，公司市场营销、生产和财务领域的高级管理人员必须确定各自部门的长期目标，并写进公司的经营战略规划中，为公司的决策者提供决策依据。最后，公司的决策者负责新产品以及现有产品的扩张计划，寻求降低生产和销售成本的途径。

公司可以将奖金和股票期权作为奖励，鼓励管理人员提出有利可图的投资方案和建议，这样资本投资的创意就会层出不穷。当然，这些创意中有些是可行的，有些是不可行的，因此，本章的主题就是帮助公司建立适当的项目筛选程序。

4.4 项目分类

对项目可行性进行分析也是有成本的，并且不同类型的项目需要不同的分析方法，有些项目需要详细分析，有些则只需较简单的分析。因此，对项目进行分类十分必要，具体如图4-2所示。

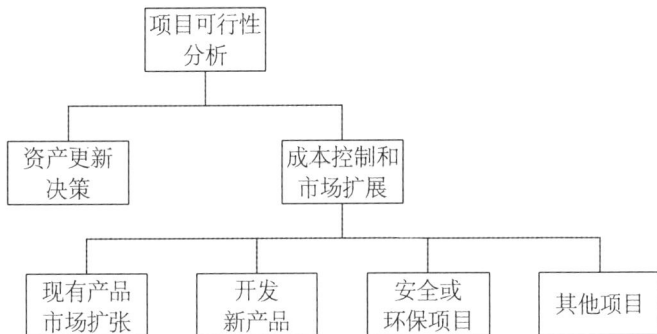

图4-2 项目分类图

① 为维持经营而进行的资产更新。这些资本支出主要是用来更换在生产过程中被严重消耗的机械设备。如果公司要继续生产原有产品或开展相应业务，那么这些更新就是必不可少的。因此，对于这类投资的问题就是：这项业务是否值得继续下去？是否采用同样的生产方法？如果答案都是肯定的，那项目决策就不必经过非常复杂的过程了。

② 为降低成本进行的资产更新。这类投资主要是用来更新那些尚可使用但陈旧过时的设备，目的是降低成本。这种项目往往具有不确定性，需要详细分析。

③ 现有产品市场扩张。这类投资主要是用来提高现有产品的产量以及拓展销售渠道，需要预测未来需求的增长，因此决策更为复杂。

④ 开发新产品，拓宽市场。这类投资项目会涉及重大的战略投资，可能会改变公司的经营范围和性质，因此必须经过详细分析，并由最高管理层决定。

⑤ 安全或环保项目投资。政府规定的资本投资、劳动合同和保险等方面都属于这一类型。若项目规模较小，可以进行相对简单的分析。

⑥ 其他项目投资。这类项目句括修建办公大楼、更新办公设备等。这类项目的决策差异很大。

通常，资产更新决策，尤其是为了维持项目生产的投资，往往只需要进行简单的分析；而降低成本，扩张生产，特别是新产品和新领域的开发项目，则需要进行详细分析。此外，投资规模越大，分析就要越详细，对审批人员的要求也就越高。

注意，这里说的"投资"不仅包括建筑物和设备，无形资产的投资也属于这一范畴，对于它们两者的分析是一样的。

4.5 净现值法

净现值法是评价投资方案的一种方法，用来估计潜在的项目对股东财富的贡献程度。这种方法就是利用净现金效益量的总现值与净现金投资量算出净现值，然后根据净现值的大小来评价投资方案。若净现值为正值，投资方案是可以接受的；若净现值是负值，投资方案就是不可接受的。净现值越大，投资方案越好。净现值法是一种比较科学也比较简便的投资方案评价方法。它根据每年的现金流量是否相等可分为两种，如图4-3所示。

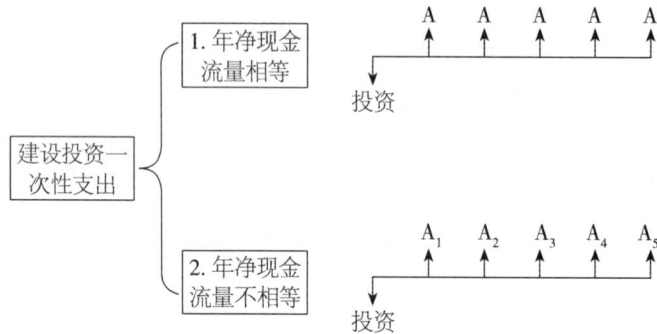

图4-3　初始投资一次性支出的净现值计算示意图

现在有两个项目，假定这两个项目的风险相同，现金流量已经根据企业所得税、折旧和残值进行了调整，如图4-4所示。另外，许多项目都要求同时进行固定资产投资和营运资本投资，图4-4中的投资支出（以 CF_0 表示）已经包括所有必需的营运资本。最后，假定所有的现金流量都发生在每年年末，见表4-1。

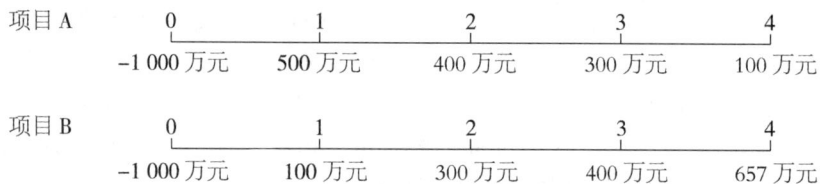

图4-4　项目A和项目B的净现金流量

表4-1　　　　　　　　　　　　　　　现金流量说明表

年（t）	预期的税后净现金流量（CF_t）		说明
	项目A（万元）	项目B（万元）	
0	−1 000	−1 000	初始成本
1	500	100	
2	400	300	
3	300	400	
4	100	657	

净现值是衡量项目对股东财富贡献度的直接指标，也是资本预算决策的主要参考标准。净现值的计算方法如下：

按照项目的资本成本贴现，计算每一笔现金流量的现值，包括现金流入和现金流出。这些贴现现金流量的综合就是项目的净现值（net present value，NPV），其计算公式如下：

$$NPV = CF_0 + \frac{CF_1}{1+r} + \frac{CF_2}{(1+r)^2} + \cdots + \frac{CF_n}{(1+r)^n}$$

$$= \sum_{t=0}^{n} \frac{CF_t}{(1+r)^t} \qquad (4-1)$$

式中：CF_t 为第 t 期的预期现金流量；r 为项目的资本成本（或加权平均资本成本）；n 为项目的年限。现金流出是指对项目的资金投入，用负值表示。以下两个项目只有 CF_0 是负的，说明它们均只有初期的资金投入，但是对于很多大项目而言，在获得现金流入前要经历多年的现金流出。

在 10% 的资本成本下，项目 A 的 NPV 为 78.82 万元，如图 4-5 所示。

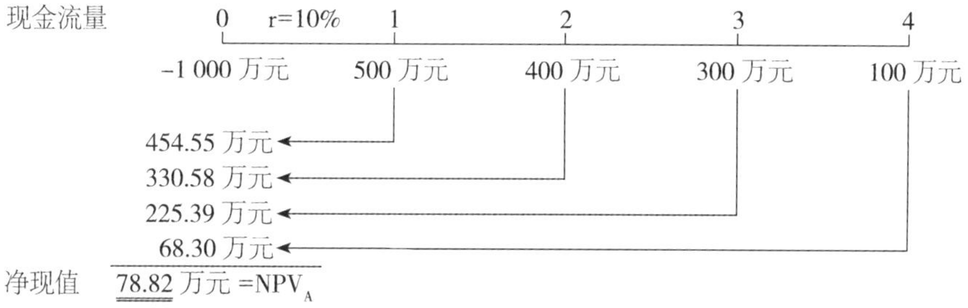

图4-5　10%资本成本下项目A的净现值

类似地，我们可以求得 $NPV_B = 88.09$ 万元。

如果项目之间是相互排斥的，那么，我们应当选择净现值较大的项目，拒绝净现值较小的项目。由于项目 B 净现值较大，因此，我们应该选择项目 B。

相互排斥意味着如果选择了一个项目，那么，其他的项目将被拒绝。例如，用来往仓库运输货物的传送带系统和叉车车队就是两个相互排斥的项目——接受其中的一个项目就意味着拒绝了另外一个项目。相互独立项目是指那些现金流量相互独立的项目。如果沃尔玛考虑分别在上海和杭州各新开设一家分店，那么这两个项目就是相互独立的。如果我们所讨论的项目 A 和项目 B 是相互独立的，那么两个项目就都可以接受，因为它们都具有正的净现值，从而可以为公司创造价值。如果这两个项目是相互排斥的，那么我们就应该选择项目 B，因为项目 B 具有较高的净现值。

净现值法的内在原理非常简单：如果 NPV 大于零，表明该项目会为股东创造价值；如果 NPV 小于零，表明该项目会减少股东财富。在本节的例子中，项目 B 会使股东财富增加 88.09 万元，项目 A 会使股东财富增加 78.82 万元。如果两个项目是相互独立的，两个项目就都可以接受；如果两个项目是相互排斥的，只能接受项目 B。

4.6　内部收益率法

内部收益率法是广泛适用的传统资本预算方法，其手工计算要比净现值法困难许多。内部收益率（internal rate of return，IRR）是指使项目的净现值等于零的贴现率。我们可以将 NPV 的计算公式改写来计算内部收益率，其中，用 IRR 来代替分母中的 r，并令 NPV=0。内部收益率的计算公式为：

$$NPV = CF_0 + \frac{CF_1}{1 + IRR} + \frac{CF_2}{(1 + IRR)^2} + \cdots + \frac{CF_N}{(1 + IRR)^N}$$

$$= \sum_{t=0}^{r} \frac{CF_t}{(1 + IRR)^t} = 0 \tag{4-2}$$

对于前面提到的项目 A 来说，其现金流折现值如图 4-6 所示。

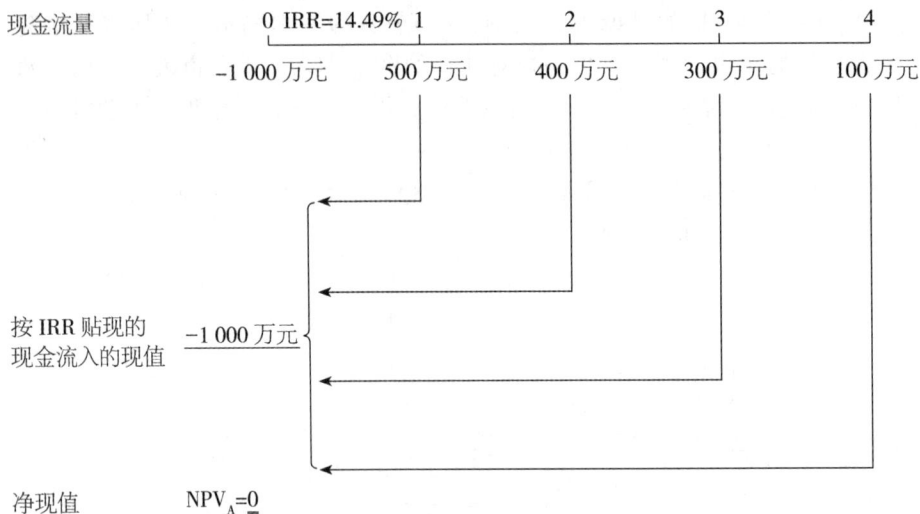

现金流量   0 IRR=14.49% 1   2   3   4

      -1 000 万元   500 万元   400 万元   300 万元   100 万元

按 IRR 贴现的
现金流入的现值   -1 000 万元

净现值 $NPV_A = 0$

图4-6　项目A的现金流折现值

我们得到一个只包含一个未知数的方程，需要求解未知数来得到 IRR。如果没有财务计算器，我们必须通过试错法来求解式（4-2）——将某些贴现率代入方程，观察方程的结果是否等于零。如果结果不为零，再尝试另一个贴现率，反复进行这一过程，直到找到能够使方程等于零的贴现率为止，这个贴现率就是 IRR。对于周期很长的项目来说，试错法是一项烦琐而耗时的工作。

当计算得到的 IRR 大于资本成本时，接受该项目；反之，则不接受。为什么内部收益率有如此特别的意义呢？因为一个项目的内部收益率是该项目的预期收益率，如果内部收益率超过项目融资的资本成本，超出部分就归公司股东所有，相反就会产生亏损。

以项目 A 为例，由于内部收益率法手工计算非常复杂，所以一般会使用财务计算器或 Excel 计算，算出项目 A 的内部收益率 IRR=14.49%，超过了资本成本 10%，因此接受该项目。

▋ 4.7　净现值法和内部收益率法的比较

为了理解净现值法和内部收益率法的区别和联系，以及决策者该如何综合利用这两种方法，我们需要理解净现值曲线图（net present value profile），它在用净现值法和内部收益率法作出的判断出现矛盾的情况下十分有用。净现值曲线图描述了项目在不同折现率下的净现值。我们运用图 4-6 中项目 A 的数据来描绘净现值曲线，首先用图 4-7 中下方的数据所给出的贴现率来计算 NPV，然后将计算出的 NPV 标记在图中。注意，在资本成本为零的情况下，NPV 等于未经贴现的现金流量的总和，即 300 万元。这一数值就是图4-7中纵轴上的截距。另外，如前所述，内部收益率就是使项目的NPV等于零的贴现率，因此，净现值曲线与横轴的交点所对应的数值就是项目的内部收益率（IRR）。将这些点连接起来，就得到净现值曲线。

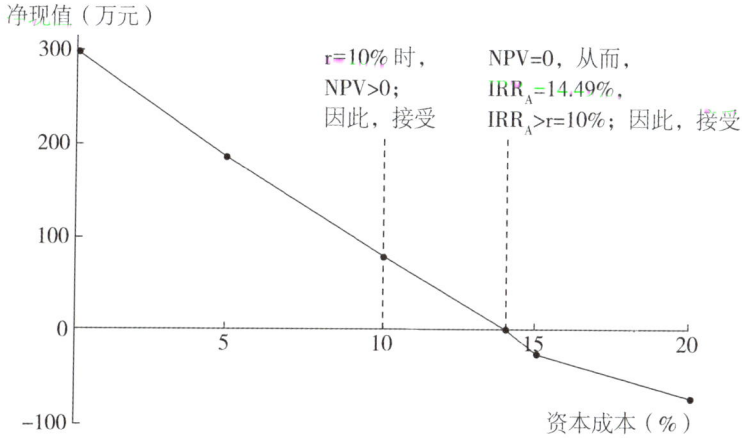

净现值（万元）

300

r=10%时，
NPV>0；
因此，接受

NPV=0，从而，
$IRR_A=14.49\%$，
$IRR_A>r=10\%$；因此，接受

200

100

0

5   10   15   20

−100

资本成本（%）

资本成本	NPV_A
0	300.00万元
5%	180.42万元
10%	78.82万元
IRR_A=14.49%	0
15%	−8.33万元
20%	−83.72万元

图4-7　项目A的净现值曲线

项目B和项目A的净现值曲线都随着资本成本的增加而向下倾斜。注意，IRR_A是固定的，因此，无论资本成本大小，项目A都具有较高的内部收益率。但是，NPV根据资本成本的变化而变化，项目的NPV水平取决于资本成本的大小。具体而言，如果资本成本低于11.97%，项目B的NPV较高；如果资本成本高于11.97%，项目A的NPV较高。净现值曲线的交点所对应的贴现率（11.97%）被称为交叉点利率。不同资本成本下项目A和项目B的净现值见表4-2。

表4-2　　　　　　　　　**不同资本成本下项目A和项目B的净现值**

资本成本	NPV_A	NPV_B
0	300.00万元	475.00万元
5%	180.42万元	268.21万元
10%	78.82万元	100.40万元
交叉点利率=11.97%	42.84万元	42.84万元
IRR_B=13.55%	15.64万元	0
IRR_A=14.49%	0	−24.37万元
15%	−8.33万元	−37.26万元
20%	−83.72万元	−151.33万元

需要注意的是，项目B的净现值曲线比较陡峭，这表明资本成本的增加对项目B的净现值影响更大。为了说明为什么项目B具有更高的敏感性，首先，请回忆项目A产生现金流量的速度快于项目B。因此，项目A是一个短期项目，而项目B是一个长期项目。其次，请回忆NPV的计算公式：

$$NPV=CF_0+\frac{CF_1}{1+r}+\frac{CF_2}{(1+r)^2}+\cdots+\frac{CF_n}{(1+r)^n}$$

资本成本增加对远期现金流量的影响大于对近期现金流量的影响。考虑下面的例子：

在r=5%的情况下，1年后到期的100万元的现值为：

100÷1.05=95.24（万元）

在r=10%的情况下，1年后到期的100万元的现值为：

100÷1.10=90.91（万元）

r增加所带来的现值下降为：

（95.24-90.91）÷95.24=0.0455×100%=4.55%

在r=5%的情况下，20年后到期的100万元的现值为：

$100÷1.05^{20}=37.69$（万元）

在r=10%的情况下，20年后到期的100万元的现值为：

$100÷1.10^{20}=14.86$（万元）

r增加所带来的现值下降为：

（37.69-14.86）÷37.69=0.6057×100%=60.57%

对于1年后到期的现金流量而言，贴现率增加一倍，现值只下降4.55%；对于20年后到期的现金流量而言，贴现率增加一倍，现值将下降60.57%。因此，如果项目的现金流量绝大部分产生于项目前期，那么项目的NPV不会因为资本成本增加而大幅下降；如果项目的现金流量绝大部分产生于项目后期，那么项目的NPV会因为资本成本增加而大幅下降。项目B的现金流量大部分产生于项目后期，如果资本成本提高，项目B将受到严重影响；相比之下，项目A受资本成本提高的影响相对较小。因此，项目B的净现值曲线更加陡峭。

4.7.1 相互独立项目

如果我们评估有正常现金流的相互独立项目，那么净现值法和内部收益率法通常会得出同样的接受或拒绝的决策。如果根据NPV标准，项目是可以接受的，那么根据IRR标准，项目也同样是可以接受的。为了说明原因，不妨回顾图4-7，需要注意以下几点：①根据IRR标准，两个项目可以接受的条件是资本成本低于内部收益率；②如果项目的资本成本低于内部收益率，那么净现值总为正值。因此，只要项目的资本成本小于14.49%，根据NPV标准和IRR标准，项目A可以接受；但是，如果项目的资本成本大于14.49%，根据NPV标准和IRR标准，项目A应该被拒绝。这样的分析也适用于项目B和其他相互独立的项目，并且也会得出相同的结论。因此，对于相互独立的项目，只要根据内部收益率法得出的结论是项目可以接受，那么根据净现值法得出的结论也同样是项目可以接受。

4.7.2　相互排斥项目

现在假设项目 A 和项目 B 是相互排斥的，而不是相互独立的。也就是说，可以选择项目 A 或项目 B，也可以同时拒绝两个项目，但不能同时接受两个项目。注意，在表 4-2 中，只要资本成本大于交叉点利率（11.97%），根据净现值法和内部收益率法可以得出：$NPV_A>NPV_B$，$IRR_A>IRR_B$。因此，如果 r 大于交叉点利率（11.97%），净现值法和内部收益率法的分析结果都是选择项目 A。然而，如果资本成本小于交叉点利率（11.97%），那么，净现值法的分析结果是选择项目 B，而内部收益率法的分析结果是选择项目 A。这就产生了矛盾。

以下两个基本条件会导致净现值曲线相交，从而使得净现值法和内部收益率法的结论互相冲突：

① 两个项目现金流量的时间分布不同，如项目 B 和项目 A，一个项目的现金流量更多地发生在项目前期，另一个项目的现金流量更多地发生在项目后期。

② 项目大小（或规模）有差异，即一个项目的投资成本高于另一个项目。

当项目规模和项目现金流量的时间分布存在差异时，公司选择的项目会不同，以后各年公司可用于投资的资金金额也不同。例如，如果选择项目 A，那么在第 1 年将拥有更多的可投入资金，因为项目 A 在第 1 年产生的现金流量要高于项目 B。类似地，如果一个项目的成本高于另一个项目，并且公司选择了小规模的项目，那么在 t=0 时将拥有更多的投资资金。在这种情况下，可被用来再投资的现金流量所产生的收益率是一个关键问题。

假设两项目的资本成本均为 10%，投资额相同，投资年限也相同，只是现金流量的发生时间不同，见表 4-3。

表4-3　　　　现金流量发生时间不一致条件下两个项目净现值比较　　　金额单位：万元

年份	0	1	2	3	4	5	6	IRR	NPV
项目 A	−250	100	100	75	75	50	25	22.08%	76.29
项目 B	−250	50	50	75	100	100	125	20.01%	94.08

结论不同的原因是：再投资报酬率的假设不同。内部收益率法假设，当从项目中获得的现金流入再投资于其他项目时，能获得与本项目相同的报酬率；而净现值法则假设，其获得的报酬率为资本成本。

越晚发生的未来现金流量的现值对折现率的变化越敏感，如图 4-8 所示。

要解决互相排斥项目选择时所出现的矛盾，关键在于，如果选择短期或小型项目，那么需要多高的收益率才能促使你将这些项目产生的现金流量用于投资？即再投资收益率（reinvestment rate）为多少？净现值法假设再投资收益率等于资本成本，而内部收益率法假设再投资收益率等于内部收益率。

当计算净现值时，我们以加权平均资本成本（weighted average cost of capital，WACC）作为贴现率，这意味着净现值法自动假定现金流量可以按 WACC 进行再投资。然而，当计算内部收益率时，我们使用的是使 NPV 等于零的贴现率，这意味着内部收益率法假定现金流量可以按内部收益率进行再投资。

图4-8 净现值与折现率的关系图

哪一种假定更合理呢？对于多数公司而言，按照资本成本再投资更加合理，因为如果一家公司可以进入资本市场，那么它就可以按照现行利率（在我们的例子中，现行利率为10%）融资。由于公司的融资成本为10%，如果公司拥有收益率高于10%的投资机会，公司就可以使用成本为10%的外部资本，并接受这个投资机会。如果公司选择使用过去项目所产生的现金流量而放弃外部融资，那么公司将节省10%的资本成本，这意味着公司将按照资本成本（10%）再投资。

如果公司缺乏外部融资渠道，并且拥有大量具有高内部收益率的项目，那么，假定项目现金流量可以按内部收益率进行再投资是合理的。但是，这种情况很少，因为具有良好投资机会的公司通常能够进入债券和股票市场获得资金。因此，净现值法内含的假定通常比内部收益率法内含的假定更加有效。

我们重申一次，当项目之间相互独立时，净现值法和内部收益率法会得出完全相同的接受或否定的结论。然而，在评估互相排斥的项目时，特别是这些项目在规模和现金流量的时间分布上存在差异时，净现值法更加适用。

4.8 投资回收期法

目前，净现值法和内部收益率法是最常用的资本预算决策方法，而投资回收期法是最近被广泛应用的一种方法。投资回收期法是指从经营性现金流量中收回全部初始投资所需要的时间。式（4-3）就是投资回收期（payback period）的计算公式，具体的计算过程如图4-9所示。

项目A：　　　　年份

	0	1	2	3	4
净现金流量	-1 000	500	400	300	100
累计现金流量	-1 000	-500	-100	200	300

项目A：投资回收期=2+100/300=2.33

项目B：　　　　年份

	0	1	2	3	4
净现金流量	-1 000	100	300	400	675
累计现金流量	-1 000	-900	-600	-200	475

项目B：投资回收期=3+200/675=3.30

图4-9 贴现的投资回收期的计算过程

$$投资回收期=投资成本足额收回的整年年数+\frac{年初没有收回的成本}{整个年度的现金流量} \qquad (4-3)$$

投资回收期越短，项目越好，因此，如果公司要求的投资回收期不超过3年，那么项目A可以接受，而项目B将被拒绝。如果两个项目之间是相互排斥的，由于项目A的投资回收期较短，因此，应该接受项目A。

投资回收期法主要有二个缺点：

① 不同年度收到的资金将被赋予同样的权重——在第4年收到的1万元与在第1年收到的1万元具有同样的价值。

② 无论现金流量有多大，在回收期之后收到的现金流量一概不予考虑。

③ 净现值主要告诉我们项目会增加多少股东财富，内部收益率主要告诉我们项目收益率会比资本成本高多少；与净现值和内部收益率不同，投资回收期主要告诉我们什么时间可以收回投资，投资回收期与股东财富最大化之间没有必然联系。因此，我们不知道如何确定"正确的"投资回收期，将2年、3年或其他年数作为截止期限都是一种武断的做法。

针对第一个缺点，分析师建立了贴现的投资回收期（discounted payback period），即将现金流量按WACC贴现，然后再用来计算投资回收期。贴现的投资回收期被定义为运用贴现的现金流量来弥补初始投资成本所需要的时间。图4-10显示了项目A和项目B的贴现净现金流量。假设两个项目的资本成本都为10%，将每一笔现金流量都除以$(1+r)^t=1.10^t$，其中t表示现金流量发生的年份、r表示项目的资本成本，而有关的现值被用来计算投资回收期。对于项目A而言，贴现的投资回收期不足3年；对于项目B而言，贴现的投资回收期接近4年。

项目A：

	年份				
	0	1	2	3	4
现金流量	−1 000	500	400	300	100
贴现的现金流量	−1 000	454	331	225	68
累计的贴现现金流量	−1 000	−546	−215	11	79

项目A：贴现的投资回收期 =2+215/225=2.96

项目B：

	年份				
	0	1	2	3	4
现金流量	−1 000	100	300	400	675
贴现的现金流量	−1 000	91	248	301	461
累计的贴现现金流量	−1 000	−909	−661	−361	100

项目B：贴现的投资回收期 =3+361/461=3.78

图4-10 10%资本成本下贴现的投资回收期的计算过程

注意，投资回收期是一种"盈亏平衡"的计算，如果现金流量按照预期的速度流回企业，直到投资成本被足额收回，那么这个项目就会实现盈亏平衡。然而，常规的投资回收期没有考虑资本成本，因此它也没有真正确定实现盈亏平衡的年数。虽然贴现的投资回收期考虑了资本成本，但是它忽略了投资回收期之外的现金流量，这是一个严重的缺陷。另外，贴现的投资回收期也没有指出多长的投资回收期才足以保证实现股东财富最大化。

尽管这两种投资回收期法在项目排序方面存在某些严重的缺陷，但是它们都提供了项目占用资金时间的信息。因此，在其他条件相同的情况下，投资回收期越短，项目的流动性就越强。同样，由于远期现金流量的风险比近期现金流量更高，因此，投资回收期也经常作为衡量项目风险的一个指标。

4.9 关于资本预算方法的结论

我们讨论了五种资本预算决策标准：NPV、IRR、MIRR（修正的内部收益率）、投资回收期和贴现的投资回收期。现在我们对这些方法进行比较，并找出各种方法的优点和缺点。在这一过程中，我们的讨论也许会造成这种印象："成熟的"公司在决策过程中应该只采用净现值法。然而，所有的资本预算决策实际上都采用计算机进行分析，因此，很容易计算出五种资本预算决策标准的数值。在作出接受或拒绝决策时，大多数大型的成熟公司会计算和考虑五个指标，因为每个指标都为决策者提供了不同层面的信息。

净现值法非常重要，因为它直接体现了项目给股东带来的投资收益，因此，我们将NPV作为衡量项目盈利能力的最佳指标。IRR和MIRR也衡量项目的盈利能力，但是，它们以收益的百分比的形式表示，从而更受决策者欢迎。此外，IRR和MIRR还提供了关于项目的"安全边际"的信息。例如，考虑下面两个项目：项目SS（规模较小）的投资成本为10 000元，预期第1年年末将获得16 500元的收益；而项目LL（规模较大）的投资成本为100 000元，预期第1年年末将获得115 500元的收益。项目SS的IRR和MIRR较高，达到65%；而项目LL的IRR和MIRR适中，为15.6%。净现值法导致两种不同的场景——在资本成本为10%的情况下，项目SS的NPV为5 000元，而项目LL的NPV为5 040元。如果根据净现值法进行决策，应该选择项目LL。但是，项目SS的IRR和MIRR表明该项目具有较高的安全边际：即使最终真正实现的现金流量比16 500元的预期现金流量低39%，公司仍然可以收回10 000元的全部投资。另外，如果项目LL的预期现金流入（115 500元）降低13%，那么公司将无法收回全部投资。如果两个项目都不产生任何现金流量，那么项目SS仅损失10 000元，而项目LL将损失100 000元。

MIRR除了包含IRR的所有优点外，其有关再投资收益率的假定也比较合理，避免了多重内部收益率的问题。如果决策者希望了解项目的收益率，MIRR是一个比常规的IRR更优的指标。

投资回收期和贴现的投资回收期提供了有关项目的流动性和风险的信息。投资回收期较长意味着投入的资金将被锁定多年，因此项目的流动性较差；另外，投资回收期较长意味着必须预测相对较长时期的现金流量，因此项目的风险可能较高。这种情况类似于债券的估值。投资者在没有考虑两种债券到期期限差异的情况下，就不应该比较两种债券的到期收益率，因为到期日对债券风险具有重大影响。

总之，对于决策者来说，不同的指标提供了不同类型的信息。由于这些指标的计算都很简单，在资本预算决策过程中，应该计算和考虑所有指标。对大多数项目决策来说，NPV是应该最先考虑的指标，但是也不能忽略其他指标提供的信息。

思政小课堂 ✅ ----------------------------•

公司股东希望公司通过经营使其变得更加富有，这个愿望主要依靠投资活动来实现。如何找到增加公司财富的投资项目是投资决策管理重点讨论的问题。判断一个投资项目是否可行，首先要预估项目未来的现金流，然后通过净现值法、内部收益率法、投资回收期法等方法作出项目是否值得投资的决策。在此过程中，掌握正确的方法并尽可能准确地估算现金流固然重要，但顺应经济发展的客观规律、遵守会计准则及其他政策法规、尊重事实、防范风险亦是投资活动成败的关键因素。

在本章的学习当中，有两个概念值得我们深思——沉没成本和机会成本。人生总面临选择，难免计算得失。失，便是选择的成本。沉没成本告诉我们，不必一味沉湎于过去，着眼当下、重新出发或许能收获更多；机会成本则告诉我们，不可兼得是人生常态，理智分析、谨慎决策，才能达到更优的未来。

思考与练习 ✅ ----------------------------•

1.投资回收期指标的优点和缺点是什么？

2.净现值法与内部收益率法的联系和区别是什么？

3.在比较两个或两个以上投资项目时，运用净现值法和内部收益率法应当注意什么问题？

4.哪几个因素决定了一个投资项目的净现值？用净现值法来评价存在哪些缺陷？

5.为什么说投资回收期指标只能判断方案的可行性，而不能用它来进行方案之间的优选？

6.主要的项目投资评价方法有几种？为什么要采用这么多评价方法？

7.在资金总额限制条件下，若投资项目既有独立方案又有互斥方案，选择的原则及步骤是怎样的？

8.某公司要进行一项投资，需投入600万元，并在第1年垫支营运资金50万元，采用直线法计提折旧。项目寿命期为5年，每年销售收入为360万元，付现成本为120万元，企业所得税税率为25%，资本成本率为10%。试计算该项目的投资回收期和净现值。

9.某公司为扩充生产线决定购入一套新设备，需投资300万元，使用寿命为5年，采用直线法计提折旧，5年后无残值，5年中每年销售收入为150万元，每年的付现成本为50万元。试计算该投资方案的现金流量和投资回收期（企业所得税税率为25%）。

10.某企业计划投资2 000万元，预定的投资报酬率为10%，现有甲、乙两个方案可供选择，有关资料见表4-4。

表4-4　　　　　　　　　　　　　　　甲、乙两个方案净现金流量表　　　　　　　　　　　　单位：万元

年份	甲方案净现金流量	乙方案净现金流量
第1年	350	800
第2年	480	630
第3年	600	550
第4年	650	400
第5年	800	300

要求：计算甲、乙两个方案的净现值，并判断应采用哪个方案。

11.某企业拟建造一套生产设备，预计建设期为1年，所需原始投资200万元于建设起点一次性投入。该设备预计使用寿命为5年，使用期满报废清理时无残值。该设备折旧采用直线法。该设备投产后每年增加息税前利润60万元。该企业为免税企业。计算项目计算期内各年净现金流量和投资回收期。

12.接上题，假定适用的行业基准折现率为10%，请计算项目净现值并评价该项目的可行性。

13.某公司拟按7%的资本成本筹资10万元用于投资，目前有三个方案可供选择（风险相同）：

方案一：投资A项目（免税），5年后可一次性收回现金14.4万元；

方案二：投资B项目，于第4年开始至第8年，每年年初现金流入6.5万元、付现成本1万元，折旧采用直线法，企业所得税税率为25%，不考虑资本化利息；

方案三：将现金存入银行，复利计息，每半年等额收回本息1.945万元。

要求：计算方案一的内部收益率以及方案二的现值指数和会计收益率；通过比较，在三个方案中选取最优方案。

14.接上题，如果要求未来5年内存款的现金流入现值与方案二B项目未来的现金净流量现值相同，存款的年复利率应为多少？此时的实际年利率为多少？如果要求未来5年的投资报酬率为10%，每次从银行收回多少现金，其未来现金流入才能与方案二B项目未来的现金净流量现值相同？

15.某企业准备更新一台已用5年的设备，目前账面价值为200 000元，变现收入为150 000元。取得新设备的投资额为350 000元，可用5年，新旧设备均采用直线法折旧，5年后新旧设备的残值均为0。设备更新在当年可以完成。更新后第1年增加营业收入100 000元，但也增加营业成本50 000元。第2到第5年每年增加营业收入120 000元，增加营业成本60 000元；企业所得税税率为25%。试计算在项目计算期内各年的差额净现金流量。

16.某公司正在计划投资一个项目，该项目需要购买一台机器，价值100 000元，新机器将在未来5年内按直线法计提折旧。由于购买了新机器，该公司将置换旧机器，旧机器的账面价值为22 000元，将以36 000元出售。该项目还需要雇用和培训10名新员工，每人费用大约为12 000元，这些费用均在项目正式启用之前发生。该公司的企业所得税税率为25%。试计算该项目的初始现金流量。

17.某公司拟购置一处不动产作为办公用地，现有如下两个付款方案：

（1）从现在起，每年年初支付20万元，连续支付10次，共200万元；

（2）从第4年开始，每年年初支付25万元，连续支付10次，共250万元。

假设该公司的资本成本率为10%，你认为该公司应选择哪个方案？

18.某公司原有一台设备，目前出售可得收入7.5万元（假设与旧设备的折余价值一致），预计使用10年，已使用5年，预计残值为0.75万元，该公司用直线法提取折旧。现该公司拟购买新设备替换旧设备，以提高生产效率，降低成本。新设备购置成本为40万元，使用年限为5年，同样用直线法提取折旧，预计残值与旧设备的残值一致。使用新设备后，该公司每年的销售额可从150万元上升到165万元，每年的付现成本从110万元上升到115万元。该公司的企业所得税税率为25%，资本成本为10%。请通过计算说明该设备是否应当更新。

19.某公司原有一台设备，购置成本为15万元，预计使用10年，已使用5年，预计残值为原值的10%，该公司采用直线法提取折旧。现该公司拟购买新设备替换原设备，以提高生产率，降低成本，新设备购置成本为20万元，使用年限为5年，同样采用直线法提取折旧，预计残值为购置成本的10%。使用新设备后，该公司每年的销售额可以从150万元上升到165万元，每年付现成本从110万元上升到115万元。该公司如果购置新设备，旧设备出售可得收入10万元，该公司的企业所得税税率为25%，资本成本为10%。请通过计算说明该设备是否应当更新。

20.某企业使用现有生产设备每年销售收入3 000万元，每年付现成本2 200万元，目前该设备市值80万元。该企业在与外商的谈判中，获知可以购入一套设备，买价为50万美元。如果购得此设备并对该企业进行技术改革，扩大生产，每年销售收入预计增加到4 000万元，每年付现成本增加到2 800万元。据市场调查，该企业所生产的产品尚可在市场销售8年，8年以后拟转产，转产时进口设备预计可以23万元在国内售出。该企业要求的投资报酬率为10%，现时美元对人民币汇率为1∶6.6。请用净现值法分析评价此项技术改造方案是否有利。

21.某公司正在考虑开发一种新产品，假定该产品销售期为5年，5年后停产。生产该产品所获得的收入和需要的成本等有关资料如下：

投资购入机器设备 100 000元

投产需垫支流动资金 50 000元

每年的销售收入 80 000元

每年的材料、人工等付现成本 50 000元

前4年每年的设备维修费 2 000元

5年后设备的残值 10 000元

假定该新产品的投资报酬率为10%，不考虑企业所得税。

试计算各年的现金净流量和该方案的内部收益率，并用内部收益率指标对该新产品开发方案是否可行作出评价。

22.某固定资产项目需在建设起点一次性投入资本210万元，建设期为2年，第2年年末完工，并于完工后投入流动资金30万元。预计该固定资产投产后，该企业各年的经营净利润净增60万元。该固定资产的使用寿命为5年，按直线法折旧，期满有固定资产残值收入10万元，流动资金于项目终结时一次性收回，该项目的资本成本

为10%。请计算该项目各年的现金净流量以及净现值。

23.某公司的固定资产项目初始投资为900 000元，当年便可投产，生产经营期为15年，按直线法计提折旧，期末无残值。预计该项目投产后每年可生产新产品10 000件，销售价格为50元/件，单位成本为32元/件，其中单位变动成本为20元/件，企业所得税税率为25%，投资人要求的必要报酬率为9%。

要求：（1）计算该项目的净现值。

（2）假设产品单价降低10%，该变动对净现值的影响程度有多大？

24.某公司正在运营一个新项目，预计在最新一个会计年度带来235 000元的实际净现金流入。由于是正在进行的项目，预计未来的竞争将会永续地对实际净现金流入带来每年3%的侵蚀。该公司的折现率为4%，所有的净现金流都将在年末获得。该公司的运营带来的现金流现值应该是多少？

25.假设你今天获得了9 400元的贷款，但是之后需要按表4-5进行偿付。

表4-5　　　　　　　　　　　偿付时间与现金流　　　　　　　　　　　单位：元

年	0	1	2	3	4
现金流	9 400	−4 500	−3 100	−2 400	−1 800

要求：（1）这笔贷款的内部收益率为多少？

（2）如果折现率为10%，你是否应该接受这笔贷款？

（3）如果折现率为20%，你是否应该接受这笔贷款？

（4）当折现率为10%时，该贷款的净现值为多少？折现率为20%时呢？

（5）上一个问题根据净现值法得到的结论是否与根据内部收益率法得到的结论一致？

26.W公司是一家游戏制作企业，有一个冒险类游戏的新想法，可以设计成电脑游戏，也可以设计成手游，但是只能选择其中一种。两种游戏开发方案的现金流见表4-6。假设折现率为10%。

表4-6　　　　　　　　　　两种游戏开发方案的现金流　　　　　　　　　　单位：万元

年	0	1	2	3
电脑游戏	−950	700	550	130
手机游戏	−2 100	1 500	1 050	450

要求：（1）根据投资回收期法，应该接受哪个方案？

（2）根据净现值法，应该接受哪个方案？

（3）根据内部收益率法，应该接受哪个方案？

（4）根据增量内部收益率法，应该接受哪个方案？

第5章
预期效用：风险下的决策理论

本章要点 ✔ -- ●

本章主要介绍风险环境下的决策准则，主要包括风险与不确定性、风险偏好和预期效用理论、预期效用准则矛盾和预期效用理论运用。

5.1 风险与不确定性

到目前为止，我们讨论的经济活动都是在确定的经济环境中进行的，即涉及的变量都是确定的。然而经济活动并不总是在确定的环境中进行，比如贷款消费同未来收入有关，而未来是不确定的；股票的购买与股票价格有关，而股票价格的变化是不确定的。这种在不确定环境中作决策的情况可能更为常见、更符合现实，因此有必要研究不确定环境中的选择问题。

5.1.1 风险、不确定性与确定性的定义

弗兰克·H.奈特在《风险、不确定性与利润》（1921）一书中认为"风险≠不确定性"。

确定性：自然状态如何是已知的，替换行动所产生的结果是已知的。

风险：那些涉及以已知概率或可能性形式出现的随机问题，但排除了未数理化的不确定性问题。

不确定性：那些每个结果的发生概率还不知道的事件，即那些决策的结果明显依赖决策者不能控制因素的事件，并且仅在作出决策后，决策者才知道其决策结果的一类问题。

因此，所谓不确定性，就是人们不能确定某种经济行为一定会产生某种结果。但在经济学中，人们对这个词的含义作了严格界定，区分了两个不相同但有联系的不确定性概念：风险性与无常性。

风险性（risk）是指人们虽然不能确定某种经济行为一定会导致某种结果，但能够确定发生某种结果的可能性大小，或者说，某种经济行为产生某种结果的概率是客观存在的。

无常性（uncertainty）是指人们既不能确定某种经济行为一定会发生某种结果，

又不能确定发生某种结果的可能性大小。

本章我们研究不确定环境中的行为准则，内容是风险环境中的选择理论——预期效用，而非无常环境中的选择理论——主观概率。

5.1.2 不确定性选择的事例

我们先来讨论不确定性选择的几个典型事例，并作一些分析。

（1）彩票

发行彩票是一种常见的低成本筹资手段。购买彩票有可能获得奖品，甚至可能获得大奖，有些人就是靠购买彩票碰运气发了家。彩票的种类很多，不同的彩票有不同的中奖概率分布。面对众多的彩票，消费者究竟是依据什么样的准则进行选择的？消费者究竟喜欢购买哪一种彩票？这是我们关心的问题。

【例5-1】现有两种奖品相同的彩票，福利彩票和足球彩票（如图5-1所示），购买者如中奖，即可得自行车一辆。假定福利彩票的中奖概率为 p（不中奖的概率便是 $1-p$），足球彩票的中奖概率为 q（不中奖的概率便是 $1-q$）。购买者如果中奖，就可获得 U_1 个单位的效用；如不中奖，则获得 U_2 个单位的效用（实际上是损失 $-U_2$ 个单位的效用）。抽奖者喜欢购买哪一种彩票？

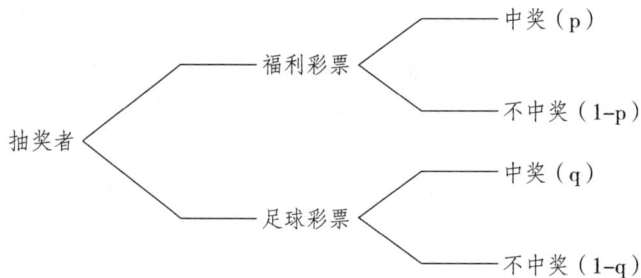

图5-1 彩票抽奖概率图

要回答这个问题，需要计算这两种彩票的预期效用，即计算效用的数学期望。用 EU 表示福利彩票的预期效用，用 EV 表示足球彩票的预期效用，则有：

$$EU=pU_1+（1-p）U_2$$

$$EV=qU_1+（1-q）U_2$$

抽奖者究竟会购买哪一种彩票取决于 EU 与 EV 的比较。如果 EU>EV，则购买福利彩票预期将给购买者带来更大的效用，因而抽奖者更喜欢福利彩票。这样，抽奖者的选择是购买福利彩票。如果 EU<EV，则抽奖者更喜欢足球彩票，这样，抽奖者的选择就是购买足球彩票。如果 EU=EV，即两种彩票对抽奖者的预期效用相同，可以认为这两种彩票对抽奖者来说无差异，购买哪一种都可以。可见，消费者是按照两者预期效用的比较来选择的。

（2）赌博

赌博是一种典型的依靠随机因素来决定收入的现象，用它可以区别一个人是风险爱好者还是风险厌恶者，抑或是风险中立者。当把通常的体育比赛、打麻将、玩扑克等游戏与收入紧密联系起来时，它们就成了赌博。我们关心的是，当消费者面对一种赌博的时候，他是依据什么来决定参加还是不参加的？

【例5-2】甲、乙两个球迷在为即将进行的巴西与法国的足球比赛的胜负争执不休，甲认为巴西队会赢，乙认为法国队会赢。于是，有人建议他们以50元打赌，因为他们每个人恰好收入了50元。如果不进行赌博，甲和乙都不会赢得50元，当然也不会付出50元，双方各有50元不变。如果进行赌博，赢者得50元，总收入变为100元；输者要付出50元，总收入变为0。他们两人是否要进行赌博呢？

分析：甲和乙之所以发生争执，是因为各人有各人的信息，各人有各人的判断。甲说巴西队会赢，是因为甲认为巴西队赢球的概率高于法国队。乙说法国队会赢，是因为乙认为法国队赢球的概率高于巴西队。假设甲认为巴西队赢的概率为p，法国队赢的概率为1-p；乙认为巴西队赢的概率为q，法国队赢的概率为1-q（如图5-2所示）。则p>1-p，q<1-q。

图5-2 甲、乙赌赛概率图

注意，这里的概率与彩票中奖的概率意义不同。彩票中奖的概率是客观存在的，因而叫作客观概率；这里的概率是由赌博双方主观确定的，因而叫作主观概率。

设甲和乙的货币收入效用函数为u和v。甲和乙各自根据自己的概率判断，计算出赌博的预期效用：

甲的预期效用：EU=pu（100）+（1-p）u（0）

乙的预期效用：EV=qv（0）+（1-q）v（100）

一个人是否进行赌博，关键看他进行赌博的预期效用是否大于不赌的效用。如果EU>u（50），即甲认为进行赌博的预期效用大于不赌的效用，那么甲会进行赌博。如果EV>v（50），即乙认为进行赌博的预期效用大于不赌的效用，那么乙会进行赌博。

结论：只有当EU>u（50）且EV>v（50）时，这场赌博才能进行；否则，便有一方不愿意打赌。

（3）职业选择

【例5-3】某人有两个工作机会，需要选择其中一个。

第一个是在私企做推销，薪金较高，但是收入不确定。干得好，月收入2 000元；干不好，月收入1 000元。假定干得好和干不好的概率各为50%。

第二个是在国企当售货员，平常的月收入为1 510元，只有在国企营业状况极差的情况下月收入才会减少到510元，但这种情况出现的概率只有1%。因此，获得1 510元月收入的概率为99%。两个工作机会收入概率如图5-3所示。

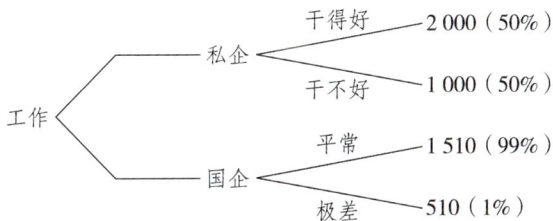

图5-3 两个工作机会收入概率图

两个工作机会的预期月收入 ER_1 和 ER_2 为：

$ER_1=0.5\times2\,000+0.5\times1\,000=1\,500$（元）

$ER_2=0.99\times1\,510+0.01\times510=1\,500$（元）

两个工作机会月收入的方差 σ_1^2 和 σ_2^2 为：

$\sigma_1^2=0.5\times(2\,000-1\,500)^2+0.5\times(1\,000-1\,500)^2=250\,000$（元）

$\sigma_2^2=0.99\times(1\,510-1\,500)^2+0.01\times(510-1\,500)^2=9\,900$（元）

可见，虽然两个工作机会的预期月收入都为 1 500 元，但第一个的收入风险高于第二个：$\sigma_1^2>\sigma_2^2$。那么，这个人会选择哪一个工作机会呢？

在这两个预期收入相同但风险不同的工作机会面前，这个人选择哪一个工作机会取决于他对待风险的态度。如果他是一个风险厌恶者，不喜欢冒险，他会选择收入比较稳定、风险较小的第二个工作机会；相反，如果他是一个风险爱好者，喜欢冒险，认为不冒险就发不了财，那么他会选择有获得高收入可能但风险较大的第一个工作机会。

如果两个工作机会的预期收入不同，比如第一个工作机会在"干得好"和"干不好"两种情况下的月收入都比上面所述的收入多 100 元，第二个工作机会的收入情况还是如上所述，则 $ER_1=1\,600$ 元，$ER_2=1\,500$ 元。

$\sigma_1^2=0.5\times(2\,100-1\,600)^2+0.5\times(1\,100-1\,600)^2=250\,000$（元）

$\sigma_2^2=0.99\times(1\,510-1\,500)^2+0.01\times(510-1\,500)^2=9\,900$（元）

第一个工作机会虽然比第二个有更多的预期收入，但也比第二个工作机会有更高的风险。富有挑战精神的人（即使为风险厌恶者）可能选择第一个工作机会，保守的人则可能选择第二个工作机会。

在这种预期收入不同、风险不同的工作机会面前，要回答人们究竟如何进行选择的问题，就需要对风险行为进行深入的研究。

5.2 风险偏好和预期效用理论

上述事例表明：在不确定环境中，人们是根据预期效用进行决策的。也就是说，如果消费者对多个带有不确定性的方案进行评价，那么这种评价肯定是根据某种预期效用作出的。

5.2.1 风险环境

所谓风险环境，是指这样一种选择环境，在其中的人们的选择究竟会出现哪种结果依赖一些自然状态，而这些自然状态出现与否是随机的。在这种环境中，任何随机事件发生的概率都是客观确定的，不会因人而异。彩票环境就是一种典型的风险环境，每种彩票在发行之时都要公布各种奖励的数量以及彩票发行的数量，因而彩票中奖的概率分布从客观上讲是确定的。

若论投资，以公司为投资对象，风险可以分为市场风险和非市场风险。市场风险是指由经济周期、利率、汇率以及政治、军事等非企业因素而使企业经营发生损失，造成投资人持有的公司权益资产或金融资产贬值以及资本损失的风险。非市场风险为企业特有的风险，又包括经营风险和财务风险。其中，经营风险为假定公司不负债的情况下，由于种种原因导致营业收入不稳定给投资者收益带来的风险。财务风险为公司财务制度不合理、融资不当给普通股股东带来的额外风险。

若以证券为投资对象，风险可以分为系统性风险和非系统性风险。系统性风险包括利率风险和通货膨胀风险等。非系统性风险指单个证券所存在的风险，它仅影响单个证券或一小类类似的证券，可以通过分散化投资来避免或降低风险。非系统性风险包括违约风险、流动性风险、证券的报酬率风险等。

5.2.2　风险环境下选择的描述

我们设想决策者面对一些有风险的选择。每个有风险的选择都可能带来许多结果之一，不过会发生哪种结果是不确定的。

我们以抽奖为例，令一种结果为一个货币支付或消费组合，C中的元素为所有各种可能奖金的数额，假定C的结果是有限的，并且把这些结果标记为N=1，2，…，n；进一步假设每种结果的概率都是客观已知的，为 p_i（i∈N）。

这样，我们可将该简单抽奖记为：

$$L=（p_1，\cdots，p_n；c_1，\cdots，c_n），c_i∈C，p_i \geqslant 0，\sum_{i=1}^{N} p_i = 1 \tag{5-1}$$

上式描述了决策者的选择集，而所有的预期结果集合为：

$$Y=（p_1c_1，p_2c_2，\cdots，p_nc_n）$$

例如，某一事件的可能结果有三个，分别为5，10，15，且发生的概率依次为0.3，0.2，0.5，则该事件可以表示为：

$$L=（5，10，15；0.3，0.2，0.5）$$

相应的预期结果集合为：

$$Y=（1.5，2，7.5）$$

5.2.3　风险环境下的选择公理——预期效用公理

风险偏好能不能用预期效用函数表示？或者说，风险偏好的预期效用函数是否存在？

如果这个问题能够得到肯定的回答，那就可以说，在风险选择活动中，人们是依照预期效用的大小进行选择的。

为了得到肯定的答案，人们对风险偏好提出了一些公理，即预期效用公理，主要包括完备性公理、传递性公理、连续性公理、单调性公理、独立性公理。

假定彩票的预期结果集合为Y=（c_1p_1，…，c_np_n），彩票的可能结果集合为L。消费者可以依照自身的偏好对Y中所有的彩票进行排序，即在彩票Y上定义了一个消费者的二元偏好关系。通常假定偏好关系是理性的，即偏好关系满足以下公理假定：

（1）完备性公理

完备性公理，即对预期集合Y=｛y_i｝，要么 $y_1 \geqslant y_2$，要么 $y_2 \geqslant y_1$。

（2）传递性公理

传递性公理，即对预期集合Y=｛y_i｝，每个人都有一个偏好排序，且是完备的。y_1，y_2∈｛y_i｝，有 $y_1 \geqslant y_2$ 与 $y_2 \geqslant y_1$ 至少一个成立且对于Y中任意商品组合，如果 $y_1 \geqslant y_2$，$y_2 \geqslant$

y_3，则 $y_1 \geq y_3$；否则，该消费者的行为就是非理性的选择行为。

根据完备性公理和传递性公理，可以对 L 中的结果进行排序，即对 L 中的每种结果有一个偏好排序。

传递性公理保证了偏好次序的一致性、连续性。

（3）连续性公理

偏好的连续性，即对于三个预期排序为 $y_1 \geq y_2 \geq y_3$，存在一个概率 a，$0 \leq a \leq 1$，使得 $ay_1 + (1-a) y_3 \geq y_2$。

对于这个公理可以理解为：如果 $y_1 \geq y_2 \geq y_3$，则存在三个预期中最好的预期的某个概率 a 和三个预期中最坏的预期的相应概率（1-a），使得它们乘积之和与处在中间的预期无差别。

（4）单调性公理

对于任意 α、$\beta \in [0, 1]$，当且仅当 $\alpha \geq \beta$ 时，$[\alpha c_1, (1-\alpha) c_n] \geq [\beta c_1, (1-\beta) c_n]$。

此公理表明，如果彩票分别潜在地获得最好结果 c_1 与最差结果 c_n，那么以较高概率获得最好结果的彩票更受决策者的偏好。

（5）独立性公理

偏好具有独立性，即对于 Y 中的任意两个 y_1，y_2，有：

① 若 $y_1 > y_2$，则存在一个 a（0<a<1）及任意的 $y \in Y$，使得 $ay + (1-a) y_1 > ay + (1-a) y_2$。

② 若 $y_1 < y_2$，则存在一个 a（0<a<1）及任意的 $y \in Y$，使得 $ay_1 + (1-a) y < ay_2 + (1-a) y$。

该公理也称为替代性公理，其含义为引入一个额外的不确定性的消费计划不会改变原有的偏好。

对该公理的理解为：假设有两种彩票供选择，彩票 1 产生预期 y_1 和 y 的概率分别为 α 和（$1-\alpha$），彩票 2 产生预期 y_2 和 y 的概率同样为 α 和（$1-\alpha$），但由于个人对 y_1 的偏好高于对 y_2 的偏好，因此个人将选择彩票 1。

【例 5-4】假设明天有两种状态：天晴和下雨。考虑如下计划方案：

C_1：天晴在海滩玩 4 个小时，下雨就看 4 个小时电视。

C_2：天晴在海滩玩 2 个小时，然后再看 2 个小时电视；下雨就看 4 个小时电视。

假设参与者的偏好为 $C_1 > C_2$。

现在提供另外两个计划方案：

C_3：天晴在海滩玩 4 个小时，下雨就工作 4 个小时。

C_4：天晴在海滩玩 2 个小时，然后再看 2 个小时电视；下雨就工作 4 个小时。

此时，参与者会在 C_3 和 C_4 中选择哪一个？

独立性公理表明，参与者会选择 C_3。因为只要下雨，两种计划方案的选择是相同的，那么下雨时发生什么对天晴时的偏好没有影响。

所以，独立性公理是不确定条件下决策理论的核心。

5.2.4　预期效用定理与预期效用函数

预期效用定理由冯·诺依曼和摩根斯特恩（Von Neumann & Morgenstern，1944）提出，后来萨维奇（Savage，1953）以及阿罗和普拉特（Arrow & Pratt）于 20 世纪 60 年代在这个方面进行了卓有成效的研究，使得该理论成为个人决策理论的经典。

在五个公理成立的前提下，冯·诺依曼和摩根斯特恩给出了预期效用定理：个体存在定义于预期集合Y上的实函数U，使得：

①当且仅当U（y_1）>U（y_2）时，y_1>y_2。

②某预期y可能出现的后果集合，即对任意的x_1<x_2，$\cdots$，x_s∈X和0<a_i<1（i=1，$\cdots$，s），并且$\sum a_i = 1$，有：

U（y）=U（a_1，$\cdots$，a_s；x_1，$\cdots$，x_s）=$\sum a_i U(x_i)$

这个定理表明，一个预期为y的方案实施后获得的效用等于该方案实施后可能出现的各种结果x_i的效用与相应概率的乘积之和。

预期效用函数可以表述为：定义在一个随机变量集合上的函数，它在一个随机变量上的取值等于它作为数值函数在该随机变量上取值的数学期望。

U（y）是确定条件下也成立的普通序数效用函数，满足这样条件的效用函数就是预期效用函数或VMN效用函数，并且这样的预期效用函数是唯一的。

在此定理前提下，个人的决策过程为：假设目前个人拥有的财富水平是x，同时面临a和b两种选择，首先个体估计每种选择可能发生的结果以及贝叶斯概率，比如a选择将以概率（p_1，p_2，$\cdots$，p_i，$\cdots$，p_s）达到财富水平（x_{11}，x_{12}，$\cdots$，x_{1i}，$\cdots$，x_{1a}），b选择将以概率（q_1，q_2，$\cdots$，q_j，$\cdots$，q_s）达到财富水平（x_{21}，x_{22}，$\cdots$，x_{2i}，$\cdots$，x_{2s}）；然后个人决策：当$\sum p_i u(x_{1i}) > q_j u(x_{2j})$时，个人选择a方案。

【例5-5】假设某个事件的结果集C=（10元，4元，-2元），且某个决策者认为：

（1）确定的10元与风险下以概率（1，0）达到财富水平（10，-2）无差异。

（2）确定的4元与风险下以概率（0.6，0.4）达到财富水平（10，-2）无差异。

（3）确定的-2元与风险下以概率（0，1）达到财富水平（10，-2）无差异。

上述决策者是风险厌恶者，那么就可以定义该决策者的预期效用函数为：

U（10）=1，U（4）=0.6，U（-2）=0

风险下的预期收益为5.2元，大于确定性收益4元。一旦完成了对三个确定性结果的效用的定义，就可以比较不同的风险选择的预期效用。

例如，y_1=（0.8，0.2；10，4），y_2=（0.9，0.03，0.07；10，4，-2），则：

U（y_1）=0.8U（10）+0.2U（4）=0.92

U（y_2）=0.9U（10）+0.03U（4）+0.07U（-2）≈0.918

可见，预期效用U（y_1）>U（y_2）。但就收入而言：

E（y_1）=0.8×10+0.2×4=8.8（元）

E（y_2）=0.9×10+0.03×4+0.07×（-2）=8.98（元）

E（y_2）>E（y_1）

5.2.5 预期效用理论与风险态度

所谓风险态度，是指人面对风险所采取的态度，是基于对目标有影响之正面或负面的不确定性所选择的一种心智状态，或者说是对重要的不确定性认知所选择的回应方式。

这里我们继续讨论赌博。

对于赌博G=（W_1，p；W_2，1-p），如果ER（G，W）=W，即赌博的预期收入等于不赌的收入，则称G是公平赌博。

不公平赌博分为两种：盈性赌博和亏性赌博。盈性赌博也称盈赌，是指参赌的预期收入大于不赌的收入：ER（G，W）>W；亏性赌博也称亏赌，是指参赌的预期收入小于不赌的收入：ER（G，W）<W。

对于赌博G=（W_1，p；W_2，1-p）而言，下述事实是明显的：

① 当且仅当pW_1+（1-p）W_2=0时，G是公平赌博；

② 当且仅当pW_1+（1-p）W_2>0时，G是盈性赌博；

③ 当且仅当pW_1+（1-p）W_2<0时，G是亏性赌博。

研究赌博对于解释风险环境中人们的行为有特殊意义，尤其是通过观察人们在公平赌博面前的选择，可以得知人们对待风险的态度。

风险爱好者：在公平赌博面前，认为参赌比不赌要好，即参加公平赌博的预期效用大于不赌的效用。这样的人也叫冒险者。

风险厌恶者：在公平赌博面前，认为不赌比参赌要好，即参加公平赌博的预期效用小于不赌的效用。这样的人也叫避险者。

风险中立者：在公平赌博面前，认为赌与不赌一样，即参加公平赌博的预期效用等于不赌的效用。

人们对待风险的态度，完全表现在效用函数的性态上，如图5-4所示。风险爱好者的效用函数是凸函数，风险厌恶者的效用函数是凹函数，风险中立者的效用函数是线性函数。

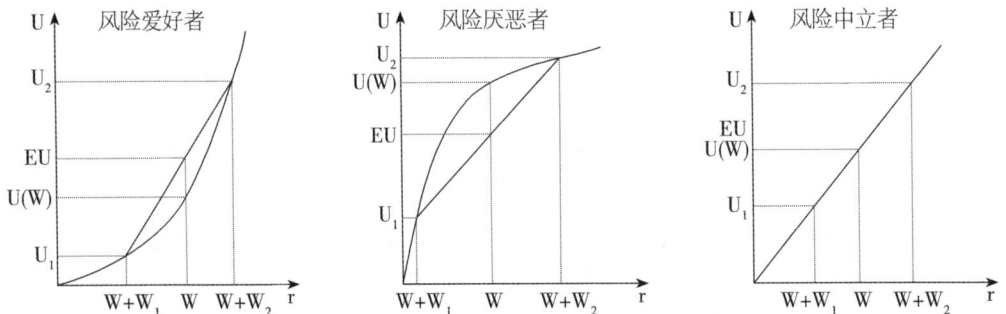

图5-4　对待风险的态度比较（假定效用函数U严格递增）

5.3　预期效用准则矛盾

对预期效用理论最早的挑战来自阿莱斯（Allais，1953）提出的"阿莱斯悖论"，也称同结果效应：人在决策时，对结果确定的现象过度重视。

现有A_1、A_2两个备选方案，其收益情况如下：

A_1：确定可以获取100万元的净收益。

A_2：以0.1的概率获取500万元的净收益，以0.89的概率获取100万元的净收益，以0.01的概率获取0。

又有另外两个备选方案B_1、B_2，其收益情况为：

B_1：以0.1的概率获取500万元的净收益，以0.9的概率获取0。

B_2：以0.11的概率获取100万元的净收益，以0.89的概率获取0。

如果面临这样的双重选择，且你选择了A_1和B_1，你的偏好就和预期效用理论不一致。

理由：与A_2相比更偏好A_1，表示A_1的预期效用严格大于A_2的预期效用，因此有：

U（1）$>0.10U$（500）$+0.89U$（100）$+0.01U$（0）

或　$0.11U$（100）$>0.10U$（500）$+0.01U$（0）

同理，与B_2相比更偏好B_1，表示B_1的预期效用严格大于B_2的预期效用，即：

$0.10\quad U$（500）$+0.90U$（0）$>0.11U$（100）$+0.89U$（0）

或　$0.11U$（100）$<0.10U$（500）$+0.01U$（0）

显然公式前后矛盾。要做到与预期效用理论一致，就要有一个前提：与A_2相比更偏好A_1，当且仅当与B_1相比更偏好B_2。

▋ 5.4 预期效用理论运用——风险规避和保险

保险是通过分摊风险而发生的。由于人们厌恶风险，所以保险活动才能存在，并可通过保险获取利润。任何一个人发生严重车祸的概率都是很小的，但对遇到车祸的人来说，损失是巨大的。对大多数人而言，一个人发生车祸的概率是在总人口中发生车祸的比率。由于这个概率可以估算出来，所以车祸的成本是可以预测的。

保险公司可以通过把风险分散给很多人来分摊车祸的成本。保险公司收取很多人的保险金，并把它支付给发生车祸的极少数人来进行保险。如果保险公司计算正确，它收集的保险金至少与它支付的赔偿金和经营成本之和相等。此外，保险公司作为金融中介机构，还可以运用收取的保险金从事各种投资活动赚取利润。

【例5-6】某人有一辆价值10万元的汽车，如果不存在车祸风险，他的效用为100，但在一年内他有10%的概率发生车祸。假定他不买保险，如果他发生车祸，他的汽车就一文不值了，他的效用为0。由于发生车祸的概率为0.1，那么没有车祸的概率为0.9，他预期的财产为9万元，他的预期效用为90。

在他的财产效用曲线既定的情况下，如果不存在风险，他的财产为7万元时，效用为90。这就是说，按他的效用标准，拥有10万元财产的概率为90%，并且没有财产的概率为10%的时候，他的效用与他拥有无风险的7万元财产给他带来的满足程度是相同的。如果他能以低于3万元的价格买到保险，并且在发生车祸时由保险公司赔偿，他会倾向于购买保险。

从保险公司的角度考虑，假定有许多人像他这样，每人有一辆价值10万元的汽车，每人一年内有10%的概率发生车祸。如果保险公司同意为每个发生车祸的人支付10万元赔偿，保险公司就要为10%的人每人支付10万元。这个数字就是保险公司进行汽车保险的最低保险费用。

但保险公司通常收取高于预期损失的保险费来弥补其经营成本。因为大多数人是避险者，他们更愿意选择无风险下确定的收入，而不是风险下不确定的收入。他们通常愿意支付高于期望损失的保险费来达到更高的效用水平。对于避险者来说，降低风险能带来潜在的效用增加。

下面我们来定量分析投保者愿意在多大程度上多交保险费。设某事件使得投保者全部财产化为乌有的概率为p，这样的事件带来的收益为-100%。另外，全部财产保持原样的概率为1-p，这样的收益率为0，如图5-5所示。

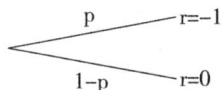

$$p \diagup r=-1$$
$$1-p \diagdown r=0$$

图5-5　收益分布概率图

这种情况下的预期收益为：

$$E(r)=p\times(-1)+(1-p)\times 0=-p$$

方差为：

$$\sigma^2(r)=p\times(p-1)^2+(1-p)\times p^2=p\times(1-p)$$

同时，设投保者的效用函数为：

$$U=E(r)-A\sigma^2(r)/2=-p-A\times p\times(1-p)/2$$

式中：A为风险厌恶系数，可以将风险厌恶系数与个人愿意付出多少保险费来规避可能的损失联系起来。假定投保者投入保险费v给保险公司就可以不用承担任何风险，这样所带来的确定的负收益为-v，效用为：

$$U=-v$$

那么，投保者愿意为了这样的条款付出多少钱呢？为了确定这个数值，设未保险情况下的效用等于保险情况下的效用（-v），即：

$$U=-p-\frac{1}{2}Ap(1-p)=-v$$

其最大值就是投保者愿意为这个条款支付的保险费：

$$v=p\left[1+\frac{1}{2}A(1-p)\right]$$

表示这种情况的期望损失为P。因此，上式中括号内的数值是所有期望损失P的和，即投保者愿意支付的价格。很明显，对于一个风险中立的投保者，即A=0来说，他愿意付出的价格就是期望损失v=p。如果A=1，中括号中的数值大约为1.5，因此v接近于1.5p。随着风险厌恶程度的不断提高，A=2，3，…，投保者愿意付出的保险溢价更多。

经济学家预测投保者的风险厌恶程度为2~4，而他们愿意为期望损失付出的价格也就是损失的2~3倍，不会比这更多。

这种分析也揭示了保险市场的竞争关系。一些与协同保险者共同承担风险的保险公司愿意提供只比期望损失稍微高一点的赔付金品种，尽管每个投保者可能愿意接受比期望损失高很多倍的价格。投保者从这种竞争性的保险市场中节约的金额与其他竞争性市场的消费者剩余类似。

思政小课堂 ✅----------------------------------●

本章从确定性、不确定性以及风险性、无常性的定义展开，明晰了它们之间的关系，讨论了人们在风险环境下决策所遵循的原则，结合保险案例阐明了预期效用理论在实践中的运用。这为讨论公司投融资活动在风险环境中的决策逻辑奠定了基础，也为我们更为客观地认识风险、规避风险提供了依据。风险并不是一个贬义词，科学有效地测度风险，平衡风险与收益，亦是"公司金融"课程学习的目标。

思考与练习 ☑ --------------------------------●

1. 风险与不确定性的区别是什么？
2. 如何根据预期效用理论来决定是否参加赌博？
3. 如果有两种投资方式：投资无风险国债和投资股票，两种投资方式预期收入相同，投资者会如何选择？
4. 什么是系统性风险？什么是非系统性风险？
5. 简述经营风险与财务风险的含义及形成原因。
6. 简述预期效用理论。
7. 在不确定环境下的决策中，理性经济人依照什么原则作出选择？
8. 保险公司本身是风险厌恶者，为什么其行为表现得像一个风险中立者？
9. 把下列事件分为系统性风险和非系统性风险。每种情况下的区别都很清楚吗？
（1）短期利率意外上升。
（2）银行提高了公司偿还短期贷款的利率。
（3）油价意外下跌。
（4）一艘油轮破损，发生大量原油泄漏。
（5）制造商在一场价值几百万元的产品责任诉讼案件中败诉。
（6）最高人民法院的决定显著扩大了生产商对产品使用者受伤害的责任。
10. 某企业有甲、乙两个投资项目，计划投资额均为1 000万元，其预期收益率的概率分布见表5-1。

表5-1　　　　　　　　　　**不同市场状况下的预期收益率分布**

市场状况	概率	项目甲	项目乙
好	0.3	20%	30%
一般	0.5	10%	10%
差	0.2	5%	-5%

分别计算甲、乙两个项目的预期收益率，并计算甲、乙两个项目预期收益率的标准差、标准离差率，然后作出判断。

11. 某企业有甲、乙两个投资项目，计划投资额均为100万元，其净现值的概率分布见表5-2。

表5-2　　　　　　　　　**不同市场状况下甲、乙项目的净现值**　　　　　金额单位：万元

市场状况	概率	甲项目净现值	乙项目净现值
好	0.2	20	30
一般	0.6	10	10
差	0.2	5	-5

要求：（1）分别计算甲、乙两个项目的预期收益。

（2）分别计算甲、乙两个项目净现值的标准差并评价两个项目的优劣。

12. 某投资者手中有100万元资金，用于购买债券。其中，40万元购买政府债券，预期收益率为6%；余下的60万元购买甲公司的债券，预期收益率为13%，方差为2.5。求该投资者投资组合的预期收益率并计算该投资组合的风险。

13. 假设证券市场的构成见表5-3。一个投资者的资金总额为10 000元。如果他以无风险利率借入2 000元，与原有资金一起投入市场投资组合。请计算这种情况下投资组合的预期收益率和标准差。

表5-3 　　　　　　市场投资组合与政府债券的预期收益率及标准差

项目	市场投资组合	政府债券
预期收益率	14%	10%
标准差	0.2	0

14. A是一个厌恶风险的人，他面临以下两个选择：一是在25%的概率下得到1 000元，在75%的概率下得到100元；二是确定可以得到325元。A会选择哪一个？如果选项二的金额改为320元，A会选择哪一个？

第6章
投资组合理论和CAPM理论

本章要点 ☑️ --●

本章主要介绍投资组合理论，主要包括风险资产的配置和优化、无风险资产、马科维茨投资组合、资本资产定价模型。

6.1 投资组合理论简介

分散化投资的理念早已存在，如我们平时所说的"不要把所有的鸡蛋放在同一个篮子里"。传统的投资管理尽管也是管理多种证券构成的组合，但其关注的是证券个体，是个体管理的简单集合。投资组合管理将组合作为一个整体，关注的是组合整体的收益与风险的权衡。

投资组合理论是指，若干种证券组成投资组合，其收益是这些证券收益的加权平均数，但是其风险不是这些证券风险的加权平均风险，投资组合能降低非系统性风险。

投资组合理论有狭义和广义之分。狭义的投资组合理论指的是马科维茨（Markowitz）投资组合理论；而广义的投资组合理论除了经典的投资组合理论以及该理论的各种替代投资组合理论外，还包括由资本资产定价模型和证券市场有效理论构成的资本市场理论。

美国经济学家马科维茨1952年首次提出投资组合理论，并进行了系统、深入和卓有成效的研究，他因此获得了诺贝尔经济学奖。该理论为那些想增加个人财富但又不肯冒风险的投资者指明了获得最佳投资决策的方向。该理论包含两个重要内容：均值-方差分析方法和投资组合有效边界模型。

在发达的证券市场上，马科维茨投资组合理论早已在实践中被证明是行之有效的，并且被广泛应用于组合选择和资产配置。但是，我国的证券理论界和实务界对于该理论是否适合我国股票市场一直存有较大争议。

在马科维茨投资组合理论提出以前，分散化投资的理念已经存在。希克斯（Hicks，1935）提出了"分离定理"，解释了由于投资者有获得高收益而承担低风险的期望，因而有对货币的需要；同时他认为和现有的价值理论一样，应构建"货币理论"，并将风险引入分析中，因为风险将影响投资的绩效，进而影响期望净收入。凯恩斯（Kenes，1936）和希克斯（1939）提出了"风险补偿"概念，认为由于不确定性的存在，应该对不同金融产品在利率之外附加一定的风险补偿。希克斯还提出资产选择问题，认为风险可以分散。马尔沙克（Marschak，1938）提出了不确定条件下的序数选择理论，也注意到人们往往倾向于高收益、低风险等现象。威廉姆斯（Williams，1938）提出了"分散折价模型"，认为通过投资足够多的证券，就可以消除风险，并假设总存在一个满足收益最大化和风险最小化的组合，能通过法律保证使组合的事实收益和期望收益一致。伊文斯（Eavens，1945）论证了分散化的好处。冯·诺依曼（1947）提出了不确定条件下的选择方法。

根据马科维茨投资组合理论，图6-1展示和比较了A和B两种证券收益之间相关程度的三种基本情形。它们分别表示两种证券收益之间的相关系数等于+1、-1和0，分别意味着完全正相关、完全负相关和完全不相关。图6-1中的曲线表示两种证券在某一时期的收益。

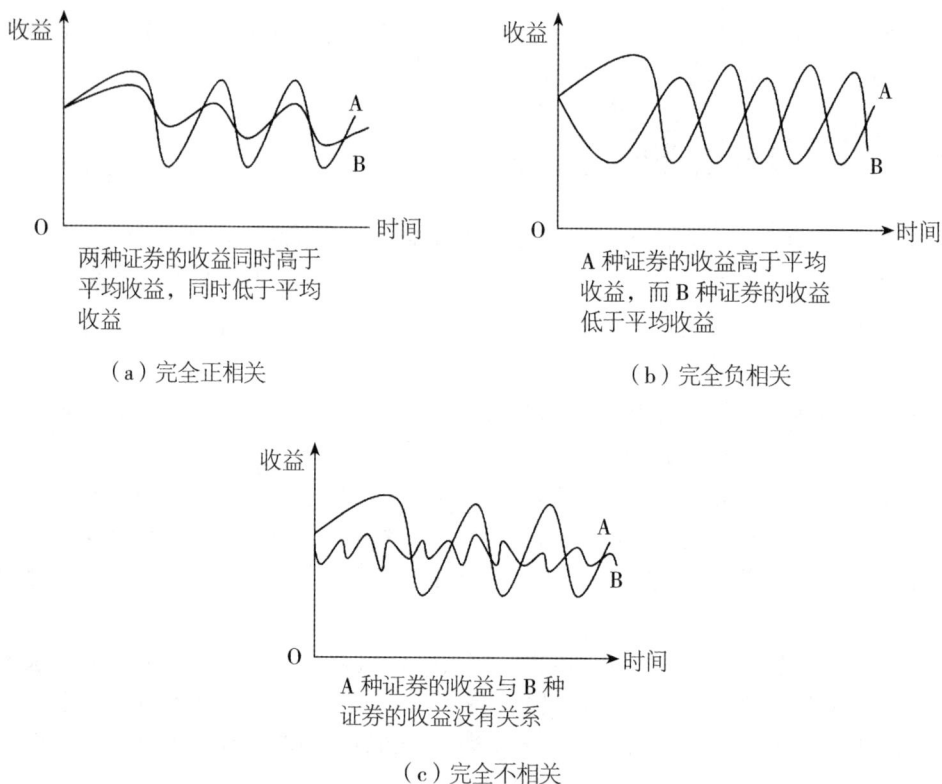

两种证券的收益同时高于平均收益，同时低于平均收益

（a）完全正相关

A种证券的收益高于平均收益，而B种证券的收益低于平均收益

（b）完全负相关

A种证券的收益与B种证券的收益没有关系

（c）完全不相关

图6-1　不同的相关系数：某一时期两种证券收益之间的关系

6.2　收益和风险

6.2.1　资产的收益

资产的收益是指资产的价值在一定时期的增值。有两种表述资产收益的方式：一是以绝对数表示的资产价值的增值量，称为资产的收益额；二是以相对数表示的资产

价值的增值率，称为资产的收益率或报酬率。资产的收益通常以资产的收益率来表示。

期望收益是所有情形下收益的加权平均值。假设p（s）为各种情形的概率，r（s）为任一情形的收益率，各种情形的集合以s表示，得到期望收益率为：

$$E(r) = \sum_s p(s)r(s) \tag{6-1}$$

假如某项资产预期收益率的分布情况为：以0.2的概率收益10%，以0.5的概率收益14%，以0.3的概率收益20%。那么：

该资产的预期收益率=10%×0.2+14%×0.5+20%×0.3=15%

6.2.2 资产的风险

风险是指企业在各项财务活动中，由于各种难以预料或无法控制的因素发挥作用，使企业的实际收益与预期收益发生背离，从而使企业蒙受经济损失的可能性。

资产的风险是指资产收益率的不确定性，其高低可用资产收益率的离散程度来衡量。资产收益率的离散程度是指资产收益率的各种可能结果与预期收益率的偏差。

收益率的标准差σ用来测度风险，它定义为方差的平方根。方差的波动程度越大，其均值就越大。标准差和方差均可用来测度风险，明显有：

$$\sigma^2 = \sum_s p(s)\big[r(s) - E(r)\big]^2 \tag{6-2}$$

在预期收益率相同的情况下，标准差或方差越大，风险越高；标准差或方差越小，风险越低。标准差或方差指标衡量的是风险的绝对高低，因而不适合比较具有不同预期收益率的资产的风险。

假如某项资产预期收益率的分布情况为：以0.2的概率收益10%，以0.5的概率收益14%，以0.3的概率收益20%。该资产预期收益率的方差为：

（10%-15%）²×0.2+（14%-15%）²×0.5+（20%-15%）²×0.3=0.0013

6.3 风险资产与无风险资产投资组合的资本配置

实践告诉我们，更高风险的投资往往能够获得更高的收益。投资者在各种各样的资产中作出选择，决定如何分配自己的资产，即多少投资于无风险货币市场证券，多少投资于其他风险资产。在期望获得更高收益的同时考虑自己资产的安全，即对于投资者来说，投资决策应兼顾资产的收益和风险，在两者之间权衡以作出选择。

6.3.1 无风险资产

只有政府才可以凭借税收与控制货币供给的能力发行无违约风险的债券。在实际生活中，短期国库券可以作为无风险资产。它们的短期性特点使得其价格对利率变动十分敏感。确实，一个投资者可以通过购买短期国库券并持有它到期来锁定短期名义收益。此外，通货膨胀率几周甚至几个月的不确定性与股票市场收益的不确定性相比是可以忽略的。

实际上，绝大多数投资者把更广泛的货币市场工具作为无风险资产。所有货币市场工具都与利率风险无关，因为其偿还期短，并且在违约或信用风险方面也是非常安全的。

多数货币市场基金持有三种类型的证券：短期国库券、银行可转换存单和商业票据，它们在违约风险方面有细微的差别。银行可转换存单和商业票据的短期收益率总是高于具有相同到期日的短期国库券。

货币市场基金已经改变了它们对这些证券的相对持有量，但是，一般来说，短期国库券仍然在投资组合中约占15%。尽管如此，这些热门的短期投资工具，比如银行可转换存单、商业票据与绝大多数其他资产，如长期公司债券、普通股或不动产等相比，其风险还是非常小的。因此，货币市场基金是绝大多数投资者最容易接受的无风险资产。

6.3.2 单一风险资产与单一无风险资产的投资组合

假设投资者已经决定了自己的风险投资组合构成，现在要进行的就是在预算比例下，获得风险资产P的比例为y、无风险资产F的比例为（1−y）。

定义P的风险收益率为r_p，期望收益率为E（r_p），标准差为σ_p；无风险资产的收益率为r_f。假设E（r_p）=15%，σ_p=22%，无风险收益率r_f=7%，风险资产的风险溢价则为E（r_p）−r_f=8%。

风险投资的比例为y，无风险投资的比例为（1−y），组成的整个投资组合C的风险收益率r_c为：

$$r_c = yr_p + （1-y）r_f$$

对投资组合的收益率取期望值，有：

$$E（r_c）= yE（r_p）+ （1-y）r_f = r_f + y[E（r_p）-r_f] = 7+8y$$

这个结果很容易解释。任何一个投资组合的基本收益率都是无风险收益率。另外，投资组合总是期望获得风险溢价，而这依赖于风险投资组合中的风险溢价E（r_p）−r_f和投资者持有的风险资产y。假设投资者是风险厌恶者，如果没有正的风险溢价，投资者就不愿意持有风险资产。

当把一项风险资产和一项无风险资产构成一个投资组合时，整个投资组合的标准差就是风险资产的标准差乘以它在投资组合中的比例。在上例中，整个投资组合由风险资产与无风险资产构成，由于风险投资组合的标准差为σ_p=22%，则$\sigma_c = y\sigma_p = 22\%y$。

我们在期望收益-标准差平面坐标系中标出投资组合的位置，如图6-2所示。无风险收益率r_f出现在纵轴上，这是由于其标准差为零。风险资产P位于标准差为σ_p=22%、期望收益为15%的点。如果一个投资者只选择风险资产，则y=1.0，整个投资组合就是P；如果选择y=0，则整个投资组合就是无风险投资组合F。

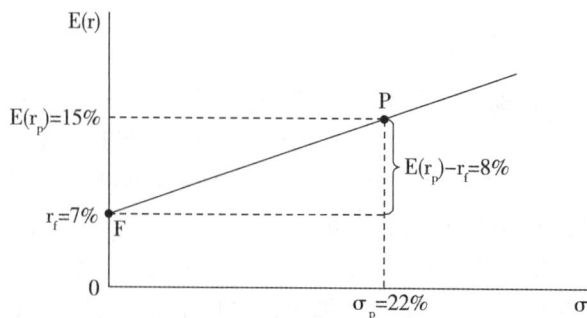

图6-2　风险资产与无风险资产的可行投资组合

当 y 落在 0 与 1 之间时，这些投资组合的坐标点会在连接 F 点和 P 点的一条直线上。直线的斜率为 $[E(r_p)-r_f]/\sigma_p$。该直线的方程为：

$$E(r_c)=r_f+y[E(r_p)-r_f]=r_f+\frac{\sigma_c}{\sigma_p}[E(r_p)-r_f]=7+\frac{8}{22}\sigma_c$$

这条直线称为资本配置线，它表示对投资者来说所有可行的风险收益的组合。资本配置线的斜率记为 S，等于每增加一单位标准差整个投资组合增加的期望收益。因此，该斜率也称为报酬-风险比率，或者称为夏普比率。

图 6-2 为一系列投资可行集，即一系列不同 y 值产生的可能投资组合的期望收益率与标准差的配对集合。图形是以 r_f 为起点、穿过 P 点的一条直线。

一个投资组合在风险资产与无风险资产之间等分，也就是 y=0.5，此时期望收益率 $E(r_c)$ =7+0.5×8%=11%，意味着风险溢价为 4%，标准差 σ_c =0.5×22%=11%。这可以在直线 FP 上表示为 F 点和 P 点的中点。报酬-风险比率为 S=4÷11=0.36，与投资组合 P 的夏普比率一致。

资本配置线上处于投资组合 P 右边的点是什么呢？如果投资者能够借入（无风险）利率 r_f =7% 的钱，就可以构造出资本配置线上 P 右边的投资组合。下面通过一个例子来说明。

【例 6-1】假定投资者将自有资产全部投资于风险资产，额外借入的资金也全部投入风险资产，假定此时 y=（自有资产+借入资产）/自有资产=1.4，则有 1-y=1-1.4=-0.4，反映一个借入的头寸。投资者以 7% 利率借出，而不是借入。投资组合收益率的分布依然呈现与报酬-风险比率相同的分布：

$E(r_c)$ =7%+1.4×8%=18.2%

σ_c =1.4×22%=30.8%

$$S=\frac{E(r_c)-r_f}{\sigma_c}=\frac{18.2-7}{30.8}=0.36$$

此时，投资组合具有更大的标准差。

当然，非政府投资者并不能以无风险利率借入资金。借款者的违约风险导致贷款者要求更高的贷款利率，因此，非政府投资者的借款成本超过利率 r_f =7%。假设借入利率为 r=9%，资本配置线的斜率为 $[E(r_p)-r]/\sigma_p$ =6/22=0.27。资本配置线在 P 点处被"扭曲"，如图 6-3 所示。在 P 点左边，投资者以利率 7% 借出，资本配置线的斜率为 0.36；在 P 点右边，y>1，投资者以利率 9% 借入额外资金投资于风险资产，斜率为 0.27。

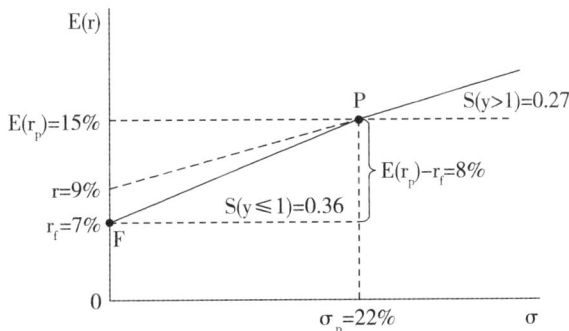

图 6-3　不同借贷利率下的可行集

6.3.3 风险容忍度与资产配置

前面已经说明如何建立资本配置线，即不同资产配置决策下所有可行的报酬–风险比率组合的图形。投资者面对资本配置线，必须从可行集中选出一个最优的投资组合 C。这个决策包含风险与收益之间的抉择。个人投资者对风险的厌恶程度不同，这意味着在同等的可行集中，不同投资者将选择不同的风险资产头寸。风险厌恶程度越高的投资者，越愿意选择较少的风险资产和较多的无风险资产。

设无风险利率为 r_f，风险投资组合收益率为 $E(r_p)$，标准差为 σ_p，对于选择 y，整个投资组合的收益为：

$$E(r_c) = r_f + y[E(r_p) - r_f] \tag{6-3}$$

方差为：

$$\sigma_c^2 = y2\sigma_p^2 \tag{6-4}$$

投资者试图通过选择风险资产的最有效配置 y 来使效用最大化。设效用函数为：$U = E(r) - \frac{1}{2}A\sigma^2$。随着风险资产配置的增加（更多的 y），期望收益增加，但是风险也增加，因此效用可能增加也可能减少，表6-1显示了效用水平随着 y 变化的数值。图6-4是表6-1效用函数的轨迹。

表6-1　　　　　　风险厌恶系数A=4时投资者不同风险资产比例的效用水平

y	$E(r_c)$	σ_c	U
0	0.070	0	0.0700
0.1	0.078	0.022	0.0770
0.2	0.086	0.044	0.0821
0.3	0.094	0.066	0.0853
0.4	0.102	0.088	0.0865
0.5	0.110	0.110	0.0858
0.6	0.118	0.132	0.0832
0.7	0.126	0.154	0.0786
0.8	0.134	0.176	0.0720
0.9	0.142	0.198	0.0636
1.0	0.150	0.220	0.0532

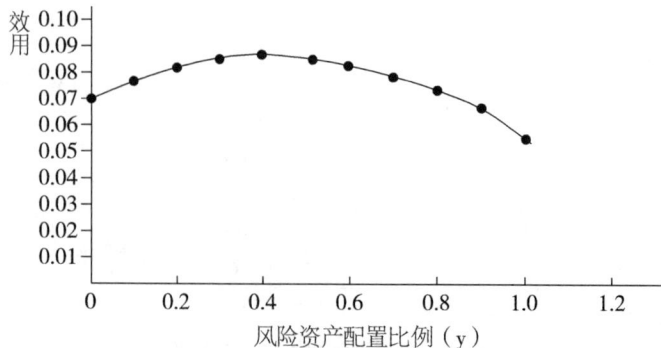

图6-4　风险资产配置比例的效用函数

图6-4中的曲线显示最大的效用在y=0.41时出现。当y小于0.41时，投资者愿意冒更大的风险增加期望收益。但是y如果继续增加，风险增大，对风险资产额外的配置将是减少的——在该点之后，风险的增加超过了期望收益的增加并且效用减少。

为进一步解决效用最大化问题，我们将该问题写成下列形式：

$$\max_y U=E(r_c)-\frac{1}{2}A\sigma_c^2=r_f+y\big[E(r_p)-r_f\big]-\frac{1}{2}Ay^2\sigma_p^2 \tag{6-5}$$

效用最大化问题是利用一阶导数为零来求解。这样求解出厌恶风险的投资者的最优风险资产头寸 y^* 为：

$$y^*=\frac{E(r_p)-r_f}{A\sigma_p^2} \tag{6-6}$$

这个结果显示了最优风险资产头寸，它与风险厌恶程度和由方差表示的风险水平成反比，与风险资产提供的风险溢价成正比。

▉ 6.4 优化风险投资组合

投资决策是一个严谨的过程：首先在风险资产与无风险资产之间进行资本配置；然后在广泛的风险资产种类中进行资产配置；最后对每种资产种类中的普通证券进行证券选择。

资本配置是由投资者的风险偏好决定的。资本配置如何被最优地决定？一是取决于投资者的风险厌恶程度；二是取决于期望的优化风险投资组合的风险-收益权衡关系。原则上，资产配置和证券选择在技术上是一样的，都是确定优化风险投资组合，即构造风险投资组合，提供最优的风险-收益权衡关系。在实际中，资产配置和证券选择分为两个典型步骤：首先建立广泛的投资组合框架（资产配置），然后确定具体证券构成（证券选择）。

6.4.1 分散化与投资组合风险

假设你的投资组合由一种股票组成，那么这一"投资组合"的风险有哪些呢？你可能会想到两种主要的不确定性。首先是来自一般经济状况的风险，比如经济周期、通货膨胀率、利息和汇率等。所有这些宏观经济指标的预测都不是完全确定的，而它们都会影响股票的收益率。其次是这些宏观经济因素可能对某企业有特定影响，但可能不会显著影响其他公司。此时，如果把资金分散投资于不同的企业，那么分散化将降低投资组合的风险，如图6-5所示。

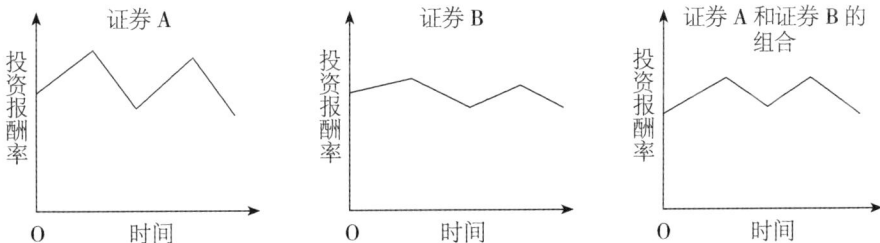

图6-5 分散化对于风险的影响

投资风险包括系统性风险和非系统性风险。非系统性风险是指可以通过分散化投资消除的风险。这类风险与企业自身经营特征密切相关，取决于投资者对企业特定事项所作出的反应。分散化投资可以使这些风险相互抵消，以至消除。该风险等于总风险与组合风险之差。

系统性风险是指分散化无法消除的风险，也称市场风险。此类风险是由整个经济系统或市场的综合因素决定的，它对所有的金融资产都产生影响，因而只要这些综合因素存在，就无法通过分散化投资消除由这些综合因素带来的风险。如经济周期、宏观经济政策等宏观经济变量，它们产生的风险会波及所有企业的经营活动，从而使以企业经营为目标的相关金融资产的收益率产生较大的不确定性，形成系统性风险。金融资产的收益率与资产总方差在一定程度上存在正相关性，因此无论采取怎样的分散化投资策略，都不可能将投资组合的风险降为零，而是在降低到一定程度后就渐进地趋于平均协方差。

投资组合分散化策略只能规避单个金融资产价格剧烈波动所形成的风险。由于市场风险是无法通过分散化而消除的，因此，经济整体的走低还是会使投资组合蒙受一定的损失。组合证券的风险如图6-6所示。

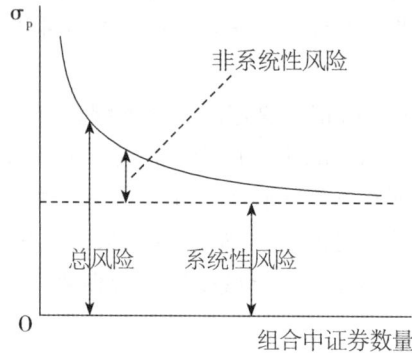

图6-6　组合证券的风险

6.4.2　两种风险资产的投资组合

两种资产的投资组合相对来说易于分析，其中体现的原则与思想可以适用于多种资产的投资组合。考虑两种资产的投资组合对于资产配置决策是有意义的，因此我们考查一个包含两个共同基金的投资组合：一个是专门投资长期债券的债券基金D，另一个是专门投资股权证券的股票基金E。

投资债券基金的份额为W_D，剩下的部分$1-W_D$投资股票基金，这一投资组合的投资收益r_p为：

$$r_p = w_D r_D + w_E r_E \qquad (6-7)$$

式中：r_D为债券基金的收益率；r_E为股票基金的收益率。

投资组合的期望收益是投资组合中各种证券的期望收益的加权平均值，即：

$$E(r_p) = w_D E(r_D) + w_E E(r_E) \qquad (6-8)$$

这两种资产投资组合的方差是：

$$\sigma_p^2 = w_D^2 \sigma_D^2 + w_E^2 \sigma_E^2 + 2 w_D w_E Cov(r_D, r_E) \qquad (6-9)$$

投资组合的方差是协方差项的加权求和，权重为协方差项中的每对资产的组合比例乘积。另一种表示投资组合方差的方法是：

$$\sigma_P^2 = w_D w_D Cov(r_D, r_D) + w_E w_E Cov(r_E, r_E) + 2w_D w_E Cov(r_D, r_E) \tag{6-10}$$

投资组合的方差中涉及协方差，如果协方差项为负，组合方差将减小。

$$Cov(r_D, r_E) = \rho_{DE}\sigma_D\sigma_E \tag{6-11}$$

当 $\rho = -1$ 时，表明两个基金的收益完全负相关，则：

$$\sigma_P = \sqrt{(w_D\sigma_D - w_E\sigma_E)^2} = |w_D\sigma_D - w_E\sigma_E| \tag{6-12}$$

此时可以通过构造权重使得 $w_D\sigma_D - w_E\sigma_E = 0$，即：

$$w_D = \frac{\sigma_E}{\sigma_D + \sigma_E}; \quad w_E = \frac{\sigma_D}{\sigma_D + \sigma_E} \tag{6-13}$$

这个权重将使得投资组合的标准差趋向 0。

当 $\rho = 0$ 时，表明两个基金的收益完全无关，则：

$$\sigma_P = \sqrt{w_D^2\sigma_D^2 + w_E^2\sigma_E^2} \tag{6-14}$$

当 $\rho = 1$ 时，表明两个基金的收益完全正相关，则：

$$\sigma_P = \sqrt{(w_D\sigma_D + w_E\sigma_E)^2} = |w_D\sigma_D + w_E\sigma_E| \tag{6-15}$$

由此可见，当相关系数从 -1 变化到 1 时，投资组合的风险逐渐增大。除非相关系数等于 1，两种证券投资组合的风险始终小于单独投资这两种证券的风险的加权平均数，即通过组合，可以降低投资风险。

【例6-2】假定投资者选择了 A 和 B 两个公司的股票作为投资组合对象，有关数据如下：$\bar{r}_A = 0.25$，$\bar{r}_B = 0.18$，$\sigma_A = 0.08$，$\sigma_B = 0.04$。当 $x_A = x_B = \frac{1}{2}$ 时：

$$\bar{r}_P = \frac{1}{2}\bar{r}_A + \frac{1}{2}\bar{r}_B = 0.215$$

$$\sigma_P = \sqrt{x_A^2\sigma_A^2 + x_B^2\sigma_B^2 + 2x_A x_B\sigma_A\sigma_B\rho_{AB}} = \sqrt{0.04^2 + 0.02^2 + 0.0016\rho_{AB}}$$

当 $\rho_{AB} = 1$ 时，$\sigma_P = 0.06$；

当 $\rho_{AB} = 0$ 时，$\sigma_P = 0.045$；

当 $\rho_{AB} = -1$ 时，$\sigma_P = 0.02$。

6.4.3 可行集、有效集与有效边界

可行集：在确定投资组合时，运用期望收益-方差分析法评价投资组合，将所有可供选择的投资组合所构成的集合称为投资的可行集。

有效集：按照既定收益下风险最小或既定风险下收益最大的原则建立起来的证券组合。

有效边界：在坐标系中，将有效集的预期收益和风险的组合连接而成的轨迹。

设有两种证券，它们的期望收益率、方差、协方差和投资比例见表6-2。

表6-2　　　　　　　　　　　证券1和证券2的相关信息

证券	期望收益率	方差	协方差	投资比例
证券1	$\bar{r}_1$	σ_1^2	σ_{12}	x_1
证券2	$\bar{r}_2$	σ_2^2	σ_{21}	x_2

其中，$x_1+x_2=1$。那么，该投资组合的期望收益率和方差为：

$$\bar{r}=x1\bar{r_1}+（1-x1）\bar{r_2}$$

$$\sigma^2=x_1^2\sigma_1^2+(1-x_1)^2\sigma_2^2+2x_1（1-x_1）\sigma_{12}$$

两种证券组合的期望收益率和标准差之间的关系如图6-7所示，A点至B点间的曲线表示投资组合的有效集。A点表示投资者将资金全部投资于证券1，B点表示投资者将资金全部投资于证券2，A点和B点之间的曲线上的点表示投资者将资金按一定比例投资于证券1和证券2。如果$\bar{r_1}$、$\bar{r_2}$、σ_1^2、σ_2^2等变量固定不变，σ_{12}随相关系数的大小而定。

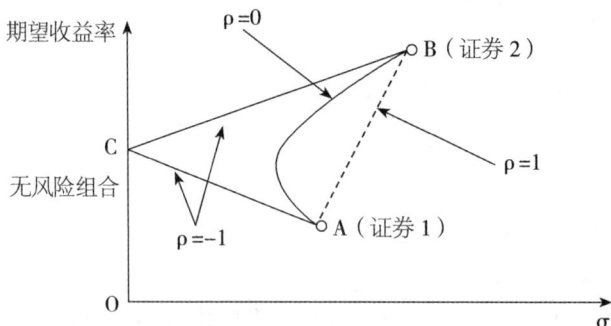

图6-7 不同相关系数下两种证券的有效边界组合

有效集曲线随相关系数的变化而变化，相关系数越大，曲线的弯曲程度越大。当证券的相关系数介于1和-1之间时，有效集是一条处于A、B、C三个点组成的三角形区域内的曲线。

当两种证券完全正相关，即$\rho=1$时，组合的标准差为：

$$\sigma=x_1\sigma_1+（1-x_1）\sigma_2=\frac{\bar{r}-\bar{r_2}}{\bar{r_1}-\bar{r_2}}（\sigma_1-\sigma_2）+\sigma_2$$

此时的有效集是经过$（\bar{r_1}，\sigma_1）$和$（\bar{r_2}，\sigma_2）$两点的一条直线。

当两种证券完全负相关，即$\rho=-1$时，则有：

$$\sigma=|x_1\sigma_1-（1-x_1）\sigma_2|$$

此时的有效集是两条直线，分别为：

$$\sigma=\frac{\bar{r}-\bar{r_2}}{\bar{r_1}-\bar{r_2}}（\sigma_1+\sigma_2）-\sigma_2$$

$$\sigma=-\frac{\bar{r}-\bar{r_2}}{\bar{r_1}-\bar{r_2}}（\sigma_1+\sigma_2）+\sigma_2$$

如果两种证券存在完全负相关关系，那么在特定的投资比例下，两条线相交于纵坐标，构造出一个无风险的投资组合。

6.5 资产在两种风险资产和一种无风险资产中的配置

上节推导了投资组合中两种风险资产的比例，现在此基础上引入第三种资产，即无风险资产的投资组合。这可以使人们处理好资金在股票、债券和无风险货币市场证券之间的配置。一旦你掌握了这个方法，就可以很容易地构造由多种资产组成的投资组合。

6.5.1　最优风险投资组合的确定

我们假设无风险资产的收益率为5%。图6-8中有两条可行的资本配置线：第一条通过最小方差投资组合A，第二条通过最小方差组合B。比较两条资本配置线的斜率即报酬–风险比率，明显是第二条过B点的直线斜率大，因此，投资组合B优于投资组合A。

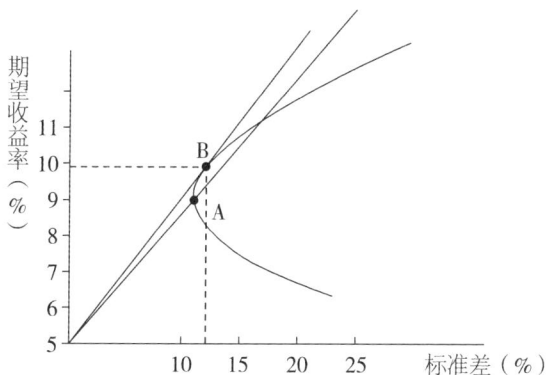

图6-8　无风险资产与切点组合B

图6-8中的B点正好是资本配置线与投资可行集的切点，此时可得到最高的并且可行的报酬–风险比率的资本配置线，B点就是引入无风险资产的最优风险投资组合。

在一种无风险资产下，寻找两种风险资产最优组合的方法，即找出权重w_D和w_E，使资本配置线的斜率最大，就要解以下数学问题：

$$\underset{w_i}{Max}SP=\frac{E(r_p)-r_f}{\sigma_p}$$

满足约束条件$w_D+w_E=1$。

6.5.2　最优完全投资组合的确定

（1）投资者效用与无差异曲线

①效用及效用函数。效用是一个主观范畴，指人们从某事或某物上所得到的主观上的满足程度。常用的效用函数为：

$u=r-0.005A\sigma^2$

式中：A为投资者的风险厌恶指数。

若r=22%，σ=34%，A=3，则$u=22-0.005×3×34^2=4.66$。

对投资者来说，该投资与4.66%的无风险收益率等价。

②无差异曲线及其形状。对于投资者来说，通过不同的收益风险组合得到相同的效用时，就称这些收益风险组合的效用无差异。无差异的点的轨迹就是无差异曲线。不同投资者的无差异曲线的形状是不同的，主要取决于投资者的风险态度。无差异曲线与有效边界相结合，可以得到投资者的最佳组合。

无差异曲线的性质如下：

第一，无差异曲线向右上方倾斜，或者说无差异曲线上各点的斜率为正值，即随着风险的增加，要保持相同的效用期望值，只能增加期望收益率。也就是说，必须给这部分增加的风险提供风险补偿。

第二，风险厌恶者的无差异曲线凸向横轴，即随着风险的增加，对于相同幅度的风险增加额，投资者所要求的风险补偿不断增加。也就是说，随着风险的增加，无差异曲线上各点的斜率越来越大。

上述两个性质是由投资者的永不满足及风险厌恶的特性所导致的。

第三，无差异曲线是密集的，即任何两条无差异曲线中间，必然有另外一条无差异曲线，也就是说，存在无差异曲线群。

第四，任何两条无差异曲线不可能相交。

第五，在无差异曲线群中，越往左上方的无差异曲线，其效用期望值越大。

无差异曲线的上述性质可以保证，对某个投资者来说，必然有一条无差异曲线与投资的有效边界相切。每个投资者都有一条自己的无差异曲线，对每个投资者来说，这条无差异曲线是唯一的。

（2）最优投资组合的确定

最优投资组合是指某个投资者在其可以建立的各种可能的投资组合中，唯一可获得最大效用期望值的投资组合。有效集的上凸性和无差异曲线的下凸性决定了最优投资组合的唯一性。

投资者效用无差异曲线和资本配置线的切点 C 就是投资的最佳组合点，如图6-9所示。

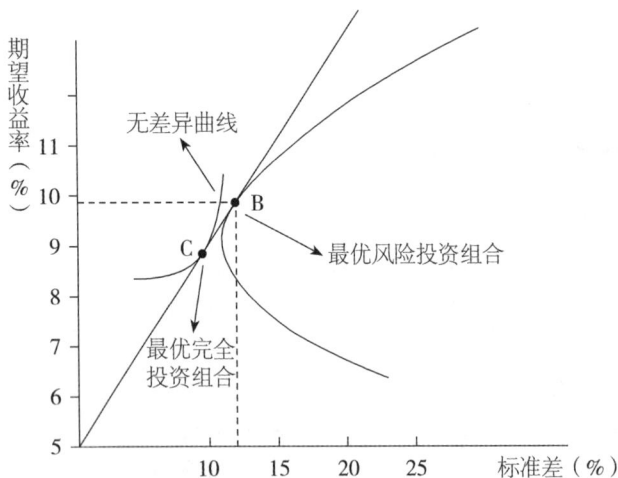

图6-9　最优完全投资组合的决策

我们来总结一下完成一个完整的投资组合的步骤：第一步，确定所有证券的收益特征值（如期望收益、方差、协方差等）；第二步，确定最优风险投资组合 C；第三步，把资金配置在风险投资组合和无风险资产上。

6.6　资本资产定价模型

6.6.1　资本资产定价模型概述

资本资产定价模型（capital asset pricing model，CAPM）是由美国学者夏普、林特尔、特里诺和莫辛等人在资产组合理论的基础上发展起来的，是现代金融市场价格理论的支柱，广泛应用于投资决策和公司理财领域。

资本资产定价模型主要研究证券市场中资产的预期收益率与风险资产之间的关系，以及均衡价格是如何形成的。

CAPM阐述了在投资者采用马科维茨的理论进行投资管理的条件下市场均衡状态的形成，把资产的预期收益和预期风险之间的理论关系用一个简单的线性方程表达出来。

当市场均衡时，一种证券被假定能提供与系统性风险相称的期望收益率。证券的系统性风险越高，投资者期望从该证券获得的收益率也越高。期望收益率和系统性风险的关系以及证券的定价是资本资产定价模型的精髓。

6.6.2　资本资产定价模型的假设

① 所有投资者处于同一投资期，不考虑投资决策对后期的影响。

② 市场上存在一种收益大于0的无风险资产。

③ 所有投资者均可以按照该无风险资产的收益率进行任何数量的资金借贷，从事证券买卖。

④ 没有税收，没有交易成本。

⑤ 每一种资产均无限可分，投资者可以买卖单位资产或资产组合的任一部分。

⑥ 投资者遵循马科维茨的投资组合理论，用预期收益率和标准差来选择投资组合。

⑦ 投资者永不满足，当面临其他条件相同的两种组合时，他们将选择具有较高预期收益率的组合。

⑧ 投资者风险厌恶，当面临其他条件相同的两种组合时，他们将选择标准差较小的组合。

⑨ 市场是完全竞争的，存在大量投资者，每个投资者的财富在所有投资者财富总和中只占很小的比重，是价格的接受者。

⑩ 证券市场有效。投资者对风险资产及其组合的预期收益率、标准差以及协方差有一致的看法。

6.6.3　资本资产定价模型的内容

资本资产定价模型是一个描述风险与期望收益率之间关系的模型。在这一模型中，某种证券的期望收益率就是无风险收益率加上这种证券的系统性风险溢价。

可以考虑两个投资机会。第一个是投资无风险证券，其持有期内的收益率是确定的，可用短期国库券的利率代替无风险收益率。第二个是投资普通股股票的市场组合，它由所有流通的普通股股票组成，权数则由各股票流通在外的总市价占所有流通股股票的总市价的比例决定。因为市场组合难以操作，所以大部分人用标准普尔500指数代替市场组合。标准普尔500指数是由从广泛的行业群中选出的最重要的500种普通股所组成的、以市场价值为权数加权后的指数，它度量市场的整体走势。

（1）特征线与β系数

①特征线。特征线是描述单个证券的收益率和市场组合的收益率之间的相互关系的一条直线，该直线的斜率等于β。现在我们比较一下个股的期望收益率和市场组合的期望收益率。在比较时，只有比较超过无风险收益率的那部分收益率才有用。这部分超额收益率是不同风险资产之间差异形成的基本标志。超额收益率等于期望收益率减去无风险收益率。图6-10是某个股的超额收益率与市场组合的超额收益率比较的例子。个股的超额收益率与市场组合的超额收益率的预期关系可能是以经验数据为基础的，若是如此，个股实际的超额收益率和市场组合实际的超额收益率就能画在图上，其回归线就是两者历史关系的最好描述。在图6-10中，每一个点都代表在给定的月份，个股的超额收益率和标准普尔500指数的超额收益率。

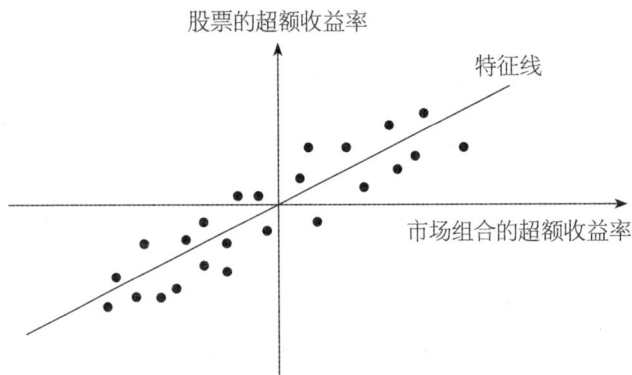

图6-10　个股超额收益率和市场组合超额收益率的关系

②β系数。β系数是指系统性风险指数，用于衡量单只股票收益率的变动对于市场组合收益率变动的敏感性。市场组合的β值是组合中各只股票β值的加权平均数。

β是特征线的斜率，即个股超额收益率的变化与市场组合的超额收益率的变化之比。若特征线的斜率是1，则意味着个股超额收益率与市场组合超额收益率等比例变化。换言之，该股票与整个市场有同样的系统性风险。若市价上扬，每月提供的超额收益率是5%，则我们可以预期：平均而言，个股的超额收益率是5%。若斜率大于1，则意味着个股超额收益率的变动大于市场组合超额收益率的变动；从另一个角度看，这意味着个股的不可避免风险要大于市场整体的不可避免风险，对这种股票的投资是一种进攻性投资。若斜率小于1，则个股超额收益率的变动小于市场组合超额收益率的变动，对这种股票的投资是一种防御性投资。

股票特征线的斜率越大，用β系数描述的系统性风险也越大。这意味着在市场组合的超额收益率朝上或往下变动时，个股的超额收益率是以更大还是更小的幅度变化取决于β系数。按照定义，在市场组合的β系数等于1时，该β系数就是相对于市场组合而言的个股的系统性风险，或不可避免风险。这种风险不能靠投资更多的股票来分散，因为它是影响所有股票的经济和政治环境的变化而产生的。

投资组合中的β系数是组合中各只股票β系数的加权平均数，权数是组合中各只股票市场价值占组合总市场价值的比例。所以，个股的β系数代表个股对高度分散的股票组合的风险的贡献。

（2）预期报酬率与证券市场线（security market line，SML）

①预期报酬率。假定金融市场是充分有效的，投资者作为一个整体是充分分散的，则非系统性风险是微不足道的。个股主要的风险是系统性风险。个股的β系数越大，它的系统性风险就越大，预期报酬率也就越大。若进一步假定非系统性风险已经被分散掉，则股票的预期报酬率为：

$$\overline{R}_j = R_f + (\overline{R}_m - R_f)\ \beta_j \tag{6-16}$$

式中：R_f 为无风险收益率；$\overline{R}_m$ 为市场组合的期望收益率；β_j 为 j 股票的 β 系数。

投资者对个股的预期报酬率应等于市场对无风险资产要求的收益率加上风险溢价。而风险溢价是下面两个因素的函数：一是预期市场收益率减去无风险收益率，这是市场上代表性股票要求的风险溢价；二是β系数。

②证券市场线。证券市场线是一条描述单个证券的期望收益率与系统性风险之间的线性关系的直线。如图6-11所示，纵轴表示期望收益率，横轴表示系统性风险指数β。在风险为零时，证券市场线与纵轴相交，交点处的期望收益率等于无风险收益率，表示即使在风险为0时，投资者仍期望就货币的时间价值得到补偿。随着风险的增加，要求的收益率也随之提高。

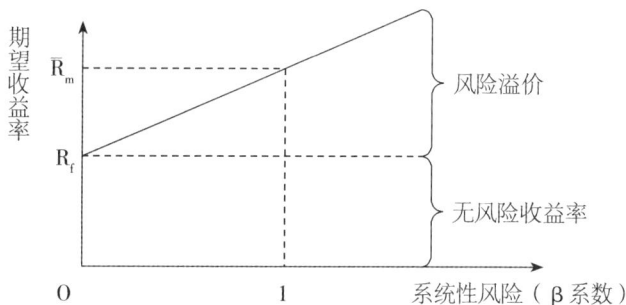

图6-11　证券市场线

延伸阅读6-2

资本资产定价模型的应用

思政小课堂 ☑

"股票投资组合的收益率由何种因素决定"是市场经久不衰的研究话题。本章从投资组合理论开始，介绍了优化投资组合的方法，重点介绍了资本资产定价模型。资本资产定价模型是学术界和实务界广泛采用的FF三因子模型（三因子是指市场风险、市值风险和账面市值比风险（Fama和French，1993））和FF五因子模型（在FF三因子模型基础上，涵盖了公司的盈利能力因子和投资水平因子（Liu、Stambaugh和Yuan，2019））的理论基础。在介绍这些知识时，注重科学思维方法训练，以提高学生分析问题和解决问题的能力。

1.讨论有效集的含义。

2.说明资本市场线和证券市场线各自的含义以及两者的区别。

3.什么是共同期望？

4.如何在风险资产的有效集中确定最优的投资组合？

5.简要解释为什么一种证券与多元化的组合中其他证券的协方差比该证券的方差更适合度量证券的风险。

6.对于风险规避的投资者来说，投资原油工业的股票合理吗？

7.一般来说，为什么有些风险是可分散的，有些风险是不可分散的？能因此断定投资者可以控制投资组合的非系统性风险的水平，而不是系统性风险的水平吗？

8.简述β系数的基本特征。

9.某投资者拥有广药集团公司的股票。假设他已经预料到下个月会发生如下事情：

（1）政府将宣布实际国内生产总值在上一个季度增长了1.2%。广药集团公司的收益和实际国内生产总值正相关。

（2）政府将宣布通货膨胀率在上一个季度增长了3.7%。广药集团公司的收益和通货膨胀率负相关。

（3）利率将上升0.5%。广药集团公司的收益和利率负相关。

（4）广药集团公司董事长深陷法律纠纷。

（5）研究数据将最后证明王老吉"大健康"饮料的功效。功效测试的完成意味着王老吉"大健康"饮料将很快进入市场。

假设下列事件是实际发生的：

（1）政府宣布实际国内生产总值在上一个季度增长了2.3%。

（2）政府宣布通货膨胀率在上一个季度增长了3.7%。

（3）利率没有上升。

（4）董事长离职。

（5）王老吉"大健康"饮料的推广受阻，必须进行另外6个月的功效测试。

讨论实际发生的事件会对广药集团公司的股票产生什么影响。哪些事件是系统性风险，哪些事件是非系统性风险？

10.描述系统性风险和非系统性风险的差别。

11.根据表6-3的信息，计算期望收益率。

表6-3 三种经济状况发生的概率

经济状况	经济状况发生的概率	经济状况发生时的收益率
衰退	0.20	−0.50
正常	0.50	0.12
繁荣	0.30	0.25

12. 某人选择了一个投资组合，他将资金的 20% 分别投资于股票 A 和 B、60% 投资于股票 C，请根据表 6-4 的信息，计算该组合的期望收益率和方差。

表 6-4　　　　　　　　两种经济状况下股票 A、B、C 的不同表现

经济状况	经济状况发生的概率	经济状况发生时的收益率		
		股票 A	股票 B	股票 C
繁荣	0.7	0.07	0.15	0.33
萧条	0.3	0.13	0.03	−0.06

13. 一只股票的期望收益率是 17%，它的 β 系数是 1.9，市场的期望收益率是 11%，无风险收益率是多少？

14. 一只股票的 β 系数是 1.3，市场的期望收益率是 14%，无风险利率是 5%。这只股票的预期收益率是多少？

15. 某投资者有 100 万元人民币，要投资一个包含股票 X、股票 Y 和无风险资产的组合。现建立一个期望收益率为 13.5% 且其风险只有市场的 70% 的投资组合。若股票 X 的期望收益率是 31%、β 系数是 1.8，股票 Y 的期望收益率是 20%、β 系数是 1.3，无风险利率是 7%，他会投资多少钱买股票 X？

16. 如果一个组合对每种资产都进行投资，组合的标准差可能比组合中每种资产的标准差都小吗？组合的 β 系数呢？

17. 考虑表 6-5 关于股票 X 和股票 Y 的信息。

表 6-5　　　　　　　　三种经济状况下股票 X、Y 的不同表现

经济状况	经济状况发生的概率	经济状况发生时的收益率	
		股票 X	股票 Y
衰退	0.15	0.09	−0.30
正常	0.70	0.42	0.12
非理性繁荣	0.15	0.26	0.44

市场的风险溢价是 10%，无风险利率是 4%。哪只股票的系统性风险最大？哪只股票的非系统性风险最大？哪只股票的风险更大一些？解释你的回答。

18. 表 6-6 是某投资者观察到的情况。

表 6-6　　　　　　　　A、B 公司证券的 β 系数与期望收益

证券	β 系数	期望收益率
A 公司	1.3	23%
B 公司	0.6	13%

这些证券的定价都是正确的。根据资本资产定价模型，市场的期望收益率是多少？无风险利率是多少？

19. 对于一个包括 70 股股票 A（每股卖 40 元）和 110 股股票 B（每股卖 22 元）的投资组合，股票 A 和股票 B 的权重分别是多少？

20. 某基金下一年的投资计划是：基金总额的 10% 投资于收益率为 7% 的无风险资产；90% 投资于一个市场组合，该组合的期望收益率为 15%；该基金的 β 系数等于 0.9。求该基金的收益率。

21. 股票 Y 的 β 系数是 1.5，它的期望收益率是 17%。如果无风险利率是 5.5%，且市场风险溢价是 7.5%，该股票应如何正确定价？

22. 一只股票的 β 系数是 1.2，它的期望收益率是 16%；无风险资产目前的收益率是 5%。请问如果两种资产组合的 β 系数是 0.75，组合的投资比重是多少？

23. 你有一个股票投资组合，四只股票占比分别为 25%、20%、15% 和 40%，β 系数分别是 0.6、1.7、1.15 和 1.9。这个组合的 β 系数是多少？

24. 某客户希望在一项风险资产和国库券上配置 10 000 元。风险资产的预期收益率为 12%，标准差为 15%；国库券的收益率为 8%。如果该客户希望获得 9% 的目标收益率，那么，他应在风险资产和国库券上分别投资多少元？

25. 在无风险收益率为 5%、市场期望收益率为 12% 的条件下，A 证券的期望收益率为 10%，β 系数为 1.1；B 证券的期望收益率为 17%，β 系数为 1.2。投资者可以买进哪种证券？

26. 现有甲、乙两只股票组成的股票投资组合，期望报酬率为 17.5%，无风险报酬率为 2.5%。股票甲的期望报酬率是 22%，股票乙的期望报酬率是 16%。

要求：（1）根据资本资产定价模型，计算两种股票的 β 系数。

（2）已知股票组合的标准差为 0.1，计算甲、乙两只股票的协方差。

27. 甲公司欲投资购买 A、B、C 三只股票构成投资组合，这三只股票目前的市价分别为 8 元/股、10 元/股和 12 元/股，β 系数分别为 1.2、1.9 和 2，在组合中所占的投资比例分别为 20%、45%、35%，目前的股利分别为 0.4 元/股、0.6 元/股和 0.7 元/股。A 股票为固定股利股票；B 股票为固定增长股票，股利的固定增长率为 5%；C 股票前 2 年的股利增长率为 18%，2 年后的股利增长率固定为 6%。假设目前股票市场的平均收益率为 16%，无风险收益率为 4%。

要求：（1）计算投资 A、B、C 三只股票构成的投资组合的 β 系数和风险收益率。

（2）分别计算 A、B、C 三只股票目前的市场价值。

28. 一只股票的 β 系数是 1.13，期望收益是 12.1%，无风险资产目前的收益率是 3.6%。

要求：（1）均等投资于两种资产的投资组合的期望收益率是多少？

（2）如果两种资产投资组合的 β 系数是 0.5，该投资组合的投资比重是多少？

（3）如果两种资产投资组合的期望收益率是 10%，β 系数是多少？

（4）如果两种资产投资组合的 β 系数是 2.26，该投资组合的投资比重是多少？你是如何理解本例中两种资产的投资比重的？

29. 市场上有两只股票：股票 A 和股票 B。股票 A 今天的价格是 75 元/股。如果经济不景气，股票 A 明年的价格将是 64 元/股；如果经济正常，将是 87 元/股；如果经济持续发展，将是 97 元/股。经济不景气、正常、持续发展的可能性分别是 0.2、0.6 和 0.2。股票 A 不支付股利，和市场组合的相关系数是 0.7。股票 B 的期望收益率是 14%，标准差是 34%，和市场组合的相关系数是 0.24，和股票 A 的相关系数是 0.36。市场组合的标准差是18%。假设资本资产定价模型有效。

要求：（1）如果你是一个持有相当多元化的投资组合、倾向于风险规避的典型投资者，你更喜欢哪只股票，为什么？

（2）一个70%股票A、30%股票B构成的投资组合的期望收益率和标准差是多少？

（3）（2）中投资组合的β系数是多少？

第7章
不确定条件下的资本预算和投资决策

本章要点 ✓ --●

本章主要介绍公司金融中不确定条件下的资本预算和投资决策相关内容，主要包括基于CAPM的折现率、不确定条件下的资本预算、实物期权、决策树分析、连续时间模型等。

▓▓ 7.1　风险的提出

第4章详细介绍了各种投资价值的评价方法，需要注意的是，这些方法都是在无风险假设下提出来的。在确定条件下，通过使用无违约的风险贴现率，可将投资的市场价值表示为投资将带来的现金流的现值。因为现金流唯一，而且贴现率的定义也很明确，所以这种方法无论在理论上还是在实际中都是可行的，也就是说，预测的未来现金流可以保证实现。但事实上收到现金流时的价值会小于预测时的价值，原因主要有两点：第一，在无风险假设下，我们只需要考虑货币的时间价值，即将来得到的现金流必然会大于现在的预测；第二，实际经营情况往往与预测不同，既可能超过预期，也可能远远低于预期。

本章的主要内容就是讨论在不确定条件下如何分析投资的风险与收益。在不确定条件下，投资后可能出现的现金流序列是不唯一的，但是决策者并不能提前确定实际会出现哪个现金流序列。我们想知道的是投资以后企业市场价值变动的规模，然而，和确定条件相比，在不确定条件下的评估过程要复杂得多。

▓▓ 7.2　基于CAPM的折现率

7.2.1　权益资本成本

企业有多余的现金时，有两个选择：第一，立即派发现金股利；第二，投资一个项目，用项目产生的未来现金流派发股利。如果股东将分得的股利再投资于一项金融资产，那么就应该在股东自己投资和企业投资中选择预期收益率较高的一个，具体做法如图7-1所示。

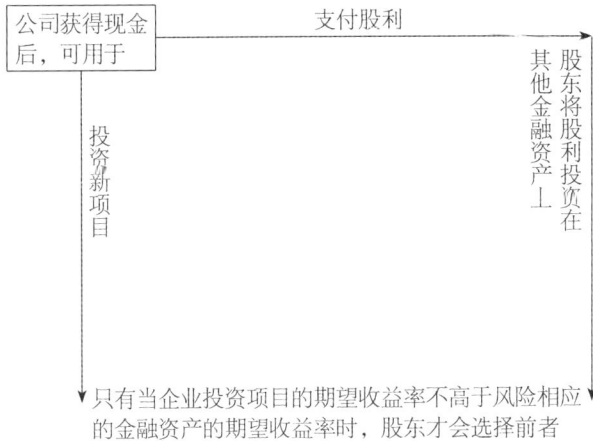

图7-1 公司有多余现金时的选择

只有当项目的预期收益率高于相应风险水平的金融资产的预期收益率时，项目才是可行的。我们得出资本预算的规律：项目的折现率等于同样风险水平的金融资产的预期收益率。

企业的可选投资项目如果用证券市场线来说明的话，就如图7-2所示。图中的直线代表证券市场线，即市场所决定的预期报酬率与系统性风险间的关系。内部收益率处于直线上或位于直线上方的所有项目都应被接受，这是因为预期它们提供的收益率高于或等于其各自的预期报酬率。可接受的项目在图中用×表示。所有位于直线以下的项目在图中用○表示，都将被拒绝。注意，项目的系统性风险越高，对它要求的收益率也就越高。如果一个项目没有系统性风险，则对它只要求无风险利率。但是，对风险更高的项目，则要求风险溢价，而且该溢价随项目系统性风险的增加而增加。从这个意义上来说，企业的目标就是寻找位于直线之上的投资机会。

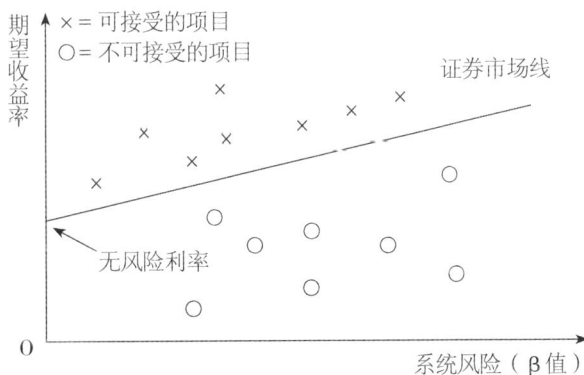

图7-2 通过接受预期能产生高于其预期报酬率的项目来创造价值

然而，在资本预算中运用企业的资本成本可能导致错误的决策。如投资软件业这种高风险项目，应选择高的折现率，若按企业的资本成本折现，就会过多地接受高风险项目。低风险项目应选择较低的折现率，若按企业的资本成本折现，企业就会过多地拒绝低风险项目，如图7-3所示。

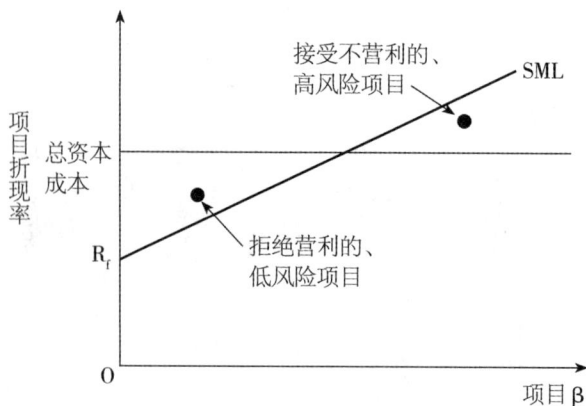

图7-3 企业资本成本与证券市场线之间的关系

用CAPM表示股票的预期收益率为：

$$\overline{R}=R_f+\beta\left(\overline{R}_m-R_f\right) \tag{7-1}$$

式中：R_f为无风险利率；$\overline{R}_m-R_f$为市场组合的预期收益率与无风险利率之差，称为预期超额市场收益率。

【例7-1】使用SML估计折现率。某公司有一个3年期的项目，β系数为1.2，初始投资为1 000元，每年的现金流为400元。假设无风险利率为8%，市场预期收益率为13%。计算NPV。

$$\overline{R}=R_f+\beta\left(\overline{R}_m-R_f\right)=8\%+1.2\times\left(13\%-8\%\right)=14\%$$

$$NPV=CF_0+\frac{CF_1}{(1+r)^1}+\frac{CF_2}{(1+r)^2}+\cdots+\frac{CF_n}{(1+r)^n}=-1\ 000+\frac{400}{1.14}+\frac{400}{1.14^2}+\frac{400}{1.14^3}=-71.35（元）$$

图7-4中的斜线反映了权益资本成本与企业风险之间的关系。一个无负债企业应接受内部收益率大于权益资本成本的项目，淘汰内部收益率小于权益资本成本的项目。

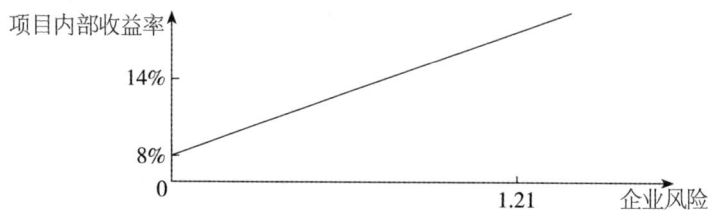

图7-4 SML与经风险调整后的折现率

使用投资项目的β系数去估计折现率更合适，因为项目的风险水平往往和公司面临的整体风险不同，并且不同项目间的风险水平也是不同的。如果仅使用加权平均资本成本，会高估低β系数项目、低估高β系数项目的必要报酬率。

7.2.2 β值的影响因素

一只股票的β值不是与生俱来的，而是由企业的特征决定的。下面讨论三个决定因素：收入的周期性、经营杠杆和财务杠杆。

（1）收入的周期性

有些企业的收入具有明显的周期性，也就是说，这些企业在商业周期的扩张阶段经营得很好，而在商业周期的紧缩阶段则经营得很差。经验证据表明，高科技企业、零售企业和汽车企业的收入随商业周期而波动，而公用事业单位、铁路、食品和航空类企业的收入则与商业周期相关性不大。由于β是个股收益率与市场收益率的标准协方差，所以周期性强的股票当然就有较高的β值。需要指出的是，周期性不等于变动性。比如一家电影制片厂，因为其未来是经营成功还是经营失败难以预测，所以收入的变动性大。但是，电影制片厂的收入取决于影片发行情况，而非商业周期，所以，电影制片厂的周期性并不强。也就是说，股票的标准差大，并不一定β值就高。

（2）经营杠杆

经营杠杆是指生产产品和提供服务过程中的固定成本和变动成本的总和。固定成本不随产量而变动，变动成本则随销量的增加而增加。一般而言，固定成本较高的公司在可变成本上就较低，而更低的单位可变成本增加了产品的边际收益，从而使利润对销量变化的敏感性更强。相应地，单位产品的可变成本增加会导致边际收益减少，从而使利润对销量变化的敏感性降低。所以，固定成本的增加提高了企业的经营杠杆。

【例7-2】方案A固定成本低于方案B，而变动成本高于方案B（见表7-1），这可能是因为方案B的机械化程度较高；也可能是因为方案A的设备可以租赁，而方案B的设备必须购买。方案B有较低的变动成本和较高的固定成本，则方案B的经营杠杆较高（如图7-5所示）。

表7-1　　　　　　　　　　方案A、B的经营杠杆　　　　　　　　　　单位：千元

项目	方案A	方案B
固定成本	1 000	2 400
变动成本	8	6
单价	10	10
边际贡献	2	4

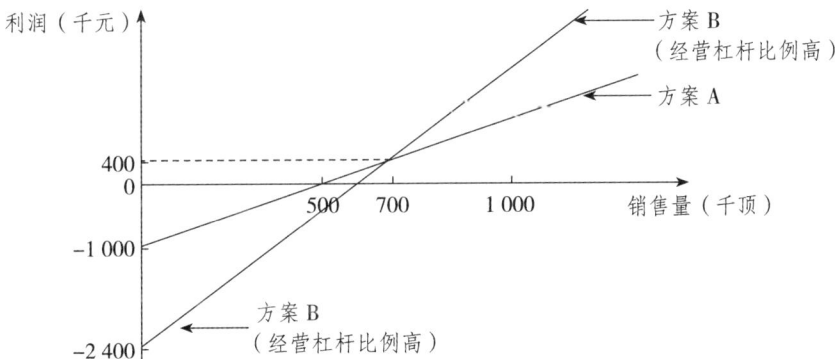

图7-5　经营杠杆比较

经营杠杆是非常重要的，它会对投资风险产生重大影响。然而，企业并不能任意选择其经营杠杆，因为会受到生产方式或资本、劳动供给量等的限制。在某些情况下，企业可能只有唯一的一种生产方法。

（3）财务杠杆

经营杠杆与财务杠杆是类似的概念。经营杠杆是指企业的固定成本和可变成本，财务杠杆则反映企业对债务融资的依赖程度。杠杆企业是指资本结构中有负债的企业。企业如果举债融资，无论其销售情况如何都要向债权人支付利息，所以财务杠杆是指企业的固定财务费用，它会加剧企业的财务风险。

在上一章中我们根据股票收益率估计了β系数，或称权益β（equity beta）。而对一个杠杆企业来说，资产β与权益β是不同的。资产β（asset beta）是企业总资产的β系数，除非完全依靠权益融资，否则不能把资产β看作普通股的β系数。

假定某人拥有企业全部的资产和负债，即拥有整个企业，那么，与任何其他组合一样，这个组合的β系数等于组合中每个单项的β系数的加权平均数，所以有：

$$\beta_{资产}=\frac{负债}{负债+权益}\times\beta_{负债}+\frac{权益}{负债+权益}\times\beta_{权益} \tag{7-2}$$

式中：$\beta_{权益}$为杠杆企业的权益β。可以发现，式中负债β乘以负债在资本结构中的百分比即负债÷（负债+权益），权益β乘以权益在资本结构中的百分比，这个组合包括企业的负债和权益，所以组合β就是资产β。

在实际中，负债β很低，一般假设为0。若假设负债β为0，则：

$$\beta_{资产}=\frac{权益}{负债+权益}\times\beta_{权益} \tag{7-3}$$

对于杠杆企业，权益÷（负债+权益）一定小于1，所以$\beta_{资产}<\beta_{权益}$，将上式变形，有：

$$\beta_{权益}=\beta_{资产}\times\left(1+\frac{负债}{权益}\right) \tag{7-4}$$

因此，在存在财务杠杆的情况下，$\beta_{权益}$一定大于$\beta_{资产}$。

7.3 不确定条件下的资本预算

处理不确定性的方法可以分为三类：

第一类方法的指导思想是评价所有可能出现的现金流序列，如状态偏好法（state preference approach）。这类方法从理论上看很完美，但是在实际中很难实现。尽管在多数情况下不能直接应用这类方法，但理解这类方法的思想很有必要。因为只要方法的理论正确，在实际应用中就可以对计算结果进行近似处理。

第二类方法要求决策者提供资产明细，然后根据资产明细来估计资产价值。例如，决策者首先估计每个时期的期望现金流，然后通过使用合适的风险调整贴现率，将上述现金流贴现来估计资产价值。在估计债券价值时，通常用出现可能性最大的现金流代替期望现金流。在资本资产定价模型中，假定决策者已知β系数，β系数表示资产价值与市场投资组合价值间的关系。在期权定价模型（option pricing models）中，决策者假定资产（或与其密切相关的资产）价值的变动服从某一特定概率分布，且明确说明该分布的参数（如方差）。对于确定等值法（certainty equivalent approach），在每个时期，将不确定的现金流用唯一的衡量标准来衡量，该衡量标准能够同时反映概率和风险偏好。所有这些方法的目标都是估计出投资的市场价值。

第三类方法能够帮助决策者更好地理解投资方案的特征，特别是投资风险。针对某项投资，如果所使用的评估方法不能给出其市场价值的确切估计，此时对决策者而言，尤其适合用第三类方法进行评估。这类方法中比较典型的有投资回收期分析、敏感性分析以及战略规划。

尽管这三类方法看起来有些冲突，但是在使用过程中可以相互补充。在不确定条件下，任何投资决策过程都涉及许多判断。要作出正确的决策，就必须做到：①针对一项投资，了解其所有可能现金流序列的特征如何影响投资的市场价值；②了解备选投资方案的风险特征（可通过使用第三类方法做到这一点）；③结合上述内容来估计投资的价值（使用第二类方法）。只有这样，才能在备选方案之间进行比较。

7.3.1　状态偏好法

和在确定情况下用净现值法处理资本预算一样，在不确定情况下用状态偏好法处理资本预算在理论上也是正确的，而且净现值法与状态偏好法密切相关，也可以认为状态偏好法是净现值法在不确定情况下的推广。

（1）确定情况

在确定情况下，通过详细列出资产在每个时期所带来的现金流对资产进行描述。对于指定的资产和时间，现金流及其价值是唯一的。例如，假设有两种无违约风险的零息票债券：一种债券售价95.24元，一年以后可兑换100元；另一种债券售价86.58元，两年以后可以兑换100元。对于一年后的1元，其现值为95.24÷100=0.9524（元）；对于两年后的1元，其现值为86.58÷100=0.8658（元）。

在第一期，计算现值因子所采用的贴现率为5%；在第二期，贴现率为10%。例如，1÷（1.05×1.10）=0.8658是第二期现金流的现值因子。

现值是未来货币的当前"价格"。在每个有现金流产生的时间点上，都需要一个现值因子。用这些现值因子可以估计资产的价值。假设一项资产在一年以后可以带来80元的现金流，两年以后可以带来60元的现金流，要估计这项资产的市场价值，可以分别用各个时间点产生的现金流乘以和该时间点对应的现值因子，然后把两个结果相加：

80×0.9524=76.19

60×0.8658=51.96

128.15

决策者只要将资产成本和128.15元相比较，就能决定投资与否。如果资产价值超过资产成本，就可以投资。

只要资产价值超过资产成本，决策者无需考虑企业是否有足够的资金支付资产成本，因为这种方法暗含着这样的假定：未来现金流所有权能够以其现值出售。出售现金流所有权获得的资金可以用来购置资产，对决策者而言，资金或许还有剩余。也就是说，决策者目前可以借到等同于资产现值的资金，因此，他当然不会放弃投资。通过市场，决策者始终可以用现期消费交换未来消费。

（2）不确定情况

在不确定情况下，既定资产在未来某一时刻产生的现金流有多种可能。原因在于，未来可能的状态不止一个，会出现哪种现金流取决于当时的状态，所以现金流也会存在多种可能。

例如，假设在第一期期末有两种可能的状态出现：状态A和状态B。两者不能共存：一种状态存在，另一种就不可能存在，反之亦然。另外，两者之间必须有一种状态出现。

假定现在有两项资产：第一项资产现价为45.00元，第二项资产现价为50.24元。我们给出一年以后的现金流状况：对于第一项资产，当状态A出现时，会产生100元的现金流；当状态B出现时，现金流为0。对于第二项资产，当状态A出现时，现金流为0；当状态B出现时，会产生100元的现金流。由此可以得出这样的结论：一年后，对状态A，1元的状态条件现值（state-conditional present value）为0.4500（45.00÷100）；对状态B，1元的状态条件现值为0.5024（50.24÷100）。0.4500和0.5024分别是第一期期末状态A和状态B的状态条件现值因子。

状态条件现值表示在不同时刻、不同状态下的货币的当前价格。可以使用状态条件现值来评估投资的市场价值。例如，假定某人正在考虑进行一项投资，一年后，如果状态A出现，这项投资将带来80元的现金流；如果状态B出现，这项投资将带来60元的现金流。要估计这项投资的市场价值，我们用状态条件现金流乘以对应的状态条件现值因子：

80×0.4500=36.00

60×0.5024=30.14

66.14

当在两种状态下资产所带来的现金流相同时，也可以使用上述方法。例如，假设一年后，无论出现什么状态，某项资产带来的现金流都是100元，则这项资产的市场价值为：

100×0.4500=45.00

100×0.5024=50.24

95.24

注意，上述结果和在确定情况下得到的现值因子0.9524是一致的，因此，可以认为在确定情况下使用的净现值法是状态偏好法的特例。也就是说，在确定情况下，未来某一时刻任意状态出现，资产带来的现金流都相同。

为了简化问题，上面的例子中只考虑了一期和两种可能状态，我们可以将状态偏好法拓展到多期、多状态的情形。此外，现金流可能不仅仅是状态的函数，还要取决于未来的管理决策，如扩建工厂或者停止经营。假定管理者在前面的各个时期已经作出正确的决策，那么在以后进行决策时，根据已有的信息就能够预测将来的现金流。

7.3.2　状态偏好法和净现值法的比较

两种方法的相似性是显而易见的。在确定情况下，对现金流仅根据其发生的时间进行区分。在现金流发生的每个时间点，都需要确定一项价格（现值因子）。要推导出这些价格，需要知道资产的价格以及有现金流发生的不同时刻。有了这些现值因子，只要知道和资产相关的确定现金流的模式，就能够估计出任意一项资产的价值。

在不确定情况下，现金流发生的时刻和状态不同。对于每个现金流的发生时间-状态组合，都要给出其价格（状态条件现值因子）。要推导出这些价格，需要知道资产的价格以及现金流发生的时间-状态组合模式。根据这些状态条件现值因子，就可以估计出任意一项资产的价值。但是对某一特定资产，在实际中也许很难或者不可能得到所有状态条件现值因子。

在状态偏好法中，对不确定性的解释更加复杂。在上面的例子中，在0时刻，状态B的货币价格比状态A的货币价格高。这表明，同样的1元，在状态B比在状态A更有价值（因为在状态B，1元的边际效用更大）。另外，多数投资者认为状态A出现的概率很小，因此，对于只有状态A才能出现的现金流，也就不愿意支付高价格（以一只价格为100元的彩票为例，如果中奖的概率是1/300，即使它只售1元，你可能都不会去买）。状态出现的概率和现金流的大小都会影响状态条件现值因子的值。

在用状态偏好法评估资产价值时，有了市场所决定的状态条件现值因子，就不需要企业再确定状态出现的概率，因为投资者很可能对企业确定的状态概率持有异议，所以我们说状态偏好法很有用。该方法不要求公司和投资者在状态概率方面达成一致，但是要在某些方面达成共识，包括可能存在什么状态、状态条件现值因子的值以及在每种状态下资产将会带来的现金流量。

对于各种可能出现的状态，投资者可能有自己的主观概率，所以，对于同样的现金流，持有不同主观概率的投资者对投资的期望回报率也有所不同。如果投资者使用的状态条件现值因子相同，那么他们对于未来现金流现值的估计也应该相同。仍然沿用上面的例子。假定投资者甲认为状态A出现的概率是0.75，状态B出现的概率是0.25，那么在第一期期末，甲认为风险性投资在状态A的期望现金流是80×0.75=60（元）。

如果状态A对应80元的现金流，状态B对应60元的现金流，则甲的主观期望现金流为75元（0.75×80+0.25×60）。按照前文所说的，这项投资的现值是66.14元（0.4500×80+0.5024×60）。针对这项投资，甲的主观期望回报率为13.40%。

$$主观期望回报率 = \frac{主观期望现金流 - 实际现值}{实际现值} = \frac{75 - 66.14}{66.14} = 0.134$$

对于另外一个投资者乙，他认为状态A出现的概率是0.60，状态B出现的概率是0.40，因此其主观期望现金流为72元（0.60×80+0.40×60），而主观期望回报率只有8.86%（（72-66.14）÷66.14×100%）。

尽管投资者对于状态出现的概率以及投资期望回报率的估计值可能各执己见，但只要根据投资带来的状态条件现金流以及市场的状态条件现值因子，就可以确定资产的现值。根据前文的现金流预测，没有人会以高于66.14元的价格进行投资，因为通过购买由两项资产构成的投资组合，并认为每项资产现金流发生的状态唯一，可以复制出前面提到的现金流。如果投资者认为状态B可能发生，那么其投资组合中状态B的资产权重会比较大。注意，在假定状态A出现时获得80元、在状态B出现时获得60元的情况下，方可得到66.14元的现值。

7.3.3 敏感性分析

所有用于评估项目价值的理论框架都要求评估人全面了解项目。无论是通过详细描述现金流，如使用状态偏好法，还是以某种概括的方式，如使用风险调整贴现率，都是如此。正如前文所述，通过分析现金流结构，无论是审查项目还是总结项目，相关信息都很容易获得。有些项目分析者之所以能够出色地完成工作，是因为他们对项目的了解更透彻，这种了解不仅限于一系列现金流估计所反映的内容。事实上，通过审查项目，分析者获得的知识是资本预算研究的最重要成果之一。

问题在于，如何通过一种简单明确的方式，将分析者获得的知识要点传达给高层管理人员。在解决这个问题时，首先要明确决策者往往不是财务方面的专家。

对于这个问题，有许多方法可供使用。这些方法能够帮助分析者了解项目，并将这种了解以简洁的方式传达给管理人员，其中最重要的就是敏感性分析。通过敏感性分析，可以了解关键因素如何影响项目的价值。通过改变某些因素的值，如关键原料的成本或最终产品的需求量，来分析这些因素如何影响现金流和净现值的估计值。其他需要考虑的重要事项包括项目的灵活性（允许管理调整的程度以适应突发情况，而不是规定按照一系列既定操作进行管理）以及项目与公司战略目标的关系。

敏感性分析（sensitivity analysis）是通过变动与资本预算项目有关的主要参数，分别计算参数不同时的项目净现值，从而得出项目净现值对有关参数的敏感程度。敏感性分析是对净现值法的重要补充。

（1）敏感性分析的具体步骤

① 确定敏感性分析的对象。敏感性分析的对象可以是净现值，也可以是内部收益率或盈利指数。这里我们以净现值为分析对象。为此，首先估算出资本预算项目的各种参数预期值，计算项目的现金流量和预期净现值。

② 选择需要分析的不确定因素。通常选择那些预计对项目净现值产生较大影响的，或者在分析中不易确定的因素。与项目净现值有关的主要参数有预期的销售价格、销售数量、初始投资、资本成本和营运资金投入等。

③ 分析不确定因素变动对项目净现值的影响。注意，每次只允许一个参数发生变动，其他参数均保持正常状态不变。

④ 确定敏感因素。有两种方法：一是采用相对指标，即计算和比较在同一百分比变动幅度下，各因素的变动造成项目净现值变动的百分比；二是采用绝对指标，即计算和比较各种因素在不利条件下对项目净现值的影响。如果参数变动改变了项目的可行性，表明该因素为投资项目的敏感因素，需要引起重视。

【例7-3】三星公司项目敏感性变量的估计见表7-2。

表7-2　　　　　　　　　　三星公司项目敏感性变量的估计　　　　　　　　金额单位：元

变　量	悲　观	一　般	乐　观
销售量	170	200	300
销售价格	300	450	500
单位变动成本	400	360	300
管理费用	5 000	5 000	5 000
折旧	5 000	5 000	5 000
资本成本	14.4%	12%	9.6%

三星公司项目敏感性分析的绝对值指标见表7-3。

表7-3　　　　　　　　三星公司项目敏感性分析——绝对值指标　　　　　　　金额单位：元

变量	悲观	一般	乐观
销售量	861	6 506	25 323
销售价格	−64 004	6 506	30 009
单位变动成本	−12 816	6 506	35 488
资本成本	5 024	6 506	8 067

从谨慎性原则出发，在敏感性分析中，主要考虑"悲观"的预期。从绝对值指标来看，"悲观"情形下的销售价格和单位变动成本都将使项目净现值为负，项目因此变得不可行，故销售价格和单位变动成本属于敏感因素。

三星公司项目敏感性分析结论见表7-4。

表7-4　　　　　　　　　　　三星公司项目敏感性分析结论

变量	参数变动① 百分比（%）	净现值变动② 百分比（%）	敏感度 ②÷①	敏感因素 排序
销售量	15	87	5.78	3
销售价格	33	1 084	32.15	1
单位变动成本	11	297	26.73	2
资本成本	20	23	1.14	4

$$参数变动百分比 = \left| \frac{"一般"参数值 - "悲观"参数值}{"一般"参数值} \right| \times 100\%$$

即：

$$销售量变动百分比 = \left| \frac{200 - 170}{200} \right| \times 100\% = 15\%$$

$$销售价格变动百分比 = \left| \frac{450 - 300}{450} \right| \times 100\% = 33\%$$

$$单位变动成本变动百分比 = \left| \frac{360 - 400}{360} \right| \times 100\% = 11\%$$

$$资本成本变动百分比 = \left| \frac{12\% - 14.4\%}{12\%} \right| = 20\%$$

$$净现值变动百分比 = \left| \frac{"一般"净现值 - "悲观"净现值}{"一般"净现值} \right| \times 100\%$$

结果表明，销售价格、单位变动成本、销售量和资本成本变动1个百分点，对应的净现值分别改变32.15、26.73、5.78和1.14个百分点，净现值对销售价格的变动最为敏感，其次为单位变动成本、销售量和资本成本。因此，在资本预算中，需要特别注意对销售价格和单位变动成本的估算。

【例7-4】A公司正在分析一个项目的可行性，现金流预测情况如下：3年期项目，年销售量为1 500件，单价为50元，变动成本为20元，固定成本为5 000元/年；

固定资产投资 60 000 元，采用直线法折旧，到期没有残值；边际税率为 25%，资本成本为 15%。基于这些数据得到 NPV 和 IRR 分别为 17 316 元和 34%。

表 7-5 是一些关键数据在其他变量保持不变的情况下上升以及下降 20% 后的影响（计算过程省略）。

表 7-5   A公司敏感性分析   金额单位：元

变量		下降 20%	原始值	上升 20%
销售量	NPV	3 914	17 316	30 717
	IRR	19%	34%	48%
单价	NPV	−5 020	17 316	39 651
	IRR	9%	34%	57%
可变成本	NPV	26 250	17 316	8 381
	IRR	44%	34%	24%
固定成本	NPV	18 805	17 316	15 826
	IRR	36%	34%	33%

可以看到，该项目的 NPV 和 IRR 对于销售量和单价的变化非常敏感，在下降 20% 后，NPV 变成了负值；而对固定成本的变化不敏感。

（2）敏感性分析的不足之处

① 假定只有一个变量发生变化，没有考虑各种因素之间的相互关系。实际中往往会有两个或两个以上因素同时发生变动。

② 没有考虑各种不确定因素发生变化的可能性，即未来各种情形出现的概率；容易造成"安全错觉"，对悲观状态值的估计可能过于乐观，从而导致所有的值为正，使决策者觉得绝对安全。

③ 没有区别企业可以控制的现金流量和不可控制的现金流量。

7.3.4 情景分析

为了克服敏感性分析忽略各变量之间相关性的不足，通常采用情景分析（scenario analysis）。情景分析是一种变异的敏感性分析。

简单地说，情景分析就是设想一些可能发生的事件，预测这些事件对决定项目现金流量的各参数的影响，计算和比较事件发生前后项目的净现值，帮助管理层了解项目在各种可能情形下的投资价值。这种方法解决了敏感性分析中各变量缺乏联动的问题。

情景分析是考虑一系列关键的解释变量来分析被解释变量的变化，所以情景分析和敏感性分析的主要区别就是情景分析允许改变多个变量的值。

【例 7-5】对于 A 公司的项目，可以设定三种情景：情况好、情况一般以及情况差，结果见表 7-6。情况好的话销量和单价上升 20%，固定成本和可变成本下降 20%，情况差则相反。

表 7-6　　　　　　　　　　A公司三种不同情景比较　　　　　　　金额单位：元

变量	情况差	情况一般	情况好
销量	下降 20%	1 500	上升 20%
单价	下降 20%	50	上升 20%
可变成本	上升 20%	20	下降 20%
不变成本	上升 20%	5 000	下降 20%
NPV	−25 632	11 871	60 882
IRR	−4.4%	23.5%	56.8%

7.3.5　盈亏平衡分析

盈亏平衡分析（break-even analysis）通常又称量本利分析或损益平衡分析。盈亏平衡是指项目收益和成本正好抵消。在项目盈亏平衡点上，投资项目既无盈利，也不亏损。

盈亏平衡分析是根据投资项目在正常生产年份的产品产量或销售量、成本费用、产品销售单价和销售税金等数据，计算和分析产量、成本和盈利之间的关系，从中找出使项目成本和收益正好相等的销售量的一种分析方法。

按照是否考虑资金的时间价值，盈亏平衡分析可分为会计利润盈亏平衡分析和现值盈亏平衡分析两种。盈亏平衡分析有助于企业管理层了解投资项目对市场需求变化的适应能力。

（1）会计利润盈亏平衡分析

会计利润盈亏平衡分析不考虑资金的时间价值，当项目的会计利润为0时，项目达到盈亏平衡。

在盈亏平衡点：

税后净利润=0

税前利润 $(1-T_C)=0$

（销量×单价−固定成本−销量×单位变动成本−折旧）×（$1-T_C$）=0

[销量 ×（单价 − 单位变动成本）− 固定成本 − 折旧]×（$1-T_C$）=0

$$销量=\frac{(固定成本 + 折旧)\times(1-T_C)}{(单价 − 单位变动成本)\times(1-T_C)}=\frac{固定成本 + 折旧}{单价 − 单位变动成本} \tag{7-5}$$

式中：（单价−单位变动成本）×（$1-T_C$）称为税后价差或边际贡献，即每增加销售一单位产品对税后利润的贡献。

上述公式的经济意义在于：用每增加销售单位产品的边际贡献（税后）去抵消每年的成本（税后成本，包括每年发生的固定成本以及初始投资分摊到每年的成本（即折旧）），刚好能足额抵消完成本的销售量，即盈亏平衡点。

盈亏平衡分析图如图7-6所示。

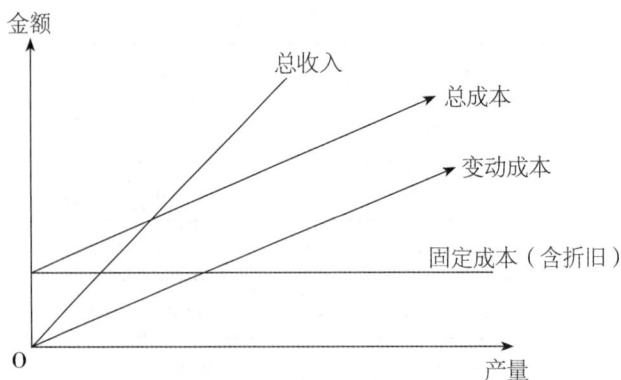

图7-6 盈亏平衡分析图

（2）现值盈亏平衡分析

如果考虑资金的时间价值，现值盈亏平衡点为令NPV为0的销售量。

$$销量=\frac{固定成本 \times (1-T_c) + EAC - 折旧 \times T_c}{(单价 - 单位变动成本) \times (1-T_c)} \tag{7-6}$$

式中：EAC为每年分摊的期初投资额；T_c为公司所得税。

其基本思路也是用边际贡献去抵消税后成本，只是此时由初始投资所带来的年均税后成本为：

初始投资的年均税后成本=EAC-折旧×T_c

【例7-6】三星公司拟投资25 000元购买和安装割草机生产设备。项目生产期限为5年，固定资产采用直线法折旧，期末无残值。管理费用为每年5 000元。预计割草机的市场价格为每台450元，变动成本为每台360元。三星公司的资本成本为12%，适用的所得税税率为25%。如果考虑期初投入资金的机会成本，且企业每年生产的割草机数量相同，三星公司每年至少要生产多少台割草机才能获得盈利？

我们先计算每年的税后总固定成本，包括期初投资分摊、折旧税和税后付现固定成本三部分。

假定每年分摊的期初投资额相同，其现值之和为25 000元，即：

$EAC \times A_{0.12}^5 = 25\ 000$（元）

$EAC = \dfrac{25\ 000}{A_{0.12}^5} = \dfrac{25\ 000}{3.6048} = 6\ 935$（元）

每年的折旧税为：

$\dfrac{25\ 000}{5} \times 25\% = 1\ 250$（元）

税后付现固定成本为：

$5\ 000 \times (1-25\%) = 3\ 750$（元）

由于折旧税可以冲抵每年的税后固定成本，因此，每年税后总固定成本为：

$6\ 935-1\ 250+3\ 750=9\ 435$（元）

计算每台割草机对税后收入的边际贡献：

$(450-360) \times (1-25\%) = 67.5$（元）

计算盈亏平衡点的产量，数值上等于每年税后总固定成本除以每台割草机对税后收入的边际贡献，即：

9 435÷67.5=140（台）

三星公司每年至少要生产140台割草机才不会亏本。如果不考虑资金的时间价值，会计利润盈亏平衡点的产量为：

延伸阅读7-1

蒙特卡洛
模拟法

$$Q = \frac{固定成本 + 折旧}{单价 - 单位变动成本} = \frac{5\,000 + 5\,000}{450 - 360} = 111（台）$$

可见，考虑资金的时间价值将提高盈亏平衡点的产量。

7.4 实物期权

7.4.1 实物期权的概念

金融期权（financial option）是指一种提供选择权的交易合约，以期权价格购买期权合约的人可以获得一种在指定时间内按协议价格买进或卖出一定数量的某种金融资产的权利。投资者可以在条件有利时实施该种权利，在条件不利时放弃该种权利。实物期权是将期权思想运用于实物资产投资或项目投资，体现了一种柔性（保持灵活性）投资策略。

实物期权（real option）把投资项目本身当成一个期权来看待，见表7-7。

表7-7 实物期权

期权标的物	投资项目
期权执行价格	项目未来实施时的资本成本或投资额
期权期限	项目的运营时间
期权标的物的市场价格	项目未来实际的现金流
期权价格或期权费	项目的沉淀成本（含评估费用等前期成本）

7.4.2 金融期权与实物期权的比较

金融期权与实物期权的比较见表7-8。

表7-8 金融期权与实物期权的比较

项目	金融期权	实物期权
标的资产	股票、期货等金融资产	实物资产、投资项目等
执行价格	约定的价格	投资成本
市场价格	金融资产的市场价格	预期现金流的现值
期限	金融资产到期日	投资项目的期限
波动率	金融资产的不确定性	项目价值的不确定性
贴现率	市场利率	市场利率

7.4.3 实物期权的特征

（1）不可逆性

投资的初始成本至少是部分沉没的，改变投资或撤销投资并不能完全回收投资的初始成本。投资的不可逆性主要是由于资产的专用性、利息的不对称性，以及政府管制或制度安排造成的。

（2）灵活性

实物期权投资决策一般不是非此即彼的决策，而是富有灵活性，即投资决策是一种"柔性"决策而非"刚性"决策。投资者选择的自由度越高，投资选择的价值就越大，实物期权的价值也就越大。

（3）不确定性

投资决策只能根据目前的状态估计未来各种可能性的概率。一般来讲，投资的不确定性越大，实物期权的价值也就越大。

（4）竞争性（非独占性）

一个投资机会可能同时被多个竞争者拥有，因此该项目中包含的实物期权就可能被其中一个企业执行。对于共享实物期权来说，其价值不仅取决于影响期权价值的一般参数，而且与竞争者可能的策略选择有关。

（5）非交易性

期权的交易性有两层含义：一是标的资产的交易性；二是期权本身的交易性。实物期权的标的资产几乎不存在交易市场，而实物期权本身也不可能单独进行市场交易。即使如专利技术等投资对象可能存在交易机会，但由于市场的不完备性，相应的交易成本会很高。而金融期权的标的资产是标准化的，交易成本很低。

（6）复合性

企业所拥有的各种实物期权之间存在先后关联，一个实物期权的执行价值不仅取决于自身的特征，还取决于其他尚未执行的实物期权价值。在对多个实物期权的价值进行评估时，需要考虑实物期权的相互影响。若忽视了实物期权之间的相互影响，则可能高估实物期权所带来的投资价值。

7.4.4 实物期权的类型

在实际投资中，一般存在以下六种实物期权类型：

（1）拓展期权（option to expand）或扩张期权

项目的投资者在初始投资成功后，可能创造出基于前期投资的新的投资机会，这些新的投资机会可以看作公司的增长期权，而前期的投资则是为获得这一机会而付出的期权费。

拓展期权的意义在于，前期的投资可能是一系列后期投资项目的前提。前期投资项目的价值与其说来自于当期现金流价值，不如说来自于它所创造的成长机会价值。

项目投资价值=现行投资方案现金流价值+未来扩张性投资期权价值　　　　　　　（7-7）

拓展期权适用于高科技风险投资项目和公司战略性投资项目。对于风险投资项目，由于未来的不确定性很大，投资者应该分步进行，只有前期的投资获得了一个较好的机会时，才进行下一步的投资，这样能更好地控制风险。因此，对于风险投资项目的前期投资，它的估值就不能以净现金流为依据了，而应充分考虑其拓展期权的价值。

对于公司战略性投资项目，有时候用增长期权（growth option）的概念。企业接受某个投资项目，可能不仅仅从项目本身的财务效益考虑，而是更多地考虑项目对企业未来发展的影响，如员工经验的积累、企业品牌支持、销售渠道开辟等具有战略价值的方面。

【例7-7】A公司准备投资一家冰雕旅馆，预计初始投资为1 200万元，可获得永续现金流每年200万元，合适的项目贴现率为20%。

此项目的NPV为：

−1 200+200÷0.2=−200（万元）

由于此项目的NPV为负，一般公司将放弃这个项目。但A公司管理者认为，净现值法遗漏了价值的隐性来源。实际上，每年200万元的现金流是两种情况的综合：

乐观情况（50%概率）下：每年流入300万元。

悲观情况（50%概率）下：每年流入100万元。

因此，项目的NPV有两种预测结果：

乐观预测：−1 200+300÷0.2=300（万元）

悲观预测：−1 200+100÷0.2=−700（万元）

两种预测平均NPV=50%×300+50%×（−700）=−200（万元）

从拓展期权的角度看，这个项目值得一试。如果乐观预测是对的，公司预测全国会有10个地区支持这种冰雕旅馆，那么考虑到项目拓展价值的NPV是：

NPV=50%×10×300+50%×（−700）=1 150（万元）

（2）放弃期权（option to abandon）

当市场状况不佳，投资项目面临巨大的亏损，投资的资本、设备难以转为其他用途时，投资者就可考虑放弃该项目。放弃期权就是指在对某项目进行投资后，该项目变得无利可图时放弃该项目的权利。

放弃期权可以看作一个看跌期权，同样具有价值，因为如果管理者放弃目前的投资项目，那么设备与其他资产可在二手市场出售，使企业获得残值。

管理者可选择继续经营，获得价值为V；或者停止生产以获得放弃价值，获得残值为A。放弃期权价值为：

放弃期权价值=V+Max（A−V，0）=Max（V，A）   (7-8)

如前例，如果A公司管理者预期每年现金流为200万元，由以下两种情况综合而成为：

乐观情况（50%概率）下：每年流入600万元。

悲观情况（50%概率）下：每年流入−200万元。

因此，项目的NPV有两种预测结果：

乐观预测：−1 200+600÷0.2=1 800（万元）

悲观预测：−1 200−200÷0.2=−2 200（万元）

两种预测平均NPV=50%×1 800+50%×（−2 200）=−200（万元）

考虑到放弃期权价值，即如果现金流是乐观预测下的结果，A公司将拓展项目；如果现金流是悲观预测下的结果，则放弃项目。

NPV=50%×1 800+50%×（-1 200-200÷1.2）=217（万元）

由于A公司这个项目如果第1年现金流为-200万元，就放弃该项目，而此时的NPV为正，所以考虑到放弃期权价值，A公司应接受该项目。

（3）择机期权（timing options）

人们为什么会购买一些闲置多年的土地？为什么会持有目前还未开采的矿山？因为这些财产的所有者拥有择机期权。

假设B公司拥有一块目前闲置的土地，最好的用途是建办公大楼。预计建筑成本为100万元。扣除所有费用，每年永续净租金估计为9万元，贴现率为10%。那么大楼的NPV为：

-100+9÷0.1=-10（万元）

因为该项目NPV为负，B公司目前不会选择建办公大楼。假设地方政府正在规划各种城市新建项目，如果项目立项的话，办公楼的租金会提高。在这种情况下，B公司将选择建办公大楼。

择机期权也可称为延迟期权（option to defer）。项目投资者在投资决策时有权推迟项目投资，以便掌握更多的信息，从而解决现在投资项目所面临的一些不确定性。换言之，项目有等待以接受新信息的期权，有人也把它称为学习期权（learning options）。

项目的持有者有能力推迟对项目的投资，以解决当前投资项目所面临的不确定性，延迟期权使管理者可以选择对企业最有利的时机执行某一投资方案。由于实物投资项目不可逆，一旦投资开始，再收回投资就会造成很大的损失。对于不可逆项目，通常的管理方法就是推迟项目投资，直到项目的一些不确定性得以解决，再进行投资。

正是因为推迟投资可以控制项目投资风险和损失，所以推迟项目的投资是有价值的。当管理者延迟投资方案时，对管理者而言即获得了一个延迟期权的价值；若执行此投资方案就牺牲了这个延迟期权，损失部分就是此投资方案的机会成本。

因此，可将延迟期权的价值写成：

延迟期权=Max（V-I_c，0） (7-9)

式中：V为投资项目价值；I_c为投资项目延迟一期的投资成本。McDonald和Siegel（1986）在研究不可逆投资计划的最佳投资时机时，讨论了对延迟期权的评估，并推导出最佳投资时机的确定方法。其研究结论表明，投资项目的最佳延迟时机大约是在项目价值为投资成本的两倍时。

当然，对于一个竞争的市场，推迟投资往往也意味着市场机会被竞争者所侵蚀，所以推迟投资也是有成本的。在现实投资中，必须很好地权衡延迟投资期权价值与延迟投资成本的大小。不过对于一个充满不确定性的投资项目，延迟投资的期权价值往往高于延迟投资的成本。

（4）修正期权（option to alter）

在企业项目投资管理中，管理者可根据市场景气指数的变化，如产品需求的改变或价格的变动等，来改变项目的运营规模。当产品需求增加时，企业可以扩张生产规模来适应市场需求；反之，则可以缩减规模甚至暂停生产。

投资者所具有的这种投资项目管理的灵活性，会增加投资项目的价值，我们将这种选择权称为修正期权。除了扩大和缩小经营规模的选择外，还有两种修正期权：暂停经营的期权、重新开始经营的期权。

在投资决策时需要考虑，若未来市场需求较原先预期乐观，则可将规模扩大A%，所增加的资本支出为 I_e，故管理者可以选择维持原生产量或扩大规模，这个扩大规模的机会就如同买方期权，因此投资方案价值应是原计划价值加上扩大的价值：

扩大的期权价值=V+Max（A%V−I_e，0）=Max（V，（1+A%）V−I_e）

若未来市场需求比预期悲观，那么可缩减B%的规模，因缩减规模所减少的资本支出为 I_c，管理者可以选择维持原生产量或缩减规模，这个缩减规模的机会类似于看跌期权。缩减的期权价值为：

缩减的期权价值=Max（I_c−B%V，0）   (7−10)

（5）转换期权（option to switch）

在项目投资之后，项目持有者可以根据未来项目情况在多种决策之间进行转换的选择权，称为转换期权。例如，建造发电厂时，可以建造能够使用多种原料发电的设备，以便在今后依据原料市场价格的不同来选择不同的原料发电，而不仅仅局限于单一的原料发电。这种灵活性可以降低成本。

由于项目投资的可变性，相应的转换期权蕴含于项目的初始设计之中，灵活的生产设备允许生产线在产品之间很容易地进行转换，转换期权成为设备成本的一部分。

传统的投资决策工具很难处理这样的柔性投资策略，一旦决定进行转换，转换价值就取决于项目所处的状态和拥有的转换期权。

马格拉布（Margrabe）（1978）提出了转换期权评价模型；鲍尔温（Baldwin）和鲁巴克（Ruback）（1986）指出未来资产价格的不确定性使得投资项目拥有转换期权，而由于转换的机会一般较早发生，所以转换期权对于短期资产而言更有价值；库勒提拉卡（Kulatilaka）和特里乔治斯（Trigeorgis）（1994）针对投资方案执行过程中为了生产特定产品可以投入不同的生产要素，或者有相同生产要素的投入而有不同产品组合的产出，提出了生产要素转换期权衡量模型。

（6）多阶段投资期权（time-to-build option）

公司的项目投资一般具有连续性和阶段性特征。企业在每一阶段的投资都决定了下一期是否继续投资，这类似于复合式期权（compound options）。这种期权的评价多应用于研发密集、高度不确定性、资本密集的企业，如高科技企业、生物制药企业等。

Majd 和 Pindyck（1987）指出，利用延续性投资期权对具有延迟性且为一连串的投资项目进行评价，主要目的是衡量投资计划中管理者拥有的弹性价值，其研究结果指出，传统现金流量折现法往往会低估投资项目的价值。Carr（1988）将 Geske（1979）提出的复合期权评价模型与马格拉布（1978）提出的转换期权评价模型进行了整合，形成了复合转换期权评价模型。

7.5 决策树分析：多阶段实物期权

有些投资项目往往要经历几个阶段，且每个阶段都要作出决策。这些决策并非互不相关，而是紧密联系、互相影响，具有一定的前后顺序关系，前一阶段的决策将改变后一阶段决策的客观条件，并影响后一阶段的决策。这类项目的资本预算一般通过决策树（decision tree）来求解。

决策树是描述风险条件下资本预算问题的树形图。它把各个备选方案、未来可能发生的各种客观状态及其发生的概率，以及各个方案的效果直接在图上标出来，反映了多阶段决策的路径。

利用决策树进行资本预算分析时，一般从后向前逆向进行，具体步骤为：第一步，根据现有的信息，画出决策树；第二步，计算最终可能出现的每一决策结果的净现值；第三步，根据每种结果发生的概率，计算各阶段投资方案的期望净现值；第四步，比较不同方案的期望净现值，淘汰差的方案，保留好的方案，依次从后往前推，最后留下的就是要选择的最优方案。

【例7-8】某汽车制造企业拟投资生产适合城市家庭使用的环保型微型汽车。该项目包括三个阶段：

第一阶段，进行市场调查，市场调查费用为500 000元。预计调查结果为市场"前景良好"的可能性为80%，市场"前景不好"的可能性为20%。如果调查结果为市场"前景不好"，项目就此结束，企业损失500 000元市场调查费。

第二阶段，如果调查结果为市场"前景良好"，企业将投资1 000 000元进行研制和试验，预计研制成功的可能性为60%，失败的可能性为40%。如果研制和试验失败，项目终止。

第三阶段，如果研制和试验成功，企业将再投资10 000 000元建设厂房和购买生产设备。项目的寿命期为4年。4年中的经营现金流量取决于市场需求。预计市场需求有高、中、低三种情形，发生的概率分别为30%、40%、30%，每年现金流入量分别为10 000 000元、4 000 000元、-2 000 000元。企业可以在经营亏损时停止生产。

假定两个决策之间的间隔时间为一年，且项目的风险在各个阶段保持不变，并与企业目前的风险等级相同，如图7-7所示。企业目前的资本成本为11.5%。问：企业是否应该在期初投资进行市场调查？

首先，分别计算每一最终结果的净现值。

建成投产后市场需求高时的净现值：

$$-50-\frac{100}{1.115}-\frac{1\,000}{1.115^2}+\frac{1\,000 \times A_{0.115}^4}{1.115^2}=1\,525（万元）$$

建成投产后市场需求中时的净现值：

$$-50-\frac{100}{1.115}-\frac{1\,000}{1.115^2}+\frac{400 \times A_{0.115}^4}{1.115^2}=43.6（万元）$$

建成投产后市场需求低时的净现值：

$$-50-\frac{100}{1.115}-\frac{1\,000}{1.115^2}+\frac{200 \times A_{0.115}^4}{1.115^2}=-1\,437.9（万元）$$

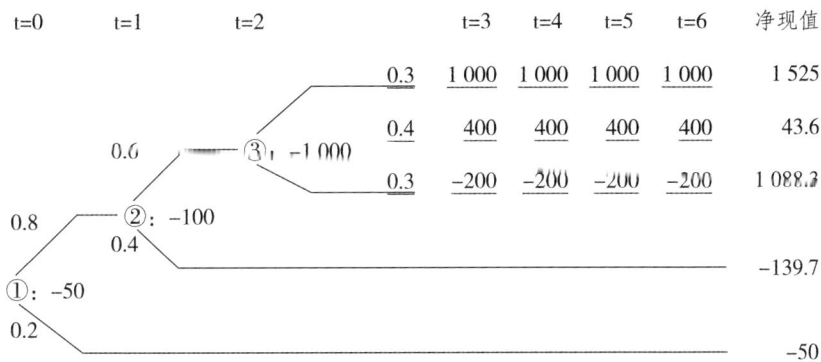

| t=0 | t=1 | t=2 | | t=3 | t=4 | t=5 | t=6 | 净现值 |

图7-7　决策树分析（单位：万元）

由于企业可以在经营亏损时停止生产，假如项目投产一年后亏损200万元，预期项目继续亏损，企业将停止生产。因此，市场需求低时，项目净现值应为：

$$-50-\frac{100}{1.115}-\frac{1\,000}{1.115^{2}}-\frac{200}{1.115^{3}}=1\,088.3\,（万元）$$

同理，项目研制和试验失败后的净现值为：

$$-50-\frac{100}{1.115}=-139.7\,（万元）$$

如果项目市场调查为市场"前景不好"，企业就不会投资进行研制和试验，此时项目的净现值为−50万元。

其次，根据每种结果发生的概率，从后往前，计算各阶段投资方案的期望净现值，直到期初决策点。

决策点③的期望净现值为：

0.3×1525+0.4×43.6+0.3×（−1 088.3）=148.5（万元）

决策点②的期望净现值为：

0.6×148.5+0.4×（−139.7）=33.2（万元）

决策点①的期望净现值为：

0.8×33.2+0.2×（−50）=16.6（万元）

结果表明，决策点①的期望净现值为正，企业应该在期初投资进行市场调查；如果调查显示市场"前景良好"，应该投资进行研制和试验；如果试验成功，应该选择投资建厂（见表7-9）。

表7-9　　　　　不同情况下投资的条件概率表　　　　　金额单位：万元

最终可能结果	条件概率	净现值	条件概率×净现值
投产后市场需求高	0.144	1 525	219.6
投产后市场需求中	0.192	43.6	8.4
投产后市场需求低	0.144	−1 088.3	−156.7
研制和试验失败项目终止	0.320	−139.7	−44.7
前景不好项目终止	0.200	−50	−10
合　计	1	—	16.6

期初的期望净现值为 16.6 万元，表明企业应该在期初投入资金进行市场调查。

思政小课堂 ☑ ---------------------------------- ●

　　本章延续确定条件下的投资决策问题，对不确定条件下分析投资风险与收益的几类模型进行讨论。这些模型有助于财务经理处理资本预算事务中的风险问题。科学方法是解决问题的必备工具，而熟悉我国市场经济运行规律、我国金融体制，关注国内外时事动态，对于分析市场形势，从而识别风险、规避风险也非常必要。无论是科学的逻辑思维还是对市场形势的敏锐洞察力，都需要通过日积月累的学习与钻研去习得。

思考与练习 ☑ ---------------------------------- ●

　　1.什么是敏感性分析？

　　2.NPV 分析和敏感性分析有何区别？

　　3.什么是情景分析法？

　　4.什么是放弃期权？

　　5.比较状态偏好法和净现值法。

　　6.简述净现值的局限性。

　　7.什么是风险调整贴现率法？

　　8.假设中国建设银行愿意贷款 250 万元给你购房，但在未来 25 年中，你每年年底要偿还 254 516 元，根据当前的住房贷款情况，贷款利率为 9%。请问你是否接受中国建设银行的贷款？

　　9.现有一个投资项目，所需的初始投资额为 10 万元，投资期限为 1 年，1 年后产生 30 万元预期现金流。若适合的贴现率为 10%，求这个项目的净现值。

　　10.A 公司投资一个项目，希望 1 年以后可以带来 100 万元的现金流，2 年以后可以带来 80 万元的现金流。投资成本为 200 万元，请问这个项目是否值得投资？

　　11.某公司打算引进一条钓鱼用具生产线，预期寿命为 5 年，每年营业净现金流量为 30 万元，初始投入为 110 万元，全部是权益资本。已知市场无风险收益率为 5%，市场指数的平均收益率为 12%，上市公司中钓鱼用具生产企业的 β 值为 1.5。现在该公司要求重新估计项目的贴现率，试按风险调整贴现率法对该投资项目进行决策。

　　12.项目 A 的 β 值为 1.1，预计未来 3 年中每年有 100 元的净现金流入，假设 R_f 为 5%，R_m 为 13%，求项目 A 的贴现率。

　　13.某公司希望进一步开展私人墓地业务。根据规划师的预测，这项业务"行情看涨"，这个项目第 1 年将提供 5 万元的净现金流入，而且现金流量预计将无限期地以 6% 的幅度增长。这个项目要求 78 万元初始投资。

　　要求：（1）如果该公司的必要报酬率是 13%，是否应该开展该业务？

　　（2）假定该公司对现金流量 6% 的增长率有些不太确定。如果该公司对其投资仍要求 13% 的报酬率，那么稳定增长率为多少时，才会正好保本？

14. 某石油公司采用3年作为它的国际投资项目的回收期取舍时限。如果该公司有下列两个项目可以选择（见表7-10），它应该接受哪一个？

表7-10　　　　　　　　　　A、B项目现金流分布表　　　　　　　　　　单位：元

年份	现金流量（A）	现金流量（B）
0	-50 000	-70 000
1	30 000	9 000
2	18 000	25 000
3	10 000	35 000
4	5 000	425 000

15. 海尔公司有下列两个互斥项目（见表7-11）。请问它应该选择哪个项目进行投资？

表7-11　　　　　　　　　　A、B项目现金流量表　　　　　　　　　　单位：元

年份	现金流量（A）	现金流量（B）
0	-34 000	-34 000
1	16 000	5 000
2	14 000	10 000
3	10 000	18 000
4	6 000	19 000

16. 假设你是联想公司的财务分析人员，资本预算经理要求你分析两个投资项目：X项目和Y项目。两个项目的投资额均为10 000元，项目的资本成本均为12%，两个项目的预期净现金流量见表7-12。已知X、Y项目是相互独立的，请问你该如何决策？

表7-12　　　　　　　　　　X、Y项目预期净现金流量表　　　　　　　　　　单位：元

年份	预期净现金流量（X项目）	预期净现金流量（Y项目）
0	-10 000	-10 000
1	6 500	3 500
2	3 000	3 500
3	3 000	3 500
4	1 000	3 500

17. 市场无风险利率为3.6%，市场风险溢价为6%，β系数为1.67。根据资本资产定价模型，已求得权益成本为7.608%，通货膨胀率为1.5%，债务成本为5.1%，债务资本比率为69%，企业所适用的所得税税率为25%。请计算加权平均资本成本。

18. 某公司一投资项目各年的净现金流量与概率分布情况见表7-13，该公司要求

的必要收益率为6%。

表 7-13 **不同年份净现金流量与概率分布情况**

年份	概率	净现金流量（元）
0	1	-5 000
1	0.25	3 000
	0.50	2 000
	0.25	1 000
2	0.20	4 000
	0.60	3 000
	0.20	2 000
3	0.30	2 500
	0.40	2 000
	0.30	1 500

要求：（1）计算各年的期望净现金流量。

（2）计算项目的期望净现值。

（3）试判断该项目是否值得投资。

19.假如有两个项目：甲与乙，其初始投资和各期现金流量见表7-14，据此计算投资回收期。

表7-14　　　　　　**甲、乙项目初始投资与各期现金流量表**　　　　　　单位：元

年	0	1	2	3	回收期
甲项目	-1 000	500	500	5 000	？
乙项目	-2 000	500	1 800	100	？

20.某投资项目各年的净现金流量见表7-15，试计算该项目的静态投资回收期。若该项目所在行业的基准投资回收期为5.2年，该项目应否付诸实施？

表7-15　　　　　　**项目各年净现金流量**　　　　　　单位：万元

年份	0	1~3	4~6	7~10
净现金流量	-350	70	80	100

21.设某平价债券的期限为5年，年利率为8%，面值为1 000元，则该债券的期望值为多少？

22.A项目净现值为100万元的概率为0.9，净现值为-10万元的概率仅为0.1；B项目净现值为100万元的概率为0.5，净现值为-10万元的概率也为0.5。试分析A项目和B项目的优劣。

23.天天公司欲进行一项投资，初始投资额为10 000元，项目为期5年，每年净现金流量有关资料见表7-16，试计算该项目的投资回收期。

表 7-16**各年份项目净现金流量与年末未收回投资额**

年份	每年净现金流量	年末尚未收回的投资额
1	3 000	7 000
2	3 000	4 000
3	3 000	1 000
4	3 000	0
5	3 000	—

24. 已知某投资项目的建设期为 1 年，建设期的固定资产投资为 800 万元，增加的营运资本为 300 万元，经营期前 4 年每年的现金净流量为 230 万元，经营期第 5 年和第 6 年的现金净流量分别为 150 万元和 200 万元。该项目包括建设期的静态投资回收期是几年？

25. A 投资方案的寿命期为 1 年，初始投资额为 5 000 万元，预计第 1 年年末扣除通货膨胀影响后的实际现金流为 8 000 万元，投资当年的预期通货膨胀率为 5%，名义折现率为 13.4%。该方案能够提高的该公司价值为多少？

26. 某公司的主营业务是生产和销售钢铁制品，目前准备投资房地产行业，在确定项目系统性风险时，掌握了以下资料：房地产行业上市公司的 β 值为 1.2，行业平均资产负债率为 50%，投资房地产行业后，该公司将继续保持目前 60% 的资产负债率，该项目含有负债的股东权益 β 值为多少？

27. 甲公司固定资产项目初始投资 800 000 元，当年投产，生产经营期为 10 年，按直线法计提折旧，期末无残值。预计该项目投产后每年可生产新产品 20 000 件，产品销售价格为 30 元/件，单位成本为 15 元/件。其中，单位变动成本为 10 元/件，所得税税率为 25%，投资人要求的必要报酬率为 10%。试计算该方案各年的营业现金流量和该方案的净现值。

28. 我们正在评估一项需要花费 588 000 元的项目，项目期限为 8 年，计提折旧采用直线法，折旧年限为 8 年，期末无残值。假设每年的销售量为 70 000 件，每件的价格为 36 元，变动成本为每件 20 元，固定成本为每年 695 000 元。所得税税率为 25%，我们要求这个项目的投资回报率为 15%。假设项目所给定的价格、数量、变动成本以及固定成本都在 ±10% 浮动，估计最优与最差的净现值。

29. AE 公司研发了一种新型 DVDR，如果 DVDR 可以成功，产品投放市场盈利的净现值为 2 700 万元；反之，如果失败，项目的净现值为 -900 万元。产品进入市场后，成功的概率为 50%。AE 公司可以推迟 1 年推出产品，花费 130 万元对 DVDR 产品进行市场测试。市场测试允许该公司改善产品，并将成功概率提升到 80%。恰当的折旧率为 11%。该公司需要进行市场测试吗？

思政案例 ✅ --⦿----

股市中投资者的爱国表现——基于 H&M 抵制新疆棉事件[①]

2021 年 3 月 24 日，瑞典服装品牌 H&M 发表在官网上的一份声明在微博上广泛传

---

① 朴哲范、何梦薇编写，数据来自同花顺数据库。

播，这份名为"H&M集团关于新疆尽职调查的声明"称，H&M对来自民间社会组织的报告和媒体的报道深表关注，其中包括对新疆维吾尔自治区少数民族强迫劳动和宗教歧视的指控。该声明表示，H&M不与位于新疆的任何服装制造工厂合作，也不从该地区采购产品和原材料。

此次事件对国外涉事服装品牌和国内本土服装品牌均有影响，以著名运动品牌耐克和阿迪达斯为例，2021年3月25日收盘时，耐克股价收跌3.39%，报128.64美元，单日流通市值蒸发约71亿美元；阿迪达斯收跌6.49%，报261.55欧元，单日流通市值蒸发约35亿欧元。不仅如此，此后一周涉事国外服装品牌股价均有不同程度的持续下跌。相反，此次事件点燃了我国人民的爱国热情以及对国货的支持，尤其支持运动服装品牌安踏、李宁、特步、361°等。截至2021年7月，安踏股价已经攀升到历史新高，推动其市场价值超过600亿美元；李宁股价则上涨了65%以上。

为检验该事件对股市的影响，我们选取A股市场中服装行业上市公司中规模较大的30家非ST公司，利用事件研究法，时间区间设为2020年12月30日至2021年4月14日，分析了样本平均超长收益率（AR）和平均累计超长收益率（CAR）（如图7-8所示）。

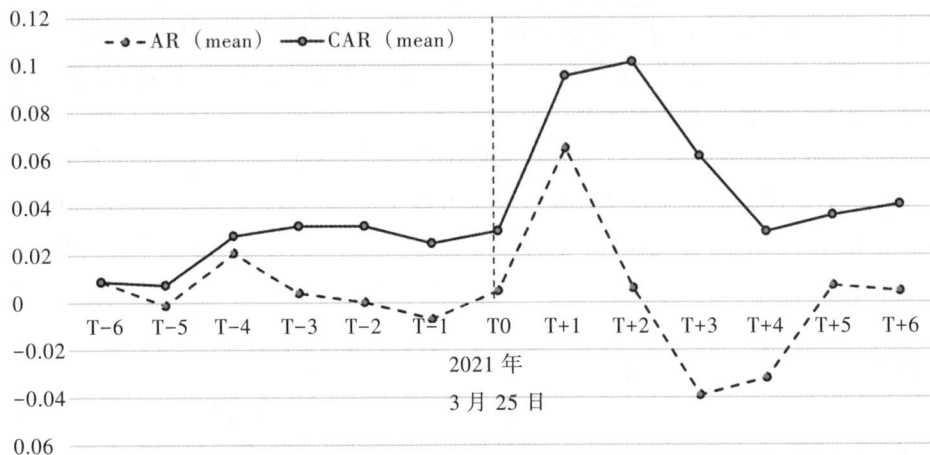

附录2 基于
Excel的多
方案投资组
合决策与
规划求解

附录3 基于
Excel的投资
项目的敏感性
分析

附录4 基于
Excel规划求解
工具解决最优
投资组合问题

附录5 实物
期权与项目
投资决策的
Excel实现

注：（1）平均超长收益率为：$AR_t = \frac{1}{N} \cdot \sum_{i=1}^{N} R_{it}$；平均累计超长收益率为：$CAR(t_1, t_2) = \sum_{t=t_1}^{t_2} AR_t$。
（2）AR和CAR值在事件窗口期显著。

图7-8　30个样本在事件窗口期AR和CAR趋势图

从图7-8中可知，2021年3月25日起连续3天平均累计超长收益率（CAR）上升，虽上升期较短，但受到民众的爱国热情等因素影响，国外服装品牌在国内的声誉和市场均有不同程度的损失；相反，本土服装品牌开始被大众所关注，股价呈现上升趋势。此次事件有力地打击了外来服装品牌在国内的发展势头，推动了本土服装业的发展，扩大了国民对国货品牌的需求，同时在舆论方面掀起了消费国货的潮流。

第三篇　融资与留存决策管理

第8章
资本成本与资本结构

本章要点 ✅ --●

本章主要介绍公司金融中资本成本与资本结构的相关内容，主要包括资本成本的计算、作用和决定因素，财务杠杆、经营杠杆和复合杠杆以及财务杠杆定理，资本结构理论及目标资本结构的确定等。

8.1 资本成本概述

8.1.1 资本成本的概念及内容

资本成本（capital cost），简单地说，就是使用资金的代价。公司使用资金，无论长期的还是短期的，都要付出代价。由于公司资金来源由负债与自有资金（股东权益）两部分构成，因此，资本成本应该由负债成本与股东权益成本两部分组成。一般公司的负债分为短期负债和长期负债，但是由于短期负债是和企业日常经营紧密联系的，在一个稳定发展的企业中，其规模往往被动地从属于企业经营的性质和规模，其成本变化特点与长期负债和股东权益有很大区别，因此，当研究公司的资本成本时，往往仅指企业筹集和使用长期资金的成本，即长期负债和股东权益部分，短期负债成本的研究一般归入流动资产管理。

不论公司以何种方式筹集资金，资金使用人为获取资金的使用权而付出的代价（即资本成本）均由两部分组成：资金筹集成本和资金使用成本。

资金筹集成本，是指企业在筹集资金的过程中所花费的各项有关开支，包括银行借款的手续费，发行股票、债券所支付的印刷费、发行手续费、律师费、资信评估费、公证费、担保费、广告费等各项费用。资金筹集成本一般属于一次性费用，与筹资的次数有关，因而，通常将其作为所筹资金的一项费用扣除。

资金使用成本，是指资金使用人支付给资金所有者的资金使用报酬，如支付给股东的投资股利、支付给银行的贷款利息以及支付给其他债权人的各种利息费用。资金使用成本一般与所筹资金额的大小以及所筹资金额使用时间的长短有关，往往具有经常性、定期性支付的特征，它构成了资本成本的主要内容。

在实务中，为了便于比较分析，资本成本通常不用绝对金额表示，而是用资本成本率这样的相对数表示。资本成本率是企业资金使用成本与实际所筹资金的比率，用公式表示如下：

$$K = \frac{D}{P - f} = \frac{D}{P(1 - F)} \tag{8-1}$$

式中：K 为资本成本率；D 为资金使用成本；P 为筹资金额；f 为资金筹集成本；F 为筹资费率，即资金筹集成本占筹资金额的比率。

在这一公式中，D 的确定由所筹资金的性质而定。若是从银行借入的资金，或是发行债券所筹的资金，D 就是利息费用；若是吸收投资人作为投资者投入的资金，D 就是预计的投资利润或股利。

此外，理解"资本成本"这一概念时应注意以下几点：

（1）资本成本、机会成本和最低资本报酬率。从投资者的角度看，当投资者把资金用于某一项目时，也就放弃了取得其他投资收益或获得利息的机会。其他投资机会可能取得的收益就是投资该项目的机会成本。只有当该项目的投资收益大于其他投资机会的收益时，投资者才会投资。因此，投资成本就成为投资者进行该项目投资所要求的最低报酬率。对公司而言，投资者要求的最低报酬率就构成资本成本，它是企业占用资金所必须付出的代价，即：

资本成本=投资者要求的最低报酬率=投资者资金的机会成本

（2）资本成本和资金的时间价值。资金的时间价值是在无风险和无通货膨胀的条件下的社会平均资金利润率，它取决于一定时期的社会生产水平和资金平均盈利能力。而资本成本由无风险报酬和风险报酬两部分构成。无风险报酬是投资者让渡资本使用权在没有违约风险和通货膨胀影响下所要求的，相当于社会平均资金利润率的基本报酬，这部分内容等同于资金的时间价值，是资本成本的基础。风险报酬则是对投资者承担风险的补偿。由此可见，资本成本既包括资金的时间价值，又包括投资风险报酬。

（3）资本成本和税收。股东关心的是他们所取得的现金流，即公司税后向普通股股东支付的金额，因此，如果公司理财的目标是实现股东财富最大化，则所有现金流量或收益率的计算必须在税后进行，从而资本成本的估算也应在税后的基础上进行。

8.1.2 资本成本的计算

（1）个别资本成本的计算

个别资本成本反映的是各种资本来源的成本，下面对债务资本成本和权益资本成本的计算分别加以介绍。

①债务资本成本。长期借款成本是指借款利息和筹资费用。长期借款的利息费用直接构成了它的资本成本。由于利息费用是企业缴纳所得税之前的一项扣除，可以起到减免所得税的作用，因此，一次还本、分期付息借款的成本为：

$$K_1 = \frac{I_1(1 - T)}{L(1 - F_1)} \tag{8-2}$$

式中：K_1 为长期借款资本成本；I_1 为长期借款年利息；T 为所得税税率；L 为长期借款筹资额（借款本金）；F_1 为长期借款筹资费用率。

式（8-2）可以改写为以下形式：

$$K_l=\frac{R_l(1-T)}{1-F_l} \tag{8-3}$$

式中：R_l 为长期借款的年利率。

【例8-1】甲公司取得5年期长期借款1 500万元，年利率为10%，每年付息一次，到期一次还本。借款的筹资费用率为0.2%，假如企业所得税税率为25%，则这笔长期借款的资本成本计算如下：

K=10%×（1-25%）÷（1-0.2%）=7.52%

关于长期债券成本，企业发行长期债券的资本成本的计算与长期借款资本成本的计算基本相同。其基本要素也包括债券利息的支付、债券筹资的费用以及债券发行与还本的方式等。

从债券的发行价格来看，其发行有平价发行、溢价发行及折价发行三种。不管债券以什么价格发行，都必须明确两点：一是债券利息应按面值计算；二是债券的筹资额应该按实际发行的价格计算。

债券利息的支付方式有两种，即分次付息和到期一次还本付息。这两种付息方式引起的资本成本的计算完全不同，我们将在下面分别加以讨论。

第一，一次还本、分次付息方式。当债券采用按年付息、一次还本方式发行时，债券资本成本的计算公式为：

$$K_b=\frac{I_b(1-T)}{B(1-F_b)} \tag{8-4}$$

式中：K_b 为债券资本成本；I_b 为债券年利息；T为所得税税率；B为债券筹资额；F_b 为债券筹资费用率。

【例8-2】甲公司发行5年期长期债券5 000万元，年利率为10%，每年付息一次，到期一次还本。债券的筹资费用率为0.2%，假如企业所得税税率为25%，则这笔长期债券的资本成本计算如下：

K_b=［5 000×10%×（1-25%）］÷［5 000×（1-0.2%）］=7.52%

第二，一次还本付息方式。一次还本付息债券各年的全部利息均在债券到期时一次支付，在该种方式下，债券资本成本的计算与分次付息债券资本成本的计算有所不同，一般可以采用以下两个步骤来计算其资本成本：

第一步，先计算各年总的资本成本，计算公式为：

各年总的资本成本=I_b×n（1-T）÷［B（1-F_b）］ (8-5)

式中：n为年限，其他符号含义不变。

第二步，计算出每年的资本成本，将各年总的资本成本除以年限，计算公式为：

每年的资本成本=各年总的资本成本÷n (8-6)

若考虑货币的时间价值，则需计算总的资本成本的几何均值，计算公式为：

每年的资本成本=$\sqrt[n]{各年总的资本成本+1}-1$ (8-7)

【例8-3】甲公司发行5年期长期债券5 000万元，年利率为10%，到期一次还本付息。债券的筹资费用率为0.2%，假如企业所得税税率为25%，则这笔长期债券的资本成本计算如下：

各年总的资本成本=5 000×10%×5×（1-25%）÷［5 000×（1-0.2%）］=37.58%

每年的资本成本=37.58%÷5=7.52%

考虑货币的时间价值，则：

每年的资本成本=$\sqrt[5]{37.58\% + 1}-1$=6.59%

②权益资本成本。权益资本的资金占用费是向股东分配的股利，而股利是以所得税后净利润支付的，不能抵减所得税，所以权益资本成本在计算时不扣除所得税的影响。常见的权益资本成本有优先股成本和普通股成本。

第一，优先股资本成本。其尽管属于权益资本成本，但优先股成本与长期债券成本有很多相似之处。首先，优先股股东可以按固定股利率取得投资收益；其次，优先股股东可以仅次于债权人的顺序参与破产企业剩余资产的分配。优先股与债券的区别仅在于前者是没有偿还期的，后者则有固定的到期日。

优先股资本成本等于优先股股利除以优先股发行净价格（发行价格-发行成本），用公式表示为：

$$K_p=\frac{D_p}{P_0 \times (1 - F_p)} \qquad (8-8)$$

式中：K_p为优先股资本成本；D_p为优先股股利；P_0为优先股筹资额；F_p为优先股筹资费用率。

【例8-4】甲公司发行总面额为1 000万元的优先股，实际发行所得为1 500万元，筹资费用率为实际发行所得资金的6%，合约规定年股利率为12%，则优先股资本成本计算如下：

$$K_p=\frac{1\ 000 \times 12\%}{1\ 500 \times (1 - 6\%)}=8.51\%$$

第二，普通股资本成本。普通股与优先股同为股票，两者的主要区别在于：一是普通股股东获得的红利是不固定的，它取决于公司的盈利状况；而优先股的股息一般是固定的。二是普通股股东在破产企业的剩余资产分配时，比优先股有排序在后的要求权。普通股与优先股的差异，尤其是第一点差异，决定了普通股资本成本的计算方法较优先股要复杂一些。

按照资本成本实质是投资者要求的收益率的思路，计算普通股资本成本的方法相当于计算普通股要求收益率的方法。有关的计算方法包括股利增长模型法、资本资产定价模型法和风险溢价法。

A.股利增长模型法。股利增长模型法是依照股票投资的收益率不断提高的思路计算普通股成本，一般假定收益以固定的年增长率递增。普通股资本成本的计算公式为：

$$K_s=\frac{D_1}{P_c(1 - F_c)}+G \qquad (8-9)$$

式中：K_s为普通股资本成本；D_1为第1年预期股利额；P_c为普通股筹资额；F_c为普通股筹资费用率；G为普通股股利年增长率。

【例8-5】甲公司发行面值为1元的普通股5 000万股，每股发行价格为1.5元，筹资费用率为全部发行所得资金的5%，第1年股利率为10%，以后每年增长6%。普通股资本成本计算如下：

K_s=5 000×10%÷［5 000×1.5×（1-5%）］+6%=13.02%

股利增长模型是从股利贴现模型中推演出来的。按照股利贴现模型，普通股的真实价值相当于：

$$PV=\frac{D_1}{1+r}+\frac{D_2}{(1+r)^2}+\frac{D_3}{(1+r)^3}+\cdots=\sum\frac{D_t}{(1+r)^t}\tag{8-10}$$

式中：D_t为预期第t年的普通股股利；r为投资者要求的收益率；PV为普通股真实价值（现值）。

如果将PV看作相当于股票真实价值的净价格P_c，r就成为投资者按此价格投资所要求的回报率K_g，因此，式（8-10）可以写成：

$$P_c=\sum\frac{D_t}{(1+K_g)^t}\tag{8-11}$$

已知P_c和每股预期的股利D_t，就可以用式（8-11）计算普通股资本成本K_s。

预期每期的股息是十分困难的，或者几乎是不可能的，不过在某一时期内，某些公司的股利增长可以是相对稳定的，因此，人们根据公司股利增长的阶段稳定性特点，在一般股利贴现模型基础上推导出股利稳定增长的股利贴现模型：

$$P_c=\frac{D_0(1+G)}{K_s-G}=\frac{D_1}{K_s-G}\tag{8-12}$$

运用股利增长模型法计算普通股成本固然简单，但需要满足许多条件：首先，公司股息分配不能为0，即$D_0>0$。其次，资本成本（投资报酬率）必须大于股利增长速度。若$K_s<G$，上述公式无意义。再次，公司的股利增长速度G必须是稳定不变的。最后，公司的利润留存率或派息率必须是稳定不变的。在现实生活中，很少有公司可以在长时期内完全符合上述条件，因此，上述公式的运用有局限性。但是，如果考虑按公司成长的不同阶段测算，则可以避开有关限制条件。由于这部分内容涉及更深入的分析，本书不再作进一步的讨论。

B.资本资产定价模型法。资本资产定价模型在前面已经作了介绍，这里只举例介绍其应用。掌握资本价值的确定方法，就相当于掌握了投资收益率和投资成本的确定方法。如果用K_s替换公式（$R_i=R_f+\beta_i(R_m-R_f)$）中的R_i，则有：

$$K_s=R_f+\beta_i(R_m-R_f)\tag{8-13}$$

这就是运用资本资产定价模型确定普通股资本成本的公式。

【例8-6】已知某股票的β值为1.88，市场报酬率为15%，无风险报酬率为5%，则普通股资本成本为：

$$K_s=R_f+\beta_i(R_m-R_f)=5\%+1.88\times(15\%-5\%)=23.8\%$$

当运用资本资产定价模型确定新上市公司发行普通股的资本成本时，还须考虑如何确定该股票的β系数问题。由于是新上市公司，无法运用历史数据测算该股票的β值，一般的做法是选择同类型的已上市公司股票（指企业类型、企业经营状况、增长预期基本相同的股票）的β值作为参照。

C.风险溢价法。根据某项投资"风险越大，要求的报酬率越高"的原理，普通股股东对企业的投资风险大于债券投资者，因而会在债券投资者要求的收益率上再要求一定的风险溢价。依照这一理论，普通股资本成本的公式为：

$$K_s=K_b+RP_c\tag{8-14}$$

式中：K_b为债务成本；RP_c为股东比债权人承担更大的风险所要求的风险溢价。这种关系可以用图8-1来表示。

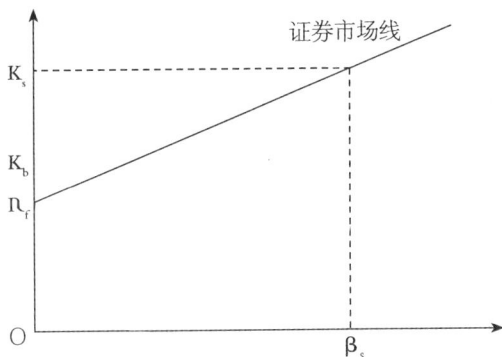

图8-1 证券市场线

如图8-1所示，如果权益具有系统性风险 β_s，则需要相应的期望收益率 K_s，并且该期望收益率应高于公司税前债务成本 K_b。股票超过公司债务期望收益率的风险溢价通常为5%。

【例8-7】甲公司已发行债券的投资报酬率为13%，现在准备发行股票，经分析该股票高于债券的投资风险报酬率为6%，则该股票的资本成本为：

$$K_s=13\%+6\%=19\%$$

债务成本（长期借款成本、债券成本等）比较容易计算，难点在于确定风险溢价。风险溢价可以凭借经验估计。一般认为，某企业普通股风险溢价对其自己发行的债务来讲，一般为3%~5%。当市场利率达到历史性高点时，风险溢价通常较低，在3%左右；当市场利率处于历史性低点时，风险溢价通常较高，在5%左右；通常情况下，常常采用4%的平均风险溢价。

③留存收益资本成本。留存收益资本成本是企业税后净利润在扣除所宣布派发股利后形成的，它包括提取的盈余公积和未分配利润，其所有权属于普通股股东。它既可以用作未来的股利分配，也可以作为企业扩大再生产的资金来源。留存收益资本成本是企业一个重要的筹资来源。

从表面上看，留存收益属于公司股东，使用这部分资金好像不需要任何代价。但事实上，它的使用存在机会成本。对资金的所有者来说，资金的任何一种运用都是有代价的。同样，对于股东来说，如何处理留存收益有多种选择，它可以作为现金股利发放，也可以用作本企业或其他企业的投资，但不论选择哪一种，都会使股东付出代价，因此留存收益也有成本。一般将留存收益视同普通股股东对企业的再投资，留存收益资本成本是股东失去向外投资的机会成本，因此与普通股资本成本的计算基本相同，只是不考虑筹资费用。

留存收益资本成本的计算公式为：

$$K_c=\frac{D_0}{P_c}+g \tag{8-15}$$

【例8-8】甲公司留存收益为50万元，普通股市价为300万元，上年股利率为12%，预计股利每年增长率为5%，则其留存收益资本成本为：

$$K_c=\frac{D_0}{P_c}+g=\frac{50\times12\%}{300}+5\%=7\%$$

（2）加权平均资本成本的计算

由于受多种因素的制约，企业不可能只使用某种单一的筹资方式，往往需要使用多种方式筹集所需要的资金。为进行筹资决策，就要计算确定企业全部长期资金的总成本——加权平均资本成本。加权平均资本成本一般是以各种资本占全部资本的比重为权数，对个别资本成本进行加权平均确定的。其计算公式为：

$$K_{WACC}=K_s \times \left(\frac{S}{S+D}\right) + (1-T) K_D \times \left(\frac{D}{S+D}\right) \tag{8-16}$$

式中：K_{WACC}为加权平均资本成本；K_s为权益资本成本；K_D为债务资本成本；T为所得税税率；S为权益；D为债务。

由式（8-16）可以看出，加权后的总资本成本是由两大因素决定的：个别资本成本和该资本在全部资本中所占的比重。其中，个别资本权数有几种不同的计算方法，可以按资本的账面价值计算资本的权数，也可以按市场价值计算资本的权数，还可以利用资本的目标价值来计算资本的权数。

①按账面价值计算。按账面价值（book value）计算资本权数的方法又称为账面价值法。该方法以账面价值为依据，主要是分析过去的筹资成本。

【例8-9】甲公司账面反映的长期资金共计12 000万元，其中长期借款1 500万元、应付长期债券4 000万元、优先股1 000万元、普通股5 000万元、留存收益500万元，其资本成本分别为6.71%、8.15%、10.64%、13.02%和16.00%。该公司的加权平均资本成本可计算如下：

首先，计算各种资本占全部资本的比重：

长期借款比重=1 500÷12 000×100%=12.50%

应付长期债券比重=4 000÷12 000×100%=33.33%

优先股比重=1 000÷12 000×100%=8.33%

普通股比重=5 000÷12 000×100%=41.67%

留存收益比重=500÷12 000×100%=4.17%

其次，计算加权平均资本成本：

K_{WACC}=6.71%×12.50%+8.15%×33.33%+10.64%×8.33%+13.02%×41.67%+16%×4.17%

=10.53%

以上计算过程可以通过加权平均资本计算表来进行，见表8-1。

表8-1　　　　　　　　　　　　加权平均资本成本计算表

资本种类	账面价值（万元）	所占比重（%）	个别资本成本（%）	加权平均资本成本（%）
长期借款	1 500	12.50	6.71	0.84
应付长期债券	4 000	33.33	8.15	2.72
优先股	1 000	8.33	10.64	0.89
普通股	5 000	41.67	13.02	5.43
留存收益	500	4.17	16.00	0.67
合计	12 000	100	—	10.53

采用账面价值法，资料可直接从公司的资产负债表上取得，数据正式。这种方法也有不足之处，若股票、债券的市场价值已严重脱离其账面价值，计算结果会与实际情况有较大的差距，从而影响企业筹资决策的正确性。

②按市场价值计算。按市场价值（market value）计算，主要是将股票、债券及留存收益均以现行市场价值作为确定个别资本权数的依据，然后计算加权平均资本成本。

按市场价值计算的加权平均资本成本能反映企业目前的实际情况，有利于企业在目前作出适当的筹资决策。由于现行市场的证券价格一直处于波动状态，因此可选用平均的市场价格来计算。

③按目标价值计算。不论按账面价值计算还是按市场价值计算，计算出的资本成本都不能反映未来的资本成本的变化，不便于企业未来的筹资决策。为了弥补这一不足，也可以采用按目标价值（target value）计算的方式。目标价值权数是指债券、股票以未来预计的目标市场价值确定权数，从而估计出企业的加权平均资本成本。这种方法适用于企业未来筹措资金的需要。

使用目标价值来计算加权平均资本成本，能够满足企业未来筹资决策需要，能体现期望的资本结构。然而，企业很难客观、合理地确定证券的目标价值，又使这种计算方法不易推广。

（3）边际资本成本的计算

企业各种资金的成本是随时间的推移或筹资条件的变化而不断变化的，加权平均资本成本也不是一成不变的。一个企业进行投资，不能仅考虑目前所使用的资金的成本，还要考虑为投资项目新筹集的资本成本，这就需要计算边际资本成本。

边际资本成本（marginal cost of capital，MCC）是指资金每增加一个单位而增加的成本。边际资本成本也是按加权平均法计算的，是追加投资时所适用的加权平均成本。以下举例说明边际资本成本的计算和应用。

【例8-10】甲公司目前拥有资本12 000万元，其中长期负债5 500万元、优先股1 000万元、普通股（含留存收益）5 500万元。为扩大生产规模，该公司准备追加筹资，相关资料如下：

追加筹资的资本结构（目标资本结构）见表8-2。

表8-2　　　　　　　　　　　　　　　　**目标资本结构**

资本种类	资本结构
长期负债	40%
优先股	10%
普通股	50%

各类资本筹资规模及其成本资料见表8-3。

表8-3　　　　　　　　　　　　　　　　**追加筹资规模及成本**

资本种类	筹资规模	资本成本
长期负债	100万元以内	5%
	100万~1 000万元	7%
	1 000万元以上	9%
优先股	50万元以内	10%
	50万~500万元	11%
	500万元以上	12%
普通股	500万元以内	13%
	500万~5 000万元	15%
	5 000万元以上	17%

试计算边际资本成本。

第一步，计算筹资突破点。因为花费一定的资本成本只能筹集到一定限额的资金，超过这一限额多筹集资金就要多花费资本成本，引起原来资本成本率的变化，于是就把在保持某资本成本率的条件下可以筹集到的资金总限额称为筹资突破点。在筹资突破点范围内筹资，原来的资本成本率不会改变；一旦筹资额超过筹资突破点，即使维持现有的资本结构，其资本成本率也会增加。筹资突破点的计算公式为：

$$BP_i = \frac{TF_i}{W_i} \qquad\qquad (8-17)$$

式中：BP_i 为筹资突破点；TF_i 为第 i 种筹资方式的成本分界点；W_i 为目标资本结构中第 i 种筹资方式所占比例。

计算结果见表 8-4。

表 8-4　　　　　　　　　　　　　　**筹资突破点计算表**　　　　　　　　金额单位：万元

资本种类	资本结构	资本成本	筹资范围	筹资突破点	筹资总额的范围
长期负债	40%	5%	100 万元以内	100÷40%=250	250 万元以内
		7%	100 万~1 000 万元	1 000÷40%=2 500	250 万~2 500 万元
		9%	1 000 万元以上	—	2 500 万元以上
优先股	10%	10%	50 万元以内	50÷10%=500	500 万元以内
		11%	50 万~500 万元	500÷10%=5 000	500 万~5 000 万元
		12%	500 万元以上	—	5 000 万元以上
普通股	50%	13%	500 万元以内	500÷50%=1 000	1 000 万元以内
		15%	500 万~5 000 万元	5 000÷50%=10 000	1 000 万~10 000 万元
		17%	5 000 万元以上	—	10 000 万元以上

第二步，计算边际资本成本。根据上一步计算的筹资突破点，可以得出 7 组筹资范围：（1）0~250 万元；（2）250 万~500 万元；（3）500 万~1 000 万元；（4）1 000 万~2 500 万元；（5）2 500 万~5 000 万元；（6）5 000 万~10 000 万元；（7）10 000 万元以上。对以上 7 组筹资范围分别计算加权平均资本成本，就可以得到各种筹资范围的加权平均资本成本。计算结果见表 8-5。各加权平均资本成本就是随着筹资额增加而增加的边际资本成本。

表 8-5　　　　　　　　　　　　　**边际资本成本的计算**

筹资总额范围（万元）	筹资方式	资本结构	资本成本	边际资本成本
0~250	长期负债	40%	5%	40%×5%=2%
	优先股	10%	10%	10%×10%=1%
	普通股	50%	13%	50%×13%=6.5%
				9.5%

筹资总额范围（万元）	筹资方式	资本结构	资本成本	边际资本成本
250~500	长期负债	40%	7%	40%×7%=2.8%
	优先股	10%	10%	10%×10%=1%
	普通股	50%	13%	50%×13%=6.5%
				10.3%
500~1 000	长期负债	40%	7%	40%×7%=2.8%
	优先股	10%	11%	10%×11%=1.1%
	普通股	50%	13%	50%×13%=6.5%
				10.4%
1 000~2 500	长期负债	40%	7%	40%×7%=2.8%
	优先股	10%	11%	10%×11%=1.1%
	普通股	50%	15%	50%×15%=7.5%
				11.4%
2 500~5 000	长期负债	40%	9%	40%×9%=3.6%
	优先股	10%	11%	10%×11%=1.1%
	普通股	50%	15%	50%×15%=7.5%
				12.2%
5 000~10 000	长期负债	40%	9%	40%×9%=3.6%
	优先股	10%	12%	10%×12%=1.2%
	普通股	50%	15%	50%×15%=7.5%
				12.3%
10 000万元以上	长期负债	40%	9%	40%×9%=3.6%
	优先股	10%	12%	10%×12%=1.2%
	普通股	50%	17%	50%×17%=8.5%
				13.3%

如果表8-5的计算结果用图形表达，可以更形象地看出各筹资总额加权平均资本成本的变换，企业可以此作为追加筹资的规划。

8.1.3　资本成本的作用和决定因素

（1）资本成本的作用

资本成本是公司金融中的重要概念，对于公司的生存和发展具有重要意义，其作用主要有如下几方面：

① 资本成本是企业选择筹资方式的重要依据。从筹资方式来看，企业可以发行债券，也可以从银行贷款，还可以发行股票等。不同的筹资方式，其个别资本成本也不尽相同。我们需要比较不同筹资方式的个别资本成本的大小，挑选资本成本最小的筹资方式。从企业的资本结构来看，它是由借入资金和自有资金组合而成的。如何寻求两者的最佳组合？一般可以通过计算资本成本来进行。从某项特定的追加投资来看，企业为了扩大生产规模，需要增加资金的投入量，在这种情况下，可以通过计算边际资本成本的大小来选择投资方案。

② 资本成本是评价各种投资项目是否可行的重要尺度。在评价投资项目是否可行的标准上，一般是将项目本身的投资收益率与其资本成本进行比较。只有在项目的投资收益率高于资本成本时，项目投资才是可接受的，否则就无利可图。

③ 资本成本还是衡量企业经营业绩的重要尺度，即经营利润率应高于资本成本；否则，就表明企业经营不力，业绩欠佳。资本成本可以促使资金的使用者充分挖掘潜力，提高资金的使用效率。

（2）资本成本的决定因素

在市场经济中，资本成本受多方面因素影响，最主要的有以下四个：

① 经济环境。经济环境决定了市场中的资金供给和需求以及预期通货膨胀水平。经济环境变化的影响反映在无风险报酬率上。如果整个社会经济中的资金需求和供给发生变动，或者通货膨胀率发生变化，投资者也会相应地改变其所要求的必要报酬率。具体来说，如果货币需求增加，而供给没有相应增加，投资者便会提高期望收益率，公司的资本成本就会上升；反之，投资者会降低其所要求的投资报酬率，使资本成本下降。如果预期通货膨胀率上升，货币购买力下降，投资者也会提出更高的收益率要求来补偿预期的投资损失，从而导致公司资本成本上升。

② 证券市场状况。证券市场状况包括证券的市场流动难易程度和价格波动程度。如果某种证券的市场流动性不好，投资者想买进或卖出证券就相对困难，变现风险高，要求的收益率就会高；或者虽然存在对某种证券的需求，但其价格波动较大，投资的风险较高，投资者要求的收益率也会较高。

③ 公司的经营和财务状况。公司的经营和财务状况是指经营风险和财务风险的高低。经营风险是企业投资决策的结果，表现在资产收益率的变动上；财务风险是企业筹资决策的结果，表现在普通股收益率的变动上。如果企业的经营风险和财务风险高，投资者便会有较高的收益率要求。

④ 融资规模。融资规模是影响公司资本成本的另一个因素。公司的融资规模大，资本成本就高。比如，公司发行的证券金额很大，资金筹集费和资金占用费都会上升，而且证券发行规模的增大还会降低其发行价格，由此也会增加公司的资本成本。

8.2 杠杆分析

杠杆分析是公司在选择融资方式、确定资本结构、进行风险分析时经常用到的分析工具。公司因融资方式和资本结构不同，会产生经营风险和财务风险。

8.2.1 经营风险与经营杠杆

经营风险是指公司因经营上的原因而导致未来收益的不确定性。经营风险与公司负债无关，它是因经营环境和经营策略的改变而产生的风险，只要从事经营活动，公司就会承担不同程度的经营风险。影响公司经营风险的因素很多，除了有产品的需求变化、产品及原材料的价格变动等因素外，固定成本是影响公司经营风险的一个重要因素。

经营杠杆（operating leverage）是指在某一固定成本比重下，销售量（额）的变动对利润产生的作用。在一定的固定成本下，公司的销售量（额）越高，公司盈利越多；反之，公司盈利越少。

对于一家经营性质已经确定的企业来说，可能存在不同的生产方案供其选择，与之相关的是不同的设备投入，产生不同的固定成本。如何选择正确的方案，使企业获得尽可能多的收益？这是十分重要的问题。经营杠杆就是讨论不同的固定成本比重会在多大程度上影响公司的盈利以及公司的经营风险。

经营杠杆的大小一般用经营杠杆系数（degree of operating leverage，DOL）表示，它是计算利息和所得税之前的利润（简称息税前利润，earning before interest and tax，EBIT）变动率与销售量变动率之间的比率。经营杠杆系数越大，表示企业息税前利润对销售量变化的敏感程度越大，经营风险也越高；经营杠杆系数越小，表示企业息税前利润受销售量变化的影响越小，经营风险也越低。经营杠杆系数用公式表示为：

$$DOL=\frac{息税前利润变化的百分比}{销售量变化的百分比}=\frac{\Delta EBIT \div EBIT}{\Delta Q \div Q} \tag{8-18}$$

式中：DOL为经营杠杆系数；$\Delta EBIT$为息税前利润变动额；EBIT为息税前利润；ΔQ为销售量变动量；Q为变动前销售量。

假定企业的成本-销售量-利润保持线性关系，可变成本在销售收入中所占的比例不变，固定成本也保持稳定，经营杠杆系数可以通过销售额和成本来表示。这又有两个公式：

公式1：

$$DOL=\frac{Q(P-V)}{Q(P-V)-F} \tag{8-19}$$

式中：P为产品单位销售价格；V为产品单位变动成本；F为总固定成本。Q（P-V）为边际贡献总额。

公式2：

$$DOL=\frac{S-VC}{S-VC-F} \tag{8-20}$$

式中：S为销售额；VC为变动成本。

在实际工作中，式（8-19）可用于计算单一产品经营杠杆系数；式（8-20）除了用于计算单一产品经营杠杆系数外，还可以用于计算多种产品经营杠杆系数。

经营杠杆反映销售量与息税前利润之间的关系，衡量销售量变动对息税前利润的影响。从上述公式中可以看出，息税前利润等于边际贡献总额减去固定成本，当边际贡献总额等于固定成本时，也就是营业利润为零时的这个点，我们称为盈亏平衡点。

图8-2说明了盈亏平衡点对经营杠杆系数和产销量的影响。

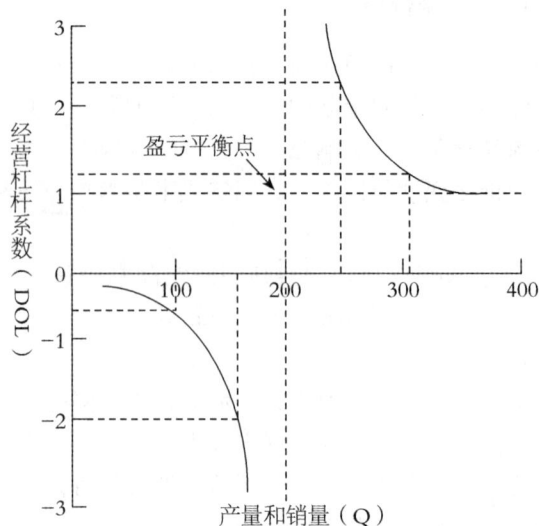

图8-2 DOL与产量和销量的关系图

图8-2表明，越靠近盈亏平衡点，营业利润对产量或销量变动的敏感性越高。同时，越靠近盈亏平衡点，经营杠杆系数的绝对值越大。经营杠杆系数越大，表明经营风险越高，这将在下节作详细介绍。

【例8-11】甲公司生产A产品，其固定成本为600万元，变动成本率为40%，当销售额为4 000万元时，其经营杠杆系数为：

$$DOL_1 = \frac{4\,000 - 4\,000 \times 40\%}{4\,000 - 4\,000 \times 40\% - 600} = 1.33$$

当销售额为2 000万元时，其经营杠杆系数为：

$$DOL_2 = \frac{2\,000 - 2\,000 \times 40\%}{2\,000 - 2\,000 \times 40\% - 600} = 2$$

当销售额为1 000万元时，其经营杠杆系数为：

$$DOL_3 = \frac{1\,000 - 1\,000 \times 40\%}{1\,000 - 1\,000 \times 40\% - 600} \rightarrow \infty$$

以上计算结果说明：

（1）在固定成本不变的情况下，经营杠杆系数说明了销售额增长（减少）所引起利润增长（减少）的幅度。比如，DOL_1说明在销售额为4 000万元时，销售额的增长（减少）会引起利润1.33倍的增长（减少）。

（2）在固定成本不变的情况下，销售额越大，经营杠杆系数就越小，经营风险就越低，反之经营风险就越高。

此外，当【例8-11】中甲公司变动成本率不变、固定成本为1 000万元时，其经营杠杆系数为：

$$DOL_4 = \frac{4\,000 - 4\,000 \times 40\%}{4\,000 - 4\,000 \times 40\% - 1\,000} = 1.71$$

当固定成本为1 200万元时，其经营杠杆系数为：

$$DOL_5 = \frac{4\,000 - 4\,000 \times 40\%}{4\,000 - 4\,000 \times 40\% - 1\,200} = 2$$

由此可见，固定成本与变动成本在总成本中的构成不同，将导致公司经营杠杆系数不同。固定成本较高的企业，如资本密集型、通过负担高额固定成本以节约变动成本的方法提高收益的企业，其经营杠杆系数较大，经营风险也较高；固定成本较低的企业，如劳动密集型企业，其变动成本较大，从而使企业的经营杠杆系数较小，经营风险也较低。

8.2.2 财务风险与财务杠杆

财务风险是指公司在筹资活动中，发行固定收益证券（如公司债券）后，由普通股股东所承担的额外风险，即对每股收益的影响。财务风险是公司融资决策的直接后果，如公司无力偿还公司债券、优先股的固定财务费用等，就会造成公司普通股股东收益的波动。

任何企业的生产经营都会产生一定的负债，因而会给企业带来一定的财务风险。但是负债对于企业也有很多好处，最明显的是，股东的收益可以因负债比例增加而提高，因为财务利息支出在税前利润中扣除，股东可以因此增加税后可分配利润。财务杠杆是衡量企业财务风险的重要尺度。

财务杠杆（financial leverage）是指企业负债对利润的影响程度。公司负债占资产总额的比重越大，财务杠杆作用越大；反之，负债率越低，财务杠杆作用越小。

财务杠杆作用的大小通常用财务杠杆系数（degree of financing leverage，DFL）表示，它是指企业普通股每股收益变动率与息税前利润变动率的比率。财务杠杆系数越大，表明财务杠杆作用越大，财务风险也越高；反之，财务风险就越低。财务杠杆系数的计算公式为：

$$DFL=\frac{\Delta EPS \div EPS}{\Delta EBIT \div EBIT} \tag{8-21}$$

式中：ΔEPS 为普通股每股收益变动额；$\Delta EBIT$ 为息税前利润变动额。

在实际运用时，公式（8-21）可以转换如下：

$$DFL=\frac{\Delta EPS \div EPS}{\Delta EBIT \div EBIT}=\frac{\Delta EBIT(1-T)}{(EBIT-I)(1-T)}\times\frac{EBIT}{\Delta EBIT}=\frac{EBIT}{EBIT-I} \tag{8-22}$$

或

$$DFL=\frac{Q(P-V)-F}{Q(P-V)-F-I} \tag{8-23}$$

【例8-12】假定甲公司资本总额为1 000万元且全部为权益资本（普通股100万股），所得税税率为25%，具体情况见表8-6。

表8-6　　　　　　　　　　甲公司不同概率下的盈利值　　　　　　　金额单位：万元

概率	0.3	0.4	0.5
息税前利润	120	160	240
利息	0	0	0
税前利润总额	120	160	240
所得税	30	40	60
净利润	90	120	180
每股收益（EPS）	9	12	18

如果企业的资本结构改变为20%的债务（利率10%）和80%的权益资本（普通股80万股），根据表8-6，企业的每股收益见表8-7。

表8-7 　　　　　　　　改变资本结构后甲公司不同概率下的盈利值　　　　　　　金额单位：万元

概率	0.3	0.4	0.5
息税前利润	120	160	240
利息	2	2	2
税前利润总额	118	158	238
所得税	29.5	39.5	59.5
净利润	88.5	118.5	178.5
每股收益（EPS）	11.0625	14.8125	22.3125

根据表8-7的资料，假设企业的基期税前利润为160万元，当息税前利润下降为120万元时，财务杠杆系数为：

$$DFL=\frac{(9-12)\div 12}{(120-160)\div 160}=1$$

或

$$DEL=\frac{160}{160-0}=1$$

当息税前利润上升为240万元时，财务杠杆系数仍为1，说明企业无负债时，没有财务风险。

若企业负债率为20%，根据表8-7的资料，财务杠杆系数为：

$$DFL=\frac{(11.0625-14.8125)\div 14.8125}{(120-160)\div 160}=1.01$$

或

$$DFL=\frac{160}{160-2}=1.01$$

从财务杠杆系数的计算公式可以看出，负债是公司产生财务风险并引发财务杠杆效应的根源，在资本总额、EBIT相同的情况下，负债比例越高，财务费用越大，DFL越大，公司的财务风险越高，公司可以获得的财务杠杆利益也越大；当公司息税前利润略有增加时，普通股每股收益增加的幅度也会越大。如果公司没有负债，不承担固定性财务费用，DFL=1，公司就没有财务风险。

8.2.3 综合杠杆

在负债经营的公司中，一般同时存在经营风险和财务风险，其息税前利润和普通股每股收益都具有很大的不确定性，这些是公司总体风险的表现。经营杠杆使得销售量的变动引起息税前利润的较大变动，而财务杠杆使得息税前利润的变动引起普通股每股收益更大幅度的变动，这种联动效应就是综合杠杆作用的结果。从量化关系来看，综合杠杆反映的是销售量变动对普通股每股收益的影响，即普通股每股收益随销售量的变动而相应变动的幅度。其作用的大小可以用综合杠杆系数（degree of total leverage，DTL）来反映，其计算公式如下：

$$DTL = \frac{\Delta EPS \div EPS}{\Delta Q \div Q} \tag{8-24}$$

综合杠杆系数也可以表示为：

$$DTL = DOL \times DFL = \frac{Q(P-V)}{Q(P-V)-F-I} = \frac{EBIT+FC}{EBIT-I} \tag{8-25}$$

【例8-13】甲公司20×8年销售产品100万件，单位产品售价为100元，单位产品变动成本为60元。固定成本总额为3 500万元，利息费用为300万元。其综合杠杆为：

DOL=［100×（100-60）］÷［100×（100-60）-3 500］=8

DFL=［100×（100-60）-3 500］÷［100×（100-60）-3 500-300］=2.5

DTL=8×2.5=20

如果20×9年销售量增加1%，则每股净利润变动率=1%×20=20%。

可见，综合杠杆系数的意义在于：

① 它使我们看到了经营杠杆与财务杠杆之间的相互关系，即为了达到某一综合杠杆系数，经营杠杆和财务杠杆可以有很多不同的组合。比如，经营杠杆系数高的公司可以在较低的程度上使用财务杠杆，经营杠杆较低的公司可以在较高的程度上使用财务杠杆，具体的选择视公司的实际情况而定。

② 它使我们能够估计销售量变动对每股收益的影响。在【例8-13】中，销售量每增长（减少）1倍，就会造成每股收益增长（减少）20倍。

8.2.4　资本结构与财务杠杆定理

从前面的分析中可以看出，公司的资本结构与财务风险和财务杠杆之间有着密切的联系，财务杠杆效应的强弱取决于资本结构中负债比例的高低。负债比例越高，财务杠杆效应越强，公司的财务风险就越高，反之亦然。公司在安排资本结构时，一方面要充分利用财务杠杆效应，通过公司产销计划的调整使息税前利润上升，进而为公司股东创造更大的价值；另一方面必须注意合理控制风险，通过财务杠杆的比较分析，达到资本结构的最优化，使公司承担适度的负债和风险，实现风险与收益的均衡。以下举例说明公司怎样利用财务杠杆选择合理的资本结构。

资本结构与财务杠杆的关系除了反映负债水平与盈利能力之间的关系外，还揭示了权益资本报酬率与公司总资本报酬率之间的关系，因为负债与权益资本之和构成公司的资本总额。为了定量描述权益资本报酬率与总资本报酬率之间的关系，我们可以引入财务杠杆定理。

公司总资本报酬率ROA可以用下式表示：

$$ROA = \frac{EBIT}{S+B} \tag{8-26}$$

公司权益资本报酬率ROE可以表示为：

$$ROE = \frac{EBIT-I}{S} = \frac{EBIT(S+B)}{S(S+B)} - \frac{I}{S} \tag{8-27}$$

整理后得：

$$ROE = \frac{EBIT}{S+B} + \frac{B}{S}\left(\frac{EBIT}{S+B} - i\right) = ROA + \frac{B}{S}(ROA-i) \tag{8-28}$$

式中：$i=\dfrac{I}{B}$，表示负债利息率；$\dfrac{B}{S}$ 表示负债与权益比，其中 B 表示负债、S 表示权益。

式（8-28）就是财务杠杆定理，它反映当公司总资本报酬率大于负债利息率时，负债权益比越大，权益资本报酬率就越高。

当公司无负债时，不存在财务杠杆效应，总资本报酬率与权益资本报酬率一致，即 ROE=ROA；当公司负债经营，并且 ROA=i 时，负债经营并不能发挥财务杠杆效应，即 ROE=ROA；当公司负债经营，但 ROA>i 时，ROE>ROA，表示公司资本结构合理，负债比例得当，财务杠杆发挥了正向效应；当公司负债经营，但 ROA<i 时，表示公司经营状况恶化，负债将加剧财务风险甚至导致财务危机的发生，权益资本报酬率会随着负债比例的上升而下降，即 ROE<ROA。公司要获得较好的财务杠杆利益，就必须合理控制负债权益比。

利用财务杠杆定理可以推导出负债权益比的估量模型：

因为：

$$ROE=\frac{EBIT}{S+B}+\frac{B}{S}\left[\frac{EBIT}{S+B}-i\right]=ROA+\frac{B}{S}\times(ROA-i) \tag{8-29}$$

则：

$$\frac{B}{S}=\frac{ROE-ROA}{ROA-i} \tag{8-30}$$

财务杠杆定理从另一个侧面说明了财务杠杆效应：只要能够控制负债的程度，使债务成本被约束在一定水平（至少低于总资本报酬率），公司负债经营或提高负债比例就会增加权益资本报酬率，使普通股每股收益相应增加。

【例 8-14】假设 A 公司有三种资本结构方案，有关资料见表 8-8。

表 8-8　　　　　　　　　　　　　　甲公司资本结构方案　　　　　　　　　　金额单位：万元

方案 项目	甲方案	乙方案	丙方案
负债比率（%）	0	20	40
资本总额	1 000	1 000	1 000
债务资本	0	200	400
权益资本	1 000	800	600
普通股股数（万股）	100	80	60

A 公司财务部门认为，如果负债比率不超过 60%，其负债利息率就可以维持在 6%，所得税税率为 25%，息税前利润预计为 100 万元。普通股每股收益计算如下：

$$EPS_{甲}=\frac{(EBIT-I)(1-T)}{N}=\frac{(100-0)\times(1-25\%)}{100}=0.75$$

$$EPS_{乙}=\frac{(EBIT-I)(1-T)}{N}=\frac{(100-200\times6\%)\times(1-25\%)}{80}=0.825$$

$$EPS_{丙}=\frac{(EBIT-I)(1-T)}{N}=\frac{(100-400\times6\%)\times(1-25\%)}{60}=0.95$$

财务杠杆系数分别为：

$\text{DFL}_{甲}=\text{EBIT}\div(\text{EBIT}-I)=100\div100=1$

$\text{DFL}_{乙}=\text{EBIT}\div(\text{EBIT}-I)=100\div(100-12)=1.14$

$\text{DFL}_{丙}=\text{EBIT}\div(\text{EBIT}-I)=100\div(100-24)=1.32$

该公司总资本报酬率为：

$\text{ROA}=\text{EBIT}\div(B+S)=100\div1\ 000=10\%$

权益资本报酬率分别为：

$\text{ROE}_{甲}=\text{ROA}+(\text{ROA}-i)\times B\div S=10\%$

$\text{ROE}_{乙}=\text{ROA}+(\text{ROA}-i)\times B\div S=11\%$

$\text{ROE}_{丙}=\text{ROA}+(\text{ROA}-i)\times B\div S=12.67\%$

从以上计算结果可以看出，丙方案为 A 公司设立的是一个高风险、高收益的资本结构，乙方案次之，甲方案无任何风险。

如果该公司的息税前利润增加 20%，情况又会如何呢？

$\text{EPS}_{甲}=(120-0)\times(1-25\%)\div100=0.90$

甲方案 EPS 的增长率为：$(0.9-0.75)\div0.75=20\%$，同步增长。

$\text{EPS}_{乙}=(120-200\times6\%)\times(1-25\%)\div80=1.01$

乙方案 EPS 的增长率为 22.73%，快于 EBIT 的增长。

$\text{EPS}_{丙}=(120-400\times6\%)\times(1-25\%)\div60=1.2$

丙方案 EPS 的增长率为 26.32%，要快于 EBIT 的增长。

财务杠杆系数分别为：

$\text{DFL}_{甲}=120\div120=1$

表明财务杠杆系数随着息税前利润的变动而相应变动的倍数没有发生变化。

$\text{DFL}_{乙}=120\div(120-12)=1.11$

表明财务杠杆系数随着息税前利润的变动而相应变动的倍数下降了 0.03。

$\text{DFL}_{丙}=120\div(120-24)=1.25$

表明财务杠杆系数随着息税前利润的变动而相应变动的倍数下降了 0.07。

A 公司总资本报酬率为：

$\text{ROA}=\text{EBIT}\div(B+S)=120\div1\ 000=12\%$

各方案权益资本报酬率分别为：

$\text{ROE}_{甲}=12\%+(12\%-6\%)\times0:1\ 000-12\%$

说明甲方案的权益资本报酬率提高了 2%。

$\text{ROE}_{乙}=12\%+(12\%-6\%)\times200\div800=13.50\%$

说明乙方案的权益资本报酬率提高了 2.50%。

$\text{ROE}_{丙}=12\%+(12\%-6\%)\times400\div600=16\%$

说明丙方案的权益资本报酬率提高了 3.33%。

从对比结果可以看出，当负债比率控制在 60%、资本总量保持不变时，如果选择负债比率较高的丙方案，不但可以使权益资本报酬率提高 3.33%，还可以使财务杠杆系数下降 7%，每股收益也有相当程度的增加。

8.3.1 资本结构概述

资本结构（capital structure）指的是企业资金来源中债务资本与权益资本的比例关系，更细致的定义是企业资金来源中短期债务、长期债务、优先股、普通股各自所占的比例。之所以要研究资本结构，是因为资本结构问题涉及股东、管理层和债权人三方的利益和冲突，以及企业管理者的投融资行为、资源配置行为和企业的经营活动。它阐述了企业负债、企业价值和资本成本之间的关系，合理的资本结构有助于规范企业行为。

企业资本结构有广义和狭义之分。广义的企业资本结构代表一个企业的主要权利，是指企业全部资本价值的构成及其比例关系。它不仅包括长期资本，还包括短期资本，主要是短期债权资本。狭义的企业资本结构单指企业各种长期资本价值构成及其比例关系，即长期资本中债务资本与权益资本的构成比例关系。

企业资本结构理论基于实现企业价值最大化或股东财富最大化的目标，着重研究企业资本结构中长期债务资本与权益资本构成比例的变动对企业总价值的影响，同时试图找到最适合企业的融资方式和融资工具。

资本结构理论是公司金融中一个非常重要而复杂的问题，也是一个长期以来争论不休的话题。自 MM 理论产生以来，人们始终没有停止过对"资本结构之谜"的探索。现代资本结构理论研究的目的是从理论上解释企业选择某一特定资本结构的主要原因，解释企业资本结构与市场价值及管理行为的内在关系，为企业资本结构决策和投融资决策提供理论基础和指导。企业资本结构理论的发展历程可用图 8-3 表示。

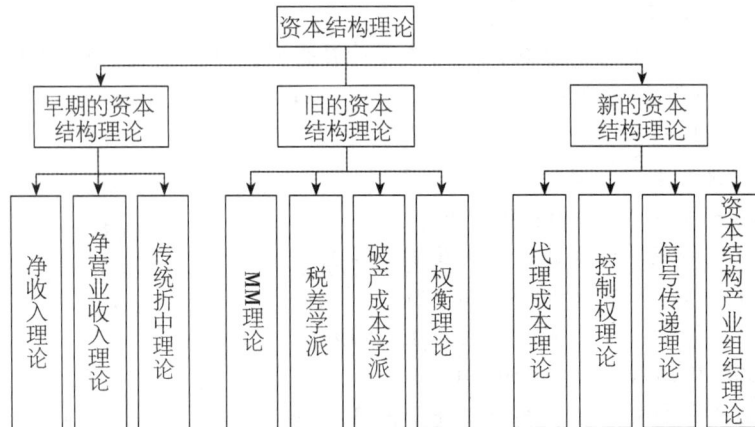

图8-3 资本结构理论框架

现代企业资本结构理论始于 MM 理论，按照是否引入不对称信息理论，现代资本结构理论可以分为旧企业资本结构理论和新企业资本结构理论。旧企业资本结构理论主要包括 MM 理论、考虑企业所得税的 MM 模型、税差学派、破产成本学派和权衡理论等；新企业资本结构理论主要包括四大流派，即代理成本理论、控制权理论、信号传递理论、资本结构产业组织理论等。这里主要阐述以 MM 理论为重要起点的现代企业资本结构理论及其之后的发展。

8.3.2 主要的资本结构理论

（1）古典资本结构理论

大卫·杜兰特（D. Durand，1952）系统总结了早期的资本结构理论，将其划分为以下三个：

① 净收入理论。净收入（net income，NI）理论认为，公司债务越多，公司价值越大。当负债达到100%时，公司平均资本成本降至最低，此时公司价值也达到最大值。该理论是基于以下假设之上的：负债的利息及权益资本的成本都是固定不变的，均不受财务杠杆的影响，不会因债务比率的提高而改变；债务资本的违约风险要高于权益资本，根据风险收益均衡原则，债务资本成本要低于权益资本成本。由于该理论的立论假设没有充分考虑负债增加而引发的企业风险增加，实际上边际债务资本成本和权益资本成本会随着风险的增大而相应变化，从而导致该理论对资本结构的认定难以令人信服。

② 净营业收入理论。净营业收入（net operating income，NOI）理论认为，资本结构与公司加权平均资本成本及其价值无关。其理由是：随着债务的增加，公司会获得节税收益，而公司风险也会随之明显上升，权益资本要求增加风险报酬，使债务资本所带来的好处正好被权益资本成本的增加所抵消，结果使企业加权平均资本成本仍保持不变，永远为某一常数。该理论虽承认筹资风险对权益资本成本的影响，但不承认有个合理的度，与现实不符。事实上，只要风险在企业能承受的范围内，一般不会引起权益资本成本的增加，即使增加，变化幅度也小于债务资本带来的好处，此时，可考虑适当提高负债水平；当债务过度时，会出现另一种情况，由于边际债务资本成本和权益资本成本上升，使债务资本带来的节税收益小于权益资本成本的增加，此时则应减降低负债水平。

③ 传统折中理论。这是介于以上两种极端理论之间的一种理论，它认为企业最优资本结构应是在边际债务资本成本等于边际权益资本成本时的资本结构。此时，加权平均资本成本最低，公司价值最大。如果边际债务资本成本小于边际权益资本成本，企业可适度增加债务，以降低加权平均资本成本；当边际债务资本成本大于边际权益资本成本时，应减少债务，以达到降低加权平均资本成本的目的。

（2）现代资本结构理论

1958年6月，美国学者莫迪利亚尼（Modigliani）和米勒（Miller）开创了资本结构研究的先河，他们在《美国经济评论》上发表了《资本成本、公司财务和投资理论》一文，标志着现代资本结构理论的产生。他们的理论即 MM 理论，它以科学、严谨的方式，用统计分析检测模型的方法，对企业价值与资本结构的关系进行了严密的分析，奠定了现代西方资本结构理论的基础，莫迪利亚尼和米勒也因此双双获诺贝尔经济学奖。自 MM 理论提出至今，许多经济学家在研究资本结构问题时，都是通过放松 MM 假设、提出疑问、提出新的理论来发展和创新资本结构理论的，如权衡理论、代理成本理论、控制权理论等。

经典的 MM 理论可分为最初的 MM 理论、修正的 MM 理论和米勒模型三个阶段。

①最初的 MM 理论，即无税资本结构理论，又称无税 MM 定理。其基本观点是：在企业投资与融资相互独立、无税收及破产风险和资本市场完善的条件下，企业的市场价值与资本结构无关。这一定理是建立在下列严格假设基础上的：

第一，不考虑企业所得税和个人所得税；

第二，企业经营风险可用纳税付息前利润的标准差来衡量，处于同一风险等级的企业具有相同的经营收入；

第三，投资者对未来的收益和风险的预期相同；

第四，资本市场是完全的，即信息充分、无交易成本、投资者完全理性、投资者可与企业以同一利率借款，企业和个人负债均无风险；

第五，企业的增长率为 0，即企业现金流量都是固定年金。

在这样严格的假设下，两位经济学家运用套利原理得出两个命题：

命题一（无税）：杠杆企业的价值等于无杠杆企业的价值。用公式表示为：

$$V_L = V_U = \frac{EBIT}{r_0} = \frac{EBIT}{WACC} \tag{8-31}$$

式中：V_L 为杠杆（即有负债）企业的价值；V_U 为无杠杆（即无负债）企业的价值；r_0 为无杠杆企业的权益资本成本；WACC 为杠杆企业的加权平均资本成本。

该命题意味着：

第一，企业的价值不受资本结构的影响，即企业的总价值及资本成本独立于其资本结构。只要息税前企业利润相等，处于同一风险等级的企业，其总价值是相等的。

第二，杠杆企业的加权平均资本成本等于与该企业具有相同风险等级的其他无杠杆企业的权益资本成本，即 $r_0 = WACC$，企业的加权平均资本成本与企业的资本结构毫不相关。

第三，r_0 和 WACC 的大小视企业的经营风险而定。

根据命题一，企业无所得税，$WACC = r_0$，有下式成立：

$$r_0 = \frac{D}{D+E} r_d + \frac{E}{D+E} r_e \tag{8-32}$$

式中：D 为企业负债的市场价值；E 为企业股东权益的市场价值；r_d 为债券资本成本；r_e 为杠杆企业的权益资本成本。

将上式两边同时乘以 D+E，移项整理后可得：

$$(D+E) r_0 = D r_d + E r_e \tag{8-33}$$

$$r_e = r_0 + \frac{D}{E} (r_0 - r_d) \tag{8-34}$$

由式（8-34）可知，如果 r_0 固定不变，随着负债比率的上升，r_e 也将有所上升。也就是说，股东的期望收益率会随着财务杠杆的增大而增加。因此，我们得到 MM 理论的第二个命题：

命题二（无税）：杠杆企业的权益资本成本 r_e 等于无杠杆企业的权益资本成本 r_0 加上一个风险溢价，风险溢价的高低取决于负债程度的高低。

图 8-4 反映的是杠杆企业权益资本成本、综合资本成本在无税的情况下随负债程度提高的变动情况。从图 8-4 中可以看到，$r_e > WACC > r_d$，并随负债的升高而升高；r_0

对应的是一个点，而 WACC、r_e 和 r_d 都是一条线。

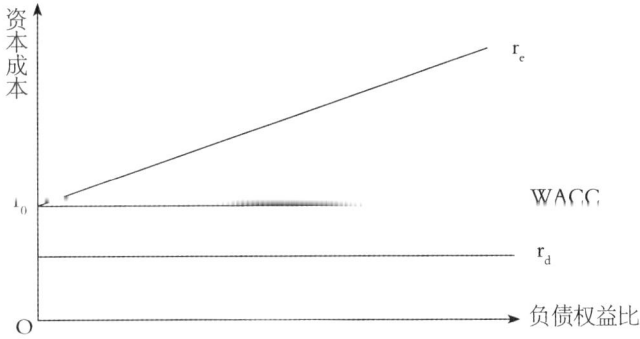

图8-4 命题二（无税）：权益资本成本与负债

无税 MM 定理分析了企业融资决策中最本质的关系：企业经营者和投资者行为及其相互作用。从某种意义上讲，其严格的假设条件就好像物理实验中假设无空气阻力一样，在现实情况下很难满足，因而结论就像是一个在真空中实验的结果，并不具备现实应用意义。但这丝毫不影响它在资本结构研究领域中发挥指导作用，后来的学者们就是在放松的 MM 理论假设条件的基础上提出各自的理论的。

②修正的 MM 理论，也就是考虑公司所得税的资本结构理论。在1958年的论文之后，莫迪利亚尼和米勒于1963年提出了修正的 MM 理论，即有税条件下的资本结构理论。他们认为，在考虑公司所得税的情况下，由于负债产生的利息是免税支出，能够降低企业的加权平均资本成本，增加企业价值，因此，企业价值会随负债的增加而不断上升。

对于负债为 D 的企业来说，如果其债务的利率为 r_d，则利息为 r_dD。这样，当企业所得税税率为 T_e 时，利息的抵税额即 r_dDT_e。假设这一现金流具有与债务利息相同的风险，则税盾的现值可以将其按利率 r_d 折现。同时假设现金流是永续的，运用永续年金计算公式，就可以得到税盾的现值：

$$\frac{T_e r_d D}{r_d} = T_e D \tag{8-35}$$

一个杠杆企业的价值由两部分组成：无杠杆企业价值 V_U 与税盾 $T_e D$：

$$V_L = V_U + T_e D \tag{8-36}$$

基于这一价值的投资会带来期望的现金流，即：

$$V_U r_0 + T_e D r_d \tag{8-37}$$

因为资产的经营具有一定的风险，投资者对它们的期望收益率是 r_0，税盾具有与债务相同的风险，因此期望收益率为 r_d。

此外，又因杠杆企业的价值还可以写成 D+E 的形式，设股票的收益率是 r_e，债务的收益率为 r_d，则属于债权人和股东的总现金流为：

$$E r_e + D r_d \tag{8-38}$$

运用增长率为0的永续增长模型，所有现金流均作为股利支付，流入企业的现金流就等于股东获得的现金流，也就是说，式（8-37）和式（8-38）应当相等：

$$V_U r_0 + T_e D r_d = E r_e + D r_d \tag{8-39}$$

又因 $V_L = V_U + T_e D = E + D$，则 $V_U = E + D(1 - T_e)$，将该式代入式（8-38），整理后可得：

$$r_e = r_0 + \frac{D}{E}(1-T_e)(r_0 - r_d) \tag{8-40}$$

上式反映的就是权益资本在有税的情况下与负债比率的关系，结论与无税情况时相同。$r_0 > r_d$ 时，权益资本成本 r_e 会因财务杠杆的增大而增大。一般来说，因为权益资本承担的风险更大，因此加权平均资本成本 r_0 都是大于 r_d 的。

第一命题（有税）：杠杆企业的价值等于相同风险等级的无杠杆企业的价值加上税盾。在考虑公司所得税的影响后，杠杆企业的价值会超过无杠杆企业的价值，即式（8-36）：

$$V_L = V_U + T_e D$$

第二命题（有税）：杠杆企业的权益资本成本等于相同风险等级的无杠杆企业的权益资本成本加上无杠杆企业的权益资本成本和负债成本之差以及由负债总额和公司所得税税率决定的风险报酬，即式（8-40）：

$$r_e = r_0 + \frac{D}{E}(1-T_e)(r_0 - r_d)$$

由于所得税税率 T 总是小于 1，公司所得税支出使权益资本成本上升的幅度低于无税时上升的幅度，因此负债的增加提高了企业的价值。

基于以上两点，当企业负债接近 100% 时，企业的价值达到最大。

【例 8-15】甲公司总资产为 5 000 万元，发行债券 1 500 万元。由于该公司信用级别达到 AA 级，债券年利率为 7%。甲公司的所得税税率为 25%。

已知该行业同类风险的无负债企业的权益资本成本为 11%，则根据式（8-40），甲公司的权益资本成本为：

$$r_e = 11\% + \frac{1\,500}{5\,000 - 1\,500} \times (1-25\%) \times (11\% - 7\%) = 12.29\%$$

将式（8-40）用图 8-5 来表示。

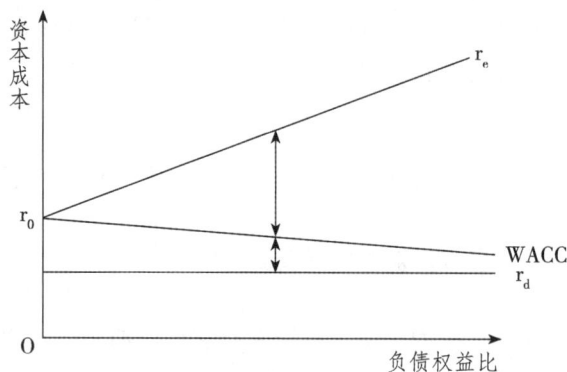

图8-5　第二命题（有税）：权益资本成本与负债

③米勒模型，即考虑个人所得税的资本结构理论。MM 理论经过修正后，米勒将个人所得税因素又加入其中，建立了一个包括公司所得税和个人所得税在内的模型，探讨负债对企业价值的影响，得出的结论为：个人所得税会在某种程度上抵消利息的节税收益，用公式表示为：

$$V_L = V_U + \left(1 - \frac{1 - T_C(1 - T_S)}{1 - T_D}\right) \times D \tag{8-41}$$

式中：T_D 为利息收入个人所得税；T_S 为股票收入个人所得税；T_C 为公司所得税。

第一，当 $T_C=T_S=T_D=0$ 时，米勒模型就是最初的 MM 理论，此时 $V_L=V_U$。

第二，当 $T_C\neq0$，$T_S=T_D=0$ 或者 $T_S=T_D$ 时，米勒模型就是仅有公司所得税的 MM 模型，此时 $V_L=V_U+T_C\times D$。

第三，当 $T_S>T_D$ 时，利用负债增加的企业价值大于有公司所得税的 MM 模型所增加的价值。

可以看出，资本结构的变动会影响公司的价值，同时负债经营会带来节税收益，从而米勒模型和有公司所得税的 MM 模型的结论基本一致。米勒模型是对 MM 模型的最后总结和重新肯定。

税差学派是在资本结构理论的基础上考虑了税收的情况，认为影响企业资本结构的税收差异包括两个方面：一是在现有税收制度下，因为税收种类的不同所产生的税收差异，比如企业所得税、个人所得税和资本利得税之间在税率上的差异对资本结构选择的影响；二是在累进所得税制下，投资者因为个人所得适用税收等级的不同所产生的税负差异。

④权衡理论模型。MM 理论的有些假设条件是可以放松的，且放松后结论保持不变，但如果将财务困境成本和代理成本引入 MM 理论，结论就大为不同。理论界将考虑公司财务困境成本（破产成本）和代理成本的资本结构理论称为权衡理论（trade-off theory）。

第一，财务困境成本。MM 理论认为负债为企业带来节税利益，但实践中没有一个企业仅考虑利息抵扣所得税的好处而不考虑由此可能增加的风险。因为负债的本息构成了企业的债务，如果不能及时清偿，将使企业面临财务困境，甚至面临破产危机。此外，企业债务融资比例越高，固定利息支出就越多，发生财务拮据的概率就越大，破产的可能性也越大，企业价值由此也会下降。这是因为当企业陷入财务困境时，会发生财务困境成本（financial distress costs）。它具体包括销售额和利润的损失、由于获取外部融资的难度加大而增加的筹资成本、供应商为规避困境企业的信用风险而要求提高供货价格、客户流失等。因此，财务杠杆的提高会增加企业破产或者陷入财务困境的风险，而破产成本及财务困境成本的存在又会使财务杠杆减少企业的价值。

第二，代理成本。当负债企业的债权人与股东之间的利益发生冲突时，代理人即经理由于受聘于董事会，往往会采取为股东谋利益而以牺牲债权人利益为代价的行为。例如，当企业面临财务危机时，经理们更愿意投资高风险高回报的行业。如果企业经营得好，所有的利益归股东所有；如果企业经营不好，则大部分亏损将落到债权人头上。因此，债权人为了保障自身利益，会在贷款时加一些保护性条款，这在一定程度上会降低企业的经营效率。另外，为保证保护性条款顺利执行，还要发生额外的监督费用，这些都会形成企业的代理成本，从而提高负债成本，降低负债收益。

如果税差学派是正确的，随着负债率从 0 增加至 100%，企业的价值会不断增加，但是考虑到可能发生的财务困境成本和代理成本对企业价值的影响，企业总的价值变动似乎并不确定。在此基础上形成的权衡理论认为，最佳的企业资本结构是在税收带来的收益和负债带来的成本之间选择一个均衡点。如图 8-6 所示，存在最优负债比例的 B 点可使有负债企业的价值最大。

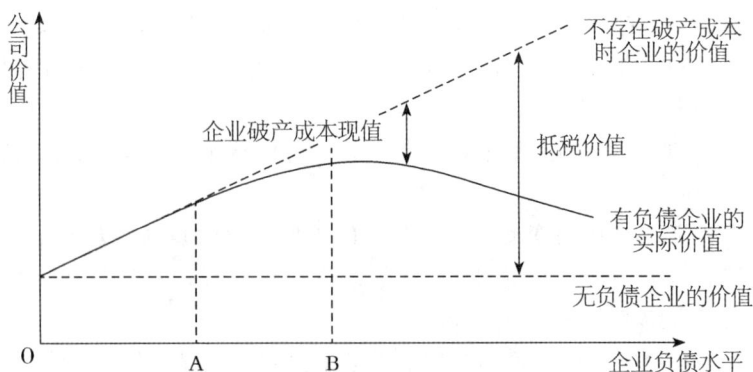

图8-6 权衡理论的最优资本结构

由图8-6可见，有负债企业的价值随着负债的增加而使企业带来节税利益，但负债进一步增加时，财务困境成本和代理成本增加会抵消节税的利益，因此，存在最佳资本结构点，即在节税利益和债务上升所带来的财务困境成本与代理成本之间选择最适点。

权衡理论描述了负债的避税效益与破产成本之间的权衡，这一理论认为存在最优资本结构。可以说，权衡理论提供了企业资本结构具有最优解的可能性，使资本结构理论取得了重大发展。

（3）新资本结构理论

20世纪70年代以后，随着信息经济学的迅速发展，资本结构理论的研究也进入了一个新的阶段。这些理论研究不仅延续了以前注重税收、破产等外部因素的传统，而且试图对企业内部因素进行分析，通过内外结合的方式，为资本结构理论的研究提供新的方向。

①激励模型。在MM理论中，假设管理者总是代表企业股东的利益，没有代理成本，这是一种理想的状态。在现实生活中，由于大部分公司是管理权和所有权相分离的，从而必然产生代理问题。

激励模型在明确代理成本的基础上，对股权和债务的代理成本、举债融资是怎样缓和管理者和股东之间的冲突以及企业无效率地过度投资进行了分析，提出由于债务代理成本和权益代理成本的存在及与企业融资结构的关系，可能导致总代理成本最小的债务与权益的最优组合，由此决定了企业最佳融资结构。为了减少企业的代理成本，可以采用监督和约束等措施来控制管理者的行为，包括审计、控制系统、预算限制以及激励补偿机制、增加负债等。

②信号传递理论。MM理论的假设之一是充分信息。在实际中，该假设是不成立的，因为双方同时获得充分信息几乎是不可能的。比较接近现实的假设是公司经理比外部投资者更多地了解公司内部经营活动，因此，在与外部投资者的博弈中具有优势。显然这是一个典型的非对称信息环境。外部投资者往往根据经理的融资决策来判断公司的经营状况。在罗斯的模型中，经理使用公司的负债率向外部投资者传递公司利润分布的信号。投资者把较高的负债率看作公司高质量的表现。

梅叶斯（Myers）和梅吉拉夫（Majiluf）认为，资本结构的确定是为了缓解由于信息不对称而导致的公司投资决策无效率。公司的资本结构是在新项目筹资愿望的驱使下形成的，融资先从内部资金开始，然后是低风险的债券，最后才是股票，这就是"优序融资"理论。

③资本结构剩余控制权理论。资本交易不仅会引起剩余收益的分配问题，还会引起剩余控制权的分配问题。激励模型和信号传递理论仅考虑了剩余收益的分配问题，而控制模型则是研究剩余控制权分配问题的理论模型。

8.4 资本结构决策

8.4.1 目标资本结构的确定

如前所述，负债会给公司带来双重影响，适度负债可以使公司获得财务杠杆利益和税收利益，降低公司的资本成本，但过度负债又会带来较高的财务风险，因此，公司必须权衡财务风险和财务杠杆利益之间的利弊，确定自己的最佳目标资本结构。

所谓最佳资本结构，就是在一定条件下，能使公司加权平均资本成本最低、公司价值最大的负债比例或资本结构。从理论上来说，最佳资本结构是存在的，但在现实中，由于公司内部状况和外部环境的复杂性和不确定性，寻找最佳资本结构是相当困难的。我们只能提出有限的资本结构备选方案，而选定的资本结构往往只是相对的，也就是公司的目标资本结构。以下几种方法或许能够对确定公司的目标资本结构有所帮助：

（1）每股收益无差别点分析法

确定目标资本结构最常用的方法是每股收益无差别点分析法，也称息税前利润-每股利润分析法（简称EBIT-EPS分析法）。该方法认为，选择目标资本结构的目的是使公司价值最大化，公司价值一方面取决于公司未来的获利能力，另一方面要通过公司股票在证券市场的表现才能作出客观的评价。对于前者，可以通过息税前利润的多少予以反映，而公司股票的市场表现在很大程度上受每股税后利润的影响。因此，利用每股收益无差别点来进行目标资本结构的选择是一种可行的方法。

每股收益无差别点又称每股盈余无差别点或每股利润无差别点，是指普通股每股收益不受融资方式和资本结构影响的销售水平或息税前利润水平。它是不同融资方式和资本结构下每股税后收益均相同的销售水平或息税前利润水平的均衡点。资本结构合理与否，是通过普通股每股收益的变化来判定的，一般来说，能使每股收益提高的资本结构就是合理的资本结构；反之，则表明资本结构不够理想。当公司的销售水平或息税前利润水平正好达到无差别点时，哪种资本结构都是合理的；当公司的销售水平或息税前利润水平高于无差别点时，由于财务杠杆的作用，公司可选择负债水平较高的资本结构；反之，当公司的销售水平或息税前利润水平低于无差别点时，公司则应选择负债水平较低的资本结构。这一方法的原理是：增加负债融资方式下普通股的每股收益等于增加权益融资方式下的普通股每股收益。

$$EPS_1=EPS_2 \tag{8-42}$$

在每股收益无差别点上，无论采用负债筹资还是采用权益筹资，公司普通股每股收益都是相等的。

根据每股收益无差别点，可以判断在什么样的销售水平或息税前利润水平下，应该采取何种筹资方式来安排和调整资本结构。

$$\frac{(S - VC_2 - F_2 - I_2)(1 - T) - D_2}{N_2} = \frac{(S - VC_1 - F_1 - I_1)(1 - T) - D_1}{N_1} \tag{8-43}$$

或

$$\frac{(EBIT - I_2)(1 - T) - D_2}{N_2} = \frac{(EBIT - I_1)(1 - T) - D_1}{N_1} \tag{8-44}$$

式中：S 为两种融资方式无差别点的销售额；$EBIT$ 为两种融资方式无差别点的息税前利润；VC_1、VC_2 为两种融资方式下公司的变动成本；F_1、F_2 为两种融资方式下公司的固定成本；I_1、I_2 为两种融资方式下的债务利息；D_1、D_2 为两种融资方式下的优先股股息；T 为所得税；N_1、N_2 为两种融资方式下流通在外的普通股股数。

能使上述公式成立的销售额 S^* 或息税前利润 $EBIT^*$ 即每股收益无差别点销售额或息税前利润。

【例8-16】假设甲公司原有资本7 000万元，其中债务资本2 000万元（每年负担利息240万元）、普通股资本5 000万元（发行普通股100万股，每股面值59元）。由于扩大业务，须追加筹资3 000万元。筹资方案有两个：（1）全部发行普通股：增发60万股，每股面值50元；（2）全部筹借长期债务：债务利率仍为12%，年利息360万元。甲公司的变动成本率为60%，固定成本为1 800万元，所得税税率为25%。

将上述资料中的有关数据代入条件公式：

$$\frac{(S - 0.6S - 1\,800 - 240) \times (1 - 25\%)}{100 + 60} = \frac{(S - 0.6S - 1\,800 - 240 - 360) \times (1 - 25\%)}{100}$$

$$S^* = 7\,500（万元）$$

此时的每股收益为：

$$EPS^* = \frac{(7\,500 - 7\,500 \times 0.6 - 1\,800 - 240) \times (1 - 25\%)}{160} = 4.5（元/股）$$

销售收入与每股收益如图8-7所示。

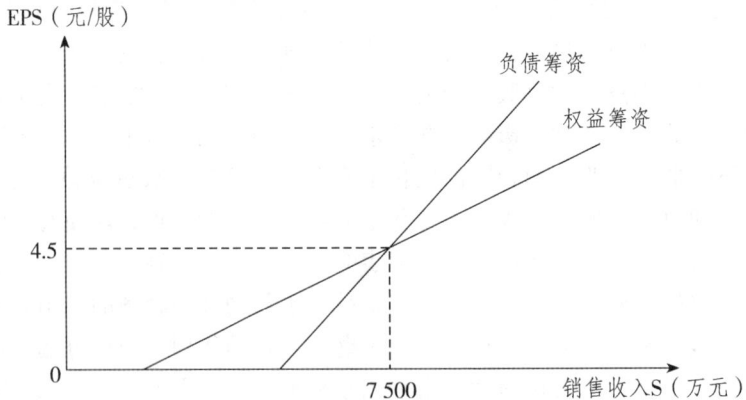

图8-7　每股收益无差别点分析

从图8-7中可以看出，当销售收入高于7 500万元时，运用负债筹资可获得较高的每股收益；当销售收入低于7 500万元时，运用权益筹资可获得较高的每股收益。

上述方法是以上市公司为背景的，对于非上市公司而言，无差别点分析应从负债对资本金利润率影响的角度寻找使资本金利润率无差别的息税前利润，即以资本金利润率（EPM）来取代每股收益（EPS），求解不同资本结构下的资本金利润率相等的息税前利润。根据财务杠杆定理，企业总资本金利润率与负债资本成本相等是发挥财务杠杆效应的临界值，或者说，在该条件下，采用不同的筹资方式对资本金利润率的影响是相同的。计算公式为：

$$EPM = \frac{(EBIT - I_2)(1 - T)}{B - I_2} \tag{8-45}$$

$$\frac{(EBIT - I_1)(1 - T)}{B - I_1} = \frac{(EBIT - I_2)(1 - T)}{B - I_2} \tag{8-46}$$

上述例子是两种融资方案的情况，如果再加入优先股筹资这一方案，其关系可用图8-8来表示。

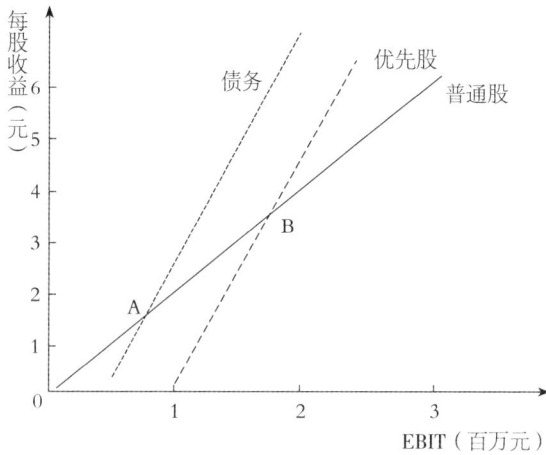

图8-8 三种融资方案的EBIT-EPS盈亏平衡点或无差异图

在图8-8中，A点是债务和普通股的每股收益无差异点，如果EBIT低于该点，则普通股方案会产生较高的每股收益；B点是优先股和普通股的无差异点，在该点之上，优先股方案将提供较高的每股收益。

（2）比较资本成本法

以上我们以每股收益的多少作为衡量标准对筹资方式进行了选择，这种方法的缺陷在于没有考虑风险因素。从根本上说，企业经营的目标在于追求公司价值最大化和股价最大化，然而，在风险不变的情况下，每股收益的增长会直接导致股价上升，实际上经常是随着每股收益的增长，风险也增大。如果每股收益的增长不足以补偿风险增加所需的报酬，尽管每股收益增加，股价仍会下跌。所以，公司的最佳资本结构的判断标准是，在此资本结构下公司总价值最大，而不一定是每股收益最大，并且在此资本结构下加权平均资本成本也是最小的。按照这一思路，可以通过计算、比较公司总价值和加权平均资本成本来确定公司的目标资本结构。

【例8-17】甲公司目前的资本结构中，2 000万元的总资本全部来自普通股股东权益，普通股流通股为100万股；甲公司以往奉行保守经营理念，期望每年获得800万元；甲公司一贯将税后净利润全部用于发放股利，股利增长率为0；适用的所得税税率为25%。迫于市场竞争的压力，甲公司打算改变现有资本结构，引入负债，从而利用财务杠杆效应提高公司价值。假设目前证券市场上有关信息表明：$R_f = 6\%$，$R_m = $

15%。作为财务主管，请你确定目标资本结构（负债比例）。

假设甲公司的负债比例有0、20%、40%、60%、80%和100%六种选择（当然还可以更多），计算各方案下负债成本 K_b 和股东权益成本 K_s。计算公式为：

$$K_b = R_f + \beta(R_m - R_f)$$

若不同负债比例下 β 和 K_b 经过测算已获得，有关计算结果见表8-9。

表8-9　　　　　　　　　不同负债比例下负债成本和股东权益成本　　　　　金额单位：万元

负债比例（%）	债务市值B	K_b（%）	β	K_s（%）
0	0	6	1.0	15
20	400	7	1.06	15.54
40	800	7.5	1.1	15.9
60	1 200	8	1.8	22.2
80	1 600	10	2.5	28.5
100	2 000	20	2.7	30.3

根据下面两个公式计算各方案的普通股市场价值（S）、公司总价值和加权平均资本成本，结果见表8-10。

$$S = \frac{(EBIT - K_b \times B)(1 - T)}{K_s}$$

$$K_w = K_b(1-T)\frac{B}{V} + K_s\frac{S}{V}$$

表8-10　　　　　　　　　　　　不同债务市值下甲公司的价值

B（万元）	K_b（%）	K_s（%）	S（万元）	V（万元）	B/V（%）	K_w（%）
0	6	15	4 000	4 000	0	15
400	7	15.54	3 725.87	4 125.87	9.69	14.54
800	7.5	15.9	3 490.57	4 290.57	18.65	13.98
1 200	8	22.2	2 398.65	3 598.65	33.35	16.80
1 600	10	28.5	1 684.21	3 284.21	48.72	18.27
2 000	20	30.3	990.10	2 990.10	66.89	20.07

从表8-10的计算结果可以看出，当负债比例为40%、负债总额为800万元时，甲公司总价值最大为4 290.57万元，此时加权平均资本成本也达到最低，为13.98%，因此，负债比例40%、负债资本800万元、权益资本3 490.57万元，可以作为甲公司最佳的资本结构。

必须明确的是，由于公司价值和加权平均资本成本对 K_b 和 K_s 的变化较为敏感，而 K_b 和 K_s 的计算在上市公司中可以利用β和资本资产定价模型估算，但在非上市公司中估算的难度更大，因此，对于最佳资本结构的选择和判断只是一个大致的范围，而不是精确值。另外，从理论上来说，公司总价值、负债价值和普通股价值都是指市场价值，但在实际中，决策人员可能对账面价值的认识更为直观，运用时必须注意账面价值与市场价值的差异。一般来说，如果用账面价值作为公司总价值，负债比例

$\left(\dfrac{B}{A}$ 为资产账面价值$\right)$ 会大于 $\dfrac{B}{V}$，因为资产账面价值是用历史成本计价原则确定的，会低于公司的市场价值。

8.4.2 资本结构的调整

以上目标资本结构的确定方法似乎表明公司的最佳资本结构是一个确定的点（负债百分比），事实上，资本结构是一个重要而复杂的问题，它不仅受环境等因素的影响，而且随环境等因素的变化而变化，资本结构随公司内外部各种因素的变化而不断地调整的内在要求也成为资本结构理论不断发展的内在动力。宏观制度因素决定了金融市场和金融机构的发育程度，也决定了企业的投融资环境和财务行为，从而决定了企业的资本结构。当这些制度约束和环境条件发生变化时，企业的资本结构也必然要随之调整。

8.4.3 资本结构决策的影响因素

企业资本结构受诸多因素的影响，并且随企业财务和经营状况以及环境的变化而变化。影响资本结构决策的因素包括外部因素和内部因素。

（1）外部因素

① 政府税收政策。负债利息有抵税作用，公司所得税越高，这种抵税作用越大。因此，企业的负债权益比可以相应高些，以充分获得债务产生的税盾价值。

② 企业的信用等级与债权人的态度。企业能否以借债的方式筹资和能筹集到多少资金，不仅取决于企业管理者和股东的态度，而且取决于企业的信用等级和债权人的态度。如果企业的信用等级不高，债权人不愿意借债给企业，企业就无法达到它所希望达到的负债水平。

③ 公司经营环境和经营周期状况。当经营环境较好、宏观经济处于上升周期时，面临发展机会的公司会采纳激进的融资政策，较多地利用负债。此时，公司的经济成长性好，预期收益稳定增长的概率大，发生财务危机的可能性小；反之，在经营环境不好和经济处于衰退周期时，公司应较少利用负债。

④ 市场条件。金融市场为企业提供融资工具、交易场所和其他服务，金融市场的供需状况、市场深度、可供选择的金融产品等诸多因素，都会对企业资本结构的选择有所影响。例如，在垃圾债券兴起之前，信用等级低于B的公司很难以合适的利率发行长期债券，因此，信用等级低的公司需要融资时不得不借助股票市场或者短期债务市场，而无法估计它们的目标资本结构。

⑤ 行业因素。实践表明，不同行业间的资本结构差异较大。一般来说，未来投资机会多的高成长性行业（如制药、电子及计算机行业）的负债水平较低；有形资产比重大的行业（如房地产、建筑和标准机械行业）的负债水平较高。在资本结构决策中，应了解本企业所处行业资本结构的平均水平，作为本企业资本结构的参照；分析本企业与同行业其他企业的差别，以便决定本企业的资本结构。

（2）内部因素

① 企业的盈利能力。企业的资产收益率要高于债务成本，举债融资才会提高每股收益，增加股东财富；否则，举债越多，股东财富越少。盈利能力强的企业可以产

生大量的税后利润，其内部留存收益可以在很大程度上满足企业的资金需求，故这类企业负债比率通常较低，如英特尔、微软等公司。

② 经营风险和经营杠杆。通常，企业的经营风险越低，销售越稳定，偿债能力越强，越可以加大债务的使用。另外，在综合杠杆不变的条件下，经营杠杆越小，企业可以选择的财务杠杆越大。

③ 控制权的考虑。对企业的老股东来说，由新股东认购的新股会减少他们在公司中的持股比例，进而减弱他们对公司的控制能力，而借债筹资对其控制权的影响则相对较小。因此，如果股东不愿意减弱他们对公司的控制权，又没有足够的财力（或不愿）投入新的权益资本，这类企业的负债权益比率可能较高。

④ 企业资产的性质。如果企业拥有较多可以用于抵押的资产，则可以获得相对低成本的融资，因而其债务比率较高。

思政小课堂 ☑️ ------------------------------●

本章重点讲授资本成本的计算、财务杠杆、资本结构理论及MM定理。MM定理是现代资本结构理论的奠基石，它利用一系列严格到近乎疯狂的假设条件构筑了一个"完美世界"，然后明确地告诉大家，资本结构与企业价值毫无关系。MM定理体现了一个非常深刻的经济学逻辑和洞见：企业的价值是由其投资决策决定的，而非财务决策。回到现实商业社会，严苛的假设条件被逐渐放松，衍生出一系列理论讨论资本结构对企业价值的影响。可见，严谨的治学态度是探寻真理的必备条件。

思考与练习 ☑️ ------------------------------●

1.企业资本结构研究的主要问题是什么？

2.什么是边际资本成本？

3.ROA和ROE都衡量营利性，在对两个公司进行比较时，哪个指标更有用？为什么？

4.为什么折旧资金也算作成本？

5.净收入理论的核心思想是什么？

6.MM理论的资本结构无关论基本观点是什么？

7.MM理论命题一论证了什么？

8.影响资本结构决策的主要因素有哪些？

9.公司管理层为何重视财务杠杆的作用？

10.某公司长期投资账面价值100万元，其中债券30万元、优先股10万元、普通股40万元、留存收益20万元，各种资本成本分别为5%、8%、12%、10%。请计算该公司的加权平均成本。

11.某公司利用长期债券、优先股、普通股、留存收益来筹集长期资金1 000万元，筹资额分别为300万元、100万元、500万元和100万元，资本成本分别是6%、11%、12%、15%。该筹资组合的综合资本成本为多少？

12.某公司从某银行取得一笔1 000万元的贷款，年利率为5%，期限为3年，每年结息一次，到期一次还本。借款合同规定，该公司须保持20%的补偿性余额。若适用的所得税税率为25%，这笔借款的资本成本是多少？

13.某公司发行长期债券100万元，年利率8%，发生筹资费9万元，适用的所得税税率为25%，该公司发行长期债券的资本成本是多少？

14.宏达公司按600元折价发行面值为1 000元、票面利息为8%、25年到期的债券，发行费按发行收入的2%计算，适用的所得税税率为25%，该债券的资本成本为多少？

15.某企业拟筹资2 500万元。其中，发行债券1 000万元，筹资费率为2%，债券年利率为10%，适用的所得税税率为25%；优先股500万元，年股息率为7%，筹资费率为3%；普通股1 000万元，资本成本为14.42%。请计算该筹资方案的综合资本成本。

16.某企业计划筹集资金100万元，所得税税率为25%。有关资料如下：

（1）银行借款10万元，借款年利率7%，手续费率2%。

（2）按溢价发行债券，债券面值14万元，溢价发行价格15万元，票面利率9%，期限5年，每年支付一次利息，筹资费率3%。

（3）发行优先股25万元，预计年股利率12%，筹资费率4%。

（4）发行普通股40万元，每股发行价格10元，筹资费率5%。预计第1年每股股利1.2元，以后每年按8%递增。

（5）其余所需资金通过留存收益取得。

要求：计算个别资本成本。

17.某公司希望通过银行借款筹集1 000万元资金，经与贷款银行协商，贷款银行提出：如果借款额在500万元以下，利率为8%；若借款额在500万元到1 000万元之间，由于财务风险加大，需按9%的利率支付利息。适用的所得税税率为25%。求该公司长期借款的边际资本成本。

18.某国一制造公司的目标负债权益比为0.55，其权益资本成本为12.5%，债务资本成本为7%，所得税税率为35%。计算这家公司的加权平均资本成本。

19.某公司最近为一个新项目发行了新的证券进行融资。该项目成本为1 900万元，该公司为此次发行支付了1 150 000元的融资成本。权益融资成本为7%，债务融资成本为3%。如果该公司的权益和债务融资比例和其资本结构比例相同，那么该公司的目标负债权益比是多少？

20.某股份有限公司希望其EBIT未来能够永远为每年145 000元。该公司的贷款利率为8%，当前该公司无负债，权益资本成本为14%。如果所得税税率为25%，该公司价值为多少？如果该公司负债135 000元，并且使用这笔资金回购股票，该公司价值是多少？

第9章

留存收益与分配决策

本章要点 ☑ ------------------------------------●

本章主要介绍公司金融中留存收益与分配决策的相关内容，主要包括股利分配理论，股利政策的选择与限制因素，股利的发放程序与支付形式，股票分割、股票回购及股票股利。

股利政策是股份公司关于是否发放股利或进行留存用于公司内部再投资的方针和对策，通常用股利支付率表示。股利政策是公司利润在投资与回报投资者之间的一种权衡，它涉及企业资金的分配、投资、融资和资本结构等问题。合理的股利政策能为公司提供方便、廉价的资金来源，同时还会对公司的股票价格产生影响，进而影响公司价值，是争取潜在投资人和债权人的重要手段，直接影响公司的再融资政策、资本结构以及公司今后的投资。股利政策与筹资、投资决策的关系可以用图9-1表示。

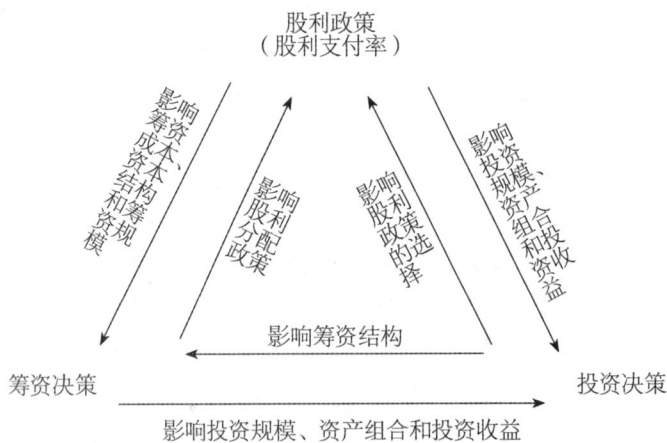

延伸阅读9-1

股利分配理论

图9-1 股利政策与筹资、投资决策的关系

9.1 股利政策的类型

股利政策是指在法律允许的范围内，企业是否发放股利、发放多少股利以及何时发放股利的方针及对策。企业的净收益可以支付给股东，也可以留存在企业内部，股利政策的关键问题是确定分配和留存的比例。通常有下列几种股利政策可供选择：

9.1.1 剩余股利政策

剩余股利政策是指公司生产经营所获得的净收益首先应满足公司的资金需求，如果还有剩余，则派发股利；如果没有剩余，则不派发股利。剩余股利政策的理论依据是MM理论的股利无关论，实际上是变动股利政策的一种特殊形式。

这一政策基于如下假设：如果企业重新投资的收益率高于投资者在同样风险的其他投资中所能得到的收益率的话，大多数投资者宁愿选择"企业将收益保留并重新投资而不是支付股利"，"剩余"意味着只能用收益的"多余"部分来支付股利。

企业采用剩余股利政策时，应遵循下列步骤来决定股利支付率：第一，选择最佳投资方案，确定投资额；第二，确定投资方案的最佳资本结构；第三，尽可能利用保留盈余来融通投资方案中所需的权益资本；第四，当投资方案所需要的权益资本得到满足后还有剩余时，公司才能将这些剩余作为股利发放给股东（如图9-2所示）。

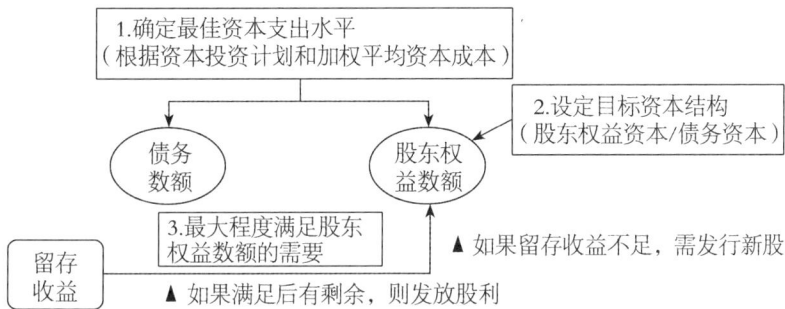

图9-2　剩余股利政策

【例9-1】假设甲公司20×7年提取公积金后的税后净利润为2 000万元，20×8年的投资计划需要资金2 200万元，目标资本结构为权益资本占60%、债务资本占40%。甲公司投资方案所需的权益资本额为：

2 200×60%=1 320（万元）

该公司当年全部可用于分配的盈利为2 000万元，除了可以满足上述投资方案所需的权益资本额以外，还有剩余可以用于分配股利。20×8年可以发放的股利为：

2 000−1 320=680（万元）

假设该公司当年流通在外的普通股为1 000万股，每股股利为：

680÷1 000=0.68（元/股）

剩余股利政策的优点是：留存收益优先保证再投资的需要，从而有助于降低再投资的资本成本，保持最佳的资本结构，实现企业价值的长期最大化。

剩余股利政策的缺陷是：如果完全执行剩余股利政策，股利发放额就会每年随投资机会和盈利水平的波动而波动。即使在盈利水平不变的情况下，股利也与投资机会的多少呈反方向变动：投资机会越多，股利发放额越少；反之，投资机会越少，股利发放额越多。在投资机会维持不变的情况下，股利发放额将因公司每年盈利的波动而同方向波动。

剩余股利政策不利于投资者安排收入与支出，也不利于公司树立良好的形象，一般适用于公司初创阶段。

9.1.2　稳定增长股利政策

稳定增长股利政策又称为固定增长股利政策，是指公司将每年派发的股利额固定在某一特定水平或是在此基础上维持某一固定比率逐年稳定增长。公司只有在确信未来的盈利增长不会发生逆转时，才会宣布实施稳定增长股利政策。在稳定增长股利政策下，首先确定的是股利分配额，该分配额一般不随资金需求的波动而波动（如图9-3所示）。

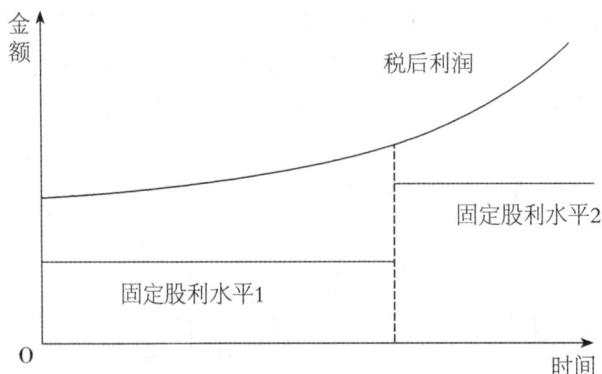

图9-3　稳定增长股利政策

（1）稳定增长股利政策的优点

① 稳定增长股利政策可以传递给股票市场和投资者公司经营状况稳定、管理层对未来充满信心的信号，这有利于公司在资本市场上树立良好的形象，增强投资者信心，进而有利于稳定公司股价。

② 稳定增长股利政策有利于吸引那些打算作长期投资的股东，这部分股东希望其投资的获利能够成为其稳定的收入来源，以便安排各种经常性的消费和其他支出。

（2）稳定增长股利政策的缺点

① 稳定增长股利政策下的股利分配只升不降，股利支付与公司盈利相脱离。

② 在公司的发展过程中，难免会出现经营状况不好或短暂的困难时期，如果这时仍执行稳定增长股利政策，必将侵蚀公司的留存收益，影响公司的后续发展，给公司的财务运作带来很大压力。

③ 稳定增长股利政策一般适用于经营比较稳定或正处于成长期的企业，且很难长期采用。

9.1.3　固定股利支付率政策

固定股利支付率政策是指公司将每年净收益的某一固定百分比作为股利分配给股东，并在较长的时期内保持这一百分比不变。这一百分比通常称为股利支付率，股利支付率一经确定，一般不得随意变更，不论经济情况如何，也不论公司经营好坏，绝对不能降低年度股利支付率（如图9-4所示）。

在这一股利政策下，各年股利随公司经营的好坏而上下波动，获得较多盈余的年份发放股利多，获得较少盈余的年份发放股利少，如图9-5中的虚线所示。

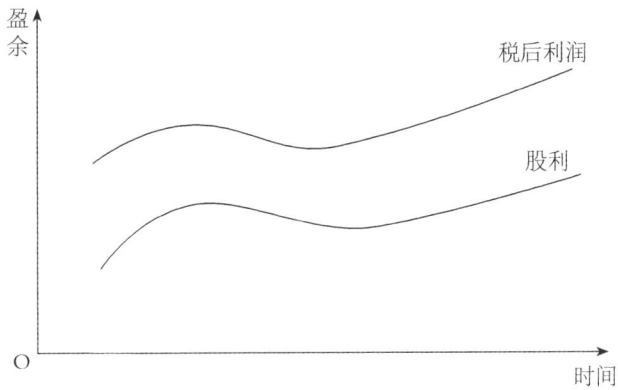

图9-4 固定股利支付率政策

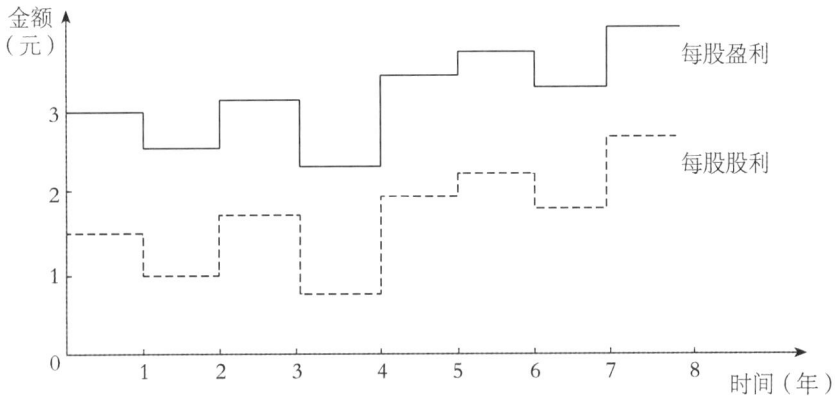

图9-5 固定股利支付率政策下的每股股利

【例9-2】甲公司长期以来采用固定股利支付率政策进行股利分配，确定的股利支付率为40%。20×8年可供分配的税后利润为1 000万元，如果继续执行固定股利支付率政策，本年度要支付的股利为：

1 000×40%=400（万元）

该公司下一年度有较大的投资需求，因此，准备在本年度采用剩余股利政策。如果下一年度的投资预算为1 200万元，目标资本结构为权益资本占60%、债务资本占40%。按照目标资本结构的要求，投资方案所需的权益资本为：

1 200×60%=720（万元）

20×8年可以发放的股利为：

1 000−720=280（万元）

（1）固定股利支付率政策的优点

① 采用固定股利支付率政策，在公司利润减少时，也按固定股利支付费发放股利，会使更多投资者相信公司经营状况稳定，这将有利于增强投资者购买公司股票的信心，有利于吸引投资者。

② 许多需要和依靠固定股利收入满足其现金收入需要的股东更喜欢稳定的股利支付方式，如以获得股利为主的小股东和退休基金组织、保险公司等单位。

由于固定股利支付率政策有以上两个优点，当公司采用这种政策时，就有更多的投资者愿意购买公司股票，从而使股票价格上升，实现股东财富最大化目标。

（2）固定股利支付率政策的缺点

① 容易使公司面临较大的财务压力。由于股利支付率是固定不变的，盈余降低时也固定不变地支付股利，可能导致资金短缺、财务状况恶化，从而影响公司的发展。例如，如果公司的现金流量状况不好，却还要按固定比率派发股利，就很容易对公司造成较大的财务压力。

② 合适的固定股利支付率的确定难度大。

③ 固定股利支付率政策只适用于那些处于稳定发展阶段且财务状况也较稳定的公司。

9.1.4 正常股利加额外股利政策

正常股利加额外股利政策是指公司事先将每年支付的股利固定在一个相对较低的水平上，这个较低水平的股利称为正常股利，然后视公司盈利水平的高低，每年除了按正常股利向股东发放现金股利外，在企业盈利情况较好、资金较为充裕的年度向股东发放高于正常股利的额外股利（如图9-6所示）。

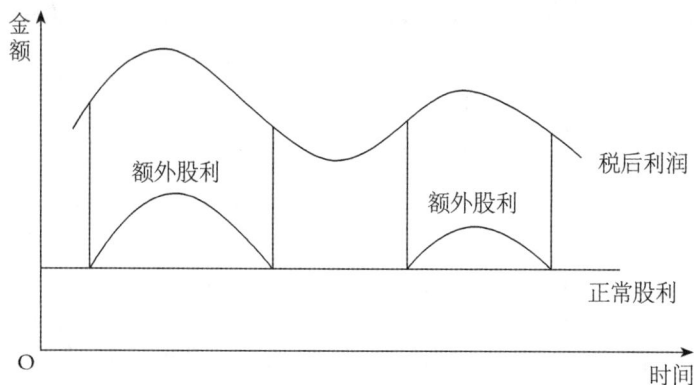

图9-6 正常股利加额外股利政策

一般情况下，公司每年只支付固定的、数额较低的股利，在盈余多的年份，再根据实际情况向股东发放额外股利。额外股利并不是固定的，不意味着公司永久地提高了规定的股利率，如图9-7中虚线部分所示。

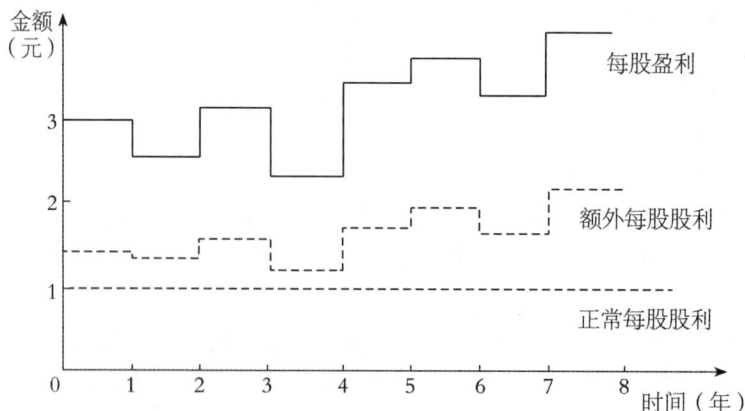

图9-7 正常股利加额外股利政策下的每股股利

（1）正常股利加额外股利政策的优点

① 正常股利加额外股利政策赋予公司一定的灵活性。当公司盈利状况不佳或需要多留盈利时，就不必支付额外股利，减轻了公司的负担。

② 正常股利加额外股利政策有助于稳定股价，增强投资者信心。当公司盈利状况较好且有剩余现金时，可以在正常股利的基础上再派发额外股利，而额外股利信息的传递有助于公司股票的价格上扬。

③ 这种股利政策具有较强的灵活性，公司可以根据自身的经营情况调整股利发放额，避免产生巨大的财务压力，因此受到越来越多公司的欢迎。

（2）正常股利加额外股利政策的缺点

① 由于各年份之间公司的盈利波动使得额外股利不断变化，或时有时无，造成分配的股利不同，容易给投资者一种公司收益不稳定的感觉。

② 当公司在较长时期持续发放额外股利后，可能会被股东误认为是"正常股利"，而一旦取消这部分额外股利，传递出的信号可能会使股东认为这是公司财务状况恶化的表现。

对那些盈利水平随着经济周期波动较大的公司或行业，这种股利政策是一种不错的选择。

9.1.5　变动股利政策

实行这种股利政策的公司不确定定额股利，股利多少和发放时间均视企业盈利状况而定，有的公司发放股利是不定期的，股利率有高有低。实行这种政策的企业既可能是因为业务经营不稳定、获利水平不高且波动较大，致使发放股利的能力不稳定；也可能是因为采取了十分灵活的股利政策，如有的企业将股利率与市场利率挂钩，使其高于市场利率一定的百分比，由于市场利率变化不固定，企业股利率也是不规则的。

固定股利支付率政策就是一种变动股利政策的体现，实行这种股利政策的公司每年都须按固定的支付率支付给股东股利。公司净利润多，支付的股利就多；公司的盈利能力下降，支付的股利也会相应减少，没有盈利的时候便不支付股利。这样，股利的支付与企业盈利状况紧密地结合起来，体现了"多盈多分，少盈少分，不盈不分"的原则。但是，每年股利的支付存在较大的波动性，容易给投资者造成企业经营状况不稳定的感觉，不利于树立良好的企业形象，同时对稳定企业股票市场价格也不利。

以上几种股利政策各有利弊，在制定股利政策时，公司应结合自身的实际情况，将股利政策的稳定性放在首位，在既保证公司发展所需的资金又保护股东利益的前提下，选择正确的股利政策。

【例9-3】甲公司发行在外的普通股共1 000万股，净资产2 000万元，今年每股支付1元股利，预计未来3年的净利润和需要追加的资本性支出见表9-1。

表9-1　　　　　　　　　未来3年的净利润和需要追加的资本性支出　　　　　　　　单位：万元

年份	1	2	3
净利润	2 000	2 500	2 000
资本性支出	1 000	5 000	2 000

假设该公司目前没有负债，并希望逐步利用借款来增加负债，但是无论在何种情况下，资产负债率均不得超过30%；假设表9-1中的净利润已经考虑了负债增加的利息支出。在筹资时，优先使用留存收益，然后使用借款，必要时可以发行股票。增发股票每股面值1元，发行价格2元，筹资手续费不考虑，并且当年不支付股利。

要求：计算在甲公司采用剩余股利政策和固定股利支付率政策两种情况下，未来3年需要进行的筹资活动及筹资金额。

解：（1）在剩余股利政策下，首先满足投资需要，然后将剩余留存收益用于股利分配，无剩余则不分配。筹资核算见表9-2。

表9-2　剩余股利政策下筹资核算表　金额单位：万元

年份	1	2	3
资本支出	1 000	5 000	2 000
净利润	2 000	2 500	2 000
留存收益	1 000	2 500	2 000
借款	0	8 000×30%=2 400	0
增发股票筹资	0	2 500-2 400=100	2 000-2 000=0
增发股票（万股）	0	100÷2=50	0
股利总额	1 000	0	0
每股股利（元）	1	0	0
净资产	3 000	3 000+2 500+100=5 600	5 600+2 000=7 600
股本	1 000	1 000+50=1 050	1 050
总资产	3 000	3 000+5 000=8 000	8 000+2 000=10 000

（2）在固定股利支付率政策下，首先满足每股1元的股利，然后将留存收益用于投资，不足的进行外部筹资。筹资核算见表9-3。

表9-3　固定股利支付率政策下筹资核算表　金额单位：万元

年份	1	2	3
资本支出	1 000	5 000	2 000
净利润	2 000	2 500	2 000
每股股利（元）	1	1	1
股利总额	1 000	1 000	1 550
留存收益	1 000	1 500	450
借款	0	8 000×30%=2 400	10 000×30%-2 400=600
增发股票（万股）	0	1 100÷2=550	950÷2=475
增发股票筹资	0	5 000-1 500-2 400=1 100	2 000-450-600=950
净资产	3 000	3 000+1 500+1 100=5 600	5 600+450+950=7 000
股本	1 000	1 000+550=1 550	1 550+475=2 025
总资产	3 000	3 000+5 000=8 000	8 000+2 000=10 000

9.2 股利分配程序与方案

9.2.1 股利政策的选择

股利政策与公司金融目标存在必然的内在关系，通过选择恰当的股利政策或制度安排来实现公司价值或股东财富的最大化，是公司金融的重要使命，但是具体到公司发展的不同阶段，股利政策的选择会有所侧重和不同（见表9-4）。

表9-4 公司发展阶段与股利政策

公司发展阶段	特点	适用的股利政策
公司初创阶段	经营风险高，有投资需求且融资能力差	剩余股利政策
公司快速发展阶段	快速发展，投资需求大	正常股利加额外股利政策
公司稳定增长阶段	业务稳定增长，投资需求减少，净现金流入量增加，每股净收益呈上升趋势	固定或稳定增长股利政策
公司成熟阶段	盈利水平稳定，通常已经积累一定的留存收益和资金	固定支付率股利政策
公司衰退阶段	业务锐减，获利能力和现金获得能力下降	剩余股利政策

① 在公司初创阶段，员工数量较少，资产规模不大，市场空间较小，营业利润微薄，往往需要投入大量先驱成本，资金缺口较大，因此，对公司股东的回报应采取股票股利甚至是虚拟股票等非现金方式，而不应采用现金股利，特别是不应采用稳定增长股利政策或固定股利支付率政策等具有刚性的股利政策。

② 在公司成长阶段（包括快速发展阶段与稳定增长阶段），市场快速扩张，研发费用较多，利润快速增长，产业内竞争显现端倪，公司主要着力于产品质量和性能的提升、成本的降低和横向一体化，因此，应采取具有长期性的股利政策，并辅以剩余股利政策或正常股利加额外股利政策，股利规模可以适当扩大。

③ 在公司成熟阶段，市场竞争异常激烈，增长空间不大，发展速度明显放慢，后期可能出现滑坡趋势，公司产生现金流的能力较强但需求偏弱，因此，应采用现金股利，并适当扩大比率和规模，给股东较高的现金回报。

④ 在公司衰退阶段，市场供求关系发生逆转，短期盈利能力大幅下降，市场占有率骤减，甚至逐步演变成"资金陷阱"，不利的形势迫使公司进行"防御性"收缩，并积极寻求"进攻性"多元化资产转产，争取获得新生，因此，应在满足新产品研发和新市场开拓所必需的资金需要的同时，采取较为稳定的现金股利政策，以防股东撤资，维护公司转型期的稳定。

9.2.2 股利政策的限制因素

股利支付水平通常用股利支付率来衡量。股利支付率是当年发放股利与当年净利润之比，或每股股利除以每股收益。是否向股东派发股利以及股利支付率的确定取决于以下因素的限制：

（1）法律因素

为保护债权人和股东的利益，有关法规对公司的股利分配作了如下限制：

① 资本保全。按照法律的要求，股利的支付不得超出资产负债表中的"留存收益"项目的金额，这叫作"资本减损规则"，用来保护贷款人的权益（清偿性股利可从资本中支付，但不能使资本低于公司债务合同规定的最低限度），即禁止企业用资本支付股利。

② 非正当积累收益惩罚税。为了防止逃避缴纳个人所得税，税法规定，对非正当积累收益征收一种特殊的附加税。在美国，一旦国内税务局查出某公司以故意压低股利发放率来帮助股东逃避缴纳个人所得税，那么该公司就会被重罚。然而事实上，这种限制仅对私有公司，即股票不在公开市场上买卖的公司施行。我国法律对公司累计利润尚未作出限制性规定。

③ 企业积累。法律规定公司必须按净利润的一定比例提取法定盈余公积。法定盈余公积从净利润中提取形成，用于弥补公司亏损、扩大公司生产经营规模或者转为增加公司资本。我国法律规定，公司分配当年税后利润时，应当按照10%的比例提取法定盈余公积；当法定盈余公积累计额达到公司注册资本的50%时，可不再继续提取。任意盈余公积的提取由股东会根据需要决定。

④ 净利润。法律规定公司年度累计净利润必须为正数时才可发放股利，以前年度亏损必须足额弥补。股份有限公司原则上应从累计盈利中分配股利，无盈利不得支付股利，即"无利不分"原则。但是，若公司用盈余公积抵补亏损后，为维护其股票声誉，经股东大会特别决议，也可用盈余公积支付股利。

（2）经济因素

股东从自身经济利益出发，对公司的股利分配往往作出以下限制：

① 稳定的收入和避税。一些依靠股利维持生活的股东，往往要求公司支付稳定的股利，若公司留存较多的利润，将遭到这部分股东的反对。另一些高股利收入的股东出于避税的考虑（股利收入所得税高于股票交易的资本利得税），往往反对公司发放较多的股利。

② 控制权的稀释。公司支付较高的股利，就会导致留存收益减少，这意味着将来发行新股的可能性加大，而发行新股必然稀释公司的控制权，这是公司原来持有控制权的股东们所不愿看到的局面。因此，他们若拿不出更多的资金购买新股以满足公司的需要，宁肯不分配股利而反对募集新股。

（3）财务因素

就公司的财务需要来讲，也存在一些限制股利分配的因素。

①盈余的稳定性。公司是否能获得长期稳定的盈余，是其股利政策决策的重要基础。盈余相对稳定的公司可能支付比盈余不稳定的公司更高的股利，盈余不稳定的公司一般采取低股利政策。对盈余不稳定的公司来讲，低股利政策可以降低因盈余下降而造成的股利无法支付、股价急剧下降的风险，还可将更多的盈余用于投资，以提高公司权益资本的比重，降低财务风险。

②资产的流动性。较多地支付现金股利，会减少公司的现金持有量，使资产的流

动性降低；而保持一定的资产流动性，是公司经营所必需的。

③举债能力。具有较强举债能力（与公司资产的流动性相关）的公司因为能够及时筹集到所需资金，可能采取较宽松的股利政策；而举债能力弱的公司则不得不保持较多的盈余，因而往往采取较紧的股利政策。

④投资机会。如果公司的投资机会多，对资金的需求量大，可能少发放现金股利，将较多的利润用于投资和发展；相反，如果公司的投资机会少，资金需求量小，可能多发放现金股利。因此，公司在确定股利政策时，需要对未来的发展趋势和投资机会作出较充分的分析与判断，以作为制定股利政策的依据之一。

从企业的生命周期来看，处于上升期的企业投资机会多，资金需要量大，因此其现金股利分配额通常较低。而处于成熟期或衰退初期的企业，投资机会减少，资金需求量小，但其利润相对丰厚，资金较为充裕，因此其现金股利分配额通常较高。

⑤资本成本。股份有限公司应保持相对合理的资产结构和资本成本。如果公司的股利政策选取不当，将导致公司的资本结构失衡，资本成本上升，因此，公司在确定股利政策时，应全面考虑各筹资渠道资金来源的数量和成本，使股利政策与公司理想的资本结构和资本成本一致。

⑥债务需要。具有较高债务偿还需要的公司，可以通过举借新债、发行新股来筹集资金偿还债务，也可直接用经营积累偿还债务。如果公司认为后者适当的话（如前者资本成本高或受其他限制难以进入资本市场），将减少现金股利的支付。

（4）其他因素

① 契约约束。公司在接受贷款后，通常要受到债务合同的约束，只有在流动比率、利息保障倍数和其他安全比率超过规定的最小值后，才能支付股利。债务合同，特别是长期债务合同，通常会对支付现金股利进行限制，主要目的是保护贷款人的利益，往往规定未来股利只能用签订贷款协议以后所产生的新增收益支付。

② 通货膨胀。通货膨胀发生时，公司折旧基金的购买力水平下降，这会导致没有足够的资金来源重置固定资产。这时盈余会被当作弥补折旧基金购买力水平下降的资金来源，因此，通货膨胀时期的公司股利政策往往偏紧。

9.2.3　股利的发放程序

一般情况下，股利的支付应遵循相关规定，要按照一定的程序来进行。在股利支付过程中，主要涉及以下几个重要概念：

（1）分红预案公布日

公司董事会制订分红预案，包括本次分红的数量、分红的方式，以及股东大会召开的时间、地点及表决方式等，以上内容由公司董事会向社会公开发布。

（2）分红方案批准日即分红方案宣布日

董事会制订的分红预案必须经过股东大会讨论。只有讨论通过后，才能公布正式分红方案及实施时间。如果分红预案未获得通过，则需要重新修改。按照规定，公司召开股东大会讨论分红预案，公司股票应停止交易一天；公司公布分红方案，公司股票应停止交易半天。

（3）股权登记日

这是由公司在宣布分红方案时确定的一个具体日期。凡是在此指定日期收盘之前取得了公司股票，成为公司在册股东的投资者都可以作为股东享受公司分配的股利。在此日之后取得股票的股东则无权享受已宣布的股利。

（4）除息日（或除权日）

股份公司的股票在分红之前，其股价中包含股利因素，因此叫作含息股票或含权股票。在公司分红时，应采取一定的技术处理将股票中的股利因素排除掉，这种技术处理叫作除权或除息。公司分派现金红利时，要进行除息处理；送红股时，要进行除权处理。在除息日，股票的所有权和领取股息的权利分离，股利权利不再从属于股票，所以在这一天购入公司股票的投资者不能享有已宣布发放的股利。股票进行除权或除息处理一般是在股权登记日的下一个交易日进行。除息日的股价会下跌，下跌的幅度约等于分派的股息。

（5）送股交易日

沪深两市的 A 股所送红股在登记日的第二个交易日即可上市交易。

（6）股利发放日

股利发放日是指股利正式发放给股东的日期。在此日期，证券交易所会将公司分派的完税后的现金红利记入股东账户。下面以上市公司甲公司为例，说明分红派息的程序（见表9-5）。

表9-5 甲公司的股利发放时间表

日期	B股	深圳	上海
R日	股权登记日	股权登记日	股权登记日
R+1日	除权除息日	除权除息日	除权除息日和红股到账日
R+2日		股息、分红转增股到账日	股息到账日
R+3日	股权确认日，红股到账日		
R+4日	股民可以开始交易红股，并在托管商处领取红利		

9.2.4 股利支付形式

常见的股利支付形式有以下五种：

（1）现金股利

现金股利是指上市公司分红时向股东分派的现金红利。这种分红形式可以使股东获得直接的现金收益，它是股利支付最常见的方式。现金股利的最大优点是操作简单，但公司确定股利分配政策时，通常要考虑许多影响因素。高比例分派现金股利会减少公司资产负债表上的库存现金数量和留存收益数量。公司现金流出量过多会影响公司在扩大生产过程中资金的使用，甚至会影响公司未来的发展（见表9-6）。如果公司分派现金股利过少，虽然可以有更多的资金用于扩大再生产，但是股东的近期利益可能受到影响，从而会影响公司股票的市场价格。

表9-6 发放现金股利的利弊

利	弊
1.现金股利能向市场传递经营良好的信号，为股价提供利好支持	1.股利要征收个人所得税
2.发放现金股利可以吸引偏爱现金股利形式的机构投资者。在股利支付率比存款利率更高的情况下，对个人投资者更有吸引力。机构投资者和个人投资者并存，有利于公司以较低成本筹资	2.发放现金股利减少了公司内部融资金额，迫使公司放弃长期投资项目，或寻求昂贵的权益融资
3.宣布增加现金股利发放通常会促使股价上升	3.一旦股利政策确立，减少现金股利发放会导致股价下跌
4.虽然现金股利吸收了公司的多余现金，但由于股票期权激励的普遍执行，现金股利发放有助于降低因所有者与经营者之间的冲突而产生的代理成本	

此外，公司发放现金股利的政策还受到公司税收政策以及个人税收政策的影响。比如在美国，资本利得税税率低于个人股利所得税税率，而且资本利得税可以延迟到股票出售时再缴纳，考虑到货币时间价值，资本利得税更低。在此情况下，公司少发放现金股利，将发放现金股利的资金用于再投资，可以进一步增加资本回报。但也应看到，当个人所得税税率低于公司所得税税率时，公司会考虑增加现金股利的发放比例。不同投资者对现金股利的偏好程度不同，也在一定程度上影响公司现金股利的分配。

上市公司在进行股利分配时，一些与股利政策无关的人为因素在一定时期内发挥很大作用。很长一段时间以来，我国上市公司股利分配中现金股利发放量大大低于股票股利发放量，且存在大量上市公司无原因不派发现金股利的现象。

（2）股票股利

股票股利是公司以增发股票的方式支付的股利，它是上市公司以本公司股票代替现金向股东分红的一种方式，在我国实务中通常也称其为"红股"。股票股利通常由资本公积转增资本或红利转增资本而形成，属于无偿增资发行股票。股票股利对公司来说，并没有现金流出企业，也不会导致公司的财产减少，只是将公司的留存收益转化为股本。由于所送红股是按股东所持股票的比例分配的，因此每位股东在公司拥有的权益比例不会发生变化。但股票股利会增加流通在外的股票数量，降低股票的每股价值。

（3）财产股利

财产股利是以现金之外的其他资产支付股利的方式，主要包括：①实物股利，如实物资产或实物产品等；②证券股利，如公司拥有的其他公司的债券、股票等。其中，实物股利并不增加企业的现金流出，适用于企业现金支付能力较弱的时期。证券股利既保留了公司对其他公司的控制权，又不增加企业目前的现金流出，且由于证券的流动性较强，股东乐于接受。

（4）负债股利

负债股利是公司以负债支付的股利，通常是将公司的应付票据支付给股东，在不得已的情况下，也可发行公司债券抵付股利。由于负债须还本付息，这种股利对公司的支付压力较大，只能作为现金不足时的权宜之计。

（5）股票回购

股票回购是指上市公司按照一定的程序，出资将其发行的流通在外的股票以一定价格购买回来予以注销或作为库存股的一种资本运作方式。在成熟的资本市场中，股票回购已经成为一项非常重要的金融活动。金融业比较发达的国家和地区对股票回购业务都有比较具体的规定。在各国和地区政府的规定中，美国对股票回购业务规定得相对宽松，英国、德国以及我国台湾地区对股票回购的规定相对较严。从世界各国股票回购业务发展的总体情况看，美国股票回购业务开展得较好。近年来，美国政府又进一步放宽了股票回购的有关规定，以促进股票回购业务的发展。

由于股票回购以及股票股利在当前的股利政策中的地位日益重要，且内容较多，我们将在下一节对其进行详细介绍。

9.3 股票分割、股票回购及股票股利

9.3.1 股票分割

（1）股票分割的含义

股票分割又称股票拆细，是企业经理层将某一特定数额的新股按一定比例交换一定数量的流通在外普通股的行为，即将一股股票拆分成多股股票的行为。例如，两股换一股的股票分割是指用两股新股换取一股旧股。

股票分割对公司的资本结构不会产生任何影响，一般只会使发行在外的股票总数增加，使得每股面值、每股收益、每股净资产和每股市价降低，资产负债表中股东权益各账户（股本、资本公积、留存收益）的余额都保持不变，股东权益的总额也保持不变。但是，股票分割可能会带来股票市场的预期效益，从而导致股票市场价格逐步上升，股东持有股票的市场价值上升。

【例9-4】甲公司发行在外的普通股股数为2 000万股，每股面值为10元，20×8年年末股东权益各项目数额见表9-7。

表9-7　　　　　　　　　　　20×8年年末股东权益各项目数额

项目	金额（万元）
流通在外普通股（面值10元，发行2 000万股）	20 000
资本公积	20 000
盈余公积	4 000
未分配利润	40 000
股东权益合计	84 000

假设该公司按照1:5的比例进行股票分割。股票分割后，每股净收益、每股净资产各是多少？股东权益有何变化？

股票分割前后的每股净收益（净利润÷普通股股数）为：

股票分割前每股净收益=40 000÷2 000=20（元/股）

股票分割后每股净收益=40 000÷10 000=4（元/股）

股票分割前后的每股净资产（净资产÷普通股股数）为：

股票分割前每股净资产=84 000÷2 000=42（元/股）

股票分割后每股净资产=84 000÷10 000=8.4（元/股）

股票分割后股东权益各项目情况见表9-8。

表9-8　　　　　　　　　股票分割后股东权益账户各项目情况

项目	股票分割后各项目金额（万元）
流通在外普通股（面值2元，发行10 000万股）	20 000
资本公积	20 000
盈余公积	4 000
未分配利润	40 000
股东权益合计	84 000

可见，虽然股票分割不属于股利分配方式，但其所产生的效果与发放股票股利相似：两者都增加了发行在外的股票总数，使得流通在外的普通股每股股票的面值降低，每股收益降低，但股东权益合计未发生变化。与股票股利不同的是，股票分割不引起未分配利润的变化，股东权益各项目之间或者说资本结构也不改变。

（2）股票分割的作用

① 股票分割会使公司股票每股市价降低，买卖该股票所必需的资金量减少，可以促进股票的流通和交易。如果企业经理层相信，企业的股票价格过高，散户投资者的参与兴趣小，长此以往不利于股票的交易活动，经理层就可能采取股票分割的办法。通过股票分割，股票的价格下降，企业发行在外的普通股将更广泛地分散到散户投资者中，这有利于防止少数集团股东通过委托代理权实现对企业的控制。

② 股票股利与股票分割通常出现在现金股利和利润增加之前，在股票股利或股票分割的消息公布前后，股票市场价格将作出重大而积极的反应。通常，股票市场把股票股利与股票分割看成现金股利增加或利润增加的先导信号，从而引发股票市场价格上升，因此，股票分割可以向投资者传递公司发展前景良好的信息，有助于提高投资者对公司的信心。

③ 股票分割可以为公司发行新股做准备。

④ 股票分割有助于公司并购政策的实施，增强对被并购方的吸引力。当一个企业兼并或者合并另一个企业时，如果将自己企业的股票进行分割，将增强对被兼并企业股东的吸引力。例如，假设A企业准备通过股票交换实施对B企业的兼并，假设A、B企业的股票市场价格分别是50元和5元。如果以1股A企业的股票交换10股B企业的股票，可能使B企业的股东心理上难以接受。相反，如果A企业先按5股新股

换取1股旧股的办法进行股票分割，然后用2∶1的比例换取B企业的股票，B企业的股东心理上可能好受一些。这种心理上的变化有利于企业兼并或合并。

⑤ 股票分割带来的股票流通性的提高和股东数量的增加，会在一定程度上加大对公司股票恶意收购的难度。

（3）股票分割对公司的影响

① 降低股票市价。如果公司管理当局认为其股票价格太高，不利于股票交易活动，而股票价格的下降有助于股票交易，此时可通过股票分割降低股价，使公司股票更为广泛地分散到投资者手中。这样，既可以将股价维持在理想的范围之内，以利交易；又可以防止少数小集团的股东通过委托代理权实现控制公司的企图。

② 为新股发行做准备。股票价格太高，会使许多潜在投资者力不从心而不敢轻易对公司股票进行投资。在新股发行之前，利用股票分割降低股票价格，有利于提高股票的可转让性和促进市场交易活动，由此提高投资者对股票的兴趣，促进新发行股票的畅销。

③ 有助于公司兼并、合并政策的实施。当一家公司兼并或合并另一家公司时，首先将自己的股票进行分割，有助于增强对被兼并方股东的吸引力。

（4）股票分割对股东的影响

① 可能会增加股东的现金股利。一般来说，股票分割后，只有极少数公司还能维持分割之前的每股现金股利，不过，只要股票分割后每股现金股利的下降幅度小于股票分割幅度，股东仍能多获现金股利。

② 会给投资人信息上的满足。股票分割一般都是成长中的、股价不断上涨的公司所采取的行动。公司宣布股票分割，等于向社会传播本公司的盈余还会继续大幅度增长的信息，这一信息将使投资人争相购买股票，引起股价上涨，进而增加股东财富。

需要指出的是，尽管股票分割与发放股票股利都能达到降低公司股价的目的，但一般来说，只有在公司股价剧涨且预期难以下降时，才采用股票分割的办法降低股价；而在公司股价上涨幅度不大时，往往通过发放股票股利的方法将股价维持在理想的范围内。

以上介绍的是股票分割。如果有些公司认为自己的股票价格过低，为了提高股价，可以采取反分割（也称股票合并）措施。反分割是股票分割的相反行为，即将数股面额较低的股票合并为一股面额较高的股票。例如，若将原面额2元、发行200 000股、市价20元的股票，按2股换成1股的比例进行反分割，该公司的股票面额将变为4元，股数为100 000股，市价也将上升。

9.3.2 股票回购

（1）股票回购及其法律规定

如前所述，股票回购是指上市公司按照一定的程序，出资将其发行的流通在外的股票以一定价格购买回来予以注销或作为库存股的一种资本运作方式。

股票回购使发行在外的流通股减少，因而能促使股价上涨。对不少公司而言，与其确定没有把握长期维持高股利政策，不如把暂时过剩又无适当投资机会的现金以回购方式分配给股东。采取回购行动前，必须把股票回购方案向股东公告，回购的价格要合理；否则，股票回购后股价下降，会使因故未出售股票的股东遭受损失。我国股票回购业务发展相对滞后。《中华人民共和国公司法》规定，公司不得收购本公司股份。但是，有下列情形之一的除外：一是减少公司注册资本；二是与持有本公司股份的其他公司合并；三是将股份奖励给本公司职工；四是股东因对股东大会作出的公司合并、分立决议持异议，要求公司收购其股份。公司因第一项至第三项原因收购本公司股份的，应当经股东大会决议。公司依照规定收购本公司股份后，属于第一项情形的，应当自收购之日起 10 日内注销；属于第二项、第四项情形的，应当在 6 个月内转让或者注销。公司依照第三项规定收购的本公司股份，不得超过本公司已发行股份总额的 5%；用于收购的资金应当从公司的税后利润中支出；所收购的股份应当在一年内转让给职工。

（2）股票回购的目的

① 股票回购可以在方便股东选择股利支付方式的同时为股东提供避税优惠。公司通过股票回购进行股利分配，股东具有选择权。需要现金的股东，可以选择参加股票回购，而不需要现金的股东可以选择继续持有股票。例如，在美国，个人现金股利收入应按普通收入全额纳税，而资本利得收入只需按收入超过成本的部分纳税，且税率相对较低，并可以延迟纳税。如果公司派发的现金股利适用于较高的税率，股东会选择股票回购的股利政策。

② 股票回购通常可以增加每股收益的金额。公司进行股票回购以后，流通在外的普通股数量减少，可能使每股盈余上升。之所以说可能使每股盈余上升，是因为当公司用自有资金进行股票回购时，会带来每股收益的增加；而用借入资金进行股票回购时，借款费用的增加可能抵消股票数量减少带来的每股盈余增加的数量。采取股票回购的方式可减少实际支付股利的股份数，从而提高每股收益。

③ 股票回购可以调整公司的资本结构，发挥财务杠杆的作用。股票回购可以直接减少权益资本的数量，改变公司股权结构。例如，我国上市公司股权结构中，国有股占绝大部分，如果允许上市公司开展股票回购业务，上市公司可以通过股票回购达到调整资本结构的目的。另外，当公司的投资报酬率高于债务成本而公司的负债比率又不是很高时，公司有很大的融资空间。如果此时公司回购股票，无论采用现金回购还是负债回购，最终都会导致权益资本比重下降。公司如果能够适度举债，提高资产负债率，充分利用负债的税盾作用，将提高公司净资产收益率，更好地发挥财务杠杆的作用。

④ 股票回购通常可以提高公司的股票价值。公司如果持有多余的现金又没有更好的投资渠道，在进行分配时，很可能采用股票回购的股利分配政策。公司宣布股票回购常常被理解为公司在向市场传递其认为自己的股票被市场低估的信号，市场因此会作出积极的反应，股价也会随之上升。

⑤ 股票回购为上市公司资本运营提供了一条新渠道。公司股票在不同的、被分割的市场中交易，如果在不同市场中存在较大的差价，公司进行股票回购可以实现在不同市场中的套利。

（3）股票回购财务分析

股票回购是指公司出资购回发行在外的本公司股票。这部分已购回的股票通常称作"库藏股"，但应注意，公司持有的其他公司的股票、本公司未发行的股票以及本公司已发行后回到公司手中但已注销的股票，不能视为库藏股。

如果一家公司的现金较多，却无适当的投资项目，此时低股利政策显然不足取，而高股利政策可能也非最佳选择，因为过高的股利将使股东为此承担较多的个人所得税。此时采用股票回购的方式可能是使股东既能得益又能少交税的一个较佳的策略，因为公司以多余现金购回股东所持股份，使流动在外的股份减少，每股盈余增加，从而会使股价上升，这意味着股利将被资本收益所取代。

【例9-5】甲公司有盈利5 000万元，流通在外的普通股为1 000万股，管理层计划将2 000万元盈利分配给股东，拟以每股32元的价格回购62.5万股流通在外的股票。目前股票市价为每股30元，预期每股股利2元。如果股票回购前后市盈率保持不变，该公司盈利保持不变，那么股票回购将对剩余的股东产生什么影响？

从表9-9中可以看出，如果该公司选择发放现金股利，则每股可得32元（30元市价+2元股利），而在股票回购的情况下，股东每股市价也是32元，所不同的是，前者所得的是2元股利，后者所得的则是资本利得。如果资本利得税税率低于股利收入所得税税率，股票回购可使股东得到更多的实惠。当然，市盈率有可能随股票回购而发生波动。在此情况下，剩余的股东是盈是亏，将取决于市盈率的高低。另外，股东对于现金股利和资本利得的偏好也不一致，该公司在进行股利政策决策时也要考虑。

表9-9　　　　　　　　　　　　　　股票回购的影响

项目	股票回购前	股票回购后
（1）盈余总额（万元）	5 000	5 000
（2）流通在外的股数（万股）	1 000	937.5
（3）每股收益［（1）/（2）］（元）	5	5.33
（4）市盈率	6	6
（5）每股市价［（3）×（4）］（元）	30	32
（6）预期每股股利（元）	2	0

（4）股票回购的方式

① 公开市场回购。公开市场回购是指公司在股票的公开交易市场上以等同于任何潜在投资者的地位，按照公司股票当前市场价格回购股票。股份公司通常采用此种股票回购方式在股票市场表现欠佳时，小规模回购特殊用途所需的股票。这种股票回购方式由于要支付佣金及手续费等，成本较高。在美国，股票回购大多采用此种方式。

② 要约回购。要约回购也叫招标收购股权，具体又分为固定价格要约回购和荷兰式拍卖回购。固定价格要约回购是指公司在特定期间向市场发出要约，以高出股票当前市场价格的某一价格，回购既定数量股票。荷兰式拍卖回购比固定价格要约回购在回购价格和回购数量方面具有更强的灵活性。采用荷兰式拍卖回购时，首先由公司

制定回购价格的范围和计划回购的股票数量，然后由股东进行投标，说明愿意以某一价格出售股票的数量，公司汇总后再次确认股票回购的价格，进行股票回购。

③协议回购。协议回购是指公司以协议价格直接向一个或几个主要股东回购股票。协议回购的价格通常低于市场价格。由于回购不是面向全体股东的，因此，价格如果定得不合理，可能会损害一部分未出售股票股东的利益。

（5）股票回购的影响

①股票回购对上市公司的影响。

第一，股票回购对上市公司的好处在于：股票回购可能会提高股利分配政策的灵活性，既可以保持上市公司股利分配的稳定性，又不必提高股利分配比例。股票回购可以调整资本结构。上市公司调整资本结构，可以通过举债、出售资产等方式，使其资本结构最优。但是上市公司依靠负债筹资，可能时间会比较长，如果上市公司在采取发行长期债券的同时，将所得资金用于股票回购，可迅速改变资本结构。股票回购可提高上市公司竞争力，防止被其他公司兼并或收购。

第二，股票回购对上市公司的不利之处在于：股票回购需要大量资金弥补回购的成本，容易造成资金紧张，使资产流动性降低，会减少上市公司投资机会，缩小经营规模，影响上市公司的后续发展。股票回购会带来一定风险，因为股票回购取代现金股利，有时不易被股东接受，会被误认为公司前景不妙。另外，税务部门如果认为股票回购是为了逃避对股利征税，上市公司可能会被课以重罚。股票回购容易导致公司操纵股价，上市公司如果被认为是通过股票回购来操纵股票价格，证券管理部门可能会提出质询。公司进行股票回购无异于股东退股和公司资本减少，在一定程度上削弱了对债权人利益的保障。股票回购可能使上市公司的发起人股东更注重创业利润的兑现，而忽视上市公司长远的发展，可能损害上市公司的根本利益。

②股票回购对股东的影响。

第一，股票回购对股东的好处在于：股票回购是公司发展前景良好的预兆，因为股票回购决策大多是在管理层认为公司股票价格过低的情况下作出的。股票回购可以使股东推迟纳税，因为股东拥有股票卖与不卖的权利。由于公司发放的股利需缴纳个人所得税，所以，对急需现金的股东来说，可以出售一部分股票以解燃眉之急；而对不急需现金的股东而言，则可以保留股票，从而推迟纳税。

第二，股票回购对股东的不利之处在于：股票回购风险较大，因为人们一般认为现金股利可靠、实惠，而通过股票回购使股价上涨从中获益的方法不稳定，并且股价受多种因素影响。股票回购可能导致公司被股东起诉。许多出售股票的股东或许是因为未掌握公司目前及将来经营活动的准确消息。如果公司在股票回购之前，不将其回购计划公布，可能引起部分股东的误解，甚至诉诸法律。若回购价格过高，不利于留存股票的股东。如果公司的股票交易并不活跃，而现在急于回购相当数量的股票，则其股票价格可能被哄抬以致超过均衡价格，当公司停止收购后，股票价格又会下跌。

9.3.3 股票股利

对于投资者来说，与现金股利相比，股票回购不仅可以节约个人税收，而且具有更强的灵活性。如果公司急于回购相当数量的股票，对股票回购的出价太高，以至于偏离均衡价格，结果会不利于继续持有股票的股东，因为回购行动过后，股票价格会出现回归性下跌。

股票股利虽然不影响公司现金流量，不改变公司所有者权益总额，但由于增加了股本数量，会引起所有者权益构成项目的变化，对公司股票的每股收益及公司股价都会带来一定影响。我们举例说明某公司在发放股票股利前后所有者权益的变化情况。

（1）股票股利的会计处理

公司发放股票股利，在公司的账面上，只需将相应的资本公积、盈余公积、未分配利润转变为资本，并增加股东的持股数量即可。

发放股票股利对公司每股盈余和每股市价的影响如下：

$$发放股票股利后每股盈余=\frac{发放股票股利前每股盈余}{1+股票股利发放率} \tag{9-1}$$

$$发放股票股利后每股市价=\frac{发放股票股利前每股市价}{1+股票股利发放率} \tag{9-2}$$

【例9-6】甲公司发行在外的普通股股数为 10 000 万股，每股面值为 1 元，20×8年年末股东权益各账户余额见表9-10。

表 9-10　　　　　　　　**20×8年年末股东权益各账户余额**　　　　　　　单位：万元

项目	余额
流通在外普通股（面值1元，发行10 000万股）	10 000
资本公积	50 000
盈余公积	5 000
未分配利润	18 000
股东权益合计	83 000

该公司 20×9 年股东大会审议并通过了董事会 20×8 年度的利润分配预案：该公司 20×8 年实现净利润 18 000 万元，本年度拟以 20×8 年 12 月 31 日股本总数 10 000 万股为基数发放 10% 的股票股利，即每 10 股送 1 股股票股利。股票当时的市价为 12 元/股。

20×8 年年末"未分配利润"转出的资金=10 000×10%×12=12 000（万元）

20×8 年发放股票股利后股东权益各项目的数额见表9-11。

表 9-11　　　　　　　　**20×8年发放股票股利后股东权益各项目**　　　　　　　单位：万元

项目	余额
流通在外普通股（面值1元，发行11 000万股）	10 000×（1+10%）×1=11 000
资本公积	10 000×10%×（12−1）+50 000=61 000
盈余公积	5 000
未分配利润	18 000−10 000×10%×12=6 000
股东权益合计	11 000+61 000+5 000+6 000=83 000

20×8 年发放股票股利后，股东权益各项目中"未分配利润"转出 12 000 万元，发放股票股利 12 000 万元；转入"普通股"股本 1 000 万元，转入"资本公积" 11 000 万元。股东权益各项目发生变化，流通在外的普通股增加 1 000 万股，每股 1 元，股本增加 1 000 万元；资本公积增加 11 000 万元。发放股票股利后的股东权益总额为 83 000 万元，与发放股票股利前的数额相等。

发放股票股利相应增加了股票总数，由于盈余总额不变，故每股盈余减少。

$$发放股票股利后每股盈余 = \frac{发放股票股利前每股盈余}{1 + 股票股利发放率}$$

$$= \frac{(5\,000 + 18\,000) \div 10\,000}{1 + 10\%} = 2.09（元）$$

股票股利没有改变现金流和总价值，所以随着股票总数的增加股价会有所下降。

$$发放股票股利后每股市价 = \frac{发放股票股利前每股市价}{1 + 股票股利发放率}$$

$$= \frac{12}{1 + 10\%} = 10.91（元）$$

虽然股票价格下降了，但由于每位股东所持的股票数量增加了，因而股票股利不会改变股东的状况。发放股票股利后，股价从每股 12 元降至每股 10.91 元，若某位股东所持股票市值原为 1 200 万元，现在仍旧为 1 200 万元（110×10.91）。

此外，由于公司的净资产不变，而股票股利派发前后每一位股东的持股比例也不发生变化，因此他们各自持股所代表的净资产也不会改变。

当然，股票市场存在市场预期效益，股票股利可以向股东和股票市场传递某种信息。股票股利通常与企业的成长有关。在这种情况下，股票股利对股东而言，可能意味着企业经营层预期利润将增长，而且其利润的增长足以抵消因发放股票股利而引起的每股收益的稀释，或存在投资机会。这种市场预期可能导致股票的市场价格上升，从而导致股东持有股票的市场价值增加。有时候，企业发放股票股利之后，其股票的市场价格甚至会逐步上升到发放股票股利之前的价格水平，这就是人们常说的"填权"。

（2）对于公司来讲，发放股票股利的优点

① 发放股票股利既不需要向股东支付现金，又可以在心理上给股东以从公司取得投资回报的感觉。

② 发放股票股利可以降低公司股票的市场价格。一些公司在其股票价格较高，不利于股票交易和流通时，通过发放股票股利来适当降低股价水平，促进公司股票的交易和流通。

③ 发放股票股利可以降低股价水平，如果公司日后将以发行股票方式筹资，则可以降低发行价格，有利于吸引投资者。

④ 发放股票股利可以传递公司未来发展前景良好的信息，增强投资者的信心。

⑤ 发放股票股利降低每股市价的时候，会吸引更多的投资者成为公司的股东，从而可以使股权更为分散，有效地防止公司被恶意控制。

延伸阅读9-3

股利决策模型

思政小课堂 ☑️ ---------------------------------------•

　　股东渴望公司通过经营产生利润，但是，即便闯过了投融资活动中的重重关卡，公司获得了足够可观的税后净利，如何分配依然是个让人"头疼"的问题，因为股利分配决策与投资决策、筹资决策三者之间环环相扣。本章介绍了股利分配决策的主要类型、程序及股利的支付方式。不同的股利分配理论基于不同的逻辑给出分配方案的建议，归根结底在于平衡股东的需求与公司长期发展的需求，有时也需要考虑税收的因素。值得注意的是，公司显然应该保持股利政策的稳定性，却不得不顺应公司的生命发展周期去适时地调整股利政策，从而获得公司经营的主动权，两者并不矛盾。

　　稳定是基调，发展才是主旋律。身处百年未见之大变局，当代青年肩负实现中华民族伟大复兴的历史重任，在追求个人生活稳定的同时，更应秉持科学发展观、社会主义核心价值观、胸怀家国天下的大局观，科学合理地规划学业、职业，牢记使命，坚持进步，在自己的岗位上发光发热，为祖国发展作出应有的贡献。

思考与练习 ☑️ ---------------------------------------•

　　1.现金股利包括哪些类型？

　　2.公司股利政策的影响因素有哪些？

　　3.MM理论的股利无关论建立在哪些假设基础之上？

　　4.什么是股利分配的信号传递作用？

　　5.现实中的股利政策有哪些？

　　6.股利分配的程序如何？

　　7.现金股利的发放程序如何？

　　8.什么是股票反分割（股票反拆细）？它存在的原因有哪些？

　　9.为什么高增长率的公司通常愿意保持较低的股利支付率，而低增长率的公司愿意维持较高的股利支付率？

　　10.与现金股利相比，股票回购和股票股利的优点是什么？

　　11.在深圳证券交易所上市的某公司于2022年派发了1元的红利。将下面的日期一一配对。

　　A1 2022年4月9日　　　　B1股权登记日

　　A2 2022年4月25日　　　 B2红利派发日

　　A3 2022年4月26日　　　 B3除权日

　　A4 2022年4月16日　　　 B4公告日

　　12.2022年12月8日（星期四），某公司董事会宣布，将在2023年1月3日（星期二）发放给2022年12月30日（星期五）登记在册的股东0.75元/股的股利。请问：除息日是哪一天？如果股东在这一天之前购买股票，买方和卖方谁会得到股利？

　　13.你的证券投资组合中有200股ABS公司的股票，目前每股售价为105元。ABS公司宣布每股发放股利1.5元，除息日为3月20日。如果不需要纳税，你的股票在3

月 20 日的价格是多少？

14.BT 公司按市场价值计算的资产负债情况见表 9-12。BT 公司已宣布发放 20% 的股票股利。股票将在明天除息（股票股利发放的时间顺序同现金股利类似）。该公司目前流通在外的股票为 5 000 股。股票的除息价格是多少？

表 9-12　　　　　　　　　按市场价值计算的资产负债情况　　　　　　　　　单位：元

现金	90 000	负债	100 000
固定资产	160 000	股权	150 000
总计	250 000	总计	250 000

15.A 国的金山公司宣布发放每股 4 元（折合为人民币，下同）的股利。假定资本利得不纳税，但股利收入须缴纳 34% 的税。A 国税务局规定税款在股利发放时缴纳。金山公司的股票目前售价为每股 90 元，该股票将要除息。你认为该股票的除息价格应为多少？

16.FI 公司的股东权益表见表 9-13。

表 9-13　　　　　　　　　　　　FI 公司股东权益表　　　　　　　　　　　单位：元

普通股（面值 10 元）	16 000
资本公积	120 000
留存收益	442 000
股东权益总值	578 000

要求：（1）如果 FI 公司股票的现价为每股 30 元，并支付 10% 的股票股利，需要发放多少新股？股东权益部分有何变动？

（2）如果 FI 公司宣布发放 25% 的股票股利，股东权益部分将如何变动？

17.H 公司的所有者权益项目见表 9-14。

表 9-14　　　　　　　　　　　H 公司的所有者权益项目　　　　　　　　　　单位：元

普通股（面值为 1 元）	10 000
股本溢价	180 000
留存收益	586 500
所有者权益总和	776 500

要求：（1）如果 H 公司的股票价格为每股 25 元，而且宣告了 10% 的股票股利，应该配多少新股？权益项目将如何变化？

（2）如果 H 公司宣告了 25% 的股票股利，权益项目将如何变化？

18.某公司 3 月 25 日宣布向股东支付 25% 的股票股利，登记日为 4 月 1 日。股票的市场价格是每股 50 元，你拥有 160 股。

要求：（1）假定其他条件不变，如果你在 3 月 20 日卖掉该股票，每股价格是多少？

（2）支付股票股利后，你将拥有多少股票？

（3）假定其他条件不变，预计 4 月 2 日出售股票的价格是多少？

（4）假定其他条件不变，在股票股利发放前后，你所拥有的股票价格总额是多少？

19.PL公司的资产负债情况（按市场价值计算）见表9-15，其发行的股票是15 000股。

表9-15   按市值计算的资产负债情况   单位：元

现金	50 000	股权	300 000
固定资产	250 000		
总计	300 000	总计	300 000

该公司已宣布每股1.25元的股利，股票将在明天除息。不考虑税收的影响，今天的股票价格是多少？明天的股票价格是多少？在股利支付以后的资产负债情况是什么样的？

20.在前面的问题中，假定PL公司宣布将要回购价值3 000元的股票来代替股利支付。这项交易对该公司的股权将产生什么影响？发行在外的股票将是多少？回购以后，每股的价格将是多少？忽略税收的影响，说明为什么股票回购和现金股利在效果上是相同的。

21.某股份公司有普通股20万股，每股面值2元，无优先股。该公司明年的计划投资总额为80万元，今年的预计税后利润为200万元，假定该公司明年投资计划的资金来源完全以今年的留存收益内部筹资完成（盈余公积与公益金合计按20%提留）。

要求：（1）今年以剩余资金发放股利所能达到的每股股利是多少？

（2）今年的股利发放率是多少？

22.A公司是一家电池公司，实行剩余股利政策。0.6是其理想的负债权益比率。本期收益为1 800元，宣布支付股利620元。该公司借了多少新债？其总资本支出是多少？

23.如果1元股利和1元资本利得具有相同的市场价值，那么有不同股利支付率的公司将吸引不同的投资追随者。投资追随者都是相似的，因此公司不能通过改变股利政策来增加价值。然而，实证研究表明，股利支付率与公司其他特征之间具有强相关性。例如，高速成长的小公司在上市初期的股利支付率几乎是0，所有盈利都再投资于经营业务。如果股利政策是无关的，请解释这一现象。

24.G公司的现期现金流为130万元，没有分派股利。该公司未来现金流的现值是1 800万元。该公司完全以权益融资，有55万股股票发行在外。假设股利的税率为0。

要求：（1）G公司的股票价格是多少？

（2）假设G公司董事会宣告，计划将50%的现期现金流以现金股利的形式发放给股东，你持有该公司股票1 000股，该如何使自己满足零支付政策？

第10章

长期资本融资

本章要点 ☑ - ●

　　本章主要介绍公司金融中长期资本融资的相关内容，主要包括筹资政策的设计、债务融资、权益融资、优先股融资、混合融资工具及其比较等。

10.1 资本融资概述

10.1.1 筹资政策设计的原则

　　筹资或称资金筹措，是企业为满足经营管理活动的需要，通过一定的渠道和方式取得资金的经济活动。在现代市场经济条件下，筹资是企业经营活动和理财活动的起点。

　　从宏观角度来看，企业的筹资方式与国家的经济发展水平、经济体制、金融体制以及资本市场的发展有着密切的关系，在设计筹资政策时，必须与现实的经济体制和金融体制等相适应，因为体制的特征决定了资金的配置特征和企业筹资的基本形式。在计划经济体制下，高度集权的金融体制决定了企业主要是通过纵向融资，在具有上下级关系的经济主体间实现其筹资过程；而在完全市场化的体制下，企业是通过横向融资形式，在地位平等的经济主体间实现其筹资过程的。在转型经济条件下，横向融资和纵向融资形式并存。也就是说，企业的筹资活动主要是通过横向的经济关系实现的，但要接受政府的宏观调控和监督。

　　从企业微观角度来看，筹资政策会影响企业的资本结构和资产结构，会使企业承担不同的筹资成本和筹资风险，并影响企业资金的利用效率，因此，在设计筹资政策时，必须围绕如何解决企业发展所需资金这个基本问题，合理确定筹资规模，合理设计和选择筹资渠道和方式，合理搭配长短期资金的比例，使企业的资本结构和资产结构相匹配，筹资风险与筹资成本相适应，最大限度地降低筹资风险与成本，提高资金的使用效率。

10.1.2 筹资政策设计的内容

　　企业的筹资政策体现在具体的筹资手段和方式中。作为经济主体的企业，其筹资手段和方式是多种多样的，有内部筹资和外部筹资、直接筹资和间接筹资、权益筹资与负债筹资等多种方式。

（1）内部筹资和外部筹资

企业筹资按资金的来源不同，可以分为内部筹资和外部筹资。

内部筹资（internal finance）是指企业经营活动创造的净利润扣除股利后的剩余部分（留存收益），以及经营活动中提取的折旧等。其中，计提折旧并不会使企业产生增量资金，只是企业的现金流量增加，其数量由企业的折旧资产规模和折旧政策所决定；企业的增量筹资主要来自留存收益，其数量由企业可供分配的利润和股利分配政策决定，所筹集的资金可供企业长期使用。

外部筹资（external finance）是指在企业内部筹资不能满足需要时，向企业外部筹集而形成的资金来源。外部筹资可采取吸收直接投资、发行股票、发行债券、向银行借款、商业信用、融资租赁等方式，其资金供给数量相对较多。既有权益资本，也有负债资金；既有可供企业长期使用的资金，也有可供企业短期使用的资金。

伴随着经济的发展，企业的筹资活动经历了由内部筹资→外部筹资→内部筹资的交替变化过程。在经济发展初期，由于企业市场经营规模较小，资金需求相对较小，加之金融机构稀少，筹资工具匮乏，筹资手段单一，资本市场尚不发达，因此，企业主要依靠内部积累解决其资金需要。当经济发展到一定水平时，单纯的内部筹资已不能满足不断扩大的生产规模对资金的需求，同时金融机构不断壮大，商业信用日趋普遍，资本市场不断完善，股票、债券、金融衍生工具等多种筹资方式和筹资工具出现，使得企业外部筹资的比例迅速上升。随着竞争和市场风险的不断加剧，内部筹资以筹资成本相对较小、筹资风险相对较低、不会导致所有权和控制权的稀释、不会造成不对称信息问题等优势越来越受到人们的关注和重视，已成为企业生存、发展、壮大的基本源泉。

通常，企业筹资方式的选择与其发展过程有一个一般性的规律：在初创阶段，主要依靠内部筹资；进入发展阶段后，内部筹资比例相对降低；到了成熟阶段，内部筹资比例会相对提高，如图10-1所示。

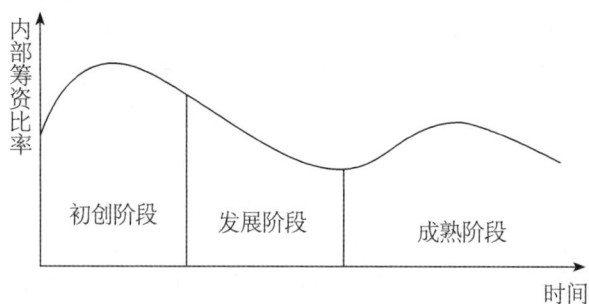

图10-1　内部筹资变化

内部筹资是企业取得外部筹资的基本保证。因为相对于外部筹资来说，内部筹资对企业的资本形成具有原始性、自主性和抗风险性的特点，是企业生存和发展不可或缺的重要组成部分。外部筹资是企业资金规模迅速扩大的有效途径，它不仅可以利用外部负债使企业获得财务杠杆利益，还可以通过股权和债务的比例调节、优化企业的资本结构。

（2）直接筹资和间接筹资

企业的筹资活动按其是否以金融机构为媒介，可以分为直接筹资和间接筹资。

直接筹资（direct finance）是指企业不经过银行等金融机构，直接与资金供应者协商，通过借贷或发行股票、债券等方法筹集资金。在直接筹资过程中，资金供求双方借助融资手段直接实现资金的转移，而无需银行等金融机构作为媒介。直接筹资有以下特征：

① 直接性。资金直接从资金供给者流向资金需求者。在直接筹资过程中，资金供求双方借助资本市场建立直接的债权债务关系或股权所有关系。

② 长期性。直接筹资所取得的资金使用期限一般都在一年或一年以上，长于间接筹资。

③ 不可逆性。采取发行股票形式进行的直接筹资，所取得的资金是无需还本的，投资者若需要变现就必须借助流通市场，与发行人无关。

④ 流通性。由于直接筹资工具主要是股票与债券，而股票与债券是可以在证券二级市场上流通的。

间接筹资（indirect finance）是指企业借助银行等金融机构进行的筹资活动。它是传统的筹资方式，在这种方式下，银行等金融机构发挥中介作用，预先聚集资金，然后提供给筹资企业。间接筹资的基本方式是银行借款，此外还有非银行金融机构借款、融资租赁等形式。间接筹资具有与直接筹资截然相反的特性，即间接性、短期性、可逆性及非流通性。

（3）权益筹资和负债筹资

企业筹集的资金按照所有权性质可以分为两类：权益筹资（equity finance）和负债筹资（debt finance）。权益筹资是指企业以发行股票、利用留存收益等方式筹集资金，筹资的结果是企业的所有者权益发生变化。负债筹资是指企业以银行借款方式筹集资金，筹资的结果是企业的债务发生变化。负债筹资的成本一般低于权益筹资，但风险一般高于权益筹资，两者是一种此消彼长的关系。

①负债筹资的成本一般低于权益筹资的成本，这是因为：

第一，权益筹资没有固定偿还日期，对于出资者来说，是一种风险极大的投资。当企业经营趋坏，甚至破产时，出资者不仅要承担收入减少的风险，而且要承担破产的风险。

第二，权益资本成本的收益是不断变化的，每期分配的利润或股息不像支付利息那样按借贷契约规定的分配率或利息率进行，而是依企业的盈利水平不断变动。

第三，权益筹资的利润和利息要缴纳所得税，而负债筹资的利息收入通常不缴纳所得税。

第四，就股息来说，只要股票市场健全，由于股价的变动，其潜在的资本收益和损失同债券相比，一般是较大或极不稳定的。

总之，从出资者角度来看，权益筹资相对于负债筹资来说，具有风险高和易变性特点，所以，其报酬相对较高。

②负债筹资的风险大大高于权益筹资的风险，主要表现在：

第一，资金不能收回的风险。在负债筹资方式下，如果投资回报率较预期降低，所投资金不能如期、足额收回，发生的损失将全部由企业自己负担，财务部门必须想方设法将所借资金如数全部偿还，才能保证企业经营持续进行下去；而权益筹资的情况正好相反，企业在融通资金时，不需要考虑偿还的要求，它可以永久使用。

第二，资金不能按期偿还的风险。在负债筹资方式下，举债必须按期偿还。当企业不能按期偿债时，将面临丧失信誉、负担赔偿，甚至变卖资产的风险。尽管这种风险最终由所有者承担，但在实际的理财和经营运作中，这种风险是由企业实际面对和承受的。与此不同，权益筹资因其是持续的投资，无按期偿还的风险。

第三，对有偿债务，企业还将面临不能付息的风险。支付利息是举债的前提，而且利息支付不因企业是否盈利而变化，这就使企业在经营亏损时，面临无法付息风险。相反，权益筹资因为是利润分享，损失也相应共担，企业不会面临付息压力。

企业的筹资决策实质上就是在各种可能的和合理的筹资方式中进行有效的组合，为企业确定合理的筹资方式，以形成企业最佳的融资结构。企业最佳融资结构应是融资成本最低、融资风险较小的融资金额。企业必须寻求各种融资结构中融资成本与融资风险的均衡，也就是企业融资风险上升时，应有相应的风险收益或成本的节约作为补偿；当企业融资成本上升时，应有相应的融资风险下降作为补偿。

10.2 债务融资

债务融资是有偿使用企业外部资金的一种融资方式。负债是企业一项重要的资金来源，几乎没有一家企业是只靠自有资本而不运用负债就能满足自己需要的。负债筹资是与普通股筹资性质不同的筹资方式。与普通股筹资相比，负债筹资的特点表现为：筹集的资金具有使用上的时间性，到期须偿还；不论企业经营好坏，都要固定支付债务利息，从而形成企业固定的负担；但其资本成本一般比普通股筹资成本低，且不会分散投资者对企业的控制权。

目前在我国，长期负债筹资主要有长期借款筹资和长期债券筹资两种方式。

10.2.1 长期借款筹资

长期借款是指企业向银行或其他非银行金融机构借入的使用期限超过一年的借款，主要用于购建固定资产和满足流动资金占用的需要。

（1）长期借款的种类

① 按照用途不同，我国目前各金融机构提供的长期借款主要有固定资产投资借款、更新改造借款、科技开发和新产品试制借款等。

② 按照提供贷款的机构和单位不同，分为政策性银行贷款、商业银行贷款和其他金融机构贷款。政策性银行贷款是指由执行国家政策性贷款业务的银行提供的贷款，一般放贷给国有企业。目前，我国已建立的政策性银行有中国进出口银行、国家开发银行等。商业银行贷款是指商业银行出于营利目的而提供的贷款。其他金融机构贷款是指除商业银行外，其他可以从事贷款业务的金融机构提供的贷款，如信托投资公司、保险公司、企业集团财务公司、金融租赁公司、城乡信用合作社等提供的贷款。

③ 按照借款人获得借款时是否提供担保，分为信用贷款和抵押贷款。信用贷款是指不需企业提供抵押品、仅凭其信用或担保人信誉而发放的贷款。抵押贷款是指要求企业以抵押品作为担保的贷款。长期借款的抵押品一般为房屋、建筑物、机器设备、股票、债券等。

（2）发放长期借款的条件

金融机构对企业发放长期借款的原则是：按计划发放、择优扶植、有物资保证、按期归还。企业申请贷款一般应具备的条件是：

① 独立核算、自负盈亏、有法人资格；

② 经营方向和业务范围符合国家产业政策，借款用途属于银行贷款办法规定的范围；

③ 借款企业具有一定的物资和财产保证，担保单位具有相应的经济实力；

④ 具有偿还贷款的能力；

⑤ 财务管理和经济核算制度健全，资金使用效益及企业经济效益良好；

⑥ 在银行设有账户，办理结算。

具备上述条件的企业欲取得贷款，先要向银行提出申请，陈述借款原因与金额、用款时间与计划、还款期限与计划。银行根据企业的借款申请，针对企业的财务状况、信用情况、营利的稳定性、发展前景、借款投资项目的可行性等进行审查。银行经审查同意贷款后，再与借款企业进一步协商贷款的具体条件，明确贷款的种类、用途、金额、期限、还款的资金来源及方式、保护性条款、违约责任等，并以借款合同的形式将其法律化。借款合同生效后，企业便可取得借款。

（3）长期借款的保护性条款

由于长期借款的期限长、风险高，按照国际惯例，银行通常对借款企业提出一些有助于保证贷款按时足额偿还的条件。这些条件写进贷款合同中，就形成了合同的保护性条款。归纳起来，保护性条款大致有如下几类：

① 一般性保护条款。一般性保护条款应用于大多数借款合同，但根据具体情况会有不同内容，主要包括：对借款企业流动资金保持量的规定，其目的在于保持借款企业资金的流动性和偿债能力；对支付现金股利和再购入股票的限制，其目的在于限制现金外流；对资本支出规模的限制，其目的在于降低企业日后不得不变卖固定资产以偿还贷款的可能性，仍着眼于保持借款企业资金的流动性；限制其他长期债务，其目的在于防止其他贷款人取得对企业资金的优先求偿权。

② 例行性保护条款。例行性保护条款作为例行常规，在大多数借款合同中都会出现，主要包括：借款企业定期向银行提交财务报告，其目的在于及时掌握企业的财务情况；不准在正常情况下出售较多资产，以保持企业正常的生产经营能力；如期缴纳税费和清偿其他到期债务，以防止被罚款而造成现金短缺；不准贴现应收票据或出售应收账款，以避免造成或有负债；限制租赁固定资产的规模，其目的在于防止企业负担巨额租金以致削弱其偿债能力，还在于防止企业以租赁固定资产的办法摆脱对其资本支出和负债的约束。

③ 特殊性保护条款。特殊性保护条款是针对某些特殊情况而出现在部分借款合同中的，主要包括：贷款专款专用；不准企业投资于短期内不能收回资金的项目；限

制企业高级职员的薪金和奖金总额；要求企业主要领导人在合同有效期间担任领导职务；要求企业主要领导人购买人身保险等。

（4）长期借款的成本

长期借款利率的高低取决于借款人的信誉、借款期限、借款金额以及经济环境。一般来说，借款人的资信度越高，借款期限越短，借款金额越少，经济环境越好，利率就越低。通常，长期借款的利息率高于短期借款，对于信誉好或抵押品流动性强的企业，仍然可以争取到较低的长期借款利率。长期借款利率有固定利率和浮动利率两种，浮动利率通常有最高、最低限制，并在借款合同中明确规定。对于借款企业来说，若预测市场利率将上升，应与银行签订固定利率合同；反之，则应签订浮动利率合同。除利息之外，银行还会向借款企业收取其他费用，如实行周转信贷协定所取得的承诺费、要求借款企业在本银行中保持补偿余额所形成的间接费用，这些费用会增加长期借款的成本。

长期借款的利息要按借款合同的规定定期支付，通常半年或一年支付一次。长期借款本金的偿还方式有多种，可以在借款到期时一次偿还，也可以分期逐次偿还。一次性偿还在借款到期时企业将面临较大的资金压力，分期逐次偿还可以缓解资金运作压力，便于企业安排资金均衡使用。将企业还本付息共同考虑，企业偿还长期借款的方法可分为分期付息到期还本法、完全分期等额偿付法和部分分期等额偿付法。完全分期等额偿付法是指借款在借款期为连本带息，均按照相等金额归还，分期的期间可为季度、半年或一年。部分分期等额偿付法是指借款的一部分按完全分期等额偿付法分期偿还；另一部分按期付息，到期还本。

在我国，商业银行的贷款基准利率是由中央银行——中国人民银行统一规定的，各银行可以在法定的贷款利率基础上做一定浮动，浮动幅度不得超过20%。

银行贷款利率按照计算方法划分，有单利、复利、贴现利率以及附加利率。

①单利（simple interest）。单利利息的计息方法是将贷款金额乘以贷款期限与利率，因此，以单利计息时，借款人不必对借款期内的利息再支付利息。按照单利计息方法，借款人只需在贷款到期时一次还本付息。单利的计算公式为：

$$I=P\times n\times r \tag{10-1}$$

式中：I为单利利息；P为本金；n为贷款期限；r为贷款利率（名义利率）。在以单利计息的贷款中，名义利率与实际有效利率是相同的。

【例10-1】某客户从银行获得一笔金额为2万元、利率为12%、以单利计息的贷款。1年以后，他需要偿还本息2.24万元。实际有效利率为：

实际有效利率=利息÷贷款金额×100%=2 400÷20 000×100%=12%

名义利率与实际有效利率相同。

②复利（compound interest）。以复利计息的方法借款，意味着借款人必须在贷款到期以前按原贷款协议的规定，定期向贷款人支付利息。也就是说，存在对利息计息的做法。复利的计算公式为：

$$I_e=P\left[\left(1+\frac{r}{m}\right)^m-1\right] \tag{10-2}$$

式中：I_e为复利利息；m为计息次数。

按照复利计息方法借款，借款人实际负担的成本高于名义利率。

【例10-2】在【例10-1】中，假定借款人以复利计息的方法借入利率为12%的1年期资金2万元。借款期内每季度末付一次息，他所支付的利息总额为：

20 000×［（1+12%÷4)⁴－1］=2 450（元）

实际有效利率=2 450÷20 000×100%=12.25%

实际有效利率比名义利率高出0.25个百分点。在贷款到期以前定期付息的次数越多，实际有效利率高出名义利率的部分就越大。

③贴现利率（discounted interest rate）。在以贴现利率贷款的方式下，银行会在发放贷款的同时先扣除利息，因此，借贷人拿到的金额低于借款面额，当然，贷款到期时也免于付息。在以贴现利率贷款时，借款人的借款成本也会高于名义利率，并且高出的程度远远大于复利贷款方式。

【例10-3】假定上述借款人以贴现的方式借入1年期贷款2万元，名义利率为12%。这时，他实际拿到的资金是1.76万元，利息为2 400元。贷款的实际有效利率为：

2 400÷（20 000－2 400）=13.64%

实际有效利率比名义利率高出1.64个百分点。

④附加利率（interest surcharge）。附加利率的计息方式往往用于分期付款的情况，此时借款成本会更高。

【例10-4】某借款人以分期付款方式借入20 000元，名义利率为12%，付款方式为12个月均衡还款。借款人每月享有的资金是按照1 666.67元的额度递减的，全年平均拥有的借款额为10 000元（20 000÷2）。按照2 400元的利息，借款人的实际借款成本为：

2 400÷（20 000÷2）×100%=24%

这样的借款成本确实很高。

（5）银行贷款的信用条件

①信贷额度。信贷额度即贷款限额，是借款人与银行在协议中规定的允许借款人借款的最大限额。如借款人超过限额继续向银行借款，银行将拒绝办理。此外，如果企业信誉恶化，即使银行曾经同意按信贷限额提供贷款，企业也可能得不到借款。银行不对单方面变动信贷额度承担法律责任。

②周转信贷协定。周转信贷协定是银行有法律义务承诺提供不超过某一最高限额的贷款的协定。在协定的有效期内，只要企业借款总额未超过最高限额，任何时候提出借款要求，银行都应满足。企业享有周转信贷协定，通常要对贷款限额内未使用的部分付给银行一笔承诺费。

【例10-5】甲公司与银行签订的协定中规定周转信贷额为4 000万元，承诺费比例为0.5%。该公司借款年度内使用了3 700万元，余额为300万元，应当向银行支付承诺费为：

300×0.5%=1.5（万元）

③补偿性余额。补偿性余额是银行要求借款人在银行中保持按贷款限额或实际领用额的百分比（通常为10%~20%）计算的最低存款余额。补偿性余额有助于银行降低贷款风险，补偿其可能遭受的损失；但对借款企业来讲，无疑是提高了实际利率，

加重了利息负担。

【例10-6】甲公司按年利率6%向银行借款2 000万元，银行要求保留20%的补偿性余额，该公司实际可使用的借款只有1 600万元。借款的实际利率为：

6%÷（1-20%）=7.5%

④借款抵押。银行为了贷款资金的安全，在向财务风险较高、信誉不好的企业发放贷款时，往往要求其有抵押品担保，以降低蒙受损失的风险。借款的抵押品通常是借款企业的应收账款、存款、债券等。银行接受抵押品后，将根据抵押品的面值决定贷款金额，一般为抵押品面值的30%~50%。这一比例取决于抵押品的变现能力和银行的风险偏好。

（6）长期借款筹资的优缺点

① 长期借款筹资的优点有：第一，筹资速度快。与发行股票和债券相比，这种筹资方式只要借贷双方通过协商达成一致，签订借款合同后企业即可筹到所需要的资金，不需要通过审批、承销、发行等一系列程序，故筹资速度较快。第二，借款弹性较大。借款时企业与银行直接交涉，有关条件可谈判确定；用款期间发生变动，亦可与银行再协商。而债券筹资所面对的是社会广大投资者，协商改善筹资条件的可能性很小。第三，借款成本较低。借款筹资的利息可在缴纳所得税前扣除，可以降低企业的实际利息负担，因此其成本远低于股票筹资。另外，由于长期借款筹资不涉及审批、发行等问题，其交易成本低于发行债券筹资。

② 长期借款筹资的缺点有：第一，风险大。与权益筹资相比，长期借款需要按期还本付息，如果企业因经营不善或资金周转困难而不能按期还本付息，企业将面临破产的可能。第二，约束性强。长期借款合同对企业的各项行为有严格的约束，在一定情况下可能妨碍企业正常的生产经营活动。第三，筹资数额有限。银行一般不愿借出巨额的长期借款，因此，利用银行借款筹资有一定的上限，不像股票、债券那样可以一次筹到大笔资金。

10.2.2 长期债券筹资

债券是经济主体为筹集资金而发行的，用以记载和反映债权债务关系的有价证券。企业发行债券或公司债券，其发行目的通常是为建设大型项目筹集大笔长期资金，因此，这里所说的债券指的是期限超过1年的公司债券。

（1）长期债券的类型

典型的长期债券包括票据、信用债券和抵押债券。信用债券是仅凭公司信用发行的债券；抵押债券是以公司资产作为抵押发行的债券；票据通常是短期的，但有时也指7年以下的票据凭证。

信用债券和抵押债券一般是长期债券，即期限在1年以上的债券。有些债券是永久性的，即没有规定的到期日，如英国的统一公债。

（2）长期债券的基本要素

① 票面价值。债券的票面价值包括两个方面：一方面是币种，即票面价值所采用的计量单位。一般来说，如发行对象是国外投资者，就选择债券发行地的国家或国际通用货币作为债券票面价值的计量单位；如果发行对象是国内投资者，则选择本国

货币作为债券票面价值的计量单位。另一方面是债券的票面金额，较小的票面金额有利于债券的发行与交易。

②票面利率。债券利率是债券持有人定期获得的利息与债券票面价值的比率。债券利率的高低由债券发行者决定。债券发行者在确定债券利率时要考虑市场利率、债券的偿还期限、自身资信状况以及资本市场资金供求关系等因素的影响。

③到期日。债券一般有固定的偿还期限，即自发行日起至全部本金清偿完毕为止的一段时间。一般来说，偿还期在1年以内的称为短期债券，偿还期在1年以上10年以下的称为中期债券，偿还期在10年以上的称为长期债券。

④发行价格。债券的发行价格由债券的面值、期限、票面利率、市场利率以及债券的信用等级等决定。根据债券发行价格与债券面值之间的关系，债券的发行可以分为溢价发行、平价发行和折价发行。当债券的发行价格高于债券的面值时，为溢价发行；当债券的发行价格等于债券的面值时，为平价发行；当债券的发行价格低于债券的面值时，为折价发行。债券采用溢价、平价或折价发行，主要取决于债券的票面利率与市场利率的关系，一般来说，当债券的票面利率高于市场利率时，债券将溢价发行；当债券的票面利率等于市场利率时，债券将平价发行；当债券的票面利率低于市场利率时，债券将折价发行。

（3）长期债券的分类

①按债券上是否记载持券人的姓名或名称，长期债券可分为记名债券和无记名债券。这种分类类似于记名股票与无记名股票的划分。在公司债券上记载持券人姓名或名称的，为记名公司债券；反之，为无记名公司债券。两种债券在转让上的差别也与记名股票、无记名股票相似。

②按能否转换为公司股票，长期债券可分为可转换债券和不可转换债券。若公司债券能转换为本公司股票，为可转换债券；反之，为不可转换债券。一般来讲，前一种债券的利率要低于后一种债券。

以上两种分类为《中华人民共和国公司法》所确定，除此之外，按照国际通行做法，公司债券还有另外一些分类。

③按有无特定的财产担保，长期债券可分为抵押债券和信用债券。发行公司以特定财产作为抵押品的债券为抵押债券；没有特定财产作为抵押，凭信用发行的债券为信用债券。不动产抵押债券是以公司的不动产为抵押而发行的债券，设备抵押债券是以公司的机器设备为抵押而发行的债券，证券信托债券是以公司持有的股票证券以及其他担保证书交付给信托公司作为抵押而发行的债券。

④按是否参加公司盈余分配，长期债券可分为参加公司债券和不参加公司债券。债权人除享有到期向公司请求还本付息的权利外，还有权按规定参加公司盈余分配的债券，为参加公司债券；反之，为不参加公司债券。

⑤按利率的不同，长期债券可分为固定利率债券和浮动利率债券。将利率明确记载于债券上，按这一固定利率向债权人支付利息的债券，为固定利率债券；债券上明确利率，但发放利息时利率水平按某一标准（如政府债券利率、银行存款利率）的变化而同方向调整的债券，为浮动利率债券。

⑥按能否上市，长期债券可分为上市债券和非上市债券。可在证券交易所挂牌交

易的债券，为上市债券；反之，为非上市债券。上市债券信用度高、价值大，且变现速度快，因而容易吸引投资者，但上市条件严格，并要承担上市费用。

⑦按照偿还方式，长期债券可分为到期一次性债券和分期债券。发行公司于债券到期日一次集中清偿本息的，为到期一次性债券；一次发行而分期、分批偿还的债券，为分期债券。分期债券的偿还还有不同的办法。

⑧按照其他特征，长期债券可分为收益公司债券、认股权证债券、附属信用债券等。收益公司债券是只有当公司获得盈利时才向持券人支付利息的债券。这种债券不会给发行公司带来固定的利息费用，对投资者而言收益较高，但风险也较高。认股权证债券是附带允许债券持有人按特定价格认购公司股票权利的债券。这种认购股权通常随债券发放，具有与可转换债券类似的属性。认股权证债券与可转换公司债券一样，票面利率通常低于一般公司债券。附属信用债券是当公司清偿时，受偿权排列顺序低于其他债券的债券。为了补偿其较低受偿顺序可能带来的损失，这种债券的利率高于一般债券。

（4）长期债券的基本特征

① 偿还性。偿还性是指在规定的偿还期限内，债务人须按照约定的条件向债权人支付利息和偿还本金，否则就构成违约。在历史上，英国政府曾发行永久公债，这种债券无固定的偿还期，持有人不能要求政府偿还，只能按期取息。当然，这只是个别现象，并不能因此否定债券具有偿还期的一般特征。

② 流动性。流动性是指债券持有人可按照自己的需求和市场的实际情况，灵活地转让债券，以提前收回本金和实现投资收益。也就是说，债券具有及时转换为现金的能力。

③ 安全性。安全性是指债券持有人的收益相对固定，不随发行者情况的变动而变动，并且可按期收回本金。一般来说，具有高流动性的债券通常是比较安全的。

④ 收益性。收益性是指债券能为持有人带来一定的收入，即债券投资的报酬。债券的收益一般表现在两个方面：一是利息收入；二是资本利得，即买卖差价。

（5）长期债券的发行方式

①私募发行。私募发行是指发行者面向少数特定认购者发行，通常以与发行者有密切关系者为发行对象。私募发行对象分为两类：一类是个人投资者，如发行单位的职工；另一类是与发行单位有密切业务往来的企业、公司、金融机构等。

私募发行有如下特点：第一，私募发行多为直接销售，不通过中介，不必向证券管理机构办理发行注册手续，可以节省开支和降低发行费用。第二，发行额的多少与确定的投资者有密切的关系。第三，由于私募发行时不需发行注册，所以一般也不允许流通转让。第四，由于私募发行的转让受到限制，且安全性一般低于公募发行，因此其收益率较高。

②公募发行。公募发行是发行者公开向不特定投资者发行证券的一种方式。为了保护公众投资者的利益，公募发行要有较高的信用级别，要经过发行申请并得到批准。

与私募发行相比，公募发行具有以下特点：第一，发行范围广，面对的投资者众多，发行难度大，要有承销商作为中介帮助发行。第二，发行人必须按规定向证券管理机构办理发行注册手续，必须在发行说明书中记载有关发行者详细而真实的情况，供投资者了解，不得有任何欺诈行为，否则将承担法律责任。第三，债券可以上市转让流通。第四，利率一般低于私募发行债券。

两类融资方式的特征对比见表10-1。

表10-1 两类融资方式的特征对比

项目	公募发行	私募发行
发行人类型	股份有限公司	有限责任公司、股份有限公司或其他企业
融资条件	非常苛刻	相对宽松
融资对象	不确定的投资者和机构	特定的投资者或者投资机构
法律范围	比较健全，受《中华人民共和国公司法》、《中华人民共和国证券法》、《股票发行与交易管理暂行条例》、其他行政法规的约束	很不健全，主要受《中华人民共和国公司法》和《中华人民共和国民法典》的约束
操作程序	严格按照证券监管部门的规定进行	与投资者谈判协商，比较灵活
信息披露	要求详细全面的信息披露	不必向投资者详尽地披露信息
价格及股份	由发行方确定，投资方没有多少谈判能力	由发起人拟定，但最终通过双方谈判来确定
股份流通性	在二级市场流通，退出方便	一般没有流通市场，不容易退出
风险及回报	风险相对较低，投资方要求回报率相对较低	风险较高，投资方要求回报率一般高于20%
中介机构	承销商、资产评估机构、律师和审计机构	不一定有中介机构，可由双方直接谈判
融资成本	融资成本较高，时间长	融资成本较低，时间较短

（6）长期债券发行的条件

《中华人民共和国证券法》规定，公开发行公司债券的公司必须具备以下条件：①股份有限公司的净资产额不低于人民币3 000万元，有限责任公司的净资产额不低于人民币6 000万元；②累计债券总额不超过公司净资产额的40%；③最近3年平均可分配利润足以支付公司债券1年的利息；④所筹集资金的投向符合国家产业政策；⑤债券的利率不得超过国务院限定的利率水平；⑥国务院规定的其他条件。

另外，发行公司债券所筹集的资金必须用于核准的用途，不得用于弥补亏损和非生产性支出，否则会损害债权人的利益。

（7）长期债券的发行价格

债券的发行价格是债券发行时使用的价格，即投资者购买债券时所支付的价格。公司债券的发行价格通常有三种：平价、溢价和折价。

平价（at par）是指以债券的票面金额为发行价格；溢价（at premium）是指以高于债券票面金额的价格为发行价格；折价（at discount）是指以低于债券票面金额的价格为发行价格。债券发行价格的形成受诸多因素的影响，其中主要的影响因素是票面利率与市场利率的一致程度。债券的票面金额、票面利率在债券发行前即已参照市场利率和发行公司的具体情况确定下来，并载明于债券之上，但在发行债券时，已确定的票面利率可能与当时的市场利率不一致。为了协调债券购销双方在债券利息上的利益，就要调整发行价格。当票面利率高于市场利率时，以溢价发行债券；当票面利率低于市场利率时，以折价发行债券；当票面利率与市场利率一致时，以平价发行债券。

债券发行价格的计算公式为：

$$债券发行价格 = \frac{票面金额}{(1+市场利率)^n} + \sum 票面金额 \times \frac{票面利率}{(1+市场利率)^t} \tag{10-3}$$

式中：n为债券期限；t为付息期数；市场利率指债券发行时的市场利率。

（8）长期债券的偿还

债券的偿还方式有到期一次性偿还和分期偿还两种方式。

① 到期一次性偿还是指除按期支付利息外，债券的本金在债券到期时一次性付清。这种偿还方式会使企业在偿还债券本金时承担巨额资金支出的压力，也不利于债权人对债务人的监督。

② 分期偿还是指在债券的有效期内，分期偿还债券本金的偿还方式。这种偿还方式可以减轻发行公司在期末偿还债券本金时的资金运用压力。分期偿还通常采用建立偿还基金的办法进行。偿还基金是指债券发行公司在债券到期之前，定期按债券的发行总额在每年的收益中按一定比例提取资金，交信托人保管，作为分期偿还债券本金之用。

（9）长期债券的信用等级

公司公开发行债券通常需要由债券评级机构评定等级。债券的信用等级对于发行公司和购买人都有重要影响。

国际上流行的债券信用等级是三等九级，AAA级为最高级，AA级为高级，A级为中上级；BBB级为中级，BB级为中下级，B级为投机级；CCC级为完全投机级，CC级为最大投机级，C级为最低级。

我国的债券信用评级工作正在开展，但尚无统一的债券信用评级标准和系统评级制度。根据中国人民银行的有关规定，凡是向社会公开发行的企业债券，需要由经中国人民银行认可的资信评级机构进行评级。这些机构对发行债券企业的企业素质、财务质量、项目状况、项目前景和偿债能力进行评分，以此评定信用级别。

（10）长期债券筹资的优缺点

① 长期债券筹资的优点有：第一，由于债权人不参与企业利润的分配，债券资金的成本有确定的限制；第二，债券的成本低于普通股和优先股；第三，债权人不直接参与公司经营管理，一般情况下不分享公司股东对企业的控制权；第四，债券的利息可列入税前支出，可为企业带来税收减免方面的好处；第五，如发行可收回债券，还可以利用债券的可收回性在需要时及时调整公司的资本结构。

② 长期债券筹资的缺点有：第一，债券必须按时还本付息，如企业因一时资金周转不畅而不能按时还本付息，企业将陷入财务危机，甚至会导致企业破产；第二，发行债券提高了企业的财务风险，从而需要企业为其所有者提供更高的投资报酬率，加大了企业经营者的工作难度；第三，长期债券的偿还期间很长，未来的种种不确定性使企业面临较高的偿还风险，市场、价格、利率、汇率等诸多因素都可能影响企业的正常还债；第四，严格的债券合同在一定程度上限制了企业经营决策的弹性。

10.3 权益融资

10.3.1 普通股融资

（1）普通股的概念

普通股（common stock）是指在公司的经营管理和盈利及财产的分配上享有无特别权利的股东，代表满足所有债权偿付要求及优先股股东的收益权与求偿权要求后对企业盈利和剩余财产的索取权。它构成公司资本的基础，是股票的一种基本形式，也是发行量最大、最为重要的股票。发行普通股是股份公司最主要的融资方式。目前在上海证券交易所、深圳证券交易所和北京证券交易所交易的股票都是普通股。普通股股票持有者按其所持有的股份比例享有以下基本权利：

① 公司决策参与权。普通股股东有权参加股东大会，并有建议权、表决权和选举权，也可以委托他人代表其行使股东权利。

② 利润分配权。普通股股东有权从公司利润分配中得到股息。普通股的股息是不固定的，由公司盈利状况及分配政策决定。普通股股东必须在优先股股东取得固定股息之后才有权享受股息分配权。

③ 优先认股权。在公司需要扩张而增发普通股股票时，现有普通股股东有权按其持股比例，以低于市价的某一特定价格优先购买一定数量的新发行股票，从而保持其对企业所有权的原有比例。

④ 剩余资产分配权。当公司破产或清算时，若公司的资产在偿还欠债后还有剩余，其剩余部分按先优先股股东、后普通股股东的顺序进行分配。

⑤ 出售和转让股份的权利。普通股没有规定的到期日，只要公司存在，便不能退股，但股票可以出售和转让。股东可以通过出售和转让股票来终止对该公司的股权投资。

（2）普通股的种类

股份有限公司根据有关法规的规定以及筹资和投资者的需要，可以发行不同种类的股票。

① 记名股票和不记名股票。这主要是根据股票是否记载股东姓名来划分的。记名股票是在股票上记载股东的姓名，如果转让，必须经公司办理过户手续；不记名股票是在股票上不记载股东的姓名，这类股票的持有人即股份的所有人，具有股东资格，股票的转让也比较自由、方便，无需办理过户手续。

② 有面值股票和无面值股票。这是按票面是否标明面值来划分的。有面值股票

是指在股票票面上记载一定金额的股票，也称为有面额的股票。无面值股票是指股票票面不记载金额的股票，也称为无面额股票。无面值股票在票面上不标明金额，但要求标明其在公司资本总额中所占的比例，所以又被称作比例股票。无面值股票的价值随公司财产的增减而变动，而股东对公司享有的权利和承担的义务直接依股票标明的比例而定。《中华人民共和国公司法》规定，股票应当标明票面金额，且其发行价格不得低于票面金额。

③ 国家股、法人股和个人股。这是按投资主体的性质不同来划分的。国家股是指有权代表国家投资的部门或机构以国有资产向公司投资形成的股份，包括以公司现有国有资产折算成的股份。法人股是指企业法人以其依法可支配的资产投入公司而形成的股份，或具有法人资格的事业单位和社会团体以国家允许用于经营的资产向公司投资而形成的股份。个人股是指社会个人或公司内部职工以个人合法财产投入公司而形成的股份。

④ A股、B股、H股、N股、S股。这是按发行对象和上市地区不同来划分的。

A股的正式名称是"人民币普通股票"，是由我国境内公司发行，供境内机构、组织或个人以人民币认购和交易的普通股股票。2003年后，对A股的投资不仅局限于国内的机构和个人。2003年5月，瑞士银行、野村证券等获中国证监会批准，成为首批取得证券投资业务许可的合格境外机构投资者（QFII）。

B股的正式名称是"人民币特种股票"，B股公司的注册地和上市地都在境内，它以人民币标明面值，以外币认购和买卖，在境内证券交易所上市交易。2001年之前，B股投资人仅限于以下几种：外国的自然人、法人和其他组织，我国香港、澳门、台湾地区的自然人、法人和其他组织，定居在国外的中国公民，中国证监会规定的其他投资人。2001年2月19日以后，随着我国证券市场的发展及外汇储备的变化，B股开始对境内居民开放。

H股即注册地在内地、上市地在香港的外资股。香港的英文是"Hong Kong"，取其首字母，在港上市外资股就叫作H股。依此类推，纽约的第一个英文字母是N，新加坡的第一个英文字母是S，在纽约和新加坡上市的股票就叫作N股和S股。

10.3.2 首次公开发行融资

首次公开发行（initial public offer，IPO）是指公司面向市场上大量的非特定投资者公开募集股份成为上市公司的行为。公司进行首次公开发行的目的主要有两个：一是公司的原股东或创业股东为了扩大公司规模、筹措更多资金而向社会公众公开发行股票；二是公司的原股东或创业股东为使自己在公司中的权利能够变现，通过首次公开发行使公司成为上市公司，从而使手中的股票具备流通性，以在适当的时机使其部分变现，从而使自身的投资组合多样化。一般来说，这两种目的是同时存在的。通过股票首次公开发行成为上市公司是公司成长历程中一个非常重要的步骤。公司上市必须经过有关机构的审查批准并接受相应的管理，执行各种信息披露和公司上市的规定，这就大大增强了社会公众对公司的信赖，使之乐于购买公司的股票。同时，由于一般人认为上市公司实力雄厚，也便于公司采用其他方式（如负债）筹措资金。

（1）首次公开发行股票的条件

根据《中华人民共和国证券法》、《中华人民共和国公司法》、《股票发行与交易管理暂行条例》和《上市公司证券发行管理办法》等的有关规定，首次公开发行股票必须具备一定的条件。

新设立股份有限公司申请公开发行股票，应当符合下列条件：

① 公司的生产经营符合国家产业政策。

② 公司发行的普通股只限一种，同股同权。

③ 发起人认购的股本数额不少于公司拟发行的股本总额的35%。

④ 在公司拟发行的股本总额中，发行人认购的部分不少于人民币3 000万元，但是国家另有规定的除外。

⑤ 向社会公众发行的部分不少于公司拟发行的股本总额的25%，其中公司职工认购的股本数额不得超过拟向社会公众发行的股本总额的10%；公司拟发行的股本总额超过人民币4亿元的，中国证监会按照规定可酌情降低向社会公众发行部分的比例，但是最低不少于公司拟发行股本总额的10%。

⑥ 发行人在近3年内没有重大违法行为。

⑦ 中国证监会规定的其他条件。

原有企业改组设立股份有限公司申请公开发行股票，除了要符合新设立股份有限公司申请公开发行股票的条件外，还须符合下列条件：

① 发行前一年年末，净资产在总资产中所占比例不低于30%，无形资产在净资产中所占比例不高于20%，但是中国证监会另有规定的除外。

② 近3年连续盈利。

（2）股票首次公开发行的基本程序

根据我国法律法规的规定和实际操作的需要，公司首次公开发行股票并成为上市公司，首先要进行股份制改组，设立股份有限公司，并经过一段时间辅导后由主承销商推荐，经中国证监会核准后，才能向社会公开发行股票成为上市公司。公司通过首次公开发行上市的基本程序如下：

① 对企业改制并设立股份有限公司。公司拟订改制重组方案，聘请保荐机构（证券公司）和会计师事务所、资产评估机构、律师事务所等中介机构对改制重组方案进行可行性论证，对拟改制的资产进行审计、评估，签署发起人协议和起草公司章程等文件，设置公司内部组织机构，设立股份有限公司。除法律、行政法规另有规定外，股份有限公司设立取消了省级人民政府审批这一环节。

② 对企业进行尽职调查与辅导。保荐机构和其他中介机构对公司进行尽职调查、问题诊断、专业培训和业务指导，学习上市公司必备知识，完善组织机构和内部管理，规范企业行为，明确业务发展目标和募集资金投向，对照发行上市条件对存在的问题进行整改，准备首次公开发行申请文件。目前已取消了为期1年的发行上市辅导的硬性规定。

③ 制作申请文件并申报。企业和所聘请的中介机构按照中国证监会的要求制作申请文件，保荐机构进行内核并负责向中国证监会尽职推荐；符合申报条件的，中国证监会在5个工作日内受理申请文件。

④ 审核申请文件。中国证监会正式受理申请文件后，对申请文件进行初审，同时征求发行人所在地省级人民政府和国家发改委的意见，并向保荐机构反馈审核意见。保荐机构组织发行人和中介机构对反馈的审核意见进行回复或整改，初审结束后、发行审核委员会审核前，进行申请文件预披露，最后提交发行审核委员会审核。

⑤ 路演、询价与定价。发行申请经发行审核委员会审核通过后，由中国证监会进行核准，企业在指定报刊上刊登招股说明摘要及发行公告等信息，证券公司与发行人进行路演，向投资者推介和询价，并根据询价结果协商确定发行价格。

⑥ 发行与上市。根据中国证监会规定的发行方式公开发行股票，向证券交易所提交上市申请，在登记结算公司办理股份的托管与登记，挂牌上市，上市后由保荐机构按规定负责持续督导。

延伸阅读10-2

借壳上市与
买壳上市

（3）首次公开发行的定价

股票发行价格的确定是股票发行中最基本和最重要的内容，关系到发行人与投资者的根本利益及股票上市后的表现。若发行价格过低，将难以满足发行人的筹资需求，甚至损害原有股东的利益；若发行价格过高，则会抑制投资者的认购热情，提高投资者的风险，同时增加承销机构的发行风险和发行难度，并会影响股票上市后的市场表现。因此，发行公司及承销商必须对公司的利润及其增长率、行业因素、二级市场的股价水平等因素进行综合考虑，然后确定合理的发行价格。

我国股票发行定价机制的演变大致经历了五个阶段。

第一阶段：固定价格。证券市场建立以前，我国公司股票大部分按照面值发行，大家没有制度可循。证券市场建立初期，即20世纪90年代初期，公司在股票发行的数量、发行价格和市盈率方面完全没有决定权，基本上由管理层确定，大部分采用固定价格方式定价。

第二阶段：相对固定市盈率定价。《中华人民共和国证券法》实施以前（1996—1999年），新股发行定价使用的是相对固定市盈率的定价方法，新股的发行价格根据企业的每股税后利润和一个相对固定的市盈率水平来确定，即按下式来确定新股发行价格：

新股发行价=每股税后利润×相对固定的市盈率 （10-4）

第三阶段：累计投标定价。1999年7月1日生效的《中华人民共和国证券法》规定，股票发行价格由发行人和承销商协商后确定，表明我国证券市场在价格机制上向市场化迈进了一大步。此后出台的《关于进一步完善股票发行方式的通知》对新股发行定价的市场化作出进一步明确规定，要求发行人和承销商在协商定价时，机构投资者也要参与定价，当然这种定价要通过中国证监会的审核。从《关于进一步完善股票发行方式的通知》中可以看出，新股发行定价可以超出发行价格区间，但是超出量的界限并没有明确规定，在市场运行中，出现了累计投标的新股发行定价方式。2001年，中国证监会发布《新股发行上网竞价方式指导意见》，明确了累计投标定价方式。

第四阶段：控制市盈率定价。2001年下半年，股市大幅下挫，上半年所有按市场定价发行的新股几乎都跌破了上市首日的收盘价，使投资者承担了高价发行的巨大风险。管理层也注意到市场化发行的种种弊端，于是在2001年下半年，在首发新股中重新采用控制市盈率的做法。与原有传统的市盈率定价方式相比，新方法在两个方面作出了调整：一是发行价格区间的上下幅度约为 10%；二是发行市盈率不超过 20 倍。券商和发行人只能在严格的市盈率区间内，通过累计投标询价决定股票的发行价格，因此也可称其为"半市场化"的上网定价发行方式。从发行市场的实际运作情况看，首次公开发行的市盈率基本保持在 18 倍左右。

第五阶段：初步询价和累计投标询价。2004 年 12 月 11 日，中国证监会发布《关于首次公开发行股票试行询价制度若干问题的通知》（以下简称《通知》）及配套文件《股票发行审核标准备忘录第 18 号——对首次公开发行股票询价对象条件和行为的监管要求》，于 2005 年 1 月 1 日起实施。这些文件规定，首次公开发行股票的公司及其保荐机构应通过向询价对象询价的方式确定股票发行价格。这两个文件有三个方面值得关注：一是询价对象确定为证券投资基金管理公司、证券公司、信托投资公司、财务公司、保险机构投资者和合格境外机构投资者六类，表明拥有实力的机构投资者将拥有更大的定价权；二是披露的发行市盈率，其所使用的每股收益以发行当年经会计师事务所审核的、扣除非经常性损益前后孰低的净利润预测数除以发行后总股本的计算结果为基础；三是询价分为初步询价和累计投标询价两个阶段。发行人及其保荐机构应通过初步询价确定发行价格区间，通过累计投标询价确定发行价格。在初步询价阶段，发行人及其保荐机构应向不少于 29 家询价对象进行初步询价，公开发行股数在 4 亿股（含 4 亿股）以上的，参与初步询价的询价对象应不少于 50 家。在这个阶段，保荐机构要向询价对象提供研究报告，进行路演及询价，询价对象根据自己的判断申报具体的价格区间，然后，发行人及其保荐机构根据询价对象的报价结果确定发行价格区间及相应的市盈率区间。发行价格区间确定后，发行人及其保荐机构在发行价格区间内向询价对象进行累计询价，并根据累计投标询价结果确定发行价格。

延伸阅读10-3

首次公开发行的抑价现象及其解释

10.3.3　再融资

再融资是指上市公司首次公开发行股票之后，再次在证券市场上募集资金的行为。我国上市公司在证券市场上再融资的方式主要包括向原股东配售股份（简称配股）、向不特定对象公开募集股份（简称增发）和向特定对象非公开发行新股。

（1）配股

①配股的概念和条件。配股是指上市公司根据公司发展的需要，依据有关规定和相应程序，向原股东进一步按其持股比例发行新股、筹集资金的权益融资行为。我国上市公司申请配股，应当符合下列条件：

第一，上市公司必须与控股股东在人员、资产、财务上分开，保证上市公司的人员独立、资产完整和财务独立。

第二，公司章程须符合《中华人民共和国公司法》的规定，并已根据《上市公司章程指引》进行了修订。

第三，配股募集资金的用途符合国家产业政策的规定。

第四，前一次发行的股份已经募足，募集资金使用效果良好，本次配股距前次发行间隔一个完整的会计年度（1 月 1 日至 12 月 31 日）以上。

第五，公司上市超过 3 个完整会计年度的，最近 3 个完整会计年度的净资产收益率平均在 10% 以上；上市不满 3 个完整会计年度的，按上市后所经历的完整会计年度平均计算；属于农业、能源、原材料、基础设施、高科技等国家重点支持行业的公司，净资产收益率可以略低，但不得低于9%；上述指标计算期间内任何一年的净资产收益率均不得低于6%。

第六，公司在最近3年内财务会计文件无虚假记载或重大遗漏。

第七，本次配股募集资金后，公司预测的净资产收益率应达到或超过同期银行存款利率水平。

第八，配售的股票限于普通股，配售的对象为股权登记日登记在册的公司全体股东。

第九，公司一次配股发行股份总数不得超过该公司前一次发行并募足股份后其股份总数的30%，公司将本次配股募集资金用于国家重点建设项目、技改项目的，可不受30%比例的限制。

②配股对股票价格和股东财富的影响。一般而言，配股的发行价格要低于原有股票价格，因而，配股后股票的价格会下降。我们把配股前股票的发行价格称为除权前价格，把配股后的股票价格称为除权后价格，则有：

$$p_{前} \times n_{前} + p_i \times m \times n_{前} = p \times (n_{前} + m \times n_{前}) \tag{10-5}$$

式中：$p_{前}$ 为配股前价格；$n_{前}$ 为配股前股数；p_i 为配股价格；m 为配股比例；p 为配股后理论除权价格。

对上式进行简单变形，可以得到：

$$p = \frac{p_{前} + mp_i}{1 + m} \tag{10-6}$$

【例10-7】假设某公司原有1 000万股股票，配股比例为10配2，即每10股配2股。假设除权前价格为每股20元，配股价格为每股14元。配股后该公司股票除权价格为：

（20+0.2×14）÷（1+0.2）=19（元）

显然，配股后的除权价格低于配股前价格，这两者的差额就是配股权的价值。此外，配股价格越高，配股后的除权价格越高，除权前后股票的价值差异就越小。但只要所有股东都按照配股比例认购新股，配股价格的高低就不会影响股东财富的变化。在上例中，假设该公司某股东持有公司股票100股，总价值为2 000元。当该股东按照14元的配股价格买入应配售的20股股票后，他付出了280元，按照配股后的股票价格计算，他持有的所有股票价值为2 280元（120×19），与他原有股票价值加新投入的资金价值之和相同。如果该公司按照每10股配4股，每股配股价7元向原股东配售新股，配股后该股东股票总数为140股，按照配股后的股票价格计算，他持有的股票价值仍为2 280元（140×16.29≈2 280）。

由以上例子可知，如果股东按配股价格完成配股，则配股价格高低会影响配股后股票价格的高低，但并不影响股东财富。配股后，只是股票的数量和每股股价发生变化，公司的实际状况和投资者的财富都没有发生任何实质性变动。这表明只要配股能顺利进行，配股价格的高低无关紧要，因此，上市公司可以用较低的价格配股，这样既容易完成配股筹资的任务，又不会损害公司股东的利益。事实上，只要所有股东都按照配股价格完成配股，不论配股价格如何确定，公司股东在配股中得到的利益都是相同的，不会出现一部分股东侵害另一部分股东利益的情况。但是，如果一部分股东没有参加配股，且没有出售其配股权，就可能出现一部分股东侵害另一部分股东利益的情况。在前面的例子中，假设拥有80%股份的股东没有配售，按照10股配2股的方案，公司将实际配股40万股，配股后公司价值为20 560万元（20 000+40×14），公司股票总数为1 040万股，平均每股价格为19.77元（20 560÷1 040），那些未参加配股的股东由于配股产生的稀释效应，每股损失0.23元。

③配股融资的优点。配股融资在我国先于增发融资出现，它的优点主要有：配股融资的费用比增发新股低，可以减轻企业的负担；如果原有股东都认购配售的股票，配股不会改变原有股东的股票占公司股票的比例，不会使原有股东的利益受到损害。

（2）增发

①增发的含义和条件。增发是上市公司向全体社会公众（既包括原有股东，也包括潜在的投资者）新发售股票进行融资的行为。长期以来，我国上市公司再融资基本上采用单一的配股模式。直至1998年5月，才在沪、深两市对首批5家上市公司进行真正意义上的增发新股的试点，开始了我国上市公司再融资方式的新探索。

中国证监会规定，上市公司申请增发新股，除应当符合《上市公司新股发行管理办法》的规定外，还应当符合以下条件：

第一，最近3个会计年度加权平均净资产收益率不低于10%，且最近一个会计年度加权平均净资产收益率不低于10%。扣除非经常性损益后的净利润与扣除前的净利润相比，以低者作为加权平均净资产收益率的计算依据。

第二，增发新股募集资金量不超过公司上年度末经审计的净资产值。

第三，发行前最近一年及一期财务报表中的资产负债率不低于同行业上市公司的平均水平。

第四，前次募集资金投资项目的完工进度不低于70%。

第五，增发新股的股份数量超过公司股份总数20%的，其增发提案还须经出席股东大会的流通股（社会公众股）股东所持表决权的半数以上通过。股份总数以董事会增发提案的决议公告日的股份总数为计算依据。

第六，上市公司及其附属公司最近12个月内不存在资金、资产被实际控制上市公司的个人、法人或其他组织（以下简称实际控制人）及关联人占用的情况。

第七，上市公司及其董事会在最近12个月内未受到中国证监会公开批评或者证券交易所公开谴责。

第八，最近一年及一期财务报表不存在会计政策不稳健（如资产减值准备计提比例过低等）、或有负债数额过大、潜在不良资产比例过高等情形。

第九，上市公司及其附属公司违规为其实际控制人及关联人提供担保的，整改已满12个月。

第十，符合《关于上市公司重大购买、出售、置换资产若干问题的通知》规定的重大资产重组的上市公司，重组完成后首次申请增发新股的，其最近3个会计年度加权平均净资产收益率不低于6%，且最近一个会计年度加权平均净资产收益率不低于6%，加权平均净资产收益率按照该通知第一条的有关规定计算；其增发新股募集资金量可不受该通知第二条的限制。

②增发价格。与配股不同，新股增发的定价如果不能合理反映股票的价值，会造成新老股东之间的财富转移。例如，某公司发行在外的普通股股票为1 000万股，每股10元，股东权益总价值为10 000万元。如果该公司股票的市场价格为12元/股，按照这一价格向社会公众公开发行200万股新股，可以筹得2 400万元资金。增发后股东权益总价值为12 400万元，总股数为1 200万股，平均每股价值为10.33元（12 400÷1 200）。这样，该公司原股东的每股价值增加了0.33元，而按照每股12元的价格认购新股的股东每股损失了1.67元，发生了由新股东向老股东的价值转移。

相反，如果该公司股票的市价为每股8元，按照这一价格向社会公开发行200万股新股，可以筹得1 600万元资金。增发后股东权益总价值为11 600万元，总股数为1 200万股，平均每股价值为9.67元（11 600÷1 200）。这样，该公司原股东的每股价值减少了0.33元，而按照每股8元的价格认购新股的股东每股价值增加了1.67元，发生了由老股东向新股东的价值转移。因此，增发时合理定价对保障新老股东的权益至关重要。

（3）非公开发行新股

非公开发行新股是指上市公司采用非公开方式向特定对象发行股票的行为。非公开发行股票的特定对象和上市公司都需要满足一定的条件。

① 非公开发行股票的特定对象需要满足的条件包括：特定对象符合股东大会协议规定的条件，发行对象不超过10名。如果发行对象为境外战略投资者，应当经国务院相关部门事先批准。

② 上市公司非公开发行股票需要满足的条件包括：发行价格不低于定价基准日前20个交易日公司股票均价的90%；本次发行的股份自发行结束之日起，12个月内不得转让，控股股东、实际控制人及控制的企业认购的股份，36个月内不得转让；募集资金的使用符合规定；本次发行将导致上市公司控制权发生变化的，还应当符合中国证监会的其他规定。

10.3.4　普通股融资的利弊

（1）普通股融资的优点

① 发行普通股融资没有固定的股利负担，股利的支付与否和支付多少，视公司有无盈利和经营需要而定，经营波动给公司带来的财务负担相对较小。由于普通股融资没有固定的到期还本付息的压力，所以融资风险较小。

② 发行普通股筹措资本具有永久性，无到期日，不需归还。这对保证公司最低的资本需求、促进公司长期持续稳定经营具有重要意义。

③ 发行普通股筹集的资本是公司最基本的资金来源，反映了公司的实力，可作为其他方式融资的基础，尤其可为债权人提供保障，增强公司的举债能力。

④ 普通股融资比优先股或债券融资的限制少，因而有利于提高公司经营的灵活性。

⑤ 通过公开发行股票，企业由非上市公司变成上市公司，可以大大提高公司的知名度。

（2）普通股融资的缺点

① 普通股资本成本较高。这一方面是由于普通股的风险较高，相应地要给股东提供较高的投资报酬率；另一方面是由于普通股股息从税后盈余中支付，不像债券利息那样作为费用在税前扣除，因而不具有抵税作用。此外，普通股的发行成本一般要高于其他证券。

② 容易分散公司的控制权。由于普通股股东都享有投票权，故对外发行新股意味着将公司的部分控制权转移给新股东，分散了公司的控制权，增加了公司被收购的风险。

③ 对公司股价可能产生不利影响。在信息不对称的情况下，外部投资者会将增发看作消极信号，投资者通常认为公司只有在股价被高估的情况下才会发行股票。

④ 发行股票，特别是上市后，公司负有严格的信息披露义务，这种信息披露的作用之一是减少上市公司与投资者之间的信息不对称。但是，这同时也会降低公司经营活动的隐蔽性，使公司的竞争对手更容易了解公司的经营动向，给公司的市场竞争地位带来一些不利影响。

10.4 优先股融资

10.4.1 优先股的概念及特征

（1）优先股的概念

优先股（preferred stock）是指股份有限公司发行的，在分配公司收益和剩余财产方面比普通股具有优先权的股票，是公司权益资本的来源之一。优先股是介于普通股和债券之间的一种混合证券。一方面，优先股属于股东权益，它和普通股的账面价值之和组成公司的净值，两者都没有到期日，无需还本；另一方面，优先股在某些方面具有债券的特征，有固定面值、定期的固定股息。

（2）优先股的特征

① 优先股股东对公司的投资在公司注册成立后不得收回，其投资收益从公司税后利润中提取；在公司清算时，其对公司财产的要求权也排在公司债权人之后。另外，从资本结构上看，优先股属于公司的权益资本。

② 优先分配固定的股利。优先股股东通常先于普通股股东分配股利，且其股利一般是固定的，通常用一个定额或相当于股票面额的一定比率表示，较少受公司经营状况和营利水平的影响。所以，优先股类似于固定利息的证券。但公司对优先股固定股利的支付并不构成公司的法定义务，如果公司财务状况不佳，可暂时不支付优先股股利。即便如此，优先股股东也不能像公司债权人那样迫使公司破产，因此，优先股股利的支付既固定又有一定的灵活性。

③ 优先分配公司剩余利润和剩余财产。在公司未发放优先股股利之前，不得发放普通股股利；当公司因经营不善而解散或破产清算时，在偿还全部债务和付清清算费用之后，如有剩余资产，优先股股东有权按票面金额先于普通股股东得到清偿。总之，优先股股东具有剩余利润的优先分配权和剩余财产的优先受偿权。

④ 优先股股东一般无表决权。在公司股东大会上，优先股股东一般没有表决权，通常也无权过问公司的经营管理。但是，当公司研究与优先股有关的权益问题时，如讨论把一般优先股改为可转换优先股时，或推迟优先股股利的支付时，优先股股东有权参加股东大会并享有表决权，因此，优先股股东不可能控制整个公司。

⑤ 优先股可由公司赎回。发行优先股的公司按照公司章程的有关规定、发行时的约定及根据公司的需要，可以采用一定的方式将所发行的优先股收回，调整公司的资本结构。

⑥ 优先股必须有面值。优先股的面值代表优先股股东在公司清算时应得的资产数额，优先股的面值是计算优先股股利的基础。

融资是股份公司发行优先股的基本目的，但由于优先股的上述特征，发行公司往往还有其他动机。这主要表现在以下四个方面：

① 防止公司股权分散化。优先股股东一般无表决权，发行优先股可以避免公司股权分散，保障公司老股东的原有控制权。

② 调剂现金余缺。公司在需要现金时可以发行优先股，在现金充裕时可赎回部分或全部优先股，从而调剂现金余缺。

③ 改善公司的资本结构。公司在安排借入资本与自有资本的比例关系时，可较为便利地利用优先股的发行、转换、赎回等手段进行资本结构和自有资本内部结构的调整。

④ 维持举债能力。公司发行优先股，有利于巩固自有资本的基础，维持乃至增强公司的举债能力。

10.4.2　优先股的种类

优先股按其所包含的优先权利不同，可分为以下几种：

（1）累积优先股和非累积优先股

累积优先股（cumulative preferred stock）是指在某个营业年度内，如果公司所获得的盈利不足以分派规定的股利，日后优先股股东对往年未付给的股息，有权要求如数补给。例如，某公司因经营不善，某年未能发放面值100元、股利率10%的优先股股利每股10元，次年该公司经营状况好转，盈利增加，有能力支付优先股股利和发放普通股股利。该公司首先需要发放优先股股利每股20元（其中10元为前一年积欠的股利），然后才有权利发放普通股股利。非累积优先股是按当年利润分派股利，而不予以积累补付的优先股股票。也就是说，如果本年度的利润不足以支付全部优先股股利，对所积欠的部分，公司不予累计计算，优先股股东也不能要求公司在以后年度中予以补发。对投资者来说，累积优先股比非累积优先股具有更大的吸引力。

（2）可转换优先股与不可转换优先股

可转换优先股（convertible preferred stock）是指允许优先股股东在一定时期内按规定的条件把优先股转换成一定数额的普通股股票，这种做法近年来在国外日益流行。这种优先股能提高筹资和投资双方的灵活性。公司发行可转换优先股，实际上是在优先股之上加入了一种选择权。如果普通股价格上升，优先股股东可以行使这一权利，将其股票转换为普通股，从中获利；如果普通股价格下跌，优先股股东不行使这一权利，继续享受优先股的优惠。不可转换优先股是指不能转换成普通股的股票。不可转换优先股只能获得固定股利报酬，而不能获得转换收益。

（3）参与优先股与非参与优先股

参与优先股（participating preferred stock）是指不仅可以按规定分得当年的定额股息，而且有权与普通股股东一起参加公司利润分配的优先股股票。根据参与公司利润分配方式和比例的不同，又可分为全部参与优先股和部分参与优先股。前一类优先股股东有权与普通股股东共同等额分享本期剩余利润；后一类优先股股东有权按照规定额度与普通股股东共同参与利润分配，超过规定额度部分的利润，归普通股股东所有。非参与优先股是指只按规定股息率分取股息，不参加公司利润分配的优先股股票。持有这类股票的股东，无论公司的剩余利润有多少、普通股股东分取多少红利，除了领取固定股息外，不能再参加公司利润分配。

（4）可赎回优先股和不可赎回优先股

可赎回优先股（redeemable preferred stock）是指股票发行公司可以按一定价格收回的优先股。大多数优先股是可赎回的。可赎回优先股的赎回价格在股票上的有关条款中规定，赎回价格一般略高于票面价值。虽然公司有权赎回可赎回优先股，但是否赎回，最终由公司决定。赎回股票的目的主要是减轻利息负担。不可赎回优先股是指股票发行公司无权从股票持有人手中赎回的优先股股票。

（5）股息可调优先股和股息不可调优先股

股息可调优先股是指股息率可以调整的优先股股票。也就是说，这种股票的股息率不是固定的，而是可以变化的。不过，股息率的变化是随其他证券价格或存款利率的变化而进行调整的，与公司的经营状况无关。这种优先股股票是为适应近年来国际金融市场动荡不定、各种有价证券的价格和银行存款利率经常波动等特点而产生的，其目的在于保护股东的权益，扩大公司的股票发行量。股息不可调优先股是指股息率不能调整的优先股股票。经济活动中常见的优先股一般是股息不可调优先股。

【例10-8】某股份公司股本结构为：发行在外的普通股100万股，每股面值1元；发行在外的优先股100万股，每股面值1元，股息率10%。20×7年、20×8年、20×9年可用于分配的净利润分别为0、20万元、40万元，假定没有留存利润。计算该公司的优先股为累积、全部参与优先股和非累积、非参与优先股条件下的股利分配情况。

（1）累积、全部参与优先股的情况：

20×7年，因为无利润可分，所以优先股、普通股股利分配均为0。

20×8年，优先股每股股息0.1元，补发20×7年股息0.1元，合计0.2元/股，共需资金0.2×100=20（万元）。普通股已经无利润可分，普通股股利分配仍为0。

20×9年，优先股每股分配当年股息0.1元，分配率10%；普通股也先分10%，即每股0.1元。两者共需资金0.1×100+0.1×100=20（万元）。可分配利润为40万元，优先股、普通股股利分配均为10万元，剩余20万元由优先股、普通股股东共同分享，该公司股本为200万元，故二次分配率为20÷200×100%=10%，即优先股每股0.1元，普通股每股0.1元。因此，优先股每股分配0.1+0.1=0.2（元），普通股每股分配0.1+0.1=0.2（元）。

（2）非累积、非参与优先股的情况：

20×7年，因为无利润可分，所以优先股、普通股股利分配均为0。

20×8年，优先股每股分配当年股息0.1元，不补发20×7年股息0.1元，合计0.1元/股，共需资金10万元。剩余10万元供普通股分配，普通股股利分配为每股0.1元。

20×9年，优先股每股分配当年股息0.1元，共需资金10万元。剩余30万元供普通股分配，普通股股利为每股0.3元。

10.4.3　优先股筹资的利弊

（1）优先股筹资的主要优点

① 保持普通股股东对公司的控制，使筹资能够顺利进行。由于优先股股东没有表决权，因此，公司原有股东的控制权不会被分散，发行优先股不会引起普通股股东的反对，采用此种方式筹资可以顺利进行。当使用债务融资风险很高、利率很高，而发行普通股又可能稀释控制权时，优先股筹资不失为一种理想的筹资方式。

② 发行优先股不必以资产作为抵押，使公司可以保留资产，在必要时以资产作为抵押品借债，从而保持公司的融资能力。

③ 优先股一般没有固定的到期日，不用偿还本金。发行优先股筹集资金，实际上近乎得到一笔无期限的长期贷款，公司不承担还本义务，也无需再作筹资计划。

④ 优先股筹资有利于增加公司财务的弹性。对可赎回优先股，公司可在需要时按一定价格赎回，这就使公司利用这部分资金更有弹性。当财务状况较差时发行优先股，而当财务状况转好时赎回，这有利于根据资金需求加以调剂，同时也便于控制公司的资本结构。

⑤ 股利的支付既固定又有一定的灵活性。对固定股息的支付并不构成公司的法定义务，因此，支付股息可以根据公司的盈利情况适当地加以调整，不会像偿还债务的本息那样到期非履行不可。在付不出优先股股息时，可以拖欠，不至于进一步加剧公司资金周转的困难。

⑥ 优先股的股息一般为固定比率，从而使优先股筹资有财务杠杆作用。当公司运用优先股筹资后，公司增长的利润大于支付给优先股股东的约定股息，差额由普通股股东分享，因此，优先股筹资有助于提高普通股股票的每股收益。

（2）优先股筹资的弊端

① 资本成本较高。优先股的成本虽低于普通股，但优先股股息不能像债券利息那样在税前列支，得不到抵税的好处，因此，优先股的成本通常高于债券的税后成本。

② 优先股筹资后对公司的制约因素较多，如公司不能连续3年拖欠股息，公司有盈利必须先分给优先股股东，公司举债额度较大时要征求优先股股东的意见等。

③ 股利支付的优先性和固定性，影响普通股股东收益的稳定性，极可能形成公司较重的财务负担。由于优先股在股利分配、资产清算等方面拥有优先权，使得普通股股东在公司经营不稳定时收益受到影响。通常情况下，优先股要求支付固定股利，而股利又不能在税前扣除，当公司盈利下降时，优先股股利就可能成为公司一项沉重的财务负担，尽管优先股股利可以延期支付，但这样会影响公司的形象。

10.5 混合融资及各种融资工具的比较

10.5.1 可转换债券融资

（1）可转换债券的基本要素

可转换债券（convertible bonds）的条款除了一般债券发行时在发行日确定的常规项目（包括到期日、付息方式、息票率、面值等）外，还包括标的股票、转换价格、转换比率、转换期、赎回条款、回售条款、强制性转换条款等。

①标的股票。可转换债券对股票的可转换性实际上是一种股票选择权，它的标的物就是可以转换成的股票。可转换债券的标的股票一般是发行公司自己的股票，但也有其他公司的股票，如可转换债券发行公司的上市子公司的股票。

②转换价格和转换比率。可转换债券发行时，会明确以怎样的价格转换为普通股股票，这一规定的价格就是可转换债券的转换价格（也称转股价格），即将可转换债券转换为股票时为每股股份所支付的价格。如某公司发行期限为5年的可转换债券，面值1 000元，规定可以按每股50元的价格转换为普通股股票，50元即转换价格。

转换比率是一张可转换债券可转换的普通股股数。转换比率与转换价格的关系如下：

$$转换比率 = \frac{可转换债券面值}{转换价格} \tag{10-7}$$

由于可转换债券的面值是确定的，因此，转换价格与转换比率是一个问题的两个方面，知道了转换价格，就知道了转换比率；反之，知道了转换比率，也就知道了转换价格。比如，上述面值1 000元、转换价格为50元的可转换债券的转换比率为1 000÷50=20。

③转换期。转换期是指可转换债券持有者行使转换权的有效期，可转换债券的转换期可以与债券的期限相同，也可以短于债券的期限。例如，某可转换债券规定从其发行一定时间之后才能够行使转换权，这种转换期称为递延转换期。还有的可转换债券规定只能在一定的时间内行使转换权，超过这段时间则转换权失效，因此，转换期也会短于债券的期限，这种转换期称为有限转换期。超过转换期后的可转换债券不再具有转换权，自动成为不可转换（或普通）债券。

④赎回条款。赎回条款是可转换债券的发行公司可以在债券到期日之前按一定的条件提前赎回债券的规定，它是保护发行公司及其原有股东利益的一项条款。一般来讲，赎回条款包括不可赎回期、赎回期、赎回价格、赎回条件等几个要素。

⑤回售条款。回售条款是在可转换债券发行公司的平均股价低于转换价格的某一限度时（如低于转换价格的80%时），债券持有人有权按照约定的价格将可转换债券卖给发行公司的有关规定。设置回售条款是为了保护债券投资者的利益，使他们能够避免遭受过大的投资损失，从而降低投资风险。合理的回售条款可以使投资者具有安全感，因而有利于吸引投资者。

⑥强制性转换条款。强制性转换条款是在某些条件具备之后，债券持有人必须将可转换债券转换为股票，无权要求偿还本金的规定。设置强制性转换条款，是为了保证可转换债券顺利地转换成股票，实现发行公司扩大权益筹资的目的。

（2）可转换债券的价值

可转换债券的价值分为三个部分：纯粹债券价值、转换价值和期权的时间价值。

①纯粹债券价值。纯粹债券价值是指可转换债券在不考虑其可以转换为普通股的权利而仅将它作为普通债券持有时的价值。可转换债券的纯粹债券价值等于其未来的利息和本金按一定市场利率贴现后的现值之和，它取决于一般利率水平和违约风险。

【例 10-9】某公司发行 AAA 级债券，债券面值 1 000 元，期限 10 年，每年年末付息，债券票面利率 10%，市场要求的收益率为 15%，则：

$$纯粹债券价值 = \sum_{i=1}^{10} \frac{1000 \times 10\%}{1 + 15\%} + \frac{1000}{(1 + 15\%)^{10}} = 749（元）$$

可转换债券的纯粹债券价值是可转换债券的最低价值，也就是说，可转换债券的市场价格不可能长期低于该债券的纯粹债券价值。

②转换价值。转换价值是可转换债券按当前市价转换为公司普通股股票时的价值。转换价值的计算公式为：

转换价值 = 转换比率 × 股票价格   (10-8)

【例 10-10】接上例，当前市场上该公司的股票价格为每股 37 元，假定每张可转换债券可以转化为 20 股股票，则该可转换债券的转换价值为：

37×20=740（元）

一张可转换债券不能以低于该转换价值的价格卖出，否则就会出现无风险套利行为。假定上例中该公司可转换债券以低于 740 元的价格交易，那么，投资者将购买可转换债券，并立即向该公司要求转换为普通股，然后将换得的普通股出售获利。获利的金额等于股票出售的价值减去可转换债券的转换价值，无风险套利的结果是可转换债券的价格恢复至转换价值之上。

因此，可转换债券拥有两个价值底线：纯粹债券价值和转换价值。在转换价值小于纯粹债券价值时，投资者是不会选择转换的，他会持有债券一直到期，因此，可转换债券的内在价值应该是转换价值和纯粹债券价值中的较高者。

内在价值 = max（转换价值，纯粹债券价值）   (10-9)

③期权的时间价值。在市场上，可转换债券的市场价值往往高于其内在价值。之所以这样，一般是因为可转换债券具有选择权的特点，可转换债券持有者有选择什么时间转换成股票的权利。债券持有者将通过比较纯粹债券价值与转换价值孰高孰低来选择对自己最有利的策略（即转换成普通股还是当作债券持有），这份选择权（期权）是有价值的，它使可转换债券的价值超过纯粹债券价值和转换价值。

两种溢价间的平衡关系决定了期权的价值。如图 10-2 所示，横轴代表普通股市价，纵轴代表可转换债券的价值，从原点出发的对角线代表转换价值，即转换价值线。

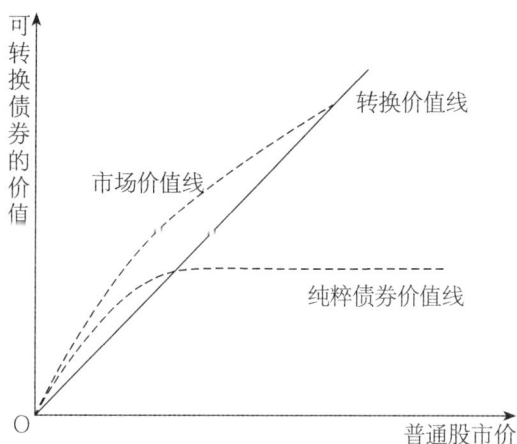

图10-2　各种债券价值和溢价间的关系

图10-2中最上面的曲线代表可转换债券的市价，这条线与纯粹债券价值线之间的距离代表纯粹债券价值溢价。市场价值线与转换价值线之间的距离代表转换溢价。

当公司普通股股票的价格较低时，可转换债券转换成普通股股票的吸引力较小，它的价值主要由纯粹债券价值决定。当公司普通股股票的价格较高时，可转换债券转换成普通股股票的吸引力较大，它的价值主要由转换价值决定。在无违约风险和给定利率水平下，可转换债券价值涉及的三种价值之间的关系可由图10-3表示。

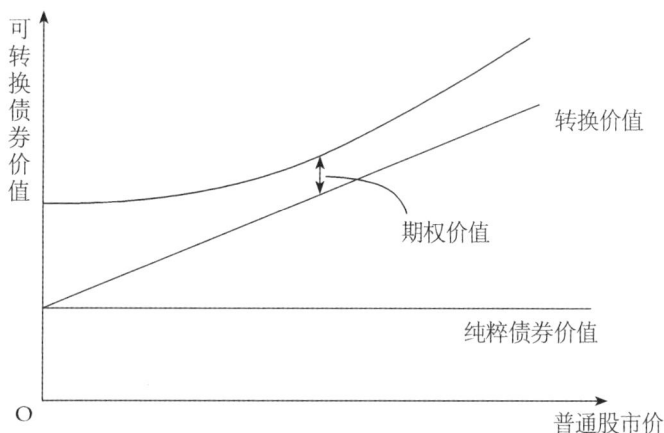

图10-3　可转换债券价值

从上面的分析可以得出可转换债券价值的计算公式：

可转换债券价值=max（纯粹债券价值，转换价值）+期权的时间价值　　　　　　（10-10）

（3）可转换债券筹资的利弊分析

① 可转换债券筹资的优点：第一，资本成本较低。由于这种债券具有可转换性，潜在的获利可能性大，而风险相对低，这些都使可转换债券具有转换价值，因此很受投资者欢迎，企业发行可转换债券的利率会比较低。同时，债券转换成权益资本前，因债券利息在税前扣除，可获得税收方面的好处。可转换债券的发行费用

也低于股票的发行费用。第二，可以缓解对现有股权的稀释程度。在二级市场及企业经营状况不佳、权益融资时机不成熟的时候，发行股票不仅融资成本高，而且会稀释公司的每股收益，影响公司的市场形象。发行可转换债券可以延缓股本的直接计入，从而保护股东的当前权益，避免股权稀释。第三，提供了一种以高于当前股价的价格发行新普通股的可能。有些公司想通过权益融资，但是觉得目前的股价偏低，那么它们可以通过发行可转换债券间接地发行股票。很多时候，可能是因为公司刚刚起步，或者准备投资新项目，公司的财务状况并不理想，投资者不愿意购买公司的股票，然而公司管理层知道公司的发展前景，知道股价在未来会随着经营业绩的上升而上升。在这种情况下，如果发行新股，那么为了获得资金，必须发行过多的股份。然而，如果公司发行可转换债券，并且把可转换债券的转换价格定为高于目前股份的20%~30%，当可转换债券转换时，公司发行的股份比发行新股的股份就会少。

② 可转换债券筹资的缺点：第一，当发行可转换债券的企业的股票无法达到促使债券转换的价格水平时，持有者不会行使转换权，从而使可转换债券被"悬挂"起来。可转换债券被"悬挂"的情况对发行债券的企业非常不利。一方面，可转换债券在转换前还是企业的债务，这些债务不能转换成权益资本，企业在收回这些债券之前将丧失筹资能力；另一方面，如果可转换债券到期时，无法使持有者进行转换，企业就要筹集现金收回这些可转换债券。这时，企业会有一大笔现金流出，这笔现金将给企业带来极大的财务压力。第二，发行可转换债券的一个优点是利息负担比较低，然而转换后这种优势不复存在。在这一点上，可转换债券不如附有认股权证的公司债券，后者的利息优势可以始终保持。

10.5.2　认股权证债券融资

（1）认股权证的概念

认股权证（subscription warrant）简称权证，是由股份公司发行的，能按特定的价格，在特定的期间内购买一定数量该公司股票的选择权凭证。它赋予持有者在一定期间内以事先约定的价格优先购买发行公司一定数量普通股股票的权利。认股权证本身不是股票，既不享受股利收益，也没有投票权，而是一种股票买权。认股权证的发行可以依附于优先股或债券，也可以与优先股或债券相分离。

认股权证能以高于其理论价值的价格出售，主要原因在于存在杠杆机会。认股权证的市价与相关普通股股价的典型关系如图10-4所示，实线表示认股权证的理论价值，虚线表示认股权证的市场价值。离认股权证到期的时间越长，投资者选择交割机会的时间也越长，从而认股权证价值越高。

（2）认股权证的特征

① 认股权证本身包含期权条款。首先，期权条款规定了每份认股权证所能认购的普通股股数；其次，期权条款明确了认购公司普通股的价格（即执行价格），执行价格一般在认股权证发行时即已设定，且高于认股权证发行时的公司股票市价。此外，认股权证上一般还载明有效期限，超过有效期限后，认股权证即失效。

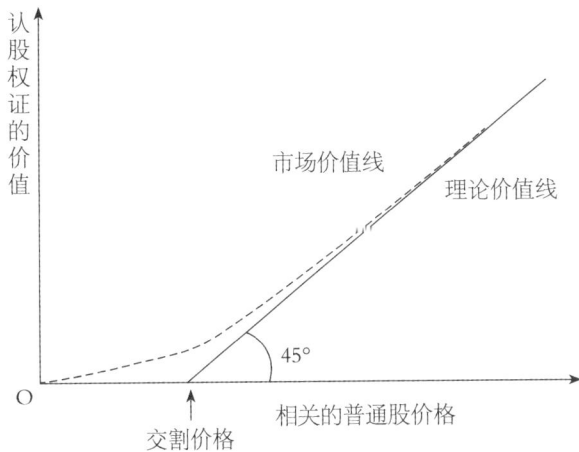

图10-4 认股权证的理论价值与市场价值间的关系

② 对发行公司而言，发行认股权证是一种特殊的筹资手段。发行认股权证的主要目的是吸引广大投资者购买公司发行的债券或优先股。认股权证往往是按购买债券或优先股数量的某种比例配售给投资者的。这样，投资者不仅能获取所购债券或优先股的固定利息收入，而且可以根据认股权证规定的价格在适当的时间购买普通股。

③ 认股权证具有价值和市场价格。用认股权证购买普通股，其价格一般低于市价，这样认股权证就有了价值。

④ 认股权证有可能稀释普通股每股收益。当所有认股权证被执行后，普通股每股收益将被稀释。

10.5.3 各种融资工具的比较

（1）债务融资与权益融资比较

无论是在理论上还是在经济活动实践中，债务融资与权益融资在诸多方面均存在明显差异，因而融资选择对企业行为、企业效率以及企业价值等各方面都有重要影响。在存在选择空间的条件下，企业要对两种融资方式进行比较，才能作出相应的融资决策。本部分内容就是结合上市公司的融资活动，对债务融资和权益融资的主要特征进行对比分析。

①契约性质比较。债务融资与权益融资事实上都可以被看作资金"贷出者"与企业之间就资金交易达成的契约关系。作为契约关系，债务融资与权益融资的契约规定是不同的，即契约性质是不同的，主要表现在以下几个方面：

第一，本金偿还的规定不同。债务融资一般在到期后由企业向债权人偿还本金；权益融资一般不会偿还本金，只要企业存在，权益资本就由企业一直占有和使用。

第二，期限不同。与是否偿还本金相联系，债务融资一般在事先都有明确的期限规定，到期后必须偿还；而权益融资的有效期与公司的存续期是一致的，从这个意义上说，权益融资实际上是一种"永久性"的资金交易关系。

第三，投资者获取收入的形式不同。股东获取股息，但股息水平是不固定的，并且只有在企业向债权人足额支付了利息之后，股东才能获得股息；债权人一般获得事前予以固定的利息收入。

第四，受清偿的顺序不同。当企业因解散或破产而进行清算时，债权人在股东之前优先获得清偿。

第五，权利规定不同。债权人一般无权干涉企业的生产经营活动，只有当企业处于非正常状态时，债权人才能获得企业的控制权；而股东在企业正常经营状态下拥有企业"所有权"。

第六，风险不同。尽管没有明确载明，但根据上述债务融资和权益融资契约性质的不同，股东承受的风险总是高于同一企业债权人承受的风险。

②融资成本比较。所谓融资成本，从融资方的角度看，是因为使用资金而支付的代价；从投资方的角度看，是因投资者让渡资金使用权而获得的报酬。投资者在事前根据风险估计对单位投资所要求获得的报酬（称为要求报酬率）一般会作为确定融资成本的主要依据。一般来说，风险必须得到相应的报酬作为补偿，因此，风险越高，投资者所要求得到的报酬率越高。

权益融资契约关系中的投资方因为承担了较债务融资关系中的债权人更高的风险，因而要求得到的报酬率更高。在理论上，权益融资成本通常高于债务融资成本。如果进一步考虑负债利息支出的节税作用，债务融资较权益融资成本低的优势更为突出。

权益融资与债务融资的成本除了在数量方面的差异外，还有一些各自的特点。首先，就债务融资而言，虽然其成本较低，但它是一种"硬约束"成本，必须按照债务合约的规定定期支付固定利息，否则就是违约，将导致企业重组或破产；就权益融资而言，尽管其成本较高，却是一种"软约束"成本，具有相当大的灵活性和不确定性，根据权益融资的契约性质，企业完全可以根据实际经营状况和当时的支付意愿来决定股息的支付，没有固定支出的负担。其次，在债务融资关系中，债权人的收入主要来自利息，在这种情况下，作为债务人的企业，其融资成本与债权人的投资收益是基本一致的，即"所付即所得"；但在权益融资关系中，股东的固定收入除了来自企业直接支付的股息外，还有相当部分来自资本利得，并且来自资本利得的收入往往超过股息收入，在这种情况下，企业的融资成本与投资者获取的投资收益脱节。证券市场效率越低，这种脱节的情况越突出。权益融资成本的"软约束"和与投资收益脱节的特点会对企业融资行为产生较大的影响。

③融资效率比较。这里的融资效率具体包括以下几个方面：融资条件的宽松或严格、融资的灵活性等。

从融资条件来看，进行权益融资所需满足的条件是非常严格的。《中华人民共和国公司法》《中华人民共和国证券法》及其他相关法规对拟发行股票企业的规模、股权结构、获利能力、融资时间间隔、信息披露等各方面均作出严格规定，并且要求企业发行股票必须通过管理部门的审批或核准；而债务融资除了公开发行债券之外，所需满足的条件要宽松得多，并且债券交易通常不需要第三方的认可，只需要交易双方达成协议就可以成立。

从融资的灵活性来看，权益融资由于受发行条件、周期等因素的影响，灵活性较低，在实践中管理部门对发行价格、融资规模、资金用途都有较为严格的限制；相比较而言，债务融资的灵活性要高一些，除了资金价格（利率）受到管理之外，其他方面如规模、期限、偿还方式等，都可以由交易双方灵活确定，资金的使用相对而言也要自由一些。此外，债务融资具有可逆性，即企业在未来认为必要时，可以用新的权益融资来替代原有的债务融资，而权益融资由于受制于目前股票回购的规定，通常是不可逆的。

（2）认股权证债券融资和可转换债券融资的比较

认股权证债券融资和可转换债券融资具有太多的共同点。它们都能提供较低的利率，从而减轻公司的利息负担；在一定条件下，持有人都能够分享公司成长带来的收益，认股权证的执行和可转换债券的转换都会带来稀释效应，因此监管部门要求公司进行及时的信息披露等。同时，基础资产都为持有人提供了一定程度的"最低保障"，两者的价值都包括纯粹债券价值和以公司股票为基础资产的看涨期权的价值。如果公司的风险比较低，纯粹债券价值就比较高，而看涨期权的价值较低；如果公司的风险较高，纯粹债券价值就会较低，而看涨期权的价值较高。

因为有那么多共同点，所以从表面上来看，可转换债券可以看成纯粹债券加上不可分离的认股权证，而认股权证债券可以看成纯粹债券加上可分离的认股权证，因此，可转换债券和认股权证债券两者之间似乎存在相互转换的可能性。但仔细分析起来，两者仍存在很大区别。一个明显的区别是认股权证执行时，债券可能仍在市场上流通，执行认股权证给公司带来了新的权益资本；而可转换债券转换成普通股时，债券退出市场，同时公司的债务资本转变为权益资本，仅仅是会计账目之间的变换。从时间角度来看，认股权证的有效期比较短，通常在债务的到期日之前到期。两者在灵活性方面也有一定的差异。大多数可转换债券有赎回条款，允许发行者根据转换价值和赎回价格的关系来赎回债券或者强制转换；而大多数认股权证不可赎回，公司必须等到持有人执行时才能得到新的权益资本。

认股权证债券和可转换债券的发行成本也有较大的不同。通常认股权证债券的承销费用是权益融资和债务融资的加权平均成本，而可转换债券的承销成本和纯粹债券差不多。总的来说，认股权证债券的发行成本要比可转换债券高出1~2个百分点。

（3）可转换债券融资与纯粹债券融资、普通股融资的比较

基于低利率优势，在可转换债券、纯粹债券和普通股这三种融资方式中，公司似乎更倾向于发行可转换债券。

如果股价在可转换债券发行后表现出色，持有人就倾向于把可转换债券转化为股票。考虑到转换所带来的稀释效应，公司若当初采用纯粹债券融资而非可转换债券融资，将会受益更多。但股价的上涨同时说明可转换债券融资优于普通股融资，因为如果当初采用普通股融资，公司只能以较低的价格发行股票。

如果股价在可转换债券发行后表现不佳，这时可转换债券持有人就不会将持有的可转换债券转换成普通股，较低的利率会给公司带来很大好处。但公司如果当初采用普通股融资，就不仅能在当初较高的价位上发行股票，而且连较低的利息也不用支付，从而给公司带来更多的好处。

一般来说，如果公司发展前景良好，发行可转换债券就不如发行纯粹债券，但会优于发行普通股；如果公司发展前景不佳，发行可转换债券要比发行纯粹债券好，但比不上发行普通股。

目前，我国上市公司的长期资金来源主要包括内部融资和外部融资，其中外部融资主要通过银行筹资的间接融资和通过资本市场筹资的直接融资（债券、股权和混合类证券融资）。投融资期限错配通俗地讲就是资金来源短期化、资金运用长期化，这违背了投资期限与债务期限应当匹配与吻合的免疫假说（Morris，1976）。已有研究发现，我国上市公司普遍存在经营和发展依赖大量短期融资的现象，这导致企业债务的风险和投融资期限错配的风险。通过学习长期资本融资理论，同学们可以增强职业责任感，公司可以作出合理的融资决策。

思考与练习 ✅ - ●

1.简述长期借款筹资的优缺点。

2.长期债券的基本特征有哪些？

3.什么是IPO？其目的是什么？

4.什么是借壳上市？它与买壳上市的异同点有哪些？

5.什么是配股？

6.优先股可分为哪些种类？

7.可转换债券有哪些价值？

8.分别指出竞价和谈判发行的相对优点。

9.股票价格一般在宣布非首次公开发行后会下跌，原因何在？

10.为什么销售权益类证券的成本比销售债券的成本高？

11.某公司准备发行长期债券，目前在争论关于债券是否要加入赎回条款的问题。加入赎回条款，该公司会从中得到什么利益？又会带来什么成本？如果考虑的是回售条款，那么答案会有什么样的变化？

12.某公司在市场上发行了票面利率为9%，尚余12年到期的债券，每年付息一次。假如该债券的到期收益率为8%，那么当前价格是多少？

13.表10-2是某公司的权益账户。

表10-2 **某公司权益账户**

普通股，每股面值2元	130 000元
资本盈余	204 000元
留存收益	2 370 000元
总计	2 704 000元

该公司有多少发行在外的股票？股票的平均销售价格是多少？

14.某公司去年的权益账户见表10-3。

表 10-3　　　　　　　　　　　　某公司去年的权益账户

普通股，每股面值1元，发行在外500股	？
资本盈余	50 000元
留存收益	100 000元
总计	？

要求：（1）填写缺少的数据。

（2）该公司决定发行1 000股新股，当前的股票市价为30元，请列示发行新股后对公司权益账户的影响。

15.S公司打算通过配股筹集股本。该公司原有240万股发行在外的普通股，这次必须筹集1 200万元。配股的认购价格将是每股15元。

要求：（1）S公司必须发行多少新股？

（2）为了购买一份股票需要多少份配股？

16.某公司正在考虑一个配股方案。该公司现有股票每股价格为25元，共有10万股发行在外的股票，将以每股20元的认购价格发行1万股新股。

要求：（1）配股价格是多少？

（2）除权价格是多少？

（3）该公司新的市场价值是多少？

（4）为什么应该采用配股方案而不是普通股发行方案？

17.某公司提出一个配股方案，现在它有40万股股票发行在外，每股价格85元，将以每股70元的价格发行7万股新股。

要求：（1）该公司新的市场价值是多少？

（2）除权价格是多少？

（3）配股价格是多少？

（4）该公司可能因为什么原因选择配股而不是发行普通股？

18.某公司需要筹集270万元的资金进入新市场。该公司将通过普通股发行来卖出新的权益股票，如果发行价格是每股50元，发行商要求10%的费用，该公司需要卖出多少股票？

19.在上一题的问题中，如果该公司的档案费和与发行相关的管理费用是45万元，需要卖出多少股票？

20.G公司刚刚上市。在该公司的承销协议中规定，对于卖出的500万股股票，G公司将收到每股19.75元。首次发行价格是每股21元，股票在开始交易的几分钟内就涨到了每股26元。G公司支付了80万元的直接法律费用和其他费用，并支付了25万元的非直接费用。发行费用占筹集资金的百分比是多少？

21.某公司有5 000股股票，每股20元。假设该公司可以按每股20元、15元和10元发行2 000股新股，这三个可选价格分别对现有股票产生什么影响？

22.某公司的股票价格现在是每股40元。上个星期，该公司通过配股来筹集新的权益资本，股东必须付出10元和3份配股权来购买1股新股。

要求：（1）除权价格是多少？

（2）配股权的价格是多少？

（3）股票价格会在什么时候下跌？为什么？

23.20×8年S公司采用配股方式发行新股。新股认购价为每股5元，配股比例为每4股配1股。新股发行前，该公司股票在市场上流通的股数为1000万股，每股的市场价格为6元。

要求：（1）新股发行后筹集到的资金总额是多少？

（2）认购1股新股的配股权的价值是多少？

（3）新股发行后，股价是多少？

24.你看到了一则充满诱惑的贷款广告："10万元的快速信用贷款！17.4%的单利！3年还清即可！非常非常低的月供！"你咨询该广告的王经理，他为你进行了详细介绍：如果按照17.4%的利率借出3年期10万元的贷款，那么在3年后你的欠款为：

100 000×1.174³=161 810（元）

王经理说一下子支付16万多元可能有点吃力，因此他允许你按月进行很低额度的偿还，为161 810÷36=4 495（元），虽然这样会给他增加一些工作量。该贷款的利率真的为17.4%吗？为什么？该贷款的名义年利率应该是多少？实际午利率呢？你认为这为什么被称为附加利息？

25.A公司需要筹集5 500万元的资金以满足新市场的需要。该公司将通过普通股发行筹集所需资金。如果股票发行价格定在每股32元，承销商将收取7%的价差。该公司需要发行多少股新股？

第11章

金融租赁

本章要点 ✔ --●

本章主要介绍公司金融中的金融租赁相关内容，主要包括金融租赁的概念及类型、租赁对纳税及财务报表的影响、融资租赁的财务处理及分析方法、租赁决策分析。

11.1 金融租赁概述

11.1.1 租赁的概念

租赁（lease）是承租人和出租人之间的契约。契约中规定承租人拥有使用租赁资产的权利，同时必须向出租人支付租金，承租人由此获得在一定时期内使用该资产的权利，但资产的所有权仍属于出租人。就承租人而言，使用一项租赁资产是最重要的，谁拥有它并不重要。承租人借助一份租赁合同就可取得一项资产的使用权，使用者也可以通过购买方式来取得资产。这可以用图11-1来说明。图11-1中的U公司可能是承租人，出租人是一家独立的租赁公司。

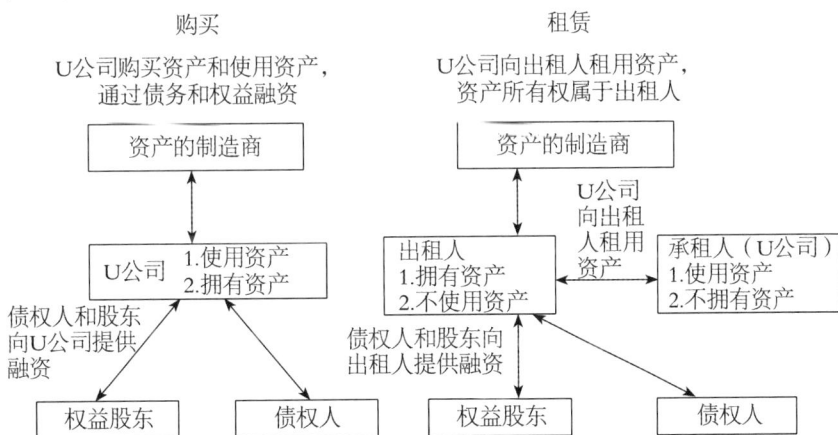

图11-1 购买和租赁

大多数人对公寓、汽车的租赁非常熟悉，对于公司租赁设备可能并不熟悉。事实上，公司也经常进行租赁，比如办公室、计算机、机械设备租赁等。承租人既可以向专业的租赁公司租赁，也可以直接向资产的制造商进行租赁。进行租赁通常要定期支付租金，一般是每月、每季度、每半年或每年支付一次，具体支付时间由双方在租赁合同中确定，通常这些租金都采取预付的形式，就是说在每个付款期间开始时付款。但也有例外，如后付租赁合同允许承租人在期末支付租金。在资产使用过程中，通常会产生维护费用、修理费用和保险费用等，如果这些费用由出租人支付，则称为维护租赁；如果这些费用由承租人支付，则称为净租赁。

11.1.2　租赁的类型

租赁分为若干不同的类型，这里主要讨论以下几种：

（1）经营性租赁

经营性租赁（operating lease）也叫服务性租赁，在为企业提供融资便利的同时还为企业提供资产维修服务。计算机、复印机、小汽车和卡车等一些具有通用性和先进性的设备是经营性租赁的主要标的物，这种租赁安排通常要求承租人负责维修和保养出租的设备，而维修和保养费用可以包含在租金中，也可以单独签约确定。一般来说，其租金费用比较高，而且要求出租人必须具备相应的技术力量。

由于经营性租赁的租期一般低于租赁设备的寿命期，出租人收回租赁设备所有成本的方法有两种：一是把设备反复出租给其他承租人；二是将设备卖掉。经营性租赁的另一个重要特征是租赁设备的所有成本不要求全部在一次租赁契约的租金中摊还。

规范的经营性租赁还有一个特征，即租赁契约通常含有"摊销条款"，该条款赋予承租人在基本租赁协议到期前取消租赁合同、退还租赁设备的权利。这一点对承租人是非常重要的。如果技术发展使设备变得落后，或由于承租人经营不景气而不再需要这种设备时，可将设备退还给出租人。

（2）融资租赁

融资租赁（financial lease）是由出租人融通资金为承租人提供所需设备，具有融资融物双重职能，集信贷、贸易和技术更新于一体的新型金融工具。

融资租赁与经营性租赁的不同在于：①融资租赁不提供维修服务；②融资租赁的租金不能（作为营业成本）在税前被摊销；③出租人投资的成本和收益要全部在租金中摊还，即出租人收到的租金款额等于出租设备的全部价格加上投资收益。

为什么融资租赁具有上述特点？图11-2是一种典型的融资租赁形式，首先由要使用设备的企业（承租人）根据自己的需要，选定所需设备和制造商（或供应商），并就有关供货条款（如价格、交货日期等）进行谈判。承租人对设备及供货人的选定是其自己的权利，不依赖出租人的判断和决定。出租人可以向承租人推荐供货人或设备，但不得干涉承租人对供货人和设备的选择（国家有特殊规定的设备除外）。

然后，使用设备的企业由于受到资金限制，不能购买设备，因此这家企业安排一家租赁公司或银行（出租人）从制造商或供应商处购买这一设备，同时双方达成协议，该企业向租赁公司或银行租赁该设备。租赁的条件是：分期摊还投资者的全部投资及出租人的投资收益。收益率大约等于承租人支付贷款的利率。例如，承租人支付定期贷款的利率是10%，则计入租赁契约中的收益率约为10%。承租人具有在基本租约期满延长租约时要求降低租金的选择权，但是在付清出租人的租金之前，不能撤销基本租约。

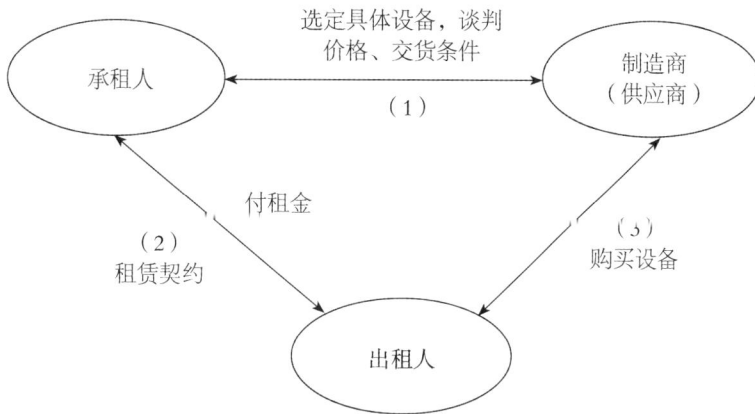

图11-2 一种典型的融资租赁形式

另外，融资租赁一般由承租人缴纳所租赁财产的财产税和财产保险。由于出租人的收益是付完所有投资成本后的净收益，因此，这种租赁常被称为"纯"租赁。当承租人事前不拥有财产，直接与供应商或制造商，甚至金融机构签署租赁协议时，我们又称这种融资租赁为直接租赁。

融资租赁还称资本租赁，与经营性租赁有很大不同。融资租赁是为了满足承租人对资产的长期需要，租赁资产的风险和报酬通常由承租人承受。

融资租赁的租赁期限较长。《美国财务会计准则委员会第13号公告》规定，融资租赁的租期应相当于租赁资产期望寿命的75%以上，我国《企业会计制度》也有此项规定。这可以看成一项时间性标准。

融资租赁的租金与租赁资产的价值比较接近。《美国财务会计准则委员会第13号公告》规定，租赁开始日承租人最低租赁付款额的现值不得低于租赁资产公允价值的90%。我国《企业会计制度》也有类似规定，租赁开始日承租人最低租赁付款额的现值几乎相当于租赁开始日租赁资产原账面价值，通常不少于90%。

在融资租赁下，出租人不提供维修、维护服务。

承租人通常拥有在租赁期满后购买该租赁资产的权利。《美国财务会计准则委员会第13号公告》规定，承租人有以低于市场公允价值购买该资产的选择权。我国《企业会计制度》规定，承租人有购买租赁资产的选择权，且订立的购价应低于行使选择权时租赁资产公允价值的5%。

一般来说，融资租赁合同不能被撤销，因此比较稳定。

在典型的融资租赁合同中，由使用设备的公司（承租人）确定所需设备的具体要求，租赁公司按照承租人的要求引入资产，交付承租人使用，承租人通常有在到期日续约的权利。

融资租赁通常能够得到完全的补偿，这使得这种租赁方式成为购买资产的一种替代融资形式。售后租回和杠杆租赁是它的两种特殊形式。

（3）售后租回

售后租回（sale-leaseback）是指拥有土地、建筑物或设备的企业将资产卖给另一企业或租赁公司，同时订立协议，按一定的条件将此资产再租回，这是融资租赁的一种特例。典型的售后租回如图11-3所示。

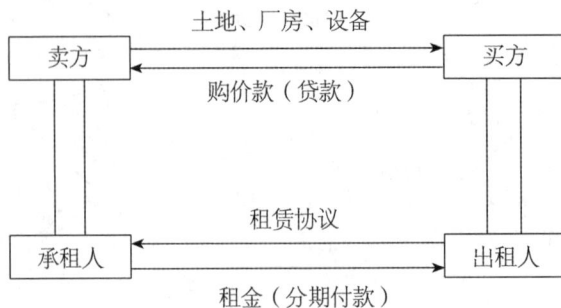

图11-3 典型的售后租回

由图11-3可知，售后租回可看成一种抵押贷款的方式，只不过在这种租赁条件下，抵押资产的所有权已经转移。但是卖方（承租人）能立刻收到买方（出租人）支付的购买价款。同时，卖方（承租人）仍保留财产的使用权，两者的关系反映在支付租金的时间表中。另外，根据抵押贷款协议，贷款人收到一系列固定等额分期付款，这些分期付款在偿还完贷款的同时，还为贷方提供一定的收益；而在一个售后租回协议中，租金的支付也采用完全相同的方式，即租金是固定的，租金中除抵偿投资者的全部购买价之外，还给出租人的这项投资提供了一定的收益。

售后租回与融资租赁的主要区别在于：融资租赁的设备是新的，出租人是从制造商或经销商处购买，而不是从使用者（承租人）处购买；售后租回正好相反。售后租回与融资租赁有相同的分析方法。

售后租回一般在两种情况下使用：

① 当企业资金不足而又急需某种设备的情况下，先出资从制造商处购置自己所需的设备，然后转卖给租赁公司，企业再从租赁公司租回设备使用。

② 当企业进行技术改造或扩建时，如果资金不足，可将本企业原有的大型设备或生产线先卖给租赁公司得到现金以解决燃眉之急，但卖出的设备不拆除，同时与租赁公司签订租赁协议，由企业继续使用，直到租金付清后，以少量代价办理产权转移，最后设备仍归属于企业。

（4）举债租赁

举债租赁又称杠杆租赁（leveraged lease）。前面所述的租赁形式均涉及两个当事人，即出租人和承租人，出租人为承租人提供了资金来源。但是在实践中，有时也会出现出租人没有充足的资金去购买设备并将其出租的情况，此时出租人通过部分举债购买设备用于出租，这就是举债租赁，因此，举债租赁分析仅针对出租人，与承租人无关。在举债租赁中，当出租人不能单独承担资金密集型项目（如飞机、轮船、火车等）的巨额投资时，通常将代购买的设备作为第一抵押权给予贷款人，或以转让收取租金的权利作为贷款的额外保证，从银行、保险公司等金融机构获得设备60%~80%的贷款，剩余部分由出租人自筹解决。最后，由出租人购进设备供承租人使用，承租人定期支付租金，出租人以租金归还贷款。出租人在举债租赁时仍可得到由于加速折旧而产生的避税好处，但是因为出租人的地位低于享有设备第一抵押权的贷款人的地位，出租人承担的风险也就较大。

杠杆租赁是承租人、出租人、贷款人三方之间的协议安排，如图11-4所示。

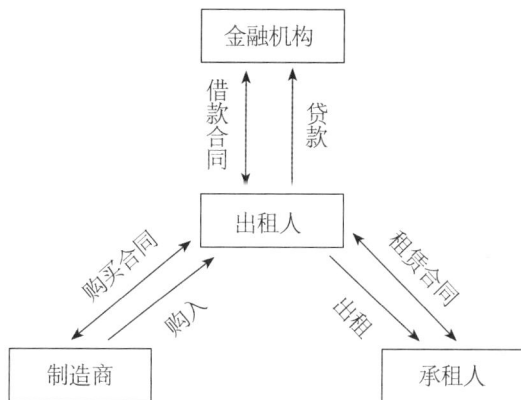

图11-4 杠杆租赁

承租人使用资产，交付租金，从承租人的角度看，与其他租赁没有什么区别。与其他租赁一样，出租人购买资产，交付给承租人，并定期收取租金，但是，出租人通常只支付购买资产所需资金的一部分，一般不超过该项资产价格的40%~50%。贷款人提供剩余的资金，并向出租人收取利息。

杠杆租赁中的贷款人对所出借款项无追索权。这就意味着一旦违约，贷款人无权向出租人追偿贷款。但是，贷款人有另外两项权利：一是贷款人对租赁财产享有第一留置权；二是在出租人违约的情况下，承租人必须把租金直接支付给贷款人。

飞机、轮船、卫星设备、电信设备租赁等通常采用杠杆租赁。美国的税法规定，出租人无论是以自有资金还是以借入资金购买设备用于租赁，均可按租赁资产的全部价值享受折旧、各种减免税待遇，因此，出租人仅付出一小部分资金就可以获得全部资产价值的折旧、减免税待遇，从而大大降低了出租人的成本。出租人节约了税收支出，也会向承租人收取较低的租金，从而也降低了承租人的租金支出。

在国际上，举债租赁可以享受全部加速折旧或投资税收减免的好处，这不仅可以提高出租人的投资能力，而且可以使其获得较高的利润，因此，出租人将这些优惠通过降低租金的形式间接地转移给承租人，所以举债租赁的租金水平比其他种类租赁的租金水平要低一些。

11.1.3 租赁对纳税及财务报表的影响

（1）租赁的税务规定

我国相关法律法规规定，纳税人根据生产经营需要租入固定资产所支付租赁费的扣除分别按下列规定处理：

① 以经营性租赁方式租入固定资产而发生的租赁费，可以据实扣除。

② 融资租赁发生的租赁费不得直接扣除。承租方支付的手续费，以及安装交付使用后支付的利息等可在支付时直接扣除。

③ 融资租赁方式租赁的固定资产应当计提折旧。

因此，我国对租赁资产的税务处理是：通过经营性租赁方式租入的固定资产，承租方不能计提折旧，租赁费直接在税前扣除；通过融资租赁方式租入的固定资产，应在税前计提折旧，不能扣除租赁费用。

（2）租赁对纳税的影响

租金可以减免所得税，如果没有条件限制，公司可以利用租赁方式，通过支付租金达到减免税的目的，而设备将在比用加速折旧法更短的寿命期内折旧完。

【例11-1】甲公司计划引进一条生产线，价值为200万元。试分析购买或租赁的税款节省额。

如果购买生产线，在加速折旧法下的寿命期是5年，年折旧额见表11-1。

表11-1 折旧税款节省额 金额单位：万元

时间（年）	1	2	3	4	5
年折旧额	40	64	40	28	28
税款节省额（假设 T=25%）	10	16	10	7	7

若以6%的折现率计算，税款节省额的现值为42.85万元。

假设甲公司可通过租赁获得该生产线，租期是3年，每年租赁费用是666 666.67元，并拥有购买选择权。由于租金可以减免税收，因此，这3年每年的税款节省额是：

666 666.67×0.25=166 667（元）

若仍以6%的折现率计算，税款节省额的现值为44.55万元。

由此看来，虽然租金和折旧两者提供的税款节省额相差不大，但是租赁只有3年，税款节省额来得更快些，而且现值较高，甲公司最好采用租赁方式获得该生产线。

从【例11-1】可以看出，任何一种契约只要可以被称作租约，并且税收处理都按租约来处理，那么与设备的折旧避税方法相比，租赁的避税时间安排就加速了，这对企业是有利的，但国家的税收收入就减少了。出于保障税收的目的，各国对此在不同程度上进行了规定。比如，在美国，税务局对租赁的要求是租赁契约必须是符合国内税务局标准的真正租约。如果对契约的法律地位有任何疑问，财务经理必须让企业的律师和会计核对最近的国内税务局的有关规定。

（3）租赁的会计处理

《美国财务会计准则委员会第13号公告》和我国《企业会计制度》都对融资租赁进行了精确的定义，把非融资租赁统称为经营性租赁，要求在融资条件下，未来租赁预付款额的现值须作为负债在资产负债表右边列示，相同的价值作为资产在资产负债表左边列示，这一会计处理称为资本化租赁。通过下面的例子，我们能够清晰地看出通过借款购买、经营性租赁和融资租赁这三种方式使用资产时，资产负债表在披露方面的差异。

【例11-2】假设甲公司的初始资产负债状况见表11-2。现在该公司需要价值为500万元的固定资产Y，它可以通过借款购买或租赁（经营性租赁或融资租赁）的方式达到目的。三种方式引起的资产负债表变化见表11-2。

表 11-2 　　　　　　　　　甲公司资产负债表及其变化　　　　　　　　　单位：万元

资产增加前			
流动资产	300	负债 X	400
固定资产 X	700	所有者权益	600
资产合计	1 000	负债和所有者权益	1 000

借款购买固定资产 Y（甲公司拥有 Y 的所有权）			
流动资产	300	负债 X	400
固定资产 X	700	负债 Y	500
固定资产 Y	500	所有者权益	600
资产合计	1 500	负债和所有者权益	1 500

融资租赁（通过融资租赁使用固定资产 Y）			
流动资产	300	负债 X	400
固定资产 X	700	负债 Y	500
固定资产 Y	500	所有者权益	600
资产合计	1 500	负债和所有者权益	1 500

在经营性租赁中，租赁资产和负债（应付租赁款）未直接反映在资产负债表中，因此，经营性租赁也往往被称为表外融资。而在融资租赁中，租赁资产被视为固定资产，未来租赁付款被视为负债，其在会计报表上反映的效果类似于公司借款融资购买固定资产。从财务报表上看，与经营性租赁相比，进行融资租赁，甲公司的负债率会上升。上例中，经营性租赁方式的资产负债率为 40%（400÷1 000×100%），而融资租赁方式的资产负债率为 60%（900÷1 500×100%）。由于人们往往认为公司的财务状况与负债负相关，因此进行经营性租赁时，公司的财务报表从表面上看要漂亮一些。

在很多国家和地区，包括美国和中国，与融资租赁一样，对经营性租赁也要进行披露，但列示于资产负债表的附注中。承租人和出租人都需要在财务会计报告中披露与租赁相关的大量事项。

（4）租赁对财务报表的影响

租金作为经营性费用出现在企业利润表上，在一定条件下，租赁契约的租赁资产或负债不出现在企业的资产负债表上。由于这个原因，租赁经常被称为"资产负债表外筹资"。

【例 11-3】有两家企业 B 和 L，都需要获得价值 1 000 万元的设备。获得这一设备的渠道可以是借钱购买，也可以是租赁。假如企业 B 借钱购买，而企业 L 通过租赁获得，资产增加前两家企业的资产负债表见表 11-3。

表 11-3	资产增加前资产负债表		金额单位：万元
	企业 B 和企业 L 的资产负债表		
流动资产	500	负债	500
固定资产	500	股东权益	500
总资产	1 000	负债和股东权益	1 000
	资产负债率=500÷1 000×100%=50%		

试分析这两家企业在资产增加后的资产负债表。

资产增加后，企业 B 和企业 L 的资产负债表见表 11-4。

表 11-4		资产增加后资产负债表			金额单位：万元
企业 B（借款购买）			企业 L（租赁）		
流动资产	500	负债	1 500	流动资产	500	负债	500
固定资产	1 500	股东权益	500	固定资产	500	股东权益	500
总资产	2 000	负债和股东权益	2 000	总资产	1 000	负债和股东权益	1 000
资产负债率=75%				资产负债率=50%			

企业 B 借了 1 000 万元购买该资产，资产和负债都出现在资产负债表中，它的资产负债率从原来的 50% 上升到 75%。企业 L 租赁该资产，如果是融资租赁，租赁所需的固定费用可能等于或高于贷款的费用。若不能按时支付租金，如同不能按时支付利息一样可能导致企业破产，因此，在融资租赁下，企业 L 的财务风险与企业 B 相同。但是企业 L 的资产负债率只有 50%，保持不变。这对两家企业来说是否公平？或者说，是否会误导投资者呢？

如果企业通过经营性租赁获得该设备，由于经营性租赁的租期比融资租赁的租期短，承租人允诺的支付租金的义务一般不需要在资产负债表上列为一项负债。承租人为经营性租赁资产所支付的租金应在租赁期限内均衡地计入费用，列入利润表。为了避免企业 L 的投资者错误地高估该企业的财务状况，财政部门要求企业在财务报表中用附注形式披露租赁情况。

如果企业通过融资租赁获得该设备，虽然在法律形式上承租人未获得该资产的所有权，但从交易的实质上讲，由于出租人专门为承租人购买了此设备，承租人也在租金中反映了偿还设备的成本，还给予出租人一定的收益，租赁资产上的风险和收益都已转移给了承租人。上述企业 L 和企业 B 具有相同的财务风险，只有将其租入资产以相应的融资记录在资产负债表上，才能充分反映企业在某一时间所拥有的经济资源和所承担的债务责任，才不会使投资者错误地估计企业的财务状况。

为了正确地反映企业融资租赁对企业财务状况的影响，《美国财务会计准则委员会第 13 号公告》要求，对参与了融资（资本）租赁的企业，若具有不符合规定的审计报告，企业必须重新将租赁的资产作为固定资产、将未来支付租金的现值作为负债列示在资产负债表上。经过这样的处理，企业 L 的资产负债率与企业 B 的资产负债率就一样了，见表11-5。

表11-5　　　　　　　　　企业L资本化租赁后的资产负债表　　　　　　金额单位：万元

流动资产	500	流动负债	500
固定资产	500	租金的现值	1 000
租赁资产的现值	1 000	股东权益	500
总资产	2 000	负债和股东权益	2 000

资产负债率=1 500÷2 000×100%=75%

企业签署融资租赁协议会使企业的负债比率提高，因而也改变了企业的资本结构。如果企业需要保持原定的最佳资本结构，则需要筹集额外的股本。

11.1.4　租赁融资的利弊

（1）租赁融资的优点

① 灵活性大。银行贷款易受贷款协议的诸多限制，而租赁融资的出租人一般不会对企业的资本结构、营运资金情况、股利政策等施加限制，从而赋予了企业更大的经营灵活性。

② 全额筹资。通过租赁融资相当于获得购买设备的全额资金，而通过银行贷款，将设备抵押，只能获得部分设备款项，企业自身还需要一定的初始购买资金，增加了资金占用的实际成本。这种方式尤其有利于中小企业。随着市场竞争的日趋激烈，企业设备的更新改造以及产品结构的升级换代周期不断缩短，提高了设备的实际使用成本，而中小企业融资渠道单一，可获得的资金数量有限，租赁恰好开拓了中小企业的融资渠道，便于中小企业获得设备的全额投资。

③ 节约税负。根据税法的规定，固定资产的折旧或租金均可以在税前扣除，而租赁融资中企业所负担的租金一般要大于企业直接购买固定资产而计提的折旧，因此可以获得更大的节税效应。除承租人可以享受节税效应外，出租人也可以获得折旧和利息的抵税效应，特别是双方税率差别引起的减税利益在一定程度上又可以减少租金，给承租人带来优惠。可以说，租赁是所得税制度的产物，所得税税率的调整会显著地影响租赁业的发展。

（2）租赁融资的缺点

租赁融资的主要缺点是资本成本较高。一般来说，租赁融资的内含利率要高于借款融资的利率。在企业处于财务困境时，固定的租金支出也会构成企业一项较沉重的负担。另外，采用租赁方式不能享有设备残值，这也可以看作一种损失。

11.2　融资租赁

11.2.1　融资租赁的含义及条件

融资租赁具有期限长、完全补偿、不可撤销的特征，与租赁资产有关的风险主要由承租人承担。承租人可以在租赁设备的大部分使用寿命期内作为资产占用，享受资产收益权，而出租人在租赁周期内收取的租金相当于租赁设备价值附加一定的投资报酬。

根据我国税法的规定，融资租赁必须符合下列条件之一：①在租赁期满时，租赁资产的所有权转让给承租人；②租赁期为资产使用年限的大部分（75%或以上）；③租赁期内最低租赁付款额大于或基本等于租赁开始日资产的公允价值。

按照我国会计准则的划分标准，满足以下一项或数项条件的租赁才属于融资租赁：①在租赁期届满时，租赁资产的所有权转移给承租人；②承租人有购买租赁资产的选择权，所订立的购买价预计将远低于行使选择权时租赁资产的公允价值，因而在租赁开始日就可以合理确定承租人将会行使这种选择权；③租赁期占租赁资产可使用年限的大部分（通常解释为等于或大于75%）；④租赁开始日最低租赁付款额的现值几乎相当于租赁开始日租赁资产的公允价值（通常解释为等于或大于90%）；⑤租赁资产性质特殊，如果不做重新改制，只有承租人才能使用；⑥除融资租赁以外的租赁，全部归入经营性租赁。

11.2.2 融资租赁的财务处理

在现实中，我国税法并不将融资租赁作为"租赁"看待，而是将其视为分期付款购买的交易行为，对于融资租赁租入的资产管理也参照自有资产，因此，我国税法规定，承租人以融资租赁方式租入的固定资产，按照租赁协议或者合同确定的价款加上运输费、途中保险费、安装调试费以及投入使用前发生的利息支出和汇兑损益等后的价值计价；承租方的手续费，以及安装交付使用后的利息等可以在支付时直接扣除；以融资租赁方式从出租方取得固定资产，其租金不得直接扣除；以融资租赁方式租入的固定资产可以按规定计提折旧，其折旧政策与承租人自有固定资产相同。

我国税法区分经营性租赁和融资租赁，目的是分别规定费用的抵税方式，因此，经营性租赁和融资租赁还可称为租金可直接扣除的租赁和租金不可直接扣除的租赁。

在会计处理上，融资租赁的出租人不能将租赁资产列入资产负债表，而是将"应收融资租赁款"和"未实现融资收益"列入资产负债表项目，并在财务报表附注中列示，同时也不需要对融资租赁资产计提折旧。而承租人应将租赁资产、租赁引起的长期应付款以及未确认融资费用均列入资产负债表中，并对租赁资产计提折旧，因此，融资租赁也被称为"资本化租赁"。

其实，从财务角度来看，融资租赁与经营性租赁都是融资方式。两者的比较见表11-6。

11.2.3 融资租赁的分析方法

租赁分析通常采用资本预算的方法，在资本预算可行的条件下，分析是采用购买方式还是采用租赁方式。

表11-6　　　　　　　　　　　融资租赁与经营性租赁的比较

项目	融资租赁	经营性租赁
租赁程序	由承租人向出租人提出正式申请，由出租人融通资金引进承租人所需设备，然后再租给承租人使用。租赁资产是专为承租人而购置的	承租人可随时向出租人提出租赁资产的要求
租赁期限	一般为固定资产使用年限的75%以上	期限较短，根据承租人的意愿，没有长期而固定的义务
合同约束	租赁合同稳定。在租赁期限内，承租人必须按时连续支付租金，非经双方同意，一般不可撤销租赁合同	租赁合同灵活。在规定情况下，可以协商解除租赁合同
租赁期满的资产处置	①将设备作价转让给承租人；②归还出租人；③延长租期	一般归还出租人
租赁资产的维修保养	维修保养义务人为承租人	维修保养义务人为出租人
税收优惠	承租人计提折旧，折旧抵税；承租人支付的租金不可抵税	出租人计提折旧，承租人支付的租金有抵税效应
风险	承租人要承担租赁资产贬值、技术淘汰等风险	承租人无需承担租赁资产贬值、技术淘汰等风险

　　承租人对租赁的分析主要从成本角度出发，分析是购买成本低还是租赁成本低。分析的主要技术方法是租赁净收益方法，即拥有成本的现值减去租赁成本的现值（或净成本现值）。出租人对租赁的分析是作为投资进行的，因此，出租人对租赁的分析主要从收益的角度进行，确定NPV是否大于零。

　　租赁的净现值公式可表示为：

　　NPV（承租人）=租赁资产成本-租赁期现金流量现值-期末资产现值　　　　　　　　（11-1）

　　式中，租赁资产成本是指在租赁方式下可以将自行购置成本视为现金流入。

　　租赁期现金流量是指经营性租赁的租赁期现金流量和融资租赁的租赁期后现金流量。经营性租赁的租赁期现金流量包括租金支付额、租金抵税额和失去的折旧抵税额；融资租赁的租赁期后现金流量包括租赁支付额、折旧抵税额、利息和手续费抵税额等。租金能否全额直接抵税，要看租赁合同是否符合税法的相关规定。通常，在签订租赁合同时应设法让其符合税法有关租金直接抵税的规定，否则将大大降低租赁的好处。如果不符合直接抵税的规定，则要将折旧、利息、手续费等分别抵税。两者的抵税时间不同。采用经营性租赁并且租金可以抵税时，承租人将失去折旧抵税的好处，此时，折旧抵税额被视为租赁方案的一项现金流出。

　　关于租赁期现金流量折现率，因为租赁业务中租金定期支付类似于有担保的债券，租赁资产就是租赁融资的担保资产，如果承租人到期不能支付租金，出租方可以收回租赁资产，因此，一般认为租赁期现金流量的折现率应采用有担保债券的税后成本。

关于期末资产现金流量，租赁期满，租赁资产的所有权可以转让给承租人，也可以不转让给承租人。在出租人有租赁资产所有权的情况下，租赁期满时资产的余值是承租人失去的一项现金流入。

关于期末资产的折现率，它一般是指项目的必要报酬率。因为期末持有资产的经营风险大于借款风险，因此期末资产的折现率要比借款利率高，更接近项目报酬率。

由于租赁分析中现金流量基本上是相对确定的，因此，分析中所使用的折现率一般采用债务的税后成本。如果承租人和出租人的税率及折现率相同，承租人的分析与出租人的分析就是对称的，即出租人的收益是承租人的亏损，出租人的亏损是承租人的收益。

【例11-4】A公司打算使用某种机器设备，预计每年使用该设备可以产生现金流入100万元。在市场上一次性购买设备需300万元，由于一次性购买需要的现款额度较大，所以该公司决定采用租赁形式。已知企业所得税税率为25%，现有两份租赁合同可供管理层选择（假定决策时点处于年初）：

（1）经营性租赁合同：合同期4年，每年租金为60万元（采用先付年金支付），可中途退租，期满后设备归还租赁公司。

（2）融资租赁合同：合同期4年，每年租金为90万元（采用普通年金支付），不可中途退租；根据留购协议，期满后只需支付设备原值的2%作为留购款，即可获得该设备，预计4年后该设备的残值为135万元。已知A公司税前借款（有担保）利率为10%，期望投资回报率为12%。

有关项目说明如下：

（1）租金支付

经营性租赁合同每年年初需支付60万元租金，融资租赁合同每年年末需支付90万元租金，且两份合同都是连续支付4年。

（2）关于租金抵税

经营性租赁合同最低付款额的现值 $=60 \times PVIFA_{10\%, 4} \times (1+10\%)=209.15$（万元），低于租赁资产公允价值的90%（$300 \times 90\%=270$（万元））；融资租赁合同最低付款额的现值 $=90 \times PVIFA_{10\%, 4}=285.21$（万元），高于租赁资产公允价值的90%。两份合同的租赁方式与税法规定相同，经营性租赁合同的租金可直接抵税，融资租赁合同的租金不可直接抵税。

（3）折旧抵税

经营性租赁合同折旧不可抵税，融资租赁可享受折旧抵税的好处。折旧采用直线法，期末无残值，折旧年限为6年，每年折旧额为50万元，折旧抵税金额为12.5万元，是融资租赁的一项现金流入。

（4）租赁期现金流量现值

经营性租赁的租赁期第1年年初的现金流量=租金=-60万元

第1～3年年末的现金流量=现金流入-租金+租金抵税=100-60+60×25%=55（万元）

第4年年末的现金流量=现金流入+租金抵税=100+15=115（万元）

融资租赁的租赁期每年的现金流量=每年现金流入-租金+折旧抵税

$$=100-90+50 \times 25\%=22.5（万元）$$

（5）融资租赁合同期末资产现金流量

第4年末资产余值折现率=12%

期末资产现金流量=期末资产可变现金额-资产留购款

$$=135-300\times2\%-（135-100-300\times2\%）\times25\%=121.75（万元）$$

期末资产现金流量现值=$121.75\times PVIF_{12\%,4}$=77.31（万元）

（6）经营性租赁减融资租赁现金流量净现值

$$NPV=-60+（55-22.5）\times PVIFA_{10\%,3}+（115-22.5）\times PVIF_{10\%,4}-77.31=6.67（万元）$$

比较后发现，经营性租赁比融资租赁多了6.67万元的净现值流入，因此应该选择经营性租赁。

11.3 租赁决策分析

如前所述，在进行租赁决策分析的时候，通常采用资本预算的方法，在资本预算可行的条件下，即假设该项资产具有正的净现值、具有投资价值的条件下，分析是采用购买方式还是采用租赁方式。

在租赁决策分析中，出租人和承租人都有自己的考虑：出租人要求获得满意的回报，承租人必须考虑租赁是否比购买更划算。我们假定公司已经确定了一种合适的资本结构，该资本结构要求采用债务或者租赁的方式来为该项目融资。当然，公司也可以通过内部现金流量或者发行新股获得资金，但它们都会对公司的资本结构产生影响，因此，有必要分析一下公司是应该举债购买还是租赁一项资产。

11.3.1 租赁的优势

相对于贷款购买设备，租赁的优势在于：

① 能迅速获得所需资产。租赁往往比借款购置设备更迅速、更灵活，因为租赁是筹资与设备购置同时进行，可以缩短设备的购进、安装时间，使企业尽快形成生产能力，有利于企业尽快占领市场，打开销路。

② 租赁可提供一种新的资金来源。有些企业由于种种原因，如负债比率过高，不能向外界筹集大量资金。在这种情况下，采用租赁方式就可使企业在资金不足而急需设备时，不付出大量资金就能及时得到所需设备。

③ 租赁可保存企业的借款能力。一些融资租赁并不表现在企业的资产负债表上，因此不构成企业负债的增加，不改变企业的资本结构，也不削弱企业的借款能力。

④ 租赁的限制较少。如前所述，债券和长期借款都有相当多的限制条款，虽然类似的限制在租赁中也有，但一般较少。

⑤ 租赁能降低设备陈旧过时的风险。当今科学技术迅速发展，固定资产更新周期日趋缩短，企业设备陈旧、过时的风险很大，利用租赁融资可降低这一风险。特别是经营性租赁，由于其租赁期限较短，到期就将设备归还出租人。若在设备租赁期内有更好的设备出现，承租人还可以提前终止租赁合同，重新租赁新的设备，设备陈旧过时的风险主要由出租人承担。

⑥ 租金在整个租期内分摊，不用到期归还大量本金。许多借款在到期日一次性

偿还本金，这会给财务基础较弱的公司造成相当大的困难，有时会发生不能偿付的风险。租赁把这种风险在整个租期内分摊，可适当降低违约风险。

⑦ 租金可在税前扣除，能减少企业所得税税额。

11.3.2　租赁的劣势

① 租赁合同具有不可撤销性。租赁融资合同一般规定承租人不得在租赁期满之前撤销租赁合同，在一定程度上限制了企业的决策自由。

② 租赁成本较高。由于出租人比资产出售人要承担更大的信用风险和技术陈旧风险，因此必然要求更高的报酬率作为风险补偿，所收取的租金要高于设备购置价款。但是，因为承租人并不是一次性付款而是在租赁期内分次支付，考虑货币时间价值后，租赁成本是合理的。

③ 失去享受资产增值的机会。租赁融资的资产属于出租人，在经营性租赁下，承租人无法享受资产增值的利益。此外，承租人在未经出租人同意的情况下，不能对租入资产进行技术改造，降低了资产的真实价值。

因此，在进行设备是购置还是租赁决策时，首先应根据公司的具体情况权衡两者的利弊，然后采用租赁减购买的差量净现值法进行分析。若净现值大于0，则采用租赁方式有利；否则，说明租赁流出更大，应该采用购买方式。

简单来说，就是比较购置设备和租赁设备的税后现金流量的现值哪个更高。事实上，这种分析方法的正确性存在一定的不确定性，还需要进行一些辅助分析才能最终得出正确的结论。但是，如果把这种分析方法应用好，那么所有问题都能得到有效的解决。

【例11-5】甲公司需要一套价值1 000万元的设备，时间为2年，它必须决定是租赁还是购买。如果购买，银行会借给甲公司1 000万元，年利率8%，单利计息，第2年年末偿还本金。税务部门要求按直线法计提折旧，期末无残值。甲公司企业所得税税率为25%。

其他资料为：①甲公司每年需偿还银行借款利息80万元，由于利息可以税前扣除，因此每年的利息节税额为20万元；②第2年年末偿还本金1 000万元，本金只能税后支付，所以这1 000万元不存在节税利益；③甲公司每年计提折旧500万元，根据税法的要求，折旧在税前扣除，因此折旧每年可节税125万元。折旧并非现金支出。采用购买方式，甲公司的年税后现金流量见表11-7。

表11-7　　　　　　　　**甲公司借款购买设备的年税后现金流量**　　　　　　单位：万元

年份	0	1	2
设备成本	（1 000）		
贷款流入	1 000		
利息支出		（80）	（80）
利息节税		20	20
偿还本金			（1 000）
折旧节税		125	125
税后现金流量	0	65	（935）

甲公司还可以从乙公司租赁该设备，双方约定每年年末支付550万元的租金。假定租金支出符合税法的规定，租金支付属于费用，可以税前扣除，每年租金产生的节税额为137.5万元。租赁设备的现金流量见表11-8。

表11-8 甲公司租赁乙公司设备的年税后现金流量 单位：万元

年份	0	1	2
租金支出	0	（550）	（550）
租金节税		137.5	137.5
税后现金流量	0	（412.5）	（412.5）

在前面的分析中，我们没有考虑资产使用产生的现金流量，因为无论采用哪种方式，资产产生的现金流量都被认为是相同的。我们同时假设甲公司的应税收入足够多，足以抵消其费用支出，已充分享受债务、折旧、租金支出所产生的节税利益。

为了进行比较，我们应该看看两种方式使用资产产生的现金流量在同一时点的情况，因此问题的关键在于该用什么样的利率进行折现。用税后债务成本折现是毫无疑问的，由于可以近似地认为租赁是债务的替代，因此大多数人建议用税后债务成本对租赁融资的现金流量进行折现。我们认为此观点近似合理，本来采用的就是税后债务成本，即r=8%×（1-25%）=6%。必须强调的是，学术界对于应采用的折现率一直存在争议。

甲公司举债融资产生的税后现金流量现值为：

$$PV_1=65÷（1+6\%）+（-935）÷（1+6\%）^2=-770.83（万元）$$

租赁产生的税后现金流量现值为：

$$PV_2=（-412.5）÷（1+6\%）+（-412.5）÷（1+6\%）^2=-755.8（万元）$$

在本例中，甲公司应该采用租赁方式获得该设备。

通过前面的例子，我们已经大致了解了处理此类问题的分析方法和使用该方法时应该注意的问题。接下来我们考虑一个更接近实际的较复杂的例子。

【例11-6】丙公司需要购置一台数控设备，购置成本为1亿元，寿命为5年。丙公司只需使用3年，3年后停止使用，此时该设备的残值为50万元。也就是说，如果丙公司购买该数控设备，3年后再卖出可得税前收入50万元。其他资料如下：

（1）税法规定在3年内采用直线法全额计提折旧。

（2）该数控设备每年需要50万元维护费用。

（3）丙公司能够从银行获得借款，单利计息，年利率为6%，需要在3年内每年年末等额偿还本息。

（4）丙公司还可以从专业租赁公司采用租赁方式取得该设备，租期同样为3年，合同规定每年年末须支付租金3 500万元，租金中已含有该数控设备的每年维护费用。

（5）丙公司要求的税后回报率为8%。

我们先考虑借款购买该设备时，每年需要支付的利息费用和偿还的本金（见表11-9）。

表 11-9 　　　　　　　　　　借款分期偿还表 　　　　　　　　　　单位：万元

年底	年贷款偿还额	利息支付额	本金偿还额	未偿还本金
1	3 741.1	600	3 141.1	6 858.9
2	3 741.1	411.5	3 329.6	3 529.3
3	3 741.1	211.8	3 529.3	—
合计	11 223.3	1 223.3	10 000	—

注：①年贷款偿还额=10 000÷（P/A，6%，3）=10 000÷2.6730=3 741.1（万元）

②第1年利息支付额=贷款余额×6%=10 000×6%=600（万元）

③第1年本金偿还额=年贷款偿还额−利息=3 741.1−600=3 141.1（万元）

④第1年贷款余额=上期贷款余额−本期本金偿还额=10 000−3 141.1=6 858.9（万元）

⑤第2年、第3年的情况依此类推。

我们再来分析丙公司借款购买设备时的支出（见表 11-10）。

表 11-10 　　　　　　　　丙公司借款购买设备时的支出 　　　　　　　　单位：万元

年份	0	1	2	3
设备成本	（10 000）			
贷款流入	10 000			
年本金偿还额		（3 141.1）	（3 329.6）	（3 529.3）
年利息偿还额		（600）	（411.5）	（211.8）
年利息节税		150	102.9	53.0
年折旧节税		829.2	829.2	829.2
残值				50
残值税负				（12.5）
维修成本		（50）	（50）	（50）
维修节税		12.5	12.5	12.5
现金流量		（2 799.4.）	（2 846.5）	（2 858.9）

购买设备时净现金流量现值之和=−7 296.07

注：①采用8%的必要报酬率进行折现。

②折旧并不产生现金支出。

接下来分析丙公司租赁使用该设备时的支出（见表 11-11）。

表 11-11 　　　　　　　　丙公司租赁使用该设备时的支出 　　　　　　　　单位：万元

年份	0	1	2	3
年租金支出		（4 000）	（4 000）	（4 000）
年租金节税		1 000	1 000	1 000
净现金流量		（3 000）	（3 000）	（3 000）

融资租赁时净现金流量现值之和=−7 731.3

注：采用8%的必要报酬率进行折现。

显然，丙公司通过借款购买该数控设备更有利。

该例涉及"残值"这一概念，在实际中，很难把残值的精确值确定下来。在未来一段时期，该数控设备不管是留在丙公司继续使用还是出售，资产的经济价值都具有很大的不确定性。如果预期残值很大，就会对丙公司究竟采取哪种方式使用资产产生很大影响。处理该问题的一种方法是利用残值的概率分布，另一种方法是分析资产在剩余时间内的价值。同时，由于残值产生的风险比较大，一般认为残值应该采用比较大的折现率进行折现，但是并没有方法能够精确地估计出对残值现金流应该采用多大的折现率。在本例中，我们采用丙公司要求的税后必要报酬率对借款购买设备和租赁设备产生的现金流进行折现。显然，这是一种简化处理方法，租赁分析的复杂之处就在于应该采用什么样的折现率。对残值和折现率的更多讨论请参考相关书籍。

延伸阅读11-2
租金的确定

延伸阅读11-2
租赁购买无
差异

思政小课堂 ✔ ⦙-----------------------------------●

本章介绍了新型融资工具——融资租赁。融资租赁灵活便捷，相较传统融资工具，不仅能帮助企业全额筹资、节约税负，还能促进贸易和技术更新，一举多得，是一项能使多方共赢的金融创新。

筹资是企业经营活动和理财活动的起点，筹资决策需要解决筹资渠道、筹资规模、资本结构以及筹资方式等问题。从宏观角度来讲，经营企业要与国家经济发展水平、经济体制、金融体制等相适应，企业的活动必须在现有政策法规的整体框架下进行；从微观角度来讲，每个人都应秉持遵纪守法、诚实守信、敬畏市场的态度。

思考与练习 ✔ ⦙-----------------------------------●

1. 简述我国目前租赁业的三类企业。

2. 简述租赁的概念。

3. 租赁可分为哪几种类型？

4. 简述融资租赁的含义及特征。

5. 简述融资租赁与经营性租赁的不同。

6. 简述租赁对纳税的影响。

7. 简述融资租赁的利弊。

8. 影响租金数额的因素有哪些？

9. 租赁与借贷购买的主要区别是什么？它们可以完全相互替代吗？

10. 哪些情况下租赁物应记入资产负债表？

11. 为什么一家公司会选择售后租回？

12. 请评价以下观点：

（1）租赁降低了风险，并可以减少企业的资本成本。

（2）租赁提供了100%的融资。

（3）如果取消了租赁的税收优惠，租赁也将不复存在。

13. 什么是表外融资？在什么情况下可以通过租赁提供表外融资？如此操作会带

来什么样的会计和经济后果？

14. 中国民用航空网讯：2017 年 8 月 29 日，中国飞机租赁有限公司宣布完成向天津航空交付一架全新的空客 A321-200 客机。

要求：（1）为什么天津航空公司没有购买这架飞机，虽然其迫切需要这架飞机？

（2）为什么中国飞机租赁有限公司愿意从空客公司购买飞机，然后再将其出租给天津航空呢？这种做法与贷款给天津航空购买飞机有什么不同？

（3）你认为租赁期满后这架飞机将如何处置？

15. 20×8 年 3 月 1 日，甲企业融资租入一台设备，租期为 5 年，每年年末支付租金 200 万元，另支付技术服务费 5 万元；租赁期届满时，由甲企业或与其有关的第三方担保的资产余值为 40 万元，在租金开始日，为安装设备支付工程承包商设备安装费 20 万元；按照合同约定，从租赁期的第 2 年起，再按本项目营业收入的 3% 收取租金。请问最低租赁付款额为多少？

16. 某租赁公司将一台大型专用设备以融资租赁的方式租赁给 B 企业，租赁开始日估计的租赁期届满时租赁资产的公允价值，即资产余值为 650 万元。双方在合同中规定，B 企业担保的资产余值为 200 万元，B 企业子公司担保的资产余值为 120 万元，另外无关的担保金额为 150 万元。该租赁资产的未担保余值为多少？

17. 在某项固定资产租赁合同中，租赁资产原账面价值为 45 万元，每年年末支付 10 万元租金，租赁期为 5 年；承租人无优惠购买选择权，租赁开始日估计的资产余值为 4 万元；承租人提供资产余值的担保金额为 3 万元，另外担保公司提供资产余值的担保金额为 1 万元。最低租赁付款额为多少？

18. 甲公司采用融资租赁方式租入一台大型设备，该设备的入账价值为 1 200 万元，租赁期为 10 年；与承租人相关的第三方提供的租赁资产担保余值为 200 万元，预计清理费用为 50 万元。该设备的预计使用年限为 10 年，预计净残值为 120 万元。甲公司采用年限平均法对该租入设备计提折旧。甲公司每年对该租入设备计提的折旧额为多少？

19. 甲公司于 20×8 年 12 月 31 日将一条账面价值为 10 万元的生产线以 15 万元出售给乙公司，并立即以经营性租赁方式向乙公司租入该生产线。合同约定，租期 2 年，20×9 年 1 月 1 日预付租赁款 1 万元，第 1 年年末付款 0.5 万元，第 2 年年末付款 1 万元。20×9 年分摊的未实现售后租回收益为多少？

20. 某公司于 20×9 年 1 月 1 日从租赁公司租入一台大型设备，价值为 80 万元，租期为 5 年；预计租期届满时该设备残值为 1.5 万元，归租赁公司；年利率按 9% 计算，租赁手续费为设备价值的 2%，租金每年年末支付一次。租金应为多少？

21. A 公司于 20×8 年 1 月 1 日从某租赁公司租入一套价值 30 万元的设备，租期为 5 年；到期后设备归 A 公司所有，假定租赁费率为 16%。每年年末应支付的租金是多少？

22. 在上题中，若租金改为年初支付，需要支付多少租金？

第四篇　经营战略管理

第12章

营运资本管理

本章要点 ☑ --●

本章主要介绍公司金融中营运资本管理的相关内容，主要包括营运资本的基本概念及特点、营运资本相关策略及影响因素等。

12.1 营运资本的概念与特点

12.1.1 营运资本的概念

营运资本（working capital）是企业在生产经营活动中投放在流动资产上的资金。广义的营运资本包括现金和可变现的有价证券、应收账款、存货等全部流动资产，也称为总营运资本（gross working capital）；狭义的营运资本是流动资产减去流动负债后的余额，也称为净营运资本（net working capital）。我们通常所说的营运资本是指净营运资本，因此营运资本管理既包括流动资产的管理，也包括流动负债的管理。

（1）流动资产

流动资产（current assets）是企业使用的短期资产，它是在一年或超过一年的一个营业周期内变现或运用的资产，具有占用时间短、周转快、易变现等特点，主要包括库存现金、短期投资、应收及预付账款、存货等。通常，流动资产分为永久性流动资产和临时性流动资产两种。临时性流动资产是指那些受周期性影响的流动资产；永久性流动资产是指那些即使企业处于经营低谷也仍需保留的，用于满足企业长期稳定需要的流动资产。

（2）流动负债

流动负债（current liabilities）是指需要在一年或大于一年的一个营业周期内偿还的债务，包括短期借款、应付票据、应付账款、预收账款、应付短期融资券、应交税费等。短期负债是企业经营中所需的短期资金来源，又称为短期融资。通常，流动负债可以分为临时性负债和自发性负债。临时性负债是指为了满足临时性流动资金需要所发生的负债；自发性负债是指直接产生于企业持续经营中的负债，如商业信用筹资和日常运营中产生的其他应付款，以及应付职工薪酬、应付利息、应付税费等。

12.1.2 营运资本的特点

① 营运资本的周期具有短期性。由于企业在流动资产上占用的资金周转一次所需时间通常在一年或一年以下，时间较短，所以营运资本可通过短期借款、商业信用等短期筹资方式来解决。

② 营运资本的数量波动性较强。流动资产的数量会随着企业内外部条件的变化而变化，时高时低，波动性较强。季节性企业如此，非季节性企业也如此。随着流动资产数量的变动，流动负债的数量也会相应地发生变化。

③ 营运资本的实物形态具有易变现性，且流动性强。短期投资、应收账款、存货等流动资产一般具有较强的变现能力和资产流动性。如果企业出现资金周转缓慢、现金短缺等情况，就可迅速变卖这些资产，以获取现金。

延伸阅读12-1

营运资本管理的重要性

④ 营运资本的来源具有多样性。与长期资本筹集相比，营运资本筹集方式较为灵活，通常有短期借款（包括票据贴现）、商业信用、预收账款、应付职工薪酬、应交税费、应付股利等多种融资方式。

12.2 营运资本政策

12.2.1 营运资本投资策略

公司的正常运营需要足够的营运资本来配合。营运资本过多，意味着在固定资产、流动负债和业务量一定的情况下，流动资产额越高，即企业拥有的现金、有价证券越多，企业按时支付到期债务的把握越大，从而保证经营活动平稳进行，风险较低，但是，由于流动资产的收益率一般低于固定资产，所以较多的总资产拥有量和较高的流动资产比重会降低企业资产的收益率；营运资本不足，则与上述结论相反，因为较少的总资本拥有量和较低的流动资产比重会使企业的资产收益率很高，但是较少的现金、有价证券会降低偿债能力，造成信用损失，加大企业的风险。营运资本投资决策的目的在于：确定一个既能维持公司的正常生产经营活动，又能在减少或不增加风险的前提下，给公司带来尽可能多的利润的营运资本水平。也就是说，在决定营运资本的适当数量或水平的时候，管理当局必须在营利性与风险性之间进行权衡，并作出合理的选择。

企业资本运营投资策略可分为适中型、保守型和冒险型三种。

（1）适中型资本运营投资策略

在适中型资本运营投资策略下，流动资产与非流动资产的比例以满足生产经营正常需要，再适当留有一定保险储备为标准。采用这种策略，企业风险与收益都将处于一般水平。因为流动资产保险储备在正常情况下实际上是资本的闲置，这必然影响企业资本收益的提高；同时应该看到，正是由于流动资产保险储备的存在，往往可避免由于流动资产供应不足产生的停产损失，降低了经营风险。适中型资本运营投资策略的风险与收益较适中，是大部分企业所采用的策略。例如，某企业根据以往经验，流动资产正常需要量占销售额的30%，平均保险储备为10%，那么，适中型资本运营投资策略是安排流动资产占销售收入的40%。当销售额为100万元时，流动资产为40万元。

（2）保守型资本运营投资策略

在保守型资本运营投资策略下，流动资产与非流动资产的比例以保证生产经营正常需要与正常储备需要，再加上非正常或额外储备需要为标准。采用这种策略，企业风险与收益都将处于较低水平。因为流动资产正常储备的存在，再加上非正常储备，使资本闲置增加，这必然不利于企业资本收益的提高；同时，正是由于流动资产正常储备，以及非正常储备的存在，往往可避免由于各种原因造成的流动资产供应不足产生的停产损失，降低了经营风险。在前文中，适中型资本运营投资策略是安排流动资产占销售额的40%，保守型资本运营投资策略是安排流动资产占销售额的比例大于40%，如50%，经营风格稳健的企业家和财务经理通常采用这种策略。

（3）冒险型资本运营投资策略

在冒险型资本运营投资策略下，流动资产与非流动资产的比例以保证生产经营正常需要为标准，通常不留或只留较低的保险储备。采用这种策略，企业风险与收益都将处于较高水平。因为流动资产保险储备不存在或较低，企业资本的闲置减少，这必然有利于企业资本收益的提高；同时，正是由于不存在流动资产保险储备，往往不可避免由于流动资产供应不足造成的停产损失，提高了经营风险。在前文中，适中型资本运营投资策略是安排流动资产占销售额的40%，而冒险型资本运营投资策略是安排流动资产占销售额的比例小于40%，如30%，追求高报酬、承担高风险的企业家和财务经理通常采用这种策略。

12.2.2　营运资本融资组合策略

企业所需的资本既可以用短期资本来筹集，也可以用长期资本来筹集。企业资本总额中短期资本和长期资本各占的比例称为企业资本组合，如何确定资本组合是营运资本筹集策略的重要内容。

企业对营运资本的需求数量通常会随着销售情况的变化而变化。例如，对于一个生产经营具有较强季节性的企业，当销售处于旺季时，流动资产需求会直线上升，通常是平时的几倍；当销售处于淡季时，流动资产需求会骤然下降，可能是平时的几分之一。对于任何一个企业，即使当销售处于最低水平时，也存在对流动资产的最基本需求。当企业生产经营状况相对稳定的时候，对流动资产的最基本需求具有一定的刚性，这种流动资产的最基本需求被定义为永久性流动资产。当生产经营发生季节性变化时，流动资产的需求数量会在永久性流动资产的基础上增加或减少，这种流动资产的需求变化被定义为临时性流动资产。

一般来说，永久性流动资产具有相对稳定性，是一种长期资本需求，可以通过具有相对稳定性的自发性流动负债和长期资本来解决；临时性流动资产具有相对灵活性，最经济的办法是通过成本低廉、取得便利的临时性流动负债来解决。永久性流动资产和临时性流动资产不同筹集方式的组合构成了不同的营运资本融资策略。

我们根据风险-报酬权衡原则，把企业的营运资本融资组合策略表述为配合型策略、保守型策略和激进型策略。图12-1反映企业营运资本需求随时间变化而变化，并突出了这些需求的临时性和永久性特征。

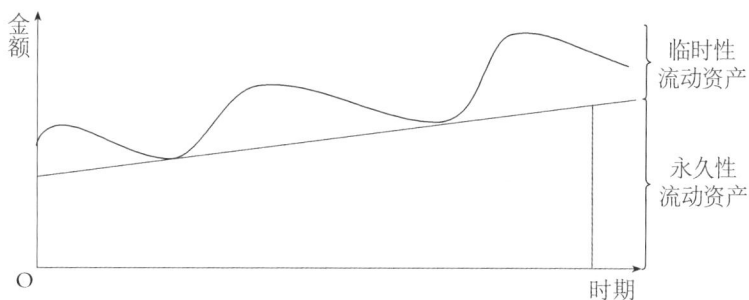

图12-1 营运资本需求量变动

（1）配合型策略

配合型策略的特点是：对于临时性流动资产，运用临时性负债来筹集；对于永久性流动资产和固定资产（统称为永久性资产），运用长期负债、自发性负债和权益资本来筹集。配合型策略如图12-2所示。

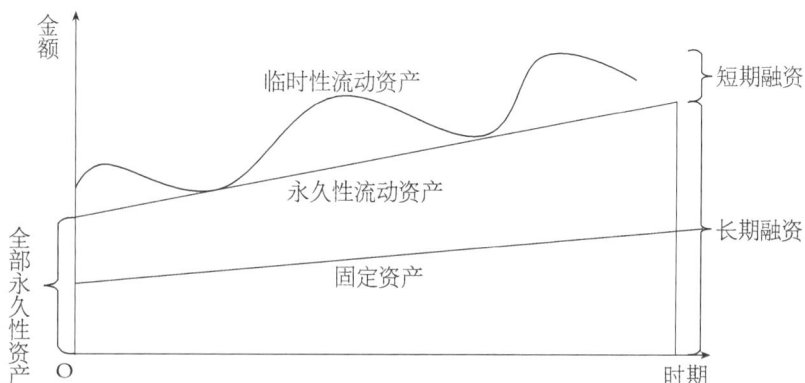

图12-2 配合型策略

配合型策略要求企业临时性负债筹资计划严密，使现金流动与预期安排相一致。这种筹资策略的基本思想是：将资产和负债的期间相配合，以降低企业不能偿还到期债务的风险，尽可能降低债务的资本成本。但是事实上，由于资产使用寿命不确定，往往实现不了资产和负债的完全配合，因此，配合型策略是一种理想的、对企业有较高资金使用要求的营运资本融资组合策略。

（2）保守型策略

保守型策略的特点是：临时性负债只融通部分临时性流动资产，另一部分临时性流动资产和永久性资产由长期负债、自发性负债和权益资本来筹集。

由图12-3可知，相对于配合型策略，保守型策略下的临时性负债占企业全部资金来源的比重较小。由于临时性负债所占比重较小，所以保守型策略下的企业无法偿还到期债务的风险较低，蒙受短期利率变动损失的风险也比较低。但是由于长期负债资本成本高于临时性负债资本成本，以及经营淡季时仍需要负担长期负债利息，因而降低了企业的收益。所以，保守型筹资策略是一种风险性和收益性均较低的营运资本融资组合策略。

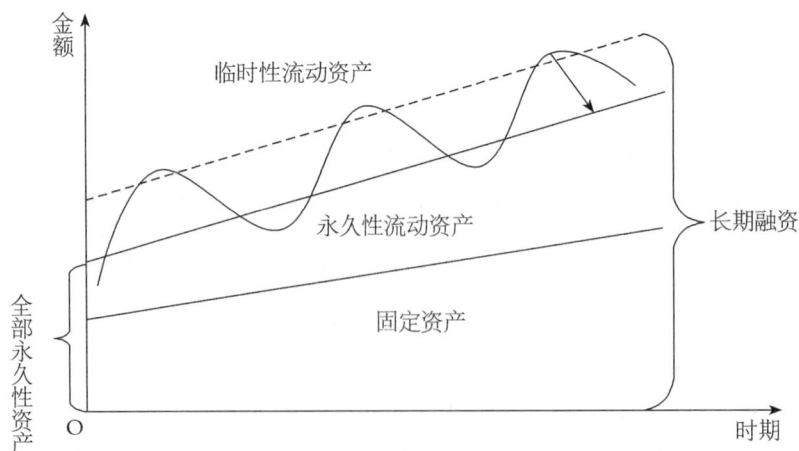

图12-3　保守型策略

（3）激进型策略

激进型策略的特点是：临时性负债不但融通临时性流动资产，还解决部分永久性资产的资金需要。这类企业不遵守短期资产由短期资金来融通、长期资产由长期资金来融通的原则，而是将部分长期资产由短期资金来融通，这便属于激进型策略。激进型策略如图12-4所示。

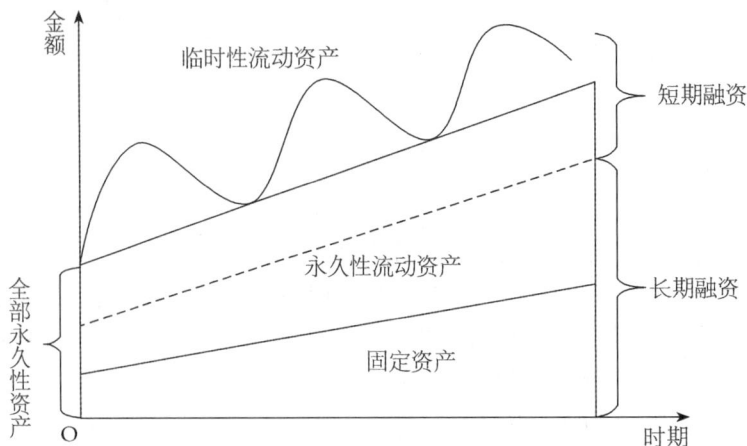

图12-4　激进型策略

这一融资组合策略下的临时性负债比重较大，由于临时性负债资本成本一般低于长期负债资本成本，所以企业的资本成本较低，可以减少利息支出，增加企业收益。但是，短期资金融通了一部分长期资产，风险比较大，因此，激进型策略是一种收益性和风险性均较高的营运资本融资组合策略。

12.2.3　影响营运资本策略的因素

在企业全部资本中，究竟应当安排多少短期资本、安排多少长期资本，以便形成合理的资本组合，受以下因素的影响：

（1）期限配比

大多数公司都努力使资产和负债的期限能够配比。企业用短期银行贷款来投资存货，用长期融资来投资固定资产，通常都尽量避免用短期银行贷款来投资长期资产。在企业营运资本决策中，应首先考虑期限是否配比，这样可以降低风险，避免短债长投所造成的风险。

（2）风险与报酬

在其他条件不变的情况下，较多地投资于流动资产，可以降低企业的风险，但是，如果流动资产占用太多，会降低企业的投资报酬率，因此要求财务管理者在风险和报酬之间进行认真、反复的权衡。

（3）企业经营规模

随着企业规模的扩大和实力的增强，企业倾向于利用长期资本尤其是长期债务，短期资本所占比例相对下降。

（4）现金及有价证券管理

狭义的现金仅指库存现金和活期存款；广义的现金包括库存现金、业务周转金、支票、汇票和定期银行存款等。本章涉及的现金是指狭义的现金。有价证券是指具有一定票面金额、证明持券人有按期取得一定收入并可自由转让买卖的所有权或债权证书。

思政小课堂 ☑️ - ●

本章主要介绍了公司营运资本投融资策略的几种基本类型，反映了营运资本管理的不同风格及优缺点。流动资产的管理是公司金融的重要组成部分，而其本质仍然是营利性与风险性之间的权衡。这不仅要求财务经理具备较强的职业素养，还要求其具备审时度势、随机应变的能力。

思考与练习 ☑️ - ●

1.简述营运资本的概念。

2.简述营运资本的特点。

3.与公司的长期投融资相比，营运资本决策有什么特点？应达到什么要求？

4.什么是营运资本政策？通常可以分为哪三种？

5.营运资本融资政策可分为哪几种？分别是怎样规定的？

6.一家现金周期长的公司具有哪些特征？

7.短期融资券与商业票据有何不同？

8.什么是短缺成本？

9.在理想情形下，净营运资本等于零，为什么现实情况下的净营运资本可能是正的？

10.存货的置存成本有哪些？

利用以下资料回答第11~15题：AL铁路运输公司上月公告称，其账单付款期将由30天延长到45天，原因在于该公司要"控制成本和优化现金流量"，付款期的延长将适用于该公司全部2 500个供应商。

11.这个付款政策的改变会对AL铁路运输公司的经营周期产生什么影响？对其现金周期呢？

12.这个公告对AL铁路运输公司的供应商有何影响？

13.大公司单方面延长付款期是否符合伦理，特别是当对方是小型供应商的时候？

14.为什么不是所有公司都通过延长付款期来缩短现金周期？

15.AL铁路运输公司出于"控制成本和优化现金流量"的目的延长付款期，实际上其在现金上获得的好处是什么？

16.公司在某个年度净营运资本的变动额有可能为负吗？（提示：有可能）请解释怎样才会发生这种情况？资本性支出呢？

第13章
现金及有价证券管理

本章要点 ✓ - •

　　本章主要介绍现金及有价证券管理的相关理论，主要包括企业持有现金的动机、现金管理的目标与内容、现金收入与支付管理以及成本分析模式、存货模式、现金周转模式、因素分析模式等，以及有价证券持有的目的、投资策略、选择标准等。

13.1　现金管理概述

13.1.1　企业持有现金的动机

　　现金是流动资产的一个重要组成部分。现金有狭义现金和广义现金之分，此处指的是广义现金，即在各种货币形态上占用的资产，包括库存现金、银行存款和在途资金等所有可以即时使用的支付手段。从严格意义上讲，现金不属于投资，但从持有现金就会丧失投资机会的角度看，也可以将现金作为一种机会性的投资损失来看待。

　　一般来说，企业会出于下述需求保持一定的现金余额：

　　（1）交易性动机

　　企业在日常经营活动中，会因为现金形式的收入而产生现金余额，也会因为现金形式的支付而需要保持一定的现金余额，这就是持有现金的交易性动机。现金支付可能用于购买原材料、支付工资、缴纳税款、偿付到期债务以及派发现金股利等。同时，企业拥有足够的日常支付现金还可以使其充分利用商品交易中的现金折扣，为企业节省开支。

　　由于交易性动机而持有的现金余额称为交易性现金余额，主要取决于企业生产经营规模，通常随着企业生产经营规模的扩大而增加。此外，企业生产经营规模的性质、特点等也会影响交易性现金余额的大小。

　　近年来，金融市场和信息技术的发展使得持有现金的交易性动机正在减弱，然而企业对流动性的需求和对流动性进行有效管理的需要仍然存在。

　　（2）预防性动机

　　企业为应付意外事件而存在持有一定现金的需要，这种需要称为预防性动机。企业经营所依赖的外部经济环境、法律文化环境以及自然环境等都存在很大的不确定性，因而未来的现金流入流出都难以准确估计。为了满足意外事件所引起的支付需要，企业应该保持比正常交易需要量高的现金余额。

由于预防性动机而持有的现金余额称为预防性现金余额。预防性现金余额主要取决于以下三个方面：一是企业愿意承担风险的程度，企业若倾向于避免突发事件所带来的风险，就会保持较多的预防性现金余额；二是企业临时举债的能力，如果企业能够很容易地借到短期资金，就可以适当减少预防性现金余额；三是企业对现金流量预测的可靠程度，预测的可靠性越差，预防性现金余额的数量就越大。

现代企业的经济环境和经济活动日趋复杂，企业的生产经营有着比以往更大的不确定性，这些因素使得持有现金的预防性动机有增强的趋势。

（3）投机性动机

投机性动机是指企业为利用额外的投资机会，如低价购买原材料与其他资产的机会而持有一定现金的需要。

由于投机性动机而持有的现金余额称为投机性现金余额。投机性现金余额一般取决于企业所参加的实物市场和金融市场的波动性以及企业对待风险的态度这两个因素。对于大多数企业而言，投机性动机不是其持有现金的主要原因，企业很少经常性地为未来可能发生的价格波动而保持专门的现金储备。

13.1.2 现金管理的目标与内容

（1）现金管理的目标

现金是指在生产过程中暂时停留在货币形态的资金，包括库存现金、银行存款、银行本票和银行汇票等。公司现金管理的目的就是在保证生产经营所需现金的同时，尽可能减少现金的持有量，而将闲置的现金用于投资以获取一定的投资收益。简而言之，就是追求现金的安全性与效益性。

现金管理的安全性有以下四重含义：①法律上的安全性；②数量上的安全性；③生产经营上的安全性；④财务上的安全性。

现金管理的效益性要求做到以下两点：①通过现金管理的有效实施，降低持有现金的相关成本；②通过现金管理的有效实施，增加与现金相关的收入。

当现金管理的安全性与效益性发生偏离甚至相悖时，现金管理就是在降低公司风险和增加收益之间寻找一个平衡点，追求两者之间的合理均衡。

（2）现金管理的内容

现金管理主要包括以下四个方面的内容：①编制现金预算，合理地估计未来的现金需求，提高现金的利用效率；②确定最佳现金持有量；③对现金的日常收支进行控制；④持有现金与持有有价证券的权衡。

公司现金管理究竟需要持有现金还是有价证券，需要权衡两个方面：一是实物投资与现金或现金等价物之间的权衡；二是现金与适销证券之间的权衡。公司现金管理系统如图13-1所示。

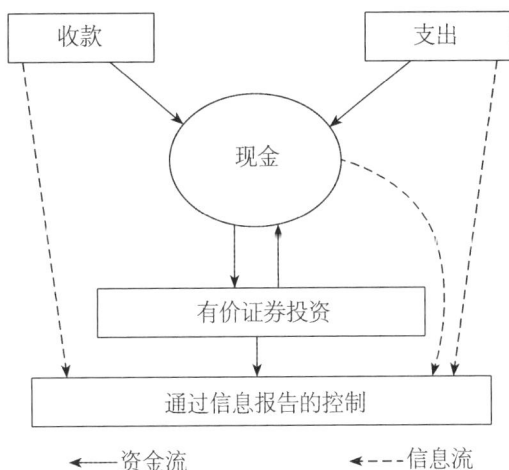

图13-1 公司现金管理系统

延伸阅读13-1

现金收入管理

延伸阅读13-2

现金支付管理

13.2 最佳现金余额

最佳现金余额的确定需要在持有过多现金产生的机会成本和持有过少现金带来的交易成本之间进行权衡。比起一个持有较多现金余额的企业，保持较低现金持有量的企业更加频繁地出售有价证券。也就是说，随着企业持有现金余额的增加，交易成本随之下降；反之，随着现金持有量的增加，持有现金的机会成本随之提高。

下面介绍确定最佳现金持有量的几种模式：成本分析模式、存货模式、现金周转模式、因素分析模式、随机模式。

13.2.1 成本分析模式

成本分析模式是根据持有现金的成本，分析预测其总成本最低时现金持有量的一种方法。运用成本分析模式确定现金最佳持有量，只考虑因持有一定量的现金而产生的机会成本及短缺成本，而不考虑管理费用和转换成本。

机会成本即因持有现金而不能赚取投资收益的机会损失，与现金持有量呈正比例变动关系，用公式表示为：

机会成本=现金持有量×有价证券利率（或报酬率）　　　　　　　　　　(13-1)

短缺成本是指在现金持有量不足而又无法及时通过有价证券变现加以补充时对企业造成的损失，包括直接损失与间接损失。现金的短缺成本与现金的持有量呈反方向变动关系。现金的成本与现金持有量之间的关系如图13-2所示。

从图13-2可以看出，由于各项成本同现金持有量的变动关系不同，使得总成本曲线呈抛物线形，抛物线的最低点即总成本最低点，该点所对应的现金持有量便是最佳现金持有量。

成本分析模式基于上述原理来确定现金持有量。在这种模式下，最佳现金持有量就是持有现金而产生的机会成本与短缺成本之和最小时的现金持有量。在实际工作中运用该模式确定最佳现金持有量的具体步骤为：

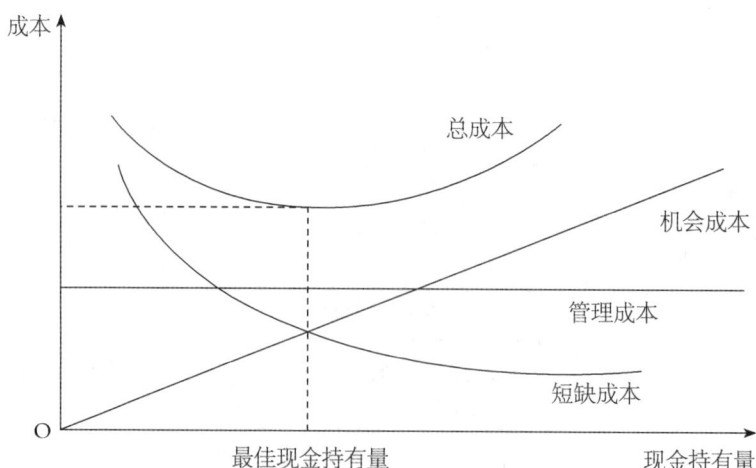

图13-2 成本分析模型示意图

① 根据不同的现金持有量测算并确定有关成本数值；

② 按照不同的现金持有量及其有关成本资料编制最佳现金持有量测算表；

③ 在测算表中找出相关总成本最低的现金持有量，即最佳现金持有量。

13.2.2 存货模式

存货模式又称鲍莫尔模式（Baumol model），是由美国经济学家 William J.Baumol 首先提出的。他认为公司现金持有量在许多方面与存货相似，存货经济订货批量模型可用于确定目标现金持有量，并以此为出发点，建立了鲍莫尔模式。

存货模式的着眼点也是现金相关总成本最低。在这些成本中，管理费用因其相对稳定，同现金持有量的多少关系不大，因此在存货模式中将其视为决策无关成本而不予考虑。由于现金是否会发生短缺、短缺多少、短缺发生的概率多大等各种短缺情形存在很大的不确定性和无法计量性，因而，在利用存货模式计算现金最佳持有量时，对短缺成本不予考虑。在存货模式中，只对机会成本和固定性转换成本进行考虑。机会成本和固定性转换成本随着现金持有量的变动而呈现出相反的变动趋势，这就要求企业必须对现金与有价证券的分割比例进行合理安排，从而使机会成本与固定性转换成本保持最佳组合。换言之，能够使现金管理机会成本与固定性转换成本之和最低的现金持有量，就是最佳现金持有量。

运用存货模式确定最佳现金持有量时，其前提假设有以下几点：

① 企业需要的现金可通过证券变现取得，且证券变现的不确定性很小；

② 企业预算期内现金需要量可以预测；

③ 现金的支出过程比较稳定、波动小，当现金余额降至零时，可通过部分证券变现得以补充；

④ 证券的利率或报酬率以及每次固定性交易费用可以获悉。

如果这些条件基本得到满足，企业便可以利用存货模式来确定现金最佳持有量。

设 T 为一个周期内现金总需求量，F 为每次转换有价证券的固定成本，Q 为最佳现金持有量（每次证券变现的数量），K 为有价证券利息率（机会成本），TC 为现金管理相关总成本，则：

现金管理相关总成本=持有机会成本+固定性转换成本

即 $\mathrm{TC}=\left(\dfrac{Q}{2}\right)K+\left(\dfrac{T}{Q}\right)F$ （13-2）

现金管理相关总成本与持有机会成本、固定性转换成本的关系如图13-3所示。

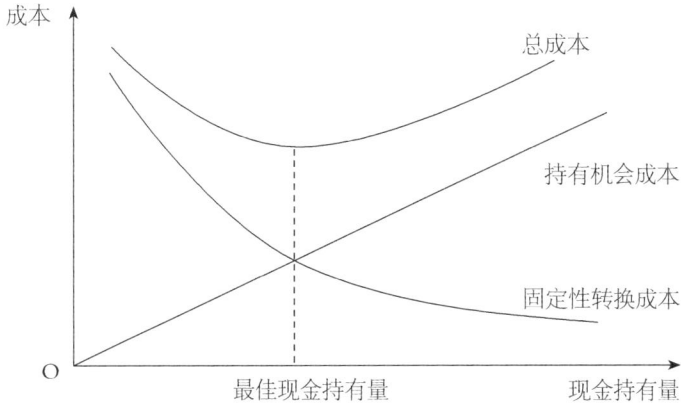

图13-3 存货模式示意图

从图13-3可以看出，现金管理相关总成本与现金持有量呈凹形曲线关系，持有现金机会成本与证券变现交易成本相等时，现金管理相关总成本最低，此时的现金持有量为最佳现金持有量。

令式（13-2）的导数为零，得出最佳现金持有量：

$$Q=\sqrt{\dfrac{2T\cdot F}{K}}$$ （13-3）

将式（13-3）代入式（13-2）得：

最低现金管理相关总成本（TC）$=\sqrt{2TFK}$ （13-4）

【例13-1】某企业预计全年（按360天计算）需要现金400 000元，现金与有价证券的转换成本为每次800元，有价证券的收益率为10%，则：

最佳现金持有量（Q）$=\sqrt{2\times 400000\times 800\div 10\%}=80\,000$（元）

最低现金管理相关总成本（TC）$=\sqrt{2\times 400000\times 800\times 10\%}=8\,000$（元）

其中：

转换成本=（400 000÷80 000）×800=4 000（元）

持有机会成本=（80 000÷2）×10%=4 000（元）

有价证券交易次数（T/Q）=400 000÷80 000=5（次）

有价证券交易间隔期=360÷5=72（天）

13.2.3 现金周转模式

现金周转模式是从现金周转的角度出发，根据现金周转速度来确定最佳现金持有量的一种方法。利用这一模式确定最佳现金持有量，有以下三个步骤：

第一步，计算现金周转期。现金周转期是指企业从购买材料支付现金到销售商品收回现金的时间。

现金周转期=应收账款周转期-应付账款周转期+存货周转期 （13-5）

式中：应收账款周转期是指从应收账款形成到收回现金所需要的时间；应付账款周转期是指从购买材料形成应付账款开始直到以现金偿还应付账款为止所需要的时间；存货周转期是指从现金支付购买材料款开始直到销售成品为止所需要的时间。

第二步，计算现金周转率。现金周转率是指一年中现金的周转次数，其计算公式为：

$$现金周转率=\frac{360}{现金周转天数} \tag{13-6}$$

第三步，计算最佳现金持有量。其计算公式为：

$$最佳现金持有量=\frac{年现金需求量}{现金周转率} \tag{13-7}$$

【例13-2】某公司计划年度预计存货周转期为90天，应收账款周转期为40天，应付账款周转期为30天，每年现金需求量为720万元，最佳现金持有量可计算如下：

现金周转期=90+40-30=100（天）

现金周转率=360÷100=3.6（次）

最佳现金持有量=720÷3.6=200（万元）

13.2.4　因素分析模式

因素分析模式是根据上年现金占用额和有关因素的变动情况来确定最佳现金持有量的一种方法。其计算公式如下：

$$\underset{持有量}{最佳现金}=\left(\underset{平均占用额}{上年现金}-\underset{占用额}{不合理}\right)\times\left(1\pm\underset{变化的百分比}{预计销售收入}\right) \tag{13-8}$$

【例13-3】某企业20×8年平均占用现金为100万元，经分析，其中有8万元的不合理占用额；20×9年销售收入预计较20×8年增长10%，20×9年最佳现金持有量为：

（100-8）×（1+10%）=101.2（万元）

13.2.5　随机模式

随机模式又称米勒-奥尔模式，其假设条件为：①企业每日的现金流入量与现金流出量的变化是随机的；②每日现金净流量即现金余额的变化服从正态分布；③最佳现金持有量处于正态分布之间。

随机模式是在企业未来的现金流量呈不规则波动、无法准确预测的情况下采用的确定最佳现金持有量的一种方法。这种方法的基本原理是：确定一个现金控制区域，定出上限和下限。上限代表现金持有量的最高点，下限代表现金持有量的最低点。当现金持有量达到上限时，将现金转换成有价证券；当现金持有量下降到下限时，将有价证券转换成现金。这样就可以使现金持有量经常性地处于上下限之间。图13-4为随机模式下现金控制原理示意图。

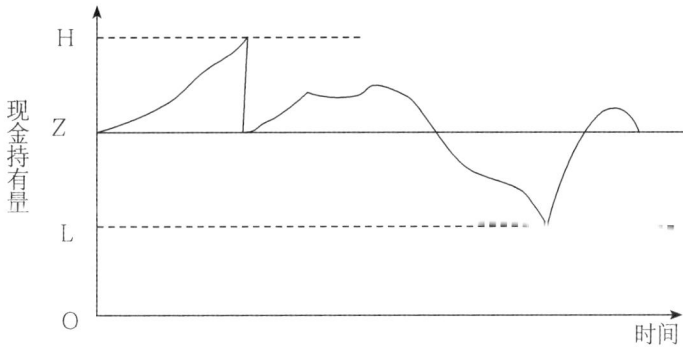

图13-4 随机模式下现金控制原理示意图

在图13-4中，H为上限，L为下限，Z为目标现金持有量。当现金持有量升至H时，就购进（H-Z）金额的有价证券，使现金持有量回落到Z线上；当现金持有量降至L时，就出售（Z-L）金额的有价证券，使现金持有量恢复到Z线上。目标现金持有量Z的确定可按现金持有总成本最低，即持有现金的机会成本和转换有价证券的固定成本之和最低来确定，并把现金余额可能波动的幅度同时考虑在内。其计算公式如下：

$$Z^* = \sqrt[3]{F\sigma^2/4R} + L \tag{13-9}$$

$$H^* = 3Z^* - 2L \tag{13-10}$$

式中：Z^*和H^*代表最优值；F为转换有价证券的固定成本；σ^2为每日现金净流量的方差；R为持有现金的日机会成本（证券日收益率）。

米勒-奥尔模式中平均现金金额为：

$$平均现金金额 = \frac{4Z - L}{3} \tag{13-11}$$

13.3 有价证券管理

有价证券是指企业所拥有的流动性仅次于现金的资产，它还具有比现金高得多的收益性，因此经常被用作现金的替代品。有价证券管理主要包括两个方面的内容：第一，确定现金与有价证券的持有比例。第二，选择具体的持有证券种类。常见的有价证券包括国库券、企业债券、企业股票、大额定期可转让存单、回购协议等。

13.3.1 有价证券的持有目的

企业通常出于以下两种目的而持有有价证券：

（1）保持资产的流动性

在证券市场比较发达的条件下，有价证券能够迅速变现，流动性几乎与现金相同，在企业现金持有量不变的情况下，有价证券越多，企业的变现能力就越强，日常生产经营活动就越有保障。持有有价证券还能给企业带来另一个好处，即持有大量有价证券表明企业具有较强的变现能力和偿付能力，银行有可能因此而愿意给予企业更大的信用额度，从而提高企业的融资能力。

（2）赚取投资收益

企业往往由于各种原因而产生大量的闲置现金，而现金是一种不营利或很少营利的资产，因此，有价证券经常作为现金的转换形式，以提高企业的盈利能力。企业因融资、日常生产经营活动而产生闲置现金时，可以将其兑换为有价证券；而当投资、日常生产经营、股利分配等活动需要补充现金时，再将有价证券换为现金。另外，有些企业还会把有价证券作为一种重要的投资手段，利用有价证券市场价格的波动来赚取额外收益。

在上述两个有价证券的持有目的中，首要目的是保持资产流动性以保证企业日常生产经营的现金需要，其次才是赚取投资收益。有价证券管理应该以保证有价证券的流动性和安全性为前提，在此基础上应尽可能把闲置现金转换为有价证券并提高其收益率。

13.3.2　有价证券的投资策略

有价证券管理首先应该确定用来购买证券的余额，在企业速动资产已经确定的情况下，就是确定现金与有价证券的持有比例。各企业由于对待投资风险与收益的态度不同，形成了以下三种基本的有价证券投资策略：

（1）保守的有价证券投资策略

这种策略注重手头持有的可用现金余额，只有现金余额巨大时才考虑进行有价证券投资。

（2）激进的有价证券投资策略

这种策略是指不在手头持有太多现金，将最大额度的现金用于购买有价证券，并且注重有价证券投资的收益性，往往比较频繁地买进卖出证券以赚取价差。

（3）中庸的有价证券投资策略

这种策略对待投资的态度介于保守与激进之间，通过预测最佳现金持有额度和未来现金流来安排证券投资金额，使企业在持有最佳现金量的基础上追求最大的证券投资收益。

13.3.3　有价证券的选择标准

在既定的有价证券投资策略下，有价证券管理的重点是选择适合的证券品种，以构建企业的最佳证券投资组合。企业在选择所要购买的有价证券时，一般应该把握以下标准：

（1）较高的安全性

必须保证所购买的证券是可偿付的，这是对证券进行选择的基本标准。一般认为国库券是安全性最高的有价证券，除此之外，规模较大、业绩较好的企业所发行的债券也有很高的安全性。企业应避免购买安全性差的有价证券。

（2）较强的流动性

流动性即在短期内变现的可能性。通常情况下，应该购买流动性较强的证券，即在二级市场活跃的证券。

（3）适宜的投资收益

较高的收益总是伴随着较高的风险和较差的流动性，考虑到购买有价证券的首要目的是保持有价证券的流动性，不宜追求过高的投资收益。

（4）较低的投资风险

证券的风险分为系统性风险和非系统性风险。对于系统性风险，可通过国家政策走向、宏观经济状况、证券市场行情等因素的分析来规避，对于非系统性风险，可通过不同种类证券投资的有效组合，降低风险。

思政小课堂 ☑ ----------------●

现金管理是衡量企业发展潜力和总体价值的重要依据，具体概括为对现金的收入、支出和库存余额进行监督，提高其使用效率的过程。如何平衡流动性和营利性之间的关系是企业现金管理的关键目标。如何确定企业现金持有水平是财务学界研究的重大难题。学习现金及有价证券管理的相关理论与方法，增强防范资本运营风险的意识，实现从理论知识向解决实际问题能力的转化。

思考与练习 ☑ ----------------●

1.企业持有现金的主要动机有哪些？请简要概括。

2.股东一般会关注企业所积累的大量的现金，为什么？

3.当企业持有过多现金时，可以采取哪些措施加以利用？当企业持有的现金过少时，需要采取哪些措施？

4.简要说明现金管理和流动性管理的区别。

5.现金管理主要包括哪些内容？

6.简要概述锁箱法和集中银行法的优缺点。

7.现金支付管理的主要目的是减缓支付过程，能达到这个目的的具体措施有哪些？

8.现金的持有成本有哪些？

9.什么是目标现金余额？

10.简要说明成本分析模式确定最佳现金余额的步骤和优缺点。

11.存货模式的假设前提有哪些？其局限性有哪些？

12.假设 AST 公司预计每月需要现金 720 000 元，现金与有价证券转换的交易成本为每次 100 元，有价证券的月利率为 1%。

要求：（1）根据存货模式计算该公司最佳现金持有量。

（2）计算该公司每月有价证券交易次数。

（3）计算该公司持有现金的总成本。

13.假设某公司计划年度存货周转期为 60 天，应收账款周转期为 40 天，应付账款周转期为 40 天，年现金需求量为 840 万元。根据现金周转模式计算最佳现金持有量。

14.某公司年现金需求量为 720 万元，其原材料购买和产品销售均采取赊账方式，应收账款的平均收款天数为30天，应付账款的平均付款天数为20天，存货平均周转天数为90天。根据现金周转模式计算最佳现金持有量。

15. 某公司20×8年平均占用现金为200万元，经分析，其中有12万元的不合理占用额；20×9年销售收入预计较20×8年增长10%，则20×9年最佳现金持有量为多少？

16. 某公司持有的有价证券平均年利率为5%，该公司现金最低控制线为1 500元，现金余额的回归线为8 000元。如果该公司现有现金20 000元，根据米勒-奥尔模式，此时应当投资有价证券吗？

17. 有价证券管理包括哪些内容？

18. 有价证券的投资策略有哪些？

19. 企业在选择所要购买的有价证券时，应该把握哪些标准？

20. 现金管理的目标是什么？

21. 如何进行现金的收支管理？

22. 有人说，公司持有大量现金可能加重委托-代理问题（第1章讨论过），更一般地说，有损害股东利益最大化的动机。对于这个问题，你怎么看？

23. 关于闲置资金的利用，对企业剩余现金的处理方法之一是加快支付供应商的货款，说一下这种方法的优势和劣势。

24. 另一种减少企业剩余现金的办法是支付企业的未清偿债务，说一下这种方法的优势和劣势。

第14章

信用管理

本章要点 ☑ --------------------------------○

本章主要介绍公司金融中信用管理以及存货管理的相关内容，主要包括信用管理的概念及政策设计，信用分析与信用评级，存货管理的概念、分类以及相关计算等。

14.1 信用管理概述

14.1.1 信用管理的概念

信用是指在商品交换过程中，交易一方以将来偿还的方式获得另一方的财务或服务的能力，信用管理也称应收账款管理。

应收账款是企业因对外销售商品、提供劳务应向购买货物或接受劳务的单位收取的款项。应收账款形成企业之间的商业信用，是商品销售及劳务提供过程中的货与钱在时间上分离的结果。

应收账款是企业向客户提供的商业信用，即赊销，会给企业自身带来两点好处：

第一，扩大销售。首先，赊销意味着在销售商品的同时，向客户提供了一笔无息贷款，从而有利于吸引客户；其次，赊销给了客户充足的时间来检验商品，可以减少企业与客户之间的信息不对称。

第二，减少存货。持有存货需要支出管理费用、仓储费用和保险费用等，许多时候这些支出超过了存货本身的价值。赊销可以加速产品销售的实现，减少产成品存货，节约各种支出。

企业在采取赊销方式促进销售的同时，也会因持有应收账款而产生相应的成本。这些成本包括：

① 机会成本，即企业由于持有应收账款而放弃的投资其他项目可能获取的收益。

② 管理成本，即企业由于对应收账款进行管理而消耗的开支，主要包括调查客户信用状况的费用、收集各种信息的费用、账簿的记录费用、收账费用等。

③ 坏账成本，即应收账款因各种原因无法收回而给企业带来的损失。

应收账款管理（即信用管理）应该在利用赊销扩大销售、减少存货的同时，尽可能地减少应收账款可能带来的成本，从而更好地为企业创造价值。

我们把因持有应收账款而产生的机会成本、管理成本和坏账成本称为授信的置存成本。随着信用条件的放宽，这三种成本都会上升。

如果一家公司的信用政策非常严格，那么所有相关成本都会降低，但在这种情况下，企业将会产生信用短缺，使企业失去信用销售产生的额外的潜在收益，是一种短缺成本。这种短缺成本随信用条件的放宽而下降。

置存成本和特定信用政策的短缺成本的总和就是信用总成本。从图14-1中可知，存在某一点使得信用总成本最小，这个点对应着最优的授信规模或者说最优的应收账款占用金额。

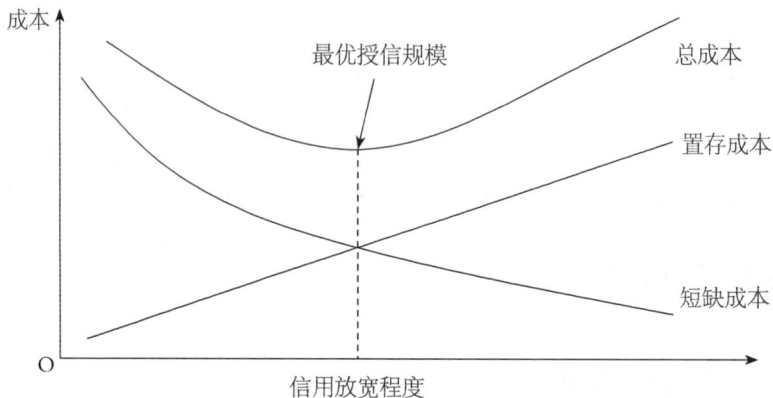

图14-1　授予信用成本

14.1.2　信用政策设计

信用政策又称应收账款政策，是指公司在采用信用销售方式时，为对应收账款从财务政策方面进行规划与控制而确立的基本原则与行为规范。信用政策主要包括信用标准、信用条件和收账政策三个方面。

（1）信用标准

信用标准是客户获得企业商业信用所应具备的最低条件，通常以预期的坏账损失率作为标准。如果企业把信用标准定得过高，将使许多客户因信用品质达不到所设标准而被企业拒之门外，能够获得企业商业信用的只能是信誉良好的客户，其结果虽有利于降低违约风险及收账费用，但由于符合条件的客户减少，由此造成销售量下降，库存增加，不利于企业市场竞争能力的提高和销售收入的增加。相反，如果企业接受较低的信用标准，虽有利于企业扩大销售，提高市场竞争力和市场占有率，但由于客户的信誉降低，应收账款出现逾期和坏账的可能性增加，机会成本和坏账成本也随之增加。可见，信用标准的确定需要考虑信用的边际收益和边际成本，只有在边际收益大于边际成本时，信用标准才是可取的。

①影响信用标准的因素分析。企业在信用标准的确定上，面临两难选择。这涉及企业信用标准制定过程中风险、收益、成本的对称性关系，因此，必须对影响信用标准的因素进行定性分析。企业在制定或选择信用标准时，应考虑三个基本因素：

第一，同行业竞争对手的情况。面对竞争对手，企业应首先考虑如何在竞争中处于优势地位，保持并不断提高市场占有率。如果对手实力很强，企业欲取得或保持优势地位，就必须采取较低（相对于竞争对手）的信用标准；反之，其信用标准可以相应严格一些。

第二，企业承担违约风险的能力。企业承担违约风险能力的强弱，对信用标准的选择也有重要影响。当企业具有较强的承担违约风险的能力时，就可以以较低的信用标准提高竞争力，争取客户，扩大销售；反之，如果企业承担违约风险的能力比较弱，就只能选择严格的信用标准，以降低因客户违约而产生的风险。

第三，客户的资信程度。客户的资信程度通常取决于五个方面，即客户的信用品质（character）、偿债能力（capacity）、资本（capital）、抵押品（collateral）、经济状况（condition），简称"5C"系统。其具体内容为：信用品质，即客户履行信用责任的意愿；偿债能力，即客户以经营性现金流来履行信用责任的能力；资本，即客户的财务储备；抵押品，即防止客户违约而要求其抵押的资产；经济状况，即客户所处行业的一般经济状况。

②确定信用标准的定量分析。对信用标准进行定量分析，旨在解决两个问题：一是确定客户拒付账款的风险，即坏账损失率；二是具体确定客户的信用等级，以作为给予或拒绝信用的依据。

（2）信用条件

应收账款回收期是收回销售所得款项的时间，这个时期中的几个事件时间点都产生了与授信有关的现金流，相应的现金流图解如图14-2所示。

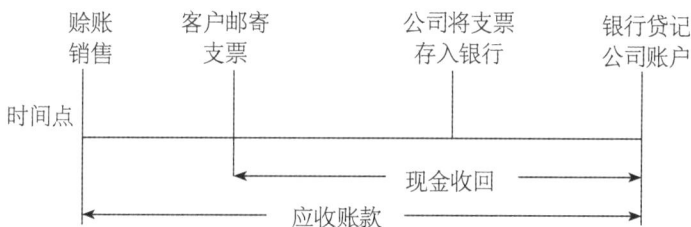

图14-2　授予信用时的现金流图解

公司授予信用的过程中发生的几个典型事件依次如下：一是赊账销售；二是客户邮寄支票；三是公司将支票存入银行；四是银行贷记公司账户。

信用标准是企业评价客户等级、决定给予或拒绝客户信用的依据。一旦企业决定给予客户信用优惠时，就须考虑具体的信用条件。所谓信用条件，就是指企业接受客户信用订单时所提出的付款要求，主要包括信用期限、现金折扣和折扣期限等。

① 信用期限。信用期限是指企业允许客户从购货到支付货款的时间间隔。企业产品的销售量与信用期限之间存在一定的依存关系。通常，延长信用期限，可以在一定程度上扩大销售量，从而增加毛利。但是不适当地延长信用期限，会给企业带来不良后果：一是使平均收账期延长，在应收账款上占用的资金会增加，引起机会成本增加；二是引起坏账损失和收账费用的增加。因此，企业是否延长信用期限，要视信用期限增加的边际收入是否大于增加的边际成本而定。

② 现金折扣和折扣期限。延长信用期限会增加应收账款占用的时间和金额。许多企业为了加速资金周转，及时收回货款，减少坏账损失，往往在延长信用期限的同

时，采用一定的优惠措施，即在规定的时间内提前偿付货款的客户可按销售收入的一定比例享受折扣。现金折扣实际上是对现金收入的扣减，企业决定是否提供以及提供多大程度的现金折扣，着重考虑的是提供折扣后所得的收益是否大于现金折扣的成本。折扣期限是指客户能够享受某一现金折扣的优惠期限。如账单中的"2/10，N/30"就是一项信用条件，表示如果客户在发票开出后10天（折扣期限）内付款，就可享受2%的现金折扣；如果不想取得折扣，则必须在30天内付清。提供比较优惠的信用折扣能增加回款额，但也会带来额外的负担，如增加应收账款机会成本、管理成本、坏账成本和现金折扣成本。

企业究竟应当核定多长的现金折扣期限，以及给予客户多大程度的现金折扣优惠？必须将折扣期限及加速收款所得到的收益与付出的现金折扣成本结合起来考虑。同延长信用期限一样，采用现金折扣方式在有利于加速收款的同时，也须付出一定的成本代价，即给予现金折扣造成的损失。如果加速收款带来的机会收益能绰绰有余地补偿现金折扣成本，企业就可以采取现金折扣或进一步改善当前的折扣方针；如果加速收款的机会收益不能补偿现金折扣成本，优惠条件便被认为是不恰当的。

（3）收账政策

收账政策是指企业针对客户违反信用条件，拖欠甚至拒付账款所采取的收账策略与措施。在企业向客户提供商业信用时，必须考虑三个问题：其一，客户是否会拖欠或拒付账款，程度如何？其二，怎样最大限度地防止客户拖欠账款？其三，一旦账款遭到拖欠甚至拒付，企业应该采取怎样的对策？前两个问题主要靠信用调查和严格信用审批制度来解决，第三个问题则必须通过制定完善的收账方针、采取有效的收账措施予以解决。

从理论上讲，履约付款是客户不容置疑的责任与义务，债权企业有权通过法律途径要求客户履约付款，但是，如果企业对所有客户拖欠或拒付账款的行为均付诸法律解决，往往不是最有效的办法，因为企业解决与客户账款纠纷的目的主要不是争论谁是谁非，而是最有效地将账款收回。实际上，不同客户拖欠或拒付账款的原因不尽相同，许多信用品质良好的客户也可能因为某些原因而无法如期付款。此时，如果企业直接向法院起诉，不仅需要花费相当数额的诉讼费，而且除非法院裁决客户破产，否则效果往往不是很理想。所以，通过法院强行收回账款一般是企业不得已而为之的最后办法。基于这种考虑，企业如果能够同客户商量出折中的方案，也许能够将大部分账款收回。

通常的步骤是，当账款被客户拖欠或拒付时，企业应当首先分析现有的信用标准及信用审批制度是否存在纰漏，然后重新对违约客户的资信等级进行调查、评价。将信用品质恶劣的客户从信用名单中删除，对其拖欠的款项可先通过信函、电询或者派员前往等方式进行催收，态度可以逐渐强硬，并提出警告；当这些措施无效时，可考虑通过法院裁决。为了提高诉讼效果，可以与其他经常被客户拖欠或拒付账款的企业联合向法院起诉，增强该客户信用品质不佳的证据力。对于信用记录一向正常的客户，在去电、去函的基础上，不妨派人与客户直接进行协商，彼此沟通意见，达成谅解妥协。除上述收账政策外，有些国家和地区还兴起了一种新的收账代理业务，即企业可以委托收账代理机构催收账款。不过，由于委托手续费往往较高，许多企业，尤其是实力较弱、经济效益较差的企业很难采用。

企业对拖欠的应收账款，无论采用何种方式进行追收，都要付出一定的代价，即收账费用，如收账所花费的邮电通信费、派专人收款的差旅费和不得已时的法律诉讼费等。制定收账政策就是要在增加收账费用与减少应收账款机会成本之间进行权衡。如果收账政策制定得过于宽松，可能会使逾期应收账款拖欠的时间更长，应收账款的机会成本和坏账损失将会提高；反之，收账政策制定得过于严格，虽然可以使应收账款的机会成本和坏账损失降低，但收账费用会相应提高，而且可能会得罪客户，影响将来业务的开展。

影响企业信用标准、信用条件及收账政策的因素有很多，如销售额、赊销期限、收账期限、现金折扣、坏账损失、过剩生产能力、信用部门成本、机会成本、存货投资等的变化。这就使得信用政策的制定更为复杂，一般来说，理想的信用政策是能给公司带来最大收益的政策。公司应具体分析客户的情况，确定最佳的收账政策，以使收账费用最低，收回的账款最多。

14.2 信用分析与信用评级

14.2.1 信用分析

（1）信用信息

信用信息的来源很多，一般来说，用来获取评价客户信用情况的信用渠道包括：

① 直接调查。直接调查是指调查人员通过与客户接触、分析本企业与其交往记录、查阅其财务报表等方式获取信用资料的方法。直接调查具有准确及时的优点，但若得不到被调查者的合作，则结论往往不够全面、深入。

② 银行和信用评估机构。在许多国家和地区，银行和专门的信用评估机构会定期发布有关企业的信用等级报告，这些报告一般评估方法合理，可信度较高。另外，通过被调查者的开户银行，还可以获得其在银行的平均现金余额、贷款金额、有关历史记录及其他财务信息。

③ 第三方企业。通过与被调查者有业务来往的其他企业，可以了解客户的一般信用情况。

④ 其他来源渠道，如财税部门、市场监督管理部门、企业上级主管部门、证券交易部门、消费者协会及新闻媒体的相关报道等。

收集到信用信息之后，公司必须对信用申请者进行信用分析，并且确定该信用申请者的信用状况是否在最低信用质量标准之上。在后续的分析过程中，公司能够确定是接受一笔订货、拒绝这笔订货还是获取更多的信息。只有在额外信息产生的预期收益超过其成本时，才采用获取更多信息的策略。如果进一步获得信息能使我们修正以前的错误决策，该信息才能产生更多的收益。

（2）信用政策变动与评价

通过改变信用条件、信用标准或者收账政策可以改变信用政策。信用政策的改变可能影响销售收入，也可能影响销售成本、坏账费用、应收账款的管理成本等。公司可以通过计算信用政策改变后的净现值大小来决定是否改变信用政策。

信用评价是正确地评价客户的信用状况、执行企业信用标准，进而实施企业信用政策的前提。要合理地评价客户的信用状况，就要在对客户信用进行调查、收集有关信息的基础上，对客户信用情况进行评价。"5C"分析法是实践中应用最为广泛的一种信用评价方法。

信用评分是根据所收集的信息，计算客户的信用数值。例如，公司利用可取得的有关某个客户的全部信息，对该客户的信用"5C"的每一项给予1～10分的评分；然后，根据这些评分的合计数计算出信用分数。根据经验，信用分数在30分以上的客户的信用水平被认为是可以接受的。

14.2.2 信用评级

信用评级是针对债务主体的信用（主要指偿债能力）所进行的评价活动，目的是向投资者提供有关借款人信用风险程度的信息服务。信用评级一般由专门的评估机构通过集合各种必要的财务收支和经营活动信息来分析完成，最终结果向社会公布。

现代信用评级最早产生于美国，始于债券评级。1909年，穆迪公司的创始人约翰·穆迪（John Moody）首次建立了衡量债券违约风险的体系，并按照违约风险的高低来评定债券等级。此后，信用评级开始风行于美国金融界。1918年，美国政府规定，凡是外国政府在美国发行债券，发行前必须取得评级结果。自此之后，随着金融市场的发展壮大、投资方式的增多，社会对信用评级的需求不断增加，信用评级所涉及的领域也不断扩展，评级对象逐渐从各种有价证券，如主权债券、公司债券、地方政府债券、优先股、中期债、私募、商业票据、银行定期存单、住房抵押贷款证券扩展到各种机构和团体，如国家、工商企业、银行、证券公司、保险公司、共同基金和衍生产品交易对象。

信用评级可以分为很多类。按评级方法分类，可以分为两种：一是主观评级法；二是客观评级法。客观评级法较多地依赖公司的具体财务数据，而主观评级法更多地依赖专家的判断。不过，由于决定有价证券或债务偿还能力可靠程度的因素很多，其中有不少因素难以用数据加以刻画，因此，在实践中，信用评级机构常常将上述两种方法结合起来使用。一般来说，商业性信用评级机构多以主观评级法为主，以客观评级法为辅；而监管当局则更多地采用客观评级法。这是因为，与商业评级机构相比，监管当局所掌握的数据和信息要充分和全面得多。

按评级对象分类，可以将信用评级分为三种：主权评级、法人评级和有价证券信用评级。主权评级是对一个国家资信情况的评级，它主要反映一国政府偿还外债的能力及意愿。主权评级主要考虑的因素是宏观经济环境、经济结构和政治结构等。除上述因素外，还要考虑一国的政策和经济状况对该国公共和私人部门外债的影响，并要着重分析该国的外汇储备规模，以及该国从国际货币基金组织和其他一些国际组织获得资金的能力。法人评级是对法人信用程度进行的评级。按企业性质又分为两大类：第一，工商企业信用评级，主要分析工业或商业企业的资产状况、负债偿还能力、发展前景、经济交往中的信用状况、经营管理情况及领导水平等。第二，金融企业信用评级，主要分析金融机构的资金来源和运用情况、债务负担情况、呆账即贷款损失情况、金融法规政策遵守情况、业务经营及财务盈亏情况等。银行评级主要属于此类范畴。有价证券信用评级是以有价证券为评级对象的信用评级。该评级分为两类：第一，债券信用评级是针对企业债券按期还本付息可靠程度的评级。第二，股票信用评级是对股票的股息、红利水平即风险的评级。

按货币划分，信用评级可分为本币债券评级和外币债券评级。不过，外币债券评级比本币债券评级要复杂得多，因为政府可能施加严格的资本控制，禁止私营部门对外支付。只有当发债者可以提供离岸抵押品，或拥有不会被国家没收的收益，或由信誉极好的第三方提供担保时，才可以获得较高的评级。

信用评级还可以分为主动评级和被动评级。主动评级是评级机构主动对有价证券或其发行者进行评级。例如，即使无人邀请，标准普尔也会为所有在美国证券交易委员会登记且在美国市场中需缴税的证券进行评级。被动评级是指评级公司受有价证券发行者的委托，对其资质状况进行评级。

从信用评级方法上看，有"CAMELS"、信用分析得分模型和"5C"系统等。

"CAMELS"侧重于对历史形成的存量进行评价，不太符合面向未来的原则，其评价的重点是资产（特别是货币资产）的营运水平，因此多用于监管部门对金融机构，特别是商业性质的金融机构的风险评级。

信用分析得分模型是以特征财务比率为解释变量，运用数量统计方法推导建立标准模型，利用标准模型来评定企业信用等级的方法。此方法使用简便、成本低、客观性强，但其主要是利用各种财务信息，不太符合财务信息与非财务信息并重的原则。

"5C"系统是指从品质、能力、资本、抵押品和经济状况五个方面来评估企业的信用品质。在"5C"系统中，既有反映企业信誉和历史信用状况的信息，也有反映企业盈利能力和成长能力的信息；既能满足信用决策的需要，也能满足信用控制、信用追偿的需要；既有反映企业经营状况和偿债能力的财务信息，又有反映宏观政策、行业环境以及企业信誉状况的非财务信息；既有反映企业经营状况各种能力的定量指标，又有反映企业外部环境的定性指标。

对企业进行资信评估的资信等级一般采用国际通行的四等十级，具体等级分为AAA级、AA级、A级、BBB级、BB级、B级、CCC级、CC级、C级、D级，见表14-1。从"AA"到"CCC"等级间的每一级别可以用"+"或"−"号来修正，以表示在主要等级内的相对高低。

表14-1 评估结果的资信等级符号及其含义

信用等级	信用情况	含义
AAA级	信用极好	企业的信用程度高，债务风险低。该类企业具有优秀的信用记录，经营状况佳，盈利能力强，发展前景广阔，不确定因素对其经营与发展的影响极小
AA级	信用优良	企业的信用程度高，债务风险低。该类企业具有优秀的信用记录，经营状况较佳，营利水平较高，发展前景较为广阔，不确定因素对其经营与发展的影响很小
A级	信用较好	企业的信用程度良好，在正常情况下偿还债务没有问题。该类企业具有良好的信用记录，经营处于良性循环状态，但是可能存在一些影响其未来经营与发展的不确定因素，进而削弱其盈利能力和偿债能力

信用等级	信用情况	含义
BBB级	信用一般	企业的信用程度一般，偿还债务的能力一般。该类企业的信用记录正常，但其经营状况、营利水平及未来发展易受不确定因素的影响，偿债能力有波动
BB级	信用欠佳	企业的信用程度较差，偿债能力不足。该类企业有较多不良信用记录，未来前景不明朗，含有投机因素
B级	信用较差	企业的信用程度差，偿债能力较弱
CCC级	信用很差	企业信用很差，几乎没有偿债能力
CC级	信用极差	企业信用极差，没有偿债能力
C级	没有信用	企业无信用
D级	没有信用	企业已濒临破产

14.3　存货管理

存货对于大部分企业来说是一个较大的流动资产项目。在正常情况下，一个制造业企业的存货占企业资产总额的15%以上，商业企业的存货要占其资产总额的25%以上，因此存货是公司经营管理的重要内容。一般来说，存货并不由财务管理部门直接管理，而是由其他职能管理部门，如采购、生产、市场销售部门共同管理，财务管理部门通常只参与存货管理决策。但是，由于存货是公司的一项重要的资金占用，存货管理效率的高低对公司的总体财务状况有重要的影响，所以它仍是公司短期财务管理必须考虑的一个重要内容。

14.3.1　存货的概念、分类与作用

（1）存货的概念

存货是指公司在生产经营过程中为生产、销售或者耗用而持有的各种资产，包括商品、产成品、半成品、在产品以及各类材料、燃料、包装物、低值易耗品等。存货通常在一年或超过一年的一个营业周期内被消耗或经出售转换为现金、银行存款或应收账款等，具有明显的流动性，属于流动资产。

（2）存货的分类

存货的构成内容很多，不同存货的具体特点和管理要求各不相同。为了有效进行各项存货的管理，应对存货进行科学分类。一般来说，存货可以按照以下三个标准分类：

①按经济用途通常分为生产用存货、销售用存货和其他存货三类。

第一，生产用存货。生产用存货是指企业为生产、加工产品而库存的各种存货，主要包括原材料和在产品等。原材料是指直接用于制造产品并构成产品实体的物品，包括原材料及主要材料、辅助材料、外购半成品等。

第二，销售用存货。销售用存货是指企业以对外销售为目的而持有的已完工产品或以转让销售为目的而持有的商品，主要包括工业企业的产成品和商品流通企业的库存商品等。产成品是指企业已经完成全部生产过程并已验收入库，合乎标准规格和技术条件，可以按照合同规定的条件送交订货单位，或者可以作为商品对外销售的制成品。库存商品是指企业为销售而持有的全部自有商品，包括存放在仓库、门市部和寄销在外库的商品，委托其他单位代管、代销的商品，以及陈列展览的商品等。

第三，其他存货。其他存货是指除了上述存货外，供企业一般耗用的用品和为生产经营服务的辅助性物品。

②按存放地点一般分为库存存货、在途存货、委托加工存货和委托代销存货四类。

第一，库存存货也称在库存货，是指已经运到企业，并已验收入库的各种材料、商品以及已验收入库的自制半成品和产成品等。

第二，在途存货包括运入在途存货和运出在途存货。运入在途存货是指货款已经支付但尚未验收入库、正在运输途中的各种存货。运出在途存货是指按合同规定已经发出或送出、尚未确认销售收入的存货。

第三，委托加工存货是指企业已经委托外单位加工，但尚未加工完成的各种存货。

第四，委托代销存货是指企业已经委托外单位代销，但按合同规定尚未办理代销货款结算的存货。

③按不同来源主要分为外购存货、自制存货和委托外单位加工存货三类。

第一，外购存货是指从企业外部购入的存货，如商品流通企业的外购商品，工业企业的外购材料、外购零部件等。

第二，自制存货是指由企业制造的存货，如加工企业的自制材料、在产品、产成品等。

第三，委托外单位加工存货是指企业将外购或自制的某些存货通过支付加工费用的方法委托外单位进行加工生产的存货，如工业企业的委托加工材料、商品流通企业的委托加工商品等。

此外，企业的存货还可分为投资者投入的存货、接受捐赠的存货、盘盈的存货等。

（3）企业持有存货的作用

① 保证生产和销售的正常进行。适量的生产原料、半成品和库存商品等存货是企业正常生产和销售的保障。企业一般很难做到随时产出或购入自身生产或销售所需的各种物资，而企业对这些物资的需要情况、这些物资自身的市场供求情况往往是不确定的，因此，如果没有一定的存货，生产和销售就可能经常面临物资短缺，致使停工待料、停业待货，给企业造成损失。

② 获取采购规模效应。采购规模较大一般可以获取销售方提供的较为优厚的商业折扣，降低所采购物资的单价。此外，通过增加每次购货数量，减少购货次数，可以降低采购费用支出。即便在推崇以零存货为管理目标的今天，仍有不少企业采取大量购货方式，原因就在于这种方式有助于降低购货成本。在全球范围内流行的企业并

购浪潮中，获取采购规模效应往往是并购发生的主要动机之一。

③ 获取物资投机收益。在市场经济条件下，各种物资的价格经常会随着市场供需和其他因素的变化而上下波动。如果能够正确地预计存货的价格走向，在价格上涨之前储备较多的存货，在价格下跌之前储备较少的存货，就可以降低企业的生产成本或增加销售收入。有些企业还频繁参与生产原材料的买进与卖出，利用市场价格波动直接获取投机收益。

14.3.2　存货成本

企业取得和持有存货的成本包括取得成本、储存成本和缺货成本，存货的总成本就是这三项成本的总和。

（1）取得成本

取得成本是指为取得某种存货而支出的成本，通常用 TC_a 表示。取得成本由订货成本和购置成本组成。

①订货成本是指从发出订单到收到存货整个过程中所付出的成本，包括与订货的次数无关的固定成本（如采购机构基本的开支）和与订货次数有关的变动成本（如差旅费、邮资等）。订货的固定成本用 F_1 表示，每次订货的变动成本用 K 表示。订货次数等于存货年需求量 D 与每次进货量 Q 之商。用公式表示为：

$$订货成本=F_1+\frac{D}{Q}K \tag{14-1}$$

②购置成本就是存货本身的价值，等于存货年需求量 D 与单价 V 的乘积。

存货的取得成本 TC_a 就是订货成本与购置成本之和，可用公式表达为：

$$TC_a=F_1+\frac{D}{Q}K+D \cdot V \tag{14-2}$$

（2）储存成本

储存成本是指企业为保持存货而发生的成本，包括仓储费、搬运费、保险费、占用资金应计利息、存货破损和变质损失等，通常用 TC_c 表示。储存成本也可以分为固定成本和变动成本。固定成本如仓库折旧、保管人员工资等，可用 F_2 表示；变动成本如保险费、占有资金应计利息、存货破损和变质损失等，与存货的数量成正比。通常用 K_c 表示单位变动储存成本，用 Q/2 表示平均存货储备量，储存成本可用公式表达为：

$$TC_c=F_2+K_c\frac{Q}{2} \tag{14-3}$$

（3）缺货成本

缺货成本是指由于存货储备不能满足生产和销售的需要而造成的损失，通常用 TC_s 表示。缺货成本包括停工损失、失去销售机会的损失、经营信誉的损失、紧急采购的额外开支等。

存货储备总成本用公式表达为：

$$TC=TC_a+TC_c+TC_s$$
$$=F_1+\frac{D}{Q}K+D \cdot V+F_2+K_c\frac{Q}{2}+TC_s \tag{14-4}$$

思政小课堂 ✔ --●

　　在经济高速发展、市场竞争日益激烈的背景下，很多企业通过改变营销政策来提高产值，不惜了放宽合同条件和信贷政策。在这种情况下，赊销已成为主流，随着应收账款的增加，应收账款管理成为企业资金管理的重要组成部分。已有研究发现，众多企业采用宽松的信用政策，存在利润没有增加、只增加了应收账款的情况。若应收账款管理不善，会发生呆账、坏账等，影响公司现金流周转，增加财务风险。通过学习信用管理的理论与方法，同学们可以增强职业责任感，提高解决企业运营过程中应收账款相关问题的能力。

思考与练习 ✔ --●

　　1.信用政策主要包括哪些内容？

　　2.信用条件包括哪些内容？

　　3.决定信用期限长短的因素有哪些？

　　4.什么是信用分析？信用的"5C"是什么？

　　5.某公司为大河证券出售盈利预测报告。其信用条件是"2/10，N/30"。基于以往经验，将有65%的客户获得折扣。

　　要求：（1）该公司的平均收账期是多少？

　　（2）如果该公司以每份1 500元的价格每月卖出1 300份预测报告，那么其资产负债表中的应收账款平均是多少？

　　6.辉煌公司以"N/45"的销售条件进行销售，应收账款的平均拖欠时间是45天。如果年销售额为5 000 000元，该公司的资产负债表中应收账款的金额是多少？

　　7.最常见的信用工具是什么？

　　8.在评估信用政策时，需要考虑哪些因素？

　　9.某公司平均收账期为40天，其应收账款平均每天占用的数额为160 000元。请问年度信用销售额是多少？应收账款的周转率是多少？

　　10.某公司目前的信用条款为"N/30"，平均收账期为30天。如果它提供"2/10，N/30"的信用条件，那么可能有50%的客户（以购买规模表示）在10天内付款，剩下的客户的付款时间仍为30天。请问新的平均收账期是多少天？如果该公司年销售额为1 500万元（折扣前），那么应收账款所占用的资金额又会发生什么变化？

　　11.某公司一年中以每副55元的价格卖出无线耳机85 000副，所有的销售都采用信用销售，销售条件是"3/15，N/40"。40%的客户享用现金折扣，该公司在应收账款上的投资是多少？

　　12.某公司每年卖出系列香水5 600瓶，每瓶的价格为425元，所有的销售都是信用销售，销售条件为"1/10，N/40"。在全部顾客中，将有60%获得折扣。请问该公司应收账款总额为多少？

　　13.如何理解企业信用的含义？

14.企业信用风险产生的原因有哪些?

15.企业信用风险有哪些危害?

16.企业信用管理有哪些特点?

17.简述企业信用管理的内容。

18.与授信有关的置存成本包括哪些内容?

19.制定信用政策时应遵循哪些基本要求?

20.影响企业信用标准的因素有哪些?

21.某企业在制定信用政策确定信用期限时提出 A、B 两个方案:A 方案向客户授予 20 天的信用期限,产品售价为 1 000 元/件,生产成本为 600 元/件,预计每日销量为 300 件,估计客户拖延付款使得平均收账期为 30 天,坏账损失率为 1%;B 方案将信用期限放宽至 30 天,售价不变,生产成本降为 550 元/件,日销量提高到 400 件,根据过去的经验估计,在新的信用期限下,平均收账期为 40 天,坏账损失率增加至 2%。当前的国债利率为日利率 0.5%。根据上述条件,试通过计算净现值分析该企业将信用政策中信用期限设为 20 天和 30 天哪个方案好?

22.在客户信用信息收集中应遵循哪些原则?

23.客户授信管理需要遵循哪些指导原则?

24.试述风险评级的原则、程序和主要方法。

25.PD 公司的年销售额为 2 950 万元,平均收账期是 27 天。该公司在资产负债表中列示的对应收账款的平均投资是多少?

26.Chen 公司的平均收账期是 34 天,它在应收账款上的日均投资是 61 300 元。每年的赊销额是多少?应收账款周转率是多少?

第15章
企业财务困境预测管理

本章要点 ☑ --●

本章主要介绍企业财务困境与预测管理的相关内容，主要包括企业财务困境的相关定义和理论基础、财务困境的三个主要征兆、财务预警系统、财务困境的脱困途径及方法。

15.1 企业财务困境概述

15.1.1 企业财务困境的定义

企业财务困境有许多种定义，每种定义都试图描述企业的财务状况，并且尽可能地涵盖企业所面临的其他经济问题。文献中较为常见的用于描述财务困境的术语有失败（failure）、无力清偿（insolvency）、违约（default）和破产（bankruptcy）。这四个术语的含义各有侧重。

（1）失败

失败是经济学标准，意味着风险调整后的投资回报率持续并且显著低于同等投资的平均回报率。其他的经济学标准还包括公司投资收益低于资本成本，或者没有足够的收入来补偿成本。这些经济学标准未涉及公司实体的非持续经营。事实上，公司是否能够维持经营取决于公司期望回报率的高低以及回报是否能够补偿成本。然而值得一提的是，按照经济学的"失败"标准，公司可能已经"失败"了许多年，但一直都能成功地偿还到期债务，原因是公司所举债务都不是强制性债务。当公司再也不能偿还借款人的强制性债务时，就称公司"法定破产"。

"商业失败"也被著名商业统计机构D&B公司用于描述财务困境。根据D&B公司的定义，商业失败包括：因无力偿还债权人的借款而被取消抵押品赎回权，扣押财产从而导致停止经营；停止经营或者破产；自愿退出经营；自愿与债权人和解妥协；执行破产监管、重组等法律事务。

（2）无力清偿

无力清偿常用于较为技术化的场合，用于描述公司业绩恶化。从防范财务困境的角度看，企业经营性现金流不足以偿还现有到期债务就称为"技术破产"，表示公司资产流动性较差。衡量企业"技术破产"的基本指标是净现金流与负债的比值，而非传统的营运资本指标。"技术破产"可能是由于企业暂时资金周转不灵、安排调度不当造成的，但是如果在宽限一段时间后，企业可以筹措到足够的资金来清偿债务，则可以继续生存下去。

（3）违约

违约可以是法律上的，也可以是技术上的。违约其实是指债权人与债务人的关系，如债务人违反了与债权人在合同中约定的法律条款，比如违反贷款合同的规定，负债率超过了某一规定的数值。在实际中，对这种违约经常会重新谈判，但是它毕竟意味着企业正陷入财务困境，预示着正式的破产公告将会到来。

（4）破产

企业因无力偿债而根据法律规定正式进入破产程序。破产分为两种：一种是指企业资不抵债，即资产净值为负，也称为存量破产；另一种是指企业的经营现金流无法抵偿现有的到期债务而发生流量破产，如图15-1所示。

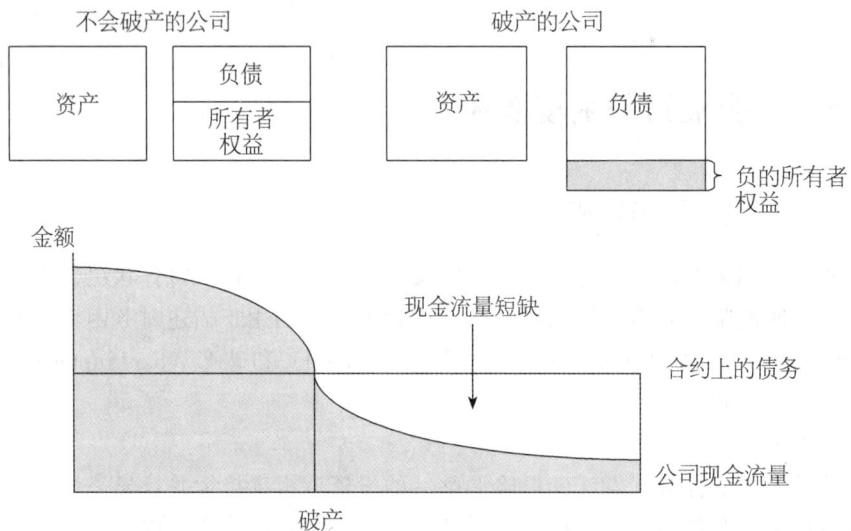

图15-1　破产的定义

15.1.2　现代企业财务困境预测的理论基础

要解决财务困境的一系列问题，首先必须回答一个基本问题：企业为什么会破产？关于这一问题，财务学家一般会从以下几个角度来考查：Scapens、Ryan和Fletcher（1981）提出灾害理论，采用非均衡模型来解释企业因为外部冲击（如贷款人不愿展期或企业得不到更多的贷款）而导致破产。Scott（1981）用四个模型，从市场结构、资本结构以及公司定位角度，分析如何选用财务比率并预测财务状况。此外，代理模型从委托-代理角度出发，试图用股东和债权人之间的潜在利益冲突来解释公司破产。产业经济学则通过寻找公司管理和战略的弱点来解释破产。下面介绍灾害理论和Scott的四个模型。

（1）灾害理论

Scapens、Ryan和Fletcher（1981）的灾害理论用来分析和解释由于均衡系统的影响因素缓慢变化而引起了系统的突然变化。如果从数理模型来推导灾害理论，会比较复杂，需要很长的篇幅来进行烦琐的推导，而一个形象的比喻可能会便于读者理解。我们把公司比作一个流动资产的储备池，当储备池快枯竭时，公司很容易陷入无力清偿的境地。财务比率就是测量流过储备池的流量大小的。从流量的大小来看，似乎难以确定储备池是否"枯竭"，正如通过财务比率难以确定公司是否破产一样。如果把债权人也加入这个模型，可以看出，公司是否破产还取决于债权人怎么看待财务比率的恶化。许多公司破产的原因在于债权人看到公司财务比率恶化后，就不想继续加"水"了，甚至想抽干储备池。其实债权人对财务状况的恶化有一定的容忍程度，如果债权人认为企业未来收益会变大，那么他们愿意承担较大的风险，所能容忍的程度也大；如果财务状况的恶化超出了债权人的容忍程度，那么债权人就会要求公司破产。

（2）Scott（1981）的四个模型

这些模型包括期权定价模型、不存在外部资本市场条件下的赌徒破产模型、具有完美外部资本市场条件下的赌徒破产模型、外部资本市场不完美条件下的赌徒破产模型。我们可以用这四个模型来阐述应该选用哪些财务比率来预测企业财务困境，并与实证研究中所选择的财务比率作对比。

第一个模型是期权定价模型。该模型将负债经营的企业看成被债权人持有的证券，而股东持有一个以该证券为标的物的看涨期权，只有在企业的总市场价值（MV）高于债务价值（D）时，股东才会行使该看涨期权。企业破产的可能性和期权的价值之间有直接的联系，而期权价值的一个重要决定因素是MV与D差的期望与MV方差的比值。所以，企业破产的概率由企业的MV及D共同决定。

第二个模型是不存在外部资本市场条件下的赌徒破产模型。该模型假设企业无法通过证券市场筹集资本，企业定期以一定的概率得到一个正的现金流或一个负的现金流，所以有可能企业在一定期间内总是得到负的现金流。如果企业得到负的现金流，那么它就必须变卖资产来弥补损失，当资产价值小于零时，企业破产。根据前面的假设，存在企业在一定时期内总是得到负的现金流的情况，在此条件下，企业破产的概率由现金流（CF）和企业净资产清算价（KA）之和的期望与CF方差的比率决定。

如果放松企业不能和外部资本市场接触的假设，其余假设和第二个模型相同，就得到了第三个模型，即具有完美外部资本市场条件下的赌徒破产模型。在此条件下，企业的破产概率由企业现金流（CF）和企业的总市场价值（MV）之和的期望与CF方差的比率决定。

进一步放松对资本市场的假设，就可得到第四个模型，即外部资本市场不完美条件下的赌徒破产模型。该模型进一步考虑了税收、融资成本及其他市场不完善因素对企业破产的影响。在此条件下，企业的持续经营价值与其净资产清算价值之间会存在较大的差距。在这种情况下，衡量企业流动性的指标，即在其他所有融资渠道都被切断时公司所能存续的时间，就可能成为决定企业破产的一个重要因素。

15.2 财务困境的征兆

在真正陷入财务困境之前，企业往往会表现出一些征兆。研究这些征兆对于建立起有效的财务困境预警系统有着重要的意义。通常财务危机会经历以下几个阶段（如图15-2所示）：

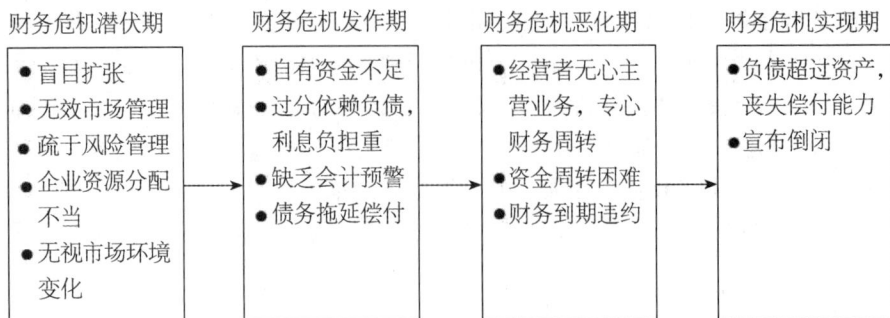

财务危机潜伏期	财务危机发作期	财务危机恶化期	财务危机实现期
● 盲目扩张 ● 无效市场管理 ● 疏于风险管理 ● 企业资源分配不当 ● 无视市场环境变化	● 自有资金不足 ● 过分依赖负债，利息负担重 ● 缺乏会计预警 ● 债务拖延偿付	● 经营者无心主营业务，专心财务周转 ● 资金周转困难 ● 财务到期违约	● 负债超过资产，丧失偿付能力 ● 宣布倒闭

图15-2　财务危机发展阶段

（1）长期亏损或微利

亏损并不意味着企业陷入财务困境，但这是企业陷入财务困境前的预兆。几乎所有财务困境公司都经历了长期亏损或微利。利润是一个综合性指标，企业的一切经营活动最终将表现在利润中。利润又是企业的生命之源，企业靠利润才能不断发展和持续经营。企业短期亏损可以通过前期积累的资金或直接、间接融资来渡过难关，但是长期亏损必然会限制自由资金的使用，并且很难再从外部获得资金。这使得企业面临内忧外患的境地，陷入财务困境的深渊而难以自拔。

（2）现金流严重不足

现金流是判断企业是否陷入财务困境的最主要标志之一。我们知道，引发财务困境的主要原因就是一定时期内企业的现金流入量小于现金流出量，导致企业不能如期偿还债务。同时，资金不足还会导致企业无法持续经营，也无法维持简单再生产，最终将使企业陷入危险的境地。

（3）财务状况不断恶化

财务困境的征兆还表现在某些财务项目和财务比率有异于非财务困境企业，研究这些征兆对于建立财务困境预警系统十分有利。例如，Beaver（1966）认为陷入财务困境企业的净收入与总资产比率、现金流与总负债比率、总负债与总资产比率、流动比率、营运资本与总资产比率、非信用间隔（no-credit internal）六个指标的均值与非财务困境企业存在差异，并且越接近失败，差异越大。陈静（1999）比较了ST公司与非ST公司的资产负债率、总资产收益率、净资产收益率、流动比率四个指标的平均值，也发现它们之间有较大的差异。财务困境企业随着财务资源逐渐减少，企业财务状况不断恶化，一般表现在以下几个方面：一是由于销售收入不断下降，企业成长性指标开始恶化，如销售增值率、净利润增长率、资产增值率等出现负增长；二是由于利润下滑甚至出现亏损，有关企业盈利能力的指标开始恶化，销售毛利率、总资产报酬率及净资产收益率呈现不同程度的下降趋势；三是偿债能力指标恶化，如资产负债率大幅提高，而流动比率、速动比率及利息保障倍数等却下滑，低于市场平均值；四是资产营运状况指标不佳，如应收账款周转率、流动资产周转率及存货周转率等都明显变坏。同时，财务比率分析是上市公司利益相关者进行决策的重要依据，如果财务比率开始恶化，上市公司的利益相关者会袖手旁观甚至给公司雪上加霜，纷纷上门催款。如此一来，可能加速财务状况恶化。

15.3 财务危机预警系统

15.3.1 财务危机预警的相关概念

（1）财务危机预警概念的界定

所谓危机预警，是对危机情况的警示与预测，一般以某种信息为标志。就财务危机预警而言，是以公开的财务会计信息为基础，以其他相关信息为补充，以特定的指标数值为标志，并按照数值综合判断企业是否处于财务危机及所处危机的严重程度，以满足企业所有者、管理者、债权人及潜在投资者等诸多主体的决策需要。

（2）财务危机预警的功能

① 预警功能。一个有效的财务危机预警系统通过对大量信息的分析，不仅能够预测当前的危机，还能够及时寻找导致企业财务危机的根源，使经营管理者能够针对企业财务危机的原因采取有效的措施，避免财务状况进一步恶化，阻止财务危机进一步加深，使企业免于破产。

② 矫正功能。一个有效的财务危机预警系统除了可以及时预知当前的危机外，还可以通过该系统所记录和反映的企业发生危机的原因、解决措施、处理结果等，及时针对企业存在的问题提出改进建议，弥补企业现有经营管理和财务控制系统的缺陷，进一步完善企业自身的预警系统。

③ 免疫功能。一个有效的财务危机预警系统还可以避免类似财务危机再次发生。

（3）财务危机预警的特征

企业财务危机预警系统具有以下四个特征：

① 参照性，即企业财务危机预警系统能从大量的企业财务指标中筛选出能准确、及时反映企业财务状况变化的指标，使其成为人们认识和判断企业财务运行状况和规律的参照指标或指标体系。

② 预测性，由于企业财务运行各因素相互联系、相互影响，因此根据企业财务运行的发展变化趋势，可以推导出与某一因素密切相关的各因素的发展变化，尤其是当影响企业财务状况的关键因素出现不良征兆时，可以及早预知可能发生的损失，并寻求相应的解决方法。

③ 预防性，即一旦企业财务危机预警系统中的相关指标贴近安全警戒线，便可以及时找到导致财务运行恶化的原因，化解财务危机。

④ 灵敏性，即由于企业财务体系各因素之间密切相关，因此某一因素的变动会从另一相关因素上快速反映出来，从而提供相关预警信息。

15.3.2　财务危机预警系统运行机制的构成

在实践中，要实现财务危机预警系统理论上的功能，必须建立高效的运行机制。在日常经营活动中，公司各职能部门需要定性并且定量地衡量财务预警指标，及时统计具体财务预警指标并由录入部门将数据录入计算机预警模型，由模型计算出非正常指标并提交给企业特设的危机预警部门，该部门结合各职能部门直接提交的危机定性描述，分析危机具体原因并反馈给公司管理层，最终由公司管理层选择解决方案并具体落实至各职能部门，具体如图15-3所示。

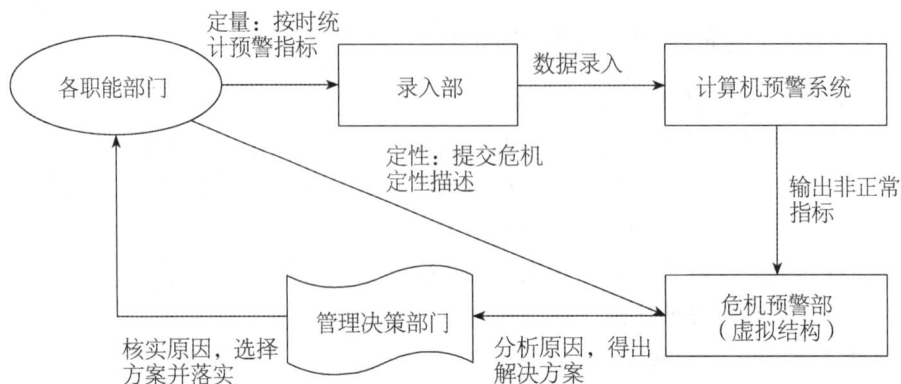

图15-3　财务危机预警系统运行机制

（1）良好的财务预警分析必须具有高效的信息收集、传递、处理机制

这就要求首先明确信息收集目标；然后根据收集目标来收集各种资料，包括公司内部的财务资料以及其他业务部门的资料；最后对所收集的资料进行整理、汇总、计算与研究，寻找资料中所隐含的重要启示、经济发展趋势，以及隐含的危机与契机。同时，公司应建立以计算机预警系统为中心的高速传递和处理信息的会计信息管理系统，为财务危机预警系统提供必要的技术支持。

（2）财务危机预警系统的风险分析及危机处理机制

财务危机预警分析根据处理后的信息分析公司所面临的风险，将主要精力放在有可能对企业造成重大影响的风险上。通过分析风险的成因，评估其可能造成的损失，并采取相应的预防、转化措施来降低风险带来的损失。为了保证分析结果的准确性、真实性，从事该项工作的部门和个人应保持高度的独立性。

财务风险分析机制主要包括筹资风险分析、投资风险分析、资金回收风险分析。筹资风险分析的重点在于分析资本结构是否合理、资金调度是否有效、资金使用效益是否确定等；投资风险分析的重点在于分析投资组合是否合理、投资方案是否可行、单项投资收益或投资组合的整体收益偏离预期结果的可能性，以及各种因素导致的投资收益率和息税前利润率变动风险等；资金回收风险分析的重点在于分析客户的信用状况和偿债能力是否能保证资金回收、公司的信用政策是否能保证资金按时收回、是否选择了恰当的销售方式和结算方式等来分析客户按期还款的可能性。

在财务风险分析清楚后，就应立即采取相应的预防、转化措施，尽可能降低风险带来的损失。

（3）财务预测责任和激励机制

该机制是将公司可能发生财务危机的责任落实到具体的部门和个人，并实施合理的奖惩制度，提高每个部门及个人防范财务危机的主动性和积极性，为财务危机预警系统正常而有效地运转提供制度性保障。

15.3.3 目前财务危机预警系统设置研究存在的不足和缺陷

① 财务危机预警研究的前提是上市公司发布的财务数据真实可信，但由于目前我国上市公司会计信息失真现象依然存在，部分公司为了避免被特别处理或暂停上市，可能操纵利润，对财务报表进行粉饰。财务危机预警模型本身不能对财务报表的真伪进行鉴别，并且有限的预警模型不是事先给定的，而是由各种财务数据决定的，因此，财务数据的真伪对模型的有效性影响很大。

② 内部控制不完善。企业的国有控制权不明确，使得投资主体的监管形同虚设，国有企业股权结构中的"一股独大"是中国上市公司的显著特征。在这种体制下，由于缺乏有效的激励约束机制，很多人并不能自觉地维护公司利益，导致企业内控失效。有的企业虽然制定了比较全面的内控制度，但是，由于制度本身不切合实际，制度的可操作性不强，或是由于外部监督不力，使得企业内控制度成为一纸空文。

③ 财会人员素质不高。有些会计人员法治观念淡薄，冒着被吊销会计从业资格证书的风险，为单位领导的不法行为出谋划策，粉饰经营业绩，甚至侵吞国家财产，加大了预警系统有效发挥作用的难度。

④ 目前，基于财务指标建立的预警模型缺乏对发生财务困境的原因及早期预警的系统分析，而且结果的解释性不强，大多数只是在计算财务指标与评价财务状况优劣，并未从理论上深入剖析发生财务困境的深层原因。

⑤ 从行业角度来看，不同行业的财务比率存在一定的差异，但在现有的研究中很少考虑公司的行业差别，故产生一定的误差在所难免。

财务危机预警作为企业风险管理的一个重要内容，已被越来越多的企业所认可和重视，但是，财务危机预警只是企业风险预防和控制的一种手段，而并非最终目的。预警只是企业风险控制机制的一个重要环节，更重要的是对造成企业各种财务危机的原因进行深入分析，并剖析其根源，寻找相应的对策。同时，应该认识到，企业财务危机预警系统的建立并非一劳永逸，而是需要动态完善。企业应根据内外部环境的变化，及时对财务危机预警系统的相关控制标准和预警指标进行必要的修正和完善，确保企业财务危机预警系统的合理性和有效性。只有这样，才能真正发挥财务危机预警系统的作用，为企业的长远健康发展保驾护航。

15.4 财务困境的脱困途径及方法

对于已经陷入财务困境的公司而言，寻求走出困境的方法是当务之急。财务困境本身又是一个渐进的过程，在困境并不严重的情况下，陷入财务困境的公司（以下简称困境公司）可以通过自身的努力扭转形势。一旦公司"病入膏肓"，那么仅仅依靠公司本身是很难脱困的，这时就需要借助其他途径，向公司的利益相关者，如股东、债权人、政府等寻求帮助。

① 向股东寻求帮助。大股东可以向困境公司注入优质资产，包括物力资源、人力资源、资金等，通过改善运营能力和财务状况，向企业注入新鲜血液，帮助企业走出困境。

② 向债权人寻求帮助。债权人可以和困境公司达成债务重组的相关协议，如减免部分债务、延长偿还期限、以非现金资产偿还或以债权转股权等，在减轻企业债务压力的同时，保证有足够的运营资金用于生产。

③ 向政府寻求帮助。政府可以给予困境公司一些优惠政策，如政府补贴、税务减免等，这样可以给困境公司创造更多的脱困机会。

上述三种途径都是外部利益相关者给予的帮助。只靠单方面的努力往往是徒然的，要真正走出困境，还需企业自身努力。例如，加强公司管理，提高公司效率，完善资本结构，打造核心竞争力等，内外部共同努力才是脱困的关键。

找到了困境公司脱困的途径，还必须有脱困的方法，一般有以下几种：

① 股东注入资源。如果股东可以通过增资扩股方式向困境公司投入资源，一方面可以缓解因股本侵蚀而存在的问题，另一方面可以缓解因负债水平过高而存在的问题。

② 资产重组。企业的资产重组包括收购资产、出售资产、资产置换、租赁或托管资产、受赠资产等。一般而言，对于财务困境公司而言，可以采取资产置换的方法来脱困。资产置换是指将困境公司以外的控股股东控制的优质资产注入困境公司，然后置换出困境公司的劣质资产。此法的直接作用就是可以调整困境公司的资产结构，提高资产质量，这样就可以间接地提高企业的竞争力，从而帮助企业走出困境。资产出售也是一个行之有效的方法，它是指困境公司出售闲置和劣质资产，出售与公司主营业务不相符以及与公司发展战略不相符的资产。这样做的直接结果就是获得一笔资金，缓解资金短缺，还因此调整了不合理的资产结构。

③ 债务重组。债务重组是指在债务人发生财务困难的情况下，债权人按照其与债务人达成的协议或者法院的裁定作出让步的事项。这包括五种形式：第一，以低于债务账面价值的现金清偿债务；第二，以非现金资产清偿债务；第三，债务转为资本；第四，修改其他债务条件，如延长债务偿还期限、延长债务偿还期限并加收利息、延长债务偿还期限并减少债务本金或债务利息等；第五，以上两种或两种以上方式的组合。通过债务重组，困境公司可以缓解债务偿还方面的压力，为走出困境创造有利的条件。

思政小课堂 ☑️ ------------------------------•

本篇的大部分篇幅介绍了公司营运资本管理的相关理论，更多值得深入探讨的理论与实务问题还需要同学们在未来的学习和工作中逐个解决。管理企业的财务活动并根据企业自身的特点和目标来规划投融资及股利分配活动显然是一项复杂的工作，成为一名合格的财务经理需要具备专业技能和素养。并不是所有人都要成为财务经理，但所有人都会面临个人及家庭的理财问题。理财的起点在于个人信用管理。诚信是为人处世的根本，在生活中，应珍惜个人信用，不超前消费、不冲动消费，树立正确的消费观，养成量力而行、勤俭节约的理性消费习惯。

思考与练习 ☑ ·· •

1.企业陷入财务困境的事件有哪些？请给出一些例子。

2.什么是存量破产和流量破产？

3.财务困境有什么样的好处？企业可以采取哪些方法处理财务困境？

4.什么是预打包破产？预打包破产的主要好处是什么？

5.清算和重组之间的差别是什么？

6.什么是绝对优先权法则？

7.为什么很多公司在私下和解的成本很低时，仍然申请法定破产呢？

8.在真正陷入财务困境之前，企业往往会表现出一些征兆，请问财务困境的征兆有哪些？

9.什么是财务危机预警？

10.财务危机预警的功能有哪些？

11.财务危机预警系统运行机制包括哪些内容？

12.什么是 Z 预警模型？

13.某制造业上市公司申请了一笔银行贷款。银行的信贷分析师收集了该公司财务报表的一些信息，见表 15-1。

表 15-1　　　　　　　**某制造业上市公司财务报表（部分信息）**　　　　　单位：万元

总资产	42 000
息税前利润	6 500
净营运资本	3 100
权益账面值	19 000
累计留存收益	13 500
销售额	61 000

该公司的股票价格为每股 18 元，发行在外的股份数为 5 000 万股。请问该公司的 Z 值为多少？

14.财务困境发生的原因有哪些？

15.表 15-2 是银×夏 Z 值计算表，请填写完整。

表 15-2　　　　　　　　　　　　**银×夏 Z 值计算表**

年份	2013	2014	2015	2016	2017	2018
运营资产÷总资产	0.19	0.21	0.28	0.19	−1.28	−1.51
留存收益÷总资产	0.05	0.06	0.06	0.10	−0.28	0.01
息税前利润÷总资产	0.07	0.11	0.06	0.16	−0.18	−0.07
销售额÷总资产	0.31	0.38	0.22	0.29	0.10	0.05
资本市值÷债务价值	4.30	3.37	2.70	10.59	0.89	1.71
Z值						

16. 表 15-3 是东×方公司 Z 值计算表，请填写完整。

表 15-3　　　　　　　　东×方公司 Z 值计算表

年份	2013	2014	2015	2016	2017	2018
运营资产÷总资产	0.56	0.53	0.71	0.56	0.01	−0.24
留存收益÷总资产	0.22	0.27	0.14	0.18	0.03	−0.19
息税前利润÷总资产	0.25	0.30	0.28	0.27	−0.02	−0.17
销售额÷总资产	0.68	0.81	0.66	0.74	0.40	0.25
资本市值÷债务价值	76.66	38.93	43.72	396.09	4.39	2.53
Z 值						

17. 根据 15、16 题的计算结果，你能否看出 Z 预测模型存在的问题？

18. 目前财务危机预警系统设置研究存在哪些不足？

19. 财务困境预测模型所采用的预测变量大体可分为哪几类？

20. 甲公司为了提高营运效率，经董事会研究决定，分立为乙和丙两家公司。经过预测，分立前甲公司今后 10 年经营活动产生的现金净流量的现值，即公司价值为 14 560 万元；分立后乙和丙两家公司今后 5 年的各年现金净流量见表 15-4。从第 6 年起，乙公司每年的现金净流量为 850 万元，丙公司每年的现金净流量为 900 万元。假定市场利率为 10%，在分立过程中没有分立费用。甲公司的这项决定在财务上是否可行？

表 15-4　　　　　乙公司、丙公司未来 5 年的现金流量情况　　　　　单位：万元

年份	1	2	3	4	5
乙公司	520	580	640	700	750
丙公司	560	640	680	750	800
合计	1 080	1 220	1 320	1 450	1 550

21. 什么是债务重组？它包括哪些形式？

22. 什么是企业重组？其目的是什么？

23. 财务危机预警方法可分为哪几类？

24. 财务危机预警模型中的单变量分析具有哪些局限性？

25. 债务和解有哪些方式？

26. 在我国，如果一家公司陷入财务困境，它可以采用哪些方法来脱困？

27. 债务重组的方式有哪些？

第16章
公司兼并与收购

本章要点 ✔ --●

本章主要介绍公司兼并与收购的相关内容，主要包括公司并购的相关概念及并购类型、公司并购的主要动因及效应分析、公司并购的价值评估及筹融资、应税并购与免税并购的税收效应分析。

16.1 公司并购概述

并购的内涵非常广泛，一般是指兼并（merger）和收购（acquisition），常缩写为M&A。并购是指对公司资产或控制权的交换活动，交换内容是由各种生产要素构成的整体商品——公司控制权。现代企业制度下企业产权的流动是通过购买或转让的方式实现的，因此形成兼并和收购两种方式。

16.1.1 企业并购的概念

（1）公司兼并（merger of enterprise）

公司兼并是指两家或两家以上具有独立法人地位的企业按照法定程序结合成为一家企业的行为。兼并又可分为吸收合并和新设合并。

吸收合并是指两家或者更多的独立公司合并组成一家企业，通常由一家占优势的公司吸收一家或者多家公司。兼并企业以其法人地位存续为前提，并且收购目标企业的全部资产和负债，用公式表示为：A+B=A。例如，2004年第一百货吸收合并上海华联商厦，华联商厦的全部资产、负债及权益并入第一百货，华联商厦的法人资格因合并而注销，合并后存续公司更名为上海百联（集团）股份有限公司。

新设合并是指两家或者更多的独立企业在合并过程中同时解散，组合成一家新公司。新公司接管原公司的全部资产和债务，重新注册登记，重组董事会及管理机构，用公式表示为：A+B=C。新设合并除了会产生一家全新的企业外，其他方面与吸收合并相同。例如，2005年，中国港湾集团和中国路桥集团通过新设合并方式组建了中国交通建设集团有限公司。吸收合并与新设合并在企业运作上并无大的实质性差异，所以一般统称为兼并或合并。

（2）公司收购（acquisition of enterprise）

公司收购是指一家公司以现金、债券或股票购买取得其他公司的部分或全部资产或股权，以取得这些公司控制权的经济行为，收购的对象一般有股权和资产两种，用公式表示为：A+B=A。

根据收购对象不同，收购可以分为股权收购和资产收购。股权收购是指通过购买已发行的股票或者认购新股获得目标公司的经营权。资产收购是指从被收购方购买某项具有使用价值的资产，不影响被收购方的持续经营。两者的区别主要表现在股权收购完成后，收购方成为目标公司的股东；在资产收购中，收购方并不成为对方的股东。

16.1.2 兼并与收购的异同

兼并和收购本质上都是企业产权交易，但可以从以下五个方面进行区分：

（1）从形式上看

在兼并中，兼并方接受目标公司产权后，目标公司丧失了法人资格或改变法人实体，兼并完成后，目标公司在法律上不再存在。收购与兼并不同，收购完成后，目标公司法人地位并不消失。这使得收购比兼并有如下一些优势：

① 不必因为新设立一家企业而造成费用、时间的损失；

② 不必对原有的债权与债务进行重新明确，也不需要另行处理原有股票、债券、附带期权等；

③ 不会由于整体接管目标企业而造成其内部动荡，如原有雇员由于解雇或者重新安置而产生不满情绪。

（2）从行为上看

兼并与收购一般发生于企业与企业之间，而且多从企业战略发展角度进行。两者的区别表现在兼并体现双方共同的意愿，通过友好协商和谈判寻求双方满意的结果，因而兼并往往是善意的。收购往往是收购企业单方面的意思表示，被收购方处于被动地位，甚至会进行抵抗，最终造成敌意收购。

（3）从目标上看

兼并和收购的共同之处在于：通过谋求目标公司的资产或者股权，从而获得对目标公司的控制权，实现公司的发展战略。两者的差异在于：兼并的目标明确，范围广，谋求目标公司的全部股权和资产。其目标不一定是上市公司，任何企业均可以自愿发生兼并交易。收购的目标一般是上市公司的控制权，只发生在资本市场上。

（4）从程序上看

兼并和收购在程序上都需要在相关监督部门备案，接受反垄断部门的监督。并购合同必须经过股东大会批准并且在规定的时间内向政府部门登记、注册后，并购行为才成立。两者在执行中的区别在于：兼并一般是善意的，一般在达成协议后才公开声明，而且兼并方仅需要在兼并完成后向外界公布而不必透露更多细节。收购过程由于涉及上市公司，在收购的准备、开始、中间和结束等各个阶段，需要向有关部门申报，而且要不断进行信息披露，公布收购价格、收购比例以及收购目的等。

（5）从责任上看

无论是兼并还是收购，兼并或收购方在完成后都需要承担出资责任。两者的区别在于：兼并完成后，目标公司的资产、债权、债务一并转移给兼并方，兼并方承担了目标公司所有的权利、债务及相关责任，如合同纠纷、法律诉讼、员工去留等问题。在收购中，收购方成为目标公司的股东之后，对目标公司的债务不承担连带责任，仅以自己的出资额为限承担责任和风险。

在后文中，本书统一采用兼并、收购简称"并购"的称谓，而不再作出区别，仅在确实需要区别的时候，分别采用"兼并"或者"收购"的用语。

16.1.3 企业并购的类型

（1）按涉及行业划分

① 横向并购（horizontal M&A）：是指竞争对手之间的合并，结果是资本在同一领域或部门集中，优势企业吞并劣势企业，组成横向托拉斯，实现最佳经济规模。横向并购的条件是，收购公司有能力扩大经营规模，双方的产品及服务具有同质性。应注意的是，由于这种并购容易削弱同业竞争，出现行业垄断，降低社会福利，因此很多国家和地区对横向并购实行管制。

② 纵向并购（vertical M&A）：是指生产过程或者经营环节相互衔接、互为购买者或销售者的企业间的并购。根据方向不同，纵向并购可分为向前并购与向后并购。向前并购是指与产品销售企业或使用其产品作为生产要素的企业之间的并购，有利于接近最终消费者，解决销售问题，如铁矿企业对使用其产品的企业的并购。向后并购是指与供应原材料或者半成品的企业之间的并购，有利于解决要素来源问题。纵向并购主要集中在加工业和与此相关的其他产业，并且具有扩大生产经营规模，节约通用设备、费用等优点。

③ 混合并购（conglomerate M&A）：又称为聚集型并购，指处于不同产业领域、产品属于不同市场、与对方产业部门之间不存在特别的生产技术联系的企业之间的并购，如石油企业与钢铁企业之间的并购。

（2）按出资方式划分

① 现金收购（cash offer）：是指公司在收购要约中写明以现金支付为手段购买对方股权的并购方式。现金收购可以细分为资产收购和股权收购。

第一，资产收购是指并购公司筹集足够的货币资金，采用协议方式购买目标公司的部分或全部资产实现并购的行为。

第二，股权收购是指并购公司通过证券市场或其他方式收购目标公司的部分或全部股权，以实现参股、控股或吞并的并购交易行为。

② 股份交易并购（registered exchange offer）：是指收购公司为减少买方现金支出，在公司收购过程中，使用有价证券作为公司并购支付手段的公司并购方式。

第一，以股票换取资产式并购。它是指并购公司通过向目标公司发行本公司股票以换取目标公司的部分或全部资产，相应承担目标公司的经济责任，从而占有目标公司的部分或全部产权，实现对目标公司收购的行为。

第二，以股票换取股票式并购。它是指并购公司通过向目标公司的股东发行股票以换取目标公司的股票，从而实现对目标公司参股或控股的行为。

③ 承担债务并购：是一种承担债务、不发生支付行为的特殊并购形式，是我国经

济体制改革初期产生的一种公司并购形式。

④无偿并购：是我国在国有公司并购中产生的一种特有的并购形式，一般发生在同一个财政渠道内的国有公司之间，是一种国有资产的重组方式。这是指国有公司主管部门或上级国有公司把其管辖范围内经济效益较差、发生亏损或规模较小的国有公司无偿划归效益较好或规模较大的国有公司所有的行为。

（3）按是否利用目标公司的资产划分

①杠杆收购（leveraged buy-out）：是指一家公司在银行贷款或者金融市场借款支持下进行的收购行为。在杠杆收购中，收购方只需要准备少量现金用于支付收购过程中必需的律师、会计师、财务顾问等的费用，以目标公司的资产作为担保，实现收购行为，而后用目标公司的现金流偿还贷款。这种方式通常用于转为非上市公司（going private）。一般情况下，这是一种控股股东寻求将少数股东权益排挤出去的行为，也称为挤出（squeeze out），这种收购也表现为接管。根据接管者地位的不同，可分为管理层收购（MBO）、部门管理层收购（unit MBO）。杠杆收购的出现使一些大型公司成为收购的目标企业，资产及营业额均在全球名列前茅的巨型企业也不再理所当然地被排除在并购风潮之外。

②非杠杆收购（non-leveraged buy-out）：是指并购公司不以目标公司的资产或者未来收益作担保融资，而主要使用自有资金来收购目标公司的收购行为。这种方式有利于减少财务风险，但不能发挥杠杆效益。

（4）按并购双方是否友好协商划分

①善意并购（friendly takeover）：是指收购双方在自愿的前提下，通过协商交易条件，双方就各方面的问题达成共识后进行的一种公司并购方式，成功率较高。

②敌意并购（hostile takeover）：是指在被并购公司管理层不同意的前提下，收购方利用提高标价、控制被兼并公司的生产经营活动、制造生产经营中的困难等方式，强行收购对方公司的一种并购方式。敌意收购得不到目标公司管理层的配合，会加大收购风险，而且往往引发激烈兼并与反兼并大战。

（5）按股份来源划分

①要约收购：又称公开报价收购，指"射手"公司公开向目标公司全体股东发出收购要约，承诺在一定期限内按要约披露的某一特定价格收购目标公司一定数量的股份，以股权转让方式取得或强化对目标公司的控制权。

②市场收购：又称集合竞价收购，对于在公开市场交易的公司，通过直接在市场上收购一定数量的股份达到控制目标公司的目的。

③协议收购：又称非公开收购，指"射手"公司在证券交易所之外，以协商的方式与目标公司的股东签订收购其股份的协议，从而达到控制该上市公司的目的。

16.2 公司并购的金融评价——动因及效应分析

16.2.1 公司并购的主要动因——协同效应

在上一节中，我们介绍了公司并购的产生与发展，目前并购活动变得更加普遍了，是什么力量推动并购的发展？概括来说，就是协同效应。

并购的协同效应通常是指并购活动完成后，联合企业的总体价值大于并购前两家独立企业价值之和的部分。假设A企业准备兼并B企业，A企业的价值为V_A，B企业的价值为V_B。对于上市公司来说，V_A和V_B可以被合理地认为是A企业和B企业在外流通股票的市场价值。现在两家企业合并后的价值为V_{AB}，则并购产生的协同效应为：

$$协同效应 = V_{AB} - (V_A + V_B) \tag{16-1}$$

16.2.2　并购协同效应的来源

协同效应产生于增长的现金流的价值。将ΔCF_t定义为t时刻联合企业产生的现金流与合并之前两家独立企业产生的现金流之间的差额，根据前面介绍的资本预算相关内容，净增现金流可以表示为：

$$\Delta CF_t = \Delta 收入_t - \Delta 成本_t - \Delta 税负_t - \Delta 资本需求_t \tag{16-2}$$

式中：$\Delta 收入_t$为并购净增收入；$\Delta 成本_t$为并购净增成本；$\Delta 税负_t$为净增税负；$\Delta 资本需求_t$为新投资所需要的净增资本，包括净增营运资本和固定资产。

根据净增现金流的表达式，可以发现协同效应主要来源于以下四个方面：

（1）收入上升

并购活动产生的一个重要原因是并购后企业产生的收入比两家独立企业的收入多。增加的收入可能来自营销利得、市场力量和战略收益。

① 营销利得。它主要是指通过改进营销策略来提高销售收入。例如，植入有效的媒介节目和广告来进行宣传，改进不平衡的产品结构，加强现有分销网络。

② 市场力量。并购可能是为了减少竞争，甚至形成垄断力量，从而获得更高的利润，但是旨在减少竞争的并购活动对整个社会无益，可能会受到国家相关部门的监管。

③ 战略收益。一些并购活动会在战略上产生收益。例如，一家缝纫机公司对一家计算机公司进行兼并来获得其先进的技术，生产由计算机驱动的缝纫机，从而在缝纫机市场上处于不错的位置，获得可观的收入。

（2）成本下降

企业在进行并购活动时，成本下降往往被列为首先要考虑的因素。通过并购，企业可以在许多方面提高经营效率。

当产量升高时，产品的平均成本会降低，我们称之为规模经济。图16-1描述了一般企业单位成本与规模的关系。从图16-1可以看出，随着规模的扩大，平均成本先下降后上升。换句话说，刚开始随着规模的扩大，企业会达到最佳规模经济；当规模进一步扩大时，平均成本反而上升，出现规模不经济的现象。

（3）税收利得

获得税收利得是企业进行并购活动的一个重要动因。通过并购产生的税收利得可以分为以下几方面：利用经营净损失，利用未被充分利用的举债能力，利用剩余资金。

①利用经营净损失。当一家企业同时拥有营利部门和亏损部门时，它的税负将会

很低。然而若两家企业相互独立，营利企业就无法利用亏损企业的亏损额来抵消其收益从而降低税收。在这种情况下，企业就可以考虑兼并活动。

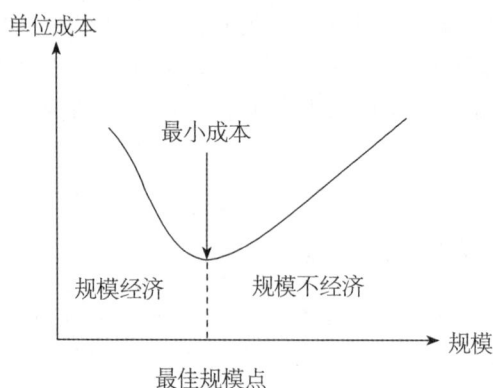

图16-1　规模经济与企业最佳规模点

表16-1列出了A、B企业各自的应税收入、税收和净收入。A企业在状态1下可以赚100万元，而在状态2下会亏损50万元。在状态1下A企业需要纳税，在状态2下无法得到税收折扣。B企业则与之相反，在状态1下亏损，在状态2下需要纳税。从表16-1中可以看出，A、B两家独立企业无论在哪种状态下都需缴纳34万元的税收。如果A企业和B企业发生兼并，则AB企业无论在哪种状态下都只需纳税17万元。这个例子正好说明了企业可以运用潜在的亏损来获得税收利得。

表16-1　　　　　　　　　　　A、B企业兼并的税收效益　　　　　　　　　　单位：万元

项目	兼并前		兼并前		兼并后	
	A企业		B企业		AB企业	
	状态1	状态2	状态1	状态2	状态1	状态2
应税收入	100	−50	−50	100	50	50
税收	34	0	0	34	17	17
净收入	66	−50	−50	66	33	33

注：A、B企业在兼并前的亏损不能用来抵税，兼并发生后允许A企业的亏损与B企业的收入相抵，反之亦然。

②利用未被充分利用的举债能力。在并购活动中，通过提高负债水平来获得更多税收收益有两种情况：第一种是兼并企业和目标企业都存在最优负债水平。第二种是目标企业负债较少，兼并企业将部分负债分摊给目标企业，通过并购活动获得更高的举债能力和更多的税收收益，从而降低风险。

③利用剩余资金。所谓自由现金流，是指支付完所有税金及所有净现值为正数的投资资金需求后的剩余现金流量。自由现金流不仅可以购买固定收益证券，也可以支付股利或者进行股票回购。在兼并活动中，企业可以运用剩余资金获得的税收利得包括以下两个方面：一是兼并企业的股东避免因发放股利而支付税金；二是可以得到目标企业的免税股利。

（4）降低资本成本

我们在前面提到并购通过规模经济来降低经营成本，同样，并购也可以降低资本成本。会计中把资本分为固定资本和营运资本。若两家企业兼并，不仅设备多了，可以将多余的设备卖出，而且并购完成后，管理人员都搬到一个总部大楼中，另一个总部大楼就可以出售获得资金。营运资本同样如此，现金销售比率和存货销售比率往往会由于并购后企业规模的扩大而下降，从而实现规模经济，降低运营成本。

延伸阅读16-1

我国企业并购的其他动因

16.2.3 公司并购的效应分析

在现实生活中，企业并购的原始动因在并购以后以各种不同的形式表现出来，客观上形成了诸多效应。

（1）经营协同效应

所谓经营协同效应，是指通过并购使企业的整体经营活动效率提高。不同类型的并购所产生的经营协同效应也不一样，下面具体分析。

①横向并购。

第一，规模经济（economy of scale）。通过并购，几个规模较小的公司组成大型公司，从而有效地扩大生产规模、降低单位产品成本；还可以使各个工厂在保持整体产品结构的前提下，实现集中单一品种生产，从而避免由于产品品种转换带来生产时间的浪费，达到专业化生产的要求。在管理层面，并购可以减少管理部门及管理人员数量，分摊到单位产品上的管理费用可以相应降低。企业通过并购，可以针对客户和市场提供专业化生产服务，统一销售渠道，从而节省营销费用并集中经费用于科研、工艺提高、设计及发展等方面，以达到提高核心竞争力的目的。

第二，范围经济（economy of scope）。范围经济是指一家企业用一组投入要素同时生产多种产品或提供多种服务的能力，即利用一些具体的技能，或利用正用于生产具体产品或提供服务的资产，来生产相关的产品和提供相关的服务。获得范围经济需要满足两个条件：一是不同产品之间可以共享投入要素；二是一旦这些投入要素被用于生产一种产品，它们也可以在第二种产品的生产过程中免费使用，而无需再耗费任何成本。

第三，市场竞争力。这主要体现在市场力量的增强及竞争成本的降低上。通过并购扩大规模后，企业对市场控制的能力有所提高（包括对价格、生产技术、资金筹集、顾客行为等方面的控制能力的提高以及同政府部门关系的改善），从而维持较高的利润率。同时，企业并购可以扩大企业规模，提升企业形象，增强应对风险的能力，更好地适应外部环境的变化。

②纵向并购。

企业纵向并购，尤其是纵向一体化，将同一行业中处于不同发展阶段的企业合并在一起，可以获得各种不同发展水平企业的协同效应，其原因是通过纵向联合，可以避免联络费用、各种形式的讨价还价和机会主义行为。在某些场合，企业并购能解决由于专业化带来的一系列问题。企业通过并购，特别是纵向并购，能有效解决专业化生产存在的问题（流程分离、运输成本、操作成本等）。企业通过并购可以将一些外在经营风险内部化，从而使生产经营更具稳定性，降低生产成本和风险。

（2）财务协同效应

①通过并购实现合理避税的目的。

第一，国家对不同类型资产征税的税率是不同的，企业可以利用股息收入、利息收入、营业收益和资本收益，以及不同资产所适用的税率不同，通过并购的会计处理来达到合理避税的目的。

第二，企业可以利用税法中亏损递延税款条款来达到避税的目的，减少纳税业务。所谓亏损递延税款条款，是指公司在一年内出现亏损，不但可以免交当年的企业所得税，亏损还可以向后递延，以抵消后几年的盈余，企业根据抵消后的盈余缴纳所得税。发展前景良好、盈利丰厚的企业往往会把一家拥有大量累积亏损和税收减免的企业作为并购对象，使利润向亏损企业转移，实现合法避税，从而带来节税收益。

第三，企业并购中资金的支付有不同的形式，当并购方采用可转债作为支付对价时，一方面可以享受利息抵税的好处，另一方面可以充分利用财务杠杆获得收益。

②通过并购实现资本成本下降，主要表现在以下几个方面：

第一，提高信用。企业可以通过并购来提高企业的知名度，提升形象，增强融资能力，从而达到降低融资成本的目的。

第二，证券发行与交易成本的规模经济。一部分规模经济可以归功于信息生产和传播所具有的固定成本，并购可以实现信息规模经济。更为重要的是，由于大企业在过去漫长的发展历程中已经证明其稳定的获利能力并且赢得了投资者的信任，所以在资本市场上，大企业相对于小企业而言，具有融资优势。

第三，共同保险效应。当两家企业的现金流不完全正相关时，联合企业破产的可能性大大降低，现金流趋于稳定，使得贷款人遭受损失的可能性减小，从而提高企业的举债能力。

第四，内部资金效应。如果内部人员，如管理人员，对企业资产价值拥有的信息比外部投资多，并且采取有利于股东的行动，那么内部融资就优于外部融资。通过并购，可以实现企业之间内部资金的融通，减少外部融资成本。

③通过并购实现预期效应。预期效应是指由于并购使证券市场对企业股票价值评估发生改变而对股票价格产生影响。企业财务管理的目标是股东价值最大化，成功的收购可以提高每股收益，提升股票价格，增加股东财富。不断并购较低市盈率和每股收益的企业，可以实现企业每股收益的提高，这可以从2001年广州药业集团收购ST白云山看出来。

（3）市场份额效应

所谓市场份额效应，是指企业的产品在市场上所占的份额形成了对市场的控制力。市场份额不断扩大，可以使企业获得对市场的控制，这种控制既能给企业增加利润，又能保持一定的竞争优势。企业并购可以提高企业的市场控制权，实现市场份额效应。例如，康佳集团通过兼并分散在几个区域的小电视机厂扩大自己的生产能力，在彩电业群雄纷争的年代使自己的市场份额迅速上升，和长虹一起成为市场的领先者。

①横向并购的市场份额效应。横向并购对市场份额的影响主要通过行业集中来进

行。通过行业集中，企业市场份额得到扩大。横向并购的明显效果是实现规模经济和提高行业集中的程度。横向并购对行业结构的影响主要有以下几个方面：减少竞争者数量，改善行业结构；解决了行业整体生产能力扩大速度和市场扩大速度不一致的矛盾；降低了行业的退出壁垒。

横向并购通过改善行业结构，使并购后的企业增强了对市场的控制力，但也容易形成垄断，因此一直是各国反垄断法监管的重点。

②纵向并购的市场份额效应。企业通过纵向并购可以加强对原材料、销售渠道、用户的控制，相应降低对供应商和买主的依赖程度，提高讨价还价能力，迫使供应商降低价格来同其他供应商竞争，迫使买主接受较高价格来同其他买主竞争，提高企业对市场的控制力，所以纵向并购往往导致"连锁反应"。

③混合并购的市场份额效应。混合并购多以隐蔽方式实现市场份额的增长。混合并购有两种：一种是企业通过混合并购进入某一经营领域，往往是与并购方原有产品相关的经营领域。另一种是更为隐蔽的方式，企业通过混合并购扩大绝对规模，使企业拥有相对充足的财力，同原市场或新市场的竞争者进行价格战，采用低于成本定价的方式迫使竞争者退出这一领域，达到独占某一领域的目的。混合并购一体化企业涉及很多领域，对相关领域中的企业形成了强大的竞争威胁。

以上三种形式的并购都可以增强企业的市场权力，但比较而言，横向并购的效果最明显，纵向并购次之，混合并购主要是间接效应。

（4）企业发展动机效应

所谓企业发展动机效应，是指企业一方面不断开发新产品，适应产品生命周期；另一方面制定长远发展战略，通过企业并购进行产品转移。近年来，出于企业战略动机进行的并购活动越来越多，表现在以下几个方面：

① 企业通过并购有效占领市场。

② 企业通过并购能实现经验共享和互补。通过并购，把双方公司的优势融合在一起，既包括双方公司的技术、市场、专利、产品管理等方面，也包括优秀的企业文化。

③ 企业通过并购能获得科学技术的竞争优势。

④ 企业通过并购可降低发展风险与成本。

16.3　公司并购的价值评估

公司并购的价值评估与资本预算原理和使用方法基本一致，只是由于并购涉及协同效应和支付溢价问题，因此对并购交易的价值评估相对复杂。下面首先忽略并购协同效应的公司价值，对目标公司的价值进行评估。

16.3.1　目标公司的价值评估

在并购活动中，对目标公司价值的评估是决定并购成败的关键环节之一。企业价值评估是一项涉及面广和技术复杂的资产评估业务，属于整体资产评估。下面按目标公司是否上市分别介绍，如图16-2所示。

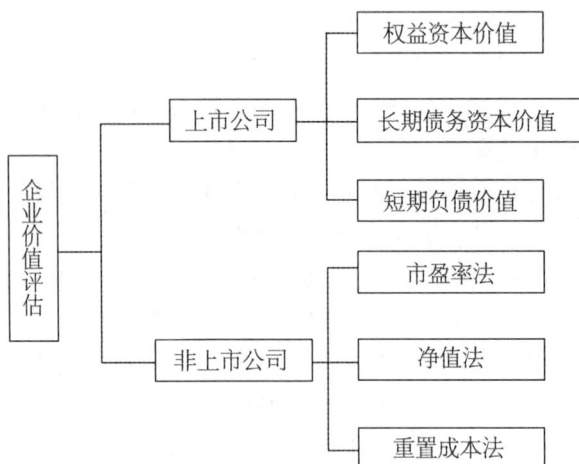

图16-2 目标公司价值评估体系

（1）对上市公司的资产评估

如果被并购方是一家上市公司，由于该公司资产以市场价值为依据，因此，对其价值的评估相对简单。通常情况下，在资本市场有效的前提下，应尽可能利用市场资料进行资产评估，即可将一家上市公司的权益资本、长期债务资本和短期负债的市场价值加总作为该公司资产的总价值。

① 权益资本价值。一家上市公司的权益资本总市值为普通股每股的价格乘上总股数。如果某公司想以现金支付的方式兼并该公司，则这一数额将是它所需要支付的最低的可能金额（之所以说最低，是因为在并购中往往存在一定的溢价）。如果该公司存在优先股，那么优先股的价值也可以从市场上得到。

② 长期债务资本价值。公司的长期负债虽可从公司的资产负债表中得到其账面金额，但必须考虑市场利率来评估其市场价值。发行在外的公司债券价值可从市场上直接获得，如果公司存在长期贷款和非流通公司债券，则必须以当前的市场利率（如果市场利率与债券利率不一致的话）进行贴现。

③ 短期负债价值。在短期负债中，短期贷款和应付票据利率与市场利率基本一致，所以可按账面价值来计算这些短期负债的价值。对于应付账款，应按照与到期时间长短一致的市场利率贴现。下面通过M公司的资产负债价值来进一步说明。

【例16-1】假设目标公司为M上市公司，其资产负债价值的主要数据见表16-2。

表16-2   **M公司资产负债价值**

项目	账面价值 （10万元）	单价 （元）	市场价值 （10万元）
普通股	5 000	10	5 000
流通的公司债券	300	99	297
非流通的长期债券	1 500		1 391.82
非流通的短期债券	500		
其中：短期贷款	200		200
应付票据	100		100
应付账款	200		188.67925
总计	7 300		7 177.49925

M公司非流通的长期负债5年后到期，年利率为10%，当前市场利率为12%。根据第3章相关内容可知，其总市场价值（MV）的计算方法为：

$$MV=15\ 000\ 000 \times PVIFA_{12\%,\ 5}+150\ 000\ 000 \times PVIF_{12\%,\ 5}$$
$$=139\ 110\ 000（元）$$

M公司应付账款平均到期时间为半年，相同风险的短期资产半年期的收益率为6%，应付账款现值（PV）的计算方法为：

$$PV=20\ 000\ 000 \div（1+6\%）=18\ 867\ 925（元）$$

从表16-2可知，M公司的资产价值为7 177.49925万元，普通股目前的总市场价值为5亿元。如果想收购该公司，必须至少付出5亿元的资金。如果只想达到相对控股的目的，则在其5 000万股的总股本中占有一个相对控股的份额就可以了。

目标公司价值评估的核心方法是现金流贴现法，只是在企业并购中，除了要考虑目标公司的当前价值外，还要考虑并购带来的协同效应，以及并购中实际支付的溢价。

（2）非上市公司的资产评估

如果需要评估的收购目标是一家非上市公司，则可以通过模拟市场方式对公司的权益资本价值进行估计，长期债务和短期债务的评估方法与前述方法一样。下面主要讨论非上市公司的权益资本价值评估。

①市盈率法。为估计非上市公司的权益资本价值，一个简单又常用的方法是市盈率法。我们知道市盈率的计算公式如下：

$$市盈率=每股价格 \div 每股税后利润$$
$$=公司权益资本价值 \div 公司税后利润 \qquad (16-3)$$

当用市盈率来估计一家非上市公司的股东权益时，只要将该公司当前的税后利润乘上一个与之在经营范围、产量规模、产品类型以及利润率水平方面极为相似的上市公司股票的市盈率，就可以得到该非上市公司股票的总市值的估计值。当然，由于股票流动性、两家公司的经营差异等因素，对一些估计值要做一些调整。

【例16-2】假设目标公司为一家非上市公司L。L公司在经营范围、产量规模、产品类型以及利润率水平方面与M公司极为相似。如果有意兼并L公司，需与L公司进行作价谈判。通过分析L公司的资产负债表，得到的净资产数字是1.5亿元（指全部权益资本账面价值）。由于资产负债表上的数值仅代表账面价值，因此谈判双方决定以市盈率法来确定L公司的净资产价值。

假设M公司的税后利润为2 000万元，普通股数量为5 000万股，每股价格为10元，则其每股收益为：

$$2\ 000 \div 5\ 000=0.4（元）$$

M公司股票的市盈率为：

$$10 \div 0.4=25$$

假如已知L公司的税后利润为1 000万元，则L公司权益资本市场价值为：

$$10\ 000\ 000 \times 25=25\ 000（万元）$$

这一数值大于其账面价值15 000万元，主要原因是资产负债表仅考虑了现有资产的价值，而忽略了未来可能的投资机会所带来的净现值。市盈率法既考虑了现有资产未来收益的增长，也反映了未来资产的收益。需要注意的是，运用市盈率法对非上市公司进行资产评估必须建立在两家公司具有可比性的基础上，主要包括成长性与投资风险的可比性、收益的可比性以及收益水平的可比性。

②净值法。根据公司资产应等于它的资产产生的全部现金流的现值的原理，公司权益资本的市场价值等于其资产价值减去其所有负债价值。净值法的计算公式为：

公司权益资本价值=公司资产价值−公司债务价值 （16-4）

需要注意的是，计算一家持续经营企业的现金流现值，不仅要考虑它现有资产产生的现金流的现值，还要考虑企业未来投资的净现金流现值。

③重置成本法。重置成本法就是在现实条件下重新购置或建造一个全新状态的评估对象所需的全部成本减去评估对象的实体性陈旧贬值、功能性陈旧贬值和经济性陈旧贬值后的差额，以其作为评估对象现实价值的一种评估方法。其计算公式为：

资产价值=资产重置成本×（1−已提折旧比率或成新率） （16-5）

资产重置成本是指在目前情况下购买一项与原来资产相同的新的资产所需支付的价格。如果评估固定资产，可用其重置成本乘以该资产已提折旧的比率；如果评估流动资产，则用当前市场购买价格乘以流动资产的成新率。

重置成本法是目前国际上公认的资产评估三大基本方法之一，具有一定的科学性和可行性，同时也可消除通货膨胀等宏观经济因素的变动对资产价值的影响。但是，重置成本法也有很多缺点，主要包括：一是运用重置成本法评估资产，很难对无形资产（如专利、专有技术以及商誉等）进行有效估值；二是折旧率或者成新率的判断带有主观性，无法反映其真实价值。

16.3.2　并购协同效应的价值

在前文提到：

协同效应$=V_{AB}-（V_A+V_B）$

当协同效应为正时，并购创造了价值；当协同效应为负时，并购造成了财富的损失。为简化起见，下面以B代表目标公司，在并购协同效应下，B公司的价值等于V_B+协同效应，或者等于$V_{AB}-V_A$。

【例16-3】在A公司合并B公司之前，A公司的市场价值为2 000万元，B公司的市场价值为500万元；合并之后的企业总价值为3 000万元。对A公司而言，则：

并购协同效应$=V_{AB}-（V_A+V_B）=3 000-（2 000+500）=500$（万元）

考虑并购协同效应下目标公司B的总价值为：

V_B+协同效应$=500+500=1 000$（万元）

或　　$V_{AB}-V_A=3 000-2 000=1 000$（万元）

16.3.3　并购支付溢价的价值

在现实中，收购企业并不能获得完全的并购协同效应，这是因为它还必须支付一定的溢价（指当有并购意图时，目标公司的股价往往会上升，这部分上升的价值称为溢价），与目标公司共享并购收益。在考虑了溢价之后，目标公司的并购价值会有所下降，下降的多少取决于溢价幅度的大小。用公式可表述为：

$$\begin{matrix}\text{目标公司}\\\text{价值}\end{matrix}=\begin{matrix}\text{目标公司}\\\text{当前市场价}\end{matrix}+\begin{matrix}\text{并购协同}\\\text{效应}\end{matrix}-(1+\begin{matrix}\text{溢价}\\\text{幅度}\end{matrix})\times\begin{matrix}\text{目标公司}\\\text{当前股价}\end{matrix}\times\begin{matrix}\text{目标公司}\\\text{的股份}\end{matrix} \qquad (16\text{-}6)$$

并购中支付的溢价依行业不同而有所差别，即使同一行业也会因为企业的经营特点、财务情况、收益以及风险的差别而不同。此外，支付的溢价还取决于当前的股票市场状况以及潜在收购竞争者的情况。

【例16-4】假设A公司准备兼并B公司，损计并购协同效应为200万元。B公司有40万股流通在外的股票，当前市场价格为每股10元，因此，目标公司当前的市场价值为400万元。A公司的财务分析师比较了同行业最近10年的并购情况，得出支付溢价为40%。在不存在具有潜在兼并动机的公司来提高B公司股价的情况下，考虑支付溢价后包含协同效应的目标公司的价值为多少？

根据前面的公式可得：

目标公司价值=400+200-（1+40%）×10×40=40（万元）

16.4　公司并购的财务规划

企业兼并中的财务规划主要是指兼并企业如何筹集兼并所需资金以及如何出资，即融资方式规划和出资方式规划。

16.4.1　并购融资方式规划

并购融资作为企业融资的一部分，必须遵循一般融资原则，即令资本结构达到最优化。并购融资方式规划如图16-3所示。

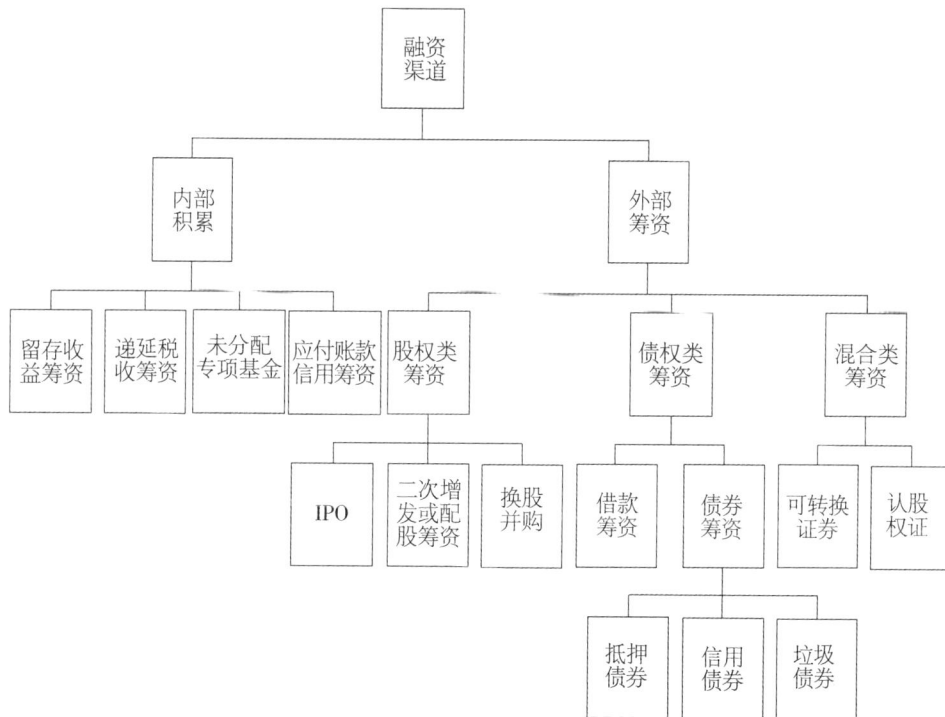

图16-3　并购融资方式规划

企业在综合考虑筹资成本、政府税收、企业风险、股利政策、信号传递等资本结构的决定因素后，一般倾向于按下述顺序考虑其融资方式：

（1）内部积累

与第8章讲述的融资决策类似，在诸多筹资渠道中，企业倾向于首先选择内部积累，因为这种方法具有筹资阻力小、保密性好、风险低、不必支付发行成本、可以为企业保留更多的借款能力等优点。企业内部融资的主要渠道如下：一是企业自有资金（即留存收益）；二是企业递延支付的纳税金额和利息；三是未使用或未分配的专项基金；四是利用应付账款等商业信用方式融资。企业内部融资能力取决于企业的利润水平、企业净资产规模和经济预期等因素，融资数量往往有限，无法满足企业对资金的需求。为满足并购所需的巨额资金，企业往往还要使用外部筹资。

（2）外部筹资

外部筹资可以分为债权类筹资、股权类筹资和混合类筹资三种。

①债权类筹资。当企业内部积累不足，需要外部筹资时，往往首先选择贷款或者租赁等债务性资金。因为借贷、租赁等方式速度快、弹性大、发行成本低，而且容易保密，是信用等级高的企业进行兼并融资的一种好的途径。其主要方式有：

第一，借款筹资。借款筹资是指企业与商业银行等金融机构签订借款合同，从而获得所需贷款，并支付利息的筹资方式。

第二，债券筹资。债券是指企业按照法定程序发行，并约定在一定时期内还本付息的有价证券。债券根据有无抵押物，可以分为抵押债券和信用债券；根据资信评级和收益率，又可分为投资性债券和投机性债券（垃圾债券）。

②股权类筹资。股权类筹资即以股票进行融资，可以分为IPO、二次增发或配股、换股并购。IPO是指企业在具备条件的情况下，向交易所申请挂牌上市进行融资。二次增发是指上市公司在经有关部门批准的条件下，向公众发行新股；配股是指上市公司向原有股东按比例发行新股。换股并购是指收购公司将目标公司股票按一定比例换成本公司股票，目标公司将终止或成为收购公司的子公司。

③混合类筹资。其包括以下几种：

第一，可转换证券。可转换证券是一种公司债券，即普通债券附加可在一定条件下按事先确定的价格转换为公司普通股的选择权。其具有高度的灵活性，企业可以根据自身的具体情况，发行该种债券以达到最优资本结构。

延伸阅读16-2

我国企业的并购融资

第二，认股权证。认股权证是由股份有限公司发行的，能按照特定价格、在特定时间内购买一定数量该公司股票的选择权凭证，其实质是一种股票期权。认股权证和可转换债券有相似之处，但也有区别。可转换债券是由债权资本转换为股权资本，而认股权证则是新的权益性资金流入。

16.4.2　影响出资方式的因素

① 股东的意见与要求。收购方案必须得到股东大会的通过。股东关注的是控制权的稀释问题，一般情况下，他们倾向于使用现金、资产置换等非股权形式。

② 企业的财务状况。如果企业的现金流比较充足，财务状况良好，或者股票市值被低估，可以采用现金支付；反之，则采用股权出资方式。

③ 资本市场的完善程度。我国的资本市场还不成熟，各种金融工具欠缺，融资成本高，所以直接融资渠道少，企业能选择的支付方式比较有限。

16.4.3　各种出资方式的优劣分析

下面以现金出资、资本置换、股权出资、混合出资等方式为例，说明不同出资方式的财务效果。

【例16-5】假设A公司准备收购B公司，此次收购能够实现的协同效应为100万元。两家公司的部分财务信息见表16-3。

表16-3　　　　　　　　　　　　A公司和B公司部分财务信息

财务信息	A公司	B公司
公告前股价（元）	20	10
发行在外的股份（万股）	25	10
市场价值（万元）	500	100

（1）现金出资方式

现金出资方式是并购最基本的一种方式，现金支付又可以分为一次支付和延期支付两种。一次支付是指一次性支付完约定的全部价款，而延期支付包括分期付款、开立应付票据等卖方融资行为。

现金支付的优点主要有：①简单易行，且易为目标公司股东所接受，可以大大缩短并购时间，迅速完成收购。②采用现金支付，收购方的股东权益不会因此而淡化，可以有效防止股权稀释，避免被逆向收购。

现金支付的弊端主要体现在：①采用现金支付，收购方必须在短期内支付大量现金。如果使用企业自有资金，会给经营带来一定的困难和风险；如果使用借入资金，则会加大企业的支付压力，影响企业的未来发展。②目标公司股东收到大量现金后，账面上会显示大规模的投资收益，需要缴纳大量的资本利得税，出售方的税负会增加。

【例16-6】接【例16-5】，如果全部为现金收购，B公司董事会表示，若能得到150万元现金，就会出售B企业。A公司兼并后的价值为：

合并公司的价值＝（并购前A公司的价值＋并购前B公司的价值＋协同效应）－支付的现金

＝（500＋100＋100）－150＝550（万元）

兼并后A公司的市场价值大于兼并前的市场价值，并且每股价格从20元上涨至22元，所以，A公司会选择进行收购。

（2）资本置换方式

资本置换是指收购方以实物资产、无形资产或收购方持有的其他股权资产作为支付手段，去换取目标公司的股权。其优点主要在于可以减轻收购方现金支付的压力，但其弊端也很明显，就是资产的价值难以评估。要使双方对资产价值的评估都认可，在客观上有一定的难度。

（3）股权出资方式

股权出资方式是指收购方通过增发新股，以新发行的股票作为支付手段换取目标公司的股票，从而取得目标公司控制权的一种方式。

其优点体现在：①采用股权支付价款，大大缓解了现金支付的压力，可以保证生产经营活动顺利进行。②股权出资方式使双方相互持股，把目标公司的利益和收购方公司的利益联系在一起，共担股价下跌的风险，有利于目标公司的经营。③目标公司可以推迟纳税，减少税负。

其弊端主要体现在：①发行新股会稀释原有股东的控制权，同时降低每股收益，影响老股东的利益。②增发新股程序复杂，需要层层审批，周期较长，从而耽误收购时机，也给目标公司采取反收购策略留有充足的时间。

【例16-7】接【例16-5】，假设A公司选择用股票购买B公司，A、B公司股票的转化比例为4:3，即A公司用7.5万股普通股交换B公司10万股普通股，兼并前A公司每股价格20元，20×7.5=150（万元），刚好等于用现金购买B公司的数额。

但在实际中，股权出资方式所支付的成本要大于150万元，因为兼并后A公司对外发行股票数量为32.5万股，B公司拥有合并公司23%的股权，该股权的价值为161万元，所以A公司股东支付的实际成本为161万元，而不是150万元。之所以在股权出资方式下A公司支付了更高的成本，原因在于4:3的转换比例是根据两家公司合并前的股价确定的，而A公司股价在兼并后会上涨，因此B公司股东得到的价值超过150万元。

（4）混合出资方式

在实践中，很少采用单一的支付方式进行并购，一般会结合几种方式，因为这样能扬长避短，综合各种支付方式的优势。

如果交易对价由现金出资和股权出资共同完成，并且假设换股部分的转换比例为 r，P_{cash} 为现金出资部分，并购后公司每股价格 P_c 为：

$$P_c = (V_B + V_T + S - n_T \cdot P_{cash}) \div (n_B + r_{max} \cdot n_T) \qquad (16-7)$$

支付给目标公司的收购价 P_T 为现金和支付股票价值之和，即：

$$P_T = n_T \cdot P_{cash} + n_T \cdot P_c \qquad (16-8)$$

如果所有协同效应的价值 S 全部分配给目标公司，则以下等式成立：

$$S = P_T - V_T \qquad (16-9)$$

上述公式中，V_B、V_T 分别为并购公告前的收购方、目标公司的价值；n_T 为目标公司发行在外的股份；n_B 为收购方发行在外的股份；r_{max} 为最大的股票转换比例。

从上面几个公式可以看出，在现金出资与股权出资两种方式中，收购方在不损害现有股东利益的前提下，支付总价最高时 r 与 P_{cash} 具有一定的比例关系。

16.5 公司并购中的税收分析

16.5.1 企业并购交易中涉及的税收利益

并购中的纳税协同效应主要发生在所得税和资本利得税中，与之相关的税收利益来源于以下几个方面：

（1）税收优惠的承继

通过并购，目标企业原来享有的一些税收优惠政策可能转移到并购企业中，如未使用完或无法使用的净经营损失以及税收抵免等的结转。企业的净经营损失的结转是指允许一家企业的净经营损失或投资损失冲抵企业以前年度或以后年度的应纳税所得额。其中，冲减企业以前年度的应纳税所得额，称为后转；冲减企业以后年度的应纳税所得额，称为前转。大多数国家和地区的税法中都有关于企业亏损结转的规定，但涉及并购问题时，只能向前结转。通过兼并，可以利用目标企业可用的亏损结转免去部分或全部所得税。税收抵免的情况与上面相似。一些企业可能拥有自身无法使用的投资抵免或外国税收抵免额，合理地进行筹划，对这些企业实施兼并，就可以使这些税收抵免的价值得以实现或利用。

一般情况下，并购企业要继承税收优惠，必须满足"利益延续性"的一些条件和要求，具体体现在：第一，投资者的延续性，通过公开发行股票来收购目标企业的股票，这是指目标企业的股东在并购后的企业中同样拥有所有权；第二，公司的延续性，即并购完成后，目标企业的经营继续下去。当"利益延续性"得到满足后，并购后的企业就可以合法避税，目标企业的纳税属性得以延续。

（2）可折旧资产的市场价值高于账面价值产生折旧避税

目标企业资产价值的改变是促使企业发生并购的一个强有力动机。资产折旧的提取可以作为税前扣除而减少企业利润，以此减少企业的纳税义务。按会计惯例，折旧的提取以资产的历史成本为依据，但如果资产的市场价值大大超过其历史成本，则通过并购交易将资产重新估值，在新的资产基础上计提折旧，就可产生更大的税收节省额。

（3）为并购融资产生利息节税效应

这种情况主要发生在杠杆收购中。在杠杆收购中，购买价格主要通过债务融资来支付，债务融资通常可以达到购买价格的50%或更多。在税收规定中，一般利息支出在税前扣除，所以利息可以带来税款节省的好处。高的杠杆率会带来大量的税收利益。由于利息支付会减少企业的纳税额从而减少政府的税收收入，各国一般都对此采取一定的限制性措施。

（4）将常规收益转为资本利得

例如，一家内部投资机会较少的成熟企业收购一家成长型企业，可以用资本利得税来代替一般收入所得税。成长型企业没有或只有少量股利支出，同时需要持续的资本性支出或流动资金支出。收购企业可以为被收购企业提供必要的资金，否则这些资金就必须作为应缴纳一般所得税的股利支出。未来目标企业可以被收购企业卖出，以实现资本利得。有许多投资机会的成长型企业通常采取不分红策略，因此吸引了一批偏好这种不分红策略的股东。成长型企业的股东通过出售股权，将此前累积的投资收益转化为资本利得，并缴纳资本利得税而不是个人所得税。由于美国等西方国家的资本利得税税率低于常规收益（工薪、股息等）的所得税税率，因此，出于减税动机的并购就有了产生的基础。

16.5.2　并购交易方式的税收特点

从税收角度来看，并购交易可以分为两大类：免税并购和应税并购。在免税并购中，目标公司的股东被认为将原有的股权换取等值的新股权，并未实现资本损益，所以公司的资产无需重新估计。而在应税并购中，被并购公司的股东出售了持有的股权并实现了税收损益，在这种情况下，该公司的资产可能被重新估计。

【例 16-8】假设 18 年前，A 创办了 B 公司，共花费 100 000 元购置厂房和设备，这是 B 公司的全部资产，该公司无任何负债。A 是 B 公司的唯一所有者，拥有所有股权。出于税负考虑，B 公司的资产采用直线法折旧，年限为 10 年，期末无残值，每年的折旧额为 10 000 元（100 000÷10）。如今厂房和设备的账面价值为 0，然而由于通货膨胀，厂房和设备的公允价值为 180 000 元，于是 M 公司出价 180 000 元取得了 B 公司的所有股票。

（1）免税交易。如果 A 取得 M 公司价值为 180 000 元的股权，则属于免税交易。A 无需为获得这些股权的任何收益纳税。此外，由于该资产已经计提全部折旧，M 公司无法获得任何折旧扣减的好处。

（2）应税交易。如果 M 公司支付 180 000 元现金给 A，则属于应税交易，并且产生如下税收效应：

在并购当年，A 必须为其所得 180 000 元与初始投资 100 000 元之间的差额纳税。A 的应税所得为 80 000 元（180 000−100 000）。

如果 M 公司加上厂房和设备的账面价值，则能够以 180 000 元作为初始应税基数来计提折旧，每年折旧额为 18 000 元（180 000÷10）。这 18 000 元也必须作为应税所得。

如果 M 公司不加厂房和设备的账面价值，则折旧额始终为 0，不会增加。此外，由于账面价值不发生任何改变，M 公司无需考虑任何额外的应税所得。

在免税交易中，不允许增加账面价值；而在应税交易中，通常又不采用这种做法。这两种交易之间存在的唯一税收差别是出售方股东纳税情况。又因为出售方股东在免税交易中可以推迟纳税，而在应税交易中必须立即纳税，故免税交易可以取得更好的税收效应。

思政小课堂 ☑ - ●

当企业发展到一定阶段时，可以考虑通过兼并或收购寻求突破。本章从兼并与收购的概念与异同出发，重点讨论了公司并购的价值评估、财务规划与税收分析，剖析了公司并购的动因与效应。结合国内外一些经典并购案例以及近年来的跨国并购案例，可以看出我国企业的成长史是我国民族复兴奋斗史的一个缩影。如今我国已拥有一大批有实力、有担当的民族企业，在国际经济中扮演举足轻重的角色，为我们进一步坚定"四个自信"提供了证明与支撑，为青年一代成长为有理想、有本领、有担当的接班人指明了方向。中华民族伟大复兴的中国梦，终将在一代代青年的接力奋斗中变为现实。

思考与练习 ☑ - ●

1. 什么是兼并？兼并与其他方式的收购有何不同？
2. 什么是接管？
3. 按涉及的行业划分，并购可以分为哪几类？

4.什么是杠杆收购？

5.目前的理论认为公司并购的动因有哪些？

6.A公司的市场价值为3亿元，拟兼并B公司；B公司的市场价值为1亿元。A公司通过估算发现并购后新公司C的市场价值达到4.5亿元。该兼并行为在经济上是否可行？

7.按第6题资料，B公司股东要求以1.2亿元的价格成交，并购过程中发生的间接费用为0.1亿元。该并购活动的净收益为多少？

8.奥华公司计划收购A公司的全部股份，资本市场上与A公司具有可比性的公司主要有三家，其近期平均市盈率为16倍。奥华公司管理层认为采用16倍的市盈率评估A公司价值比较合理。奥华公司确定的决策期间为未来5年，经测算，A公司在未来5年中预计年均可实现净利润5 500万元。计算A公司的价值。

9.A公司的总市值为26 000万元，B公司的总市值为18 000万元。A公司拟收购B公司，估计并购后公司价值将达到48 000万元。A公司收购B公司股份将支付1 200万元的溢价，并且会发生并购费用500万元。计算A公司收购活动可获得的并购净收益。

10.华建公司总市值为15 000万元，东海公司总市值为12 000万元，两家公司扩张市场，决定合并，节约的成本现值为3 000万元。

要求：（1）合并后公司的总市值是多少？

（2）合并费用为4 000万元，合并是否还有净收益？

（3）如果华建公司买入东海公司的股票，向其股东支付1 000万元的溢价，收购对于华建公司的股东来说是否有利？合并的净收益是如何在两家公司股东之间分配的？

11.假设兼并前目标公司A的市场价值为500万元，兼并方B公司的市场价值为1 000万元，合并之后的公司总市值为1 800万元，并购中B公司还需支付600万元。并购的协同效应是多少？兼并方的利得是多少？

12.假设A企业和B企业的价值分别是500万元和100万元，它们都是全权益企业（没有负债）。如果A企业兼并B企业，兼并后会产生100万元的协同效应。B企业董事会表示，若它能得到150万元现金，就会出售B企业。A企业是否应当兼并B企业？

13.兼并前A企业每股市场价格为20元，而A企业管理者认为其"真实"价值为每股15元，换句话说，A企业管理者认为股价被高估了。现在如果A企业管理者考虑收购B企业，可以现金支付200 000元，也可以用10 000股股票交换，A企业管理者会采用哪种方式？

14.假设A公司准备兼并B公司，预计并购协同效应为400万元。B公司有60万股流通在外，当前市场价格为每股20元，因此，目标公司当前市场价值为1 200万元。A公司财务分析师比较了同行业最近10年的并购情况，得出支付溢价为30%。在不存在具有潜在兼并动机的公司来提高B公司股价的情况下，考虑支付溢价且包含协同效应的目标公司的价值为多少？

15.在企业并购中，怎样对目标企业进行价值评估？

16.按照价值类型划分，企业价值评估可以分为哪些类型？

17.新华公司20×8年有4亿股股票流通在外，每股市场价格是20元，20×8年每股收益为2元，每股股利为1.2元。该公司的资本性支出与折旧的比率在长期内不会发生变化，折旧为1.6亿元，资本性支出为1.8亿元，营运资本追加额为0.8亿元；该公司债务为20亿元，计划保持负债比率不变；该公司处于稳定增长阶段，年增长率为5%，其股票的β值为0.9，风险溢价率为4%，国库券利率是6%。

请按照下列两种模型对新华公司每股股票进行估价：

（1）股利折现模型；

（2）股权自由现金流量模型。

18.在企业兼并中，影响兼并方出资方式的因素有哪些？

19.试分析企业兼并中现金出资方式的优缺点。

20.试分析企业兼并中股权出资方式的优缺点。

21.什么是战略并购？战略并购应该注意哪些问题？

22.阐述并购的效应和风险。

23.为什么从根本上来讲多元化不是兼并的一个好理由？

24.判断以下关于接管的陈述的对错，并简要阐述理由：

（1）由于兼并的相互竞争，接管会伴随垄断的出现，即价格上涨、产品减少以及危害消费者的利益。

（2）管理者常常从个人利益出发，而不顾股东的要求。接管可以将这些管理者解雇。

（3）在有效市场中，接管不会发生，因为市场价格反映了企业的真实价值，因此，投标企业不需要给目标企业支付高于市场价格的溢价。

（4）一些交易人员和机构投资者目光短浅，其他交易人员对股票前景的看法会影响他们的认知。他们并没有对接管进行基础层面的评估，所以他们不顾企业的真实价值，出售目标企业的股票。

（5）兼并是避税的一种方式，因为允许收购方将被兼并企业的资产价值入账。

（6）人们进行收购分析时经常关注企业的总体价值，然而一次收购活动所影响的不光是总体价值，还包括相关的股东和债权人的价值。

第16章
即测即评

思政案例 ☑ ----------------------------- ●

中药出海：连花清瘟胶囊助力世界疫情防控[①]

连花清瘟胶囊是运用中医络病理论探讨外感温病及瘟疫传变的规律及治疗，从而研制出的创新中药，是中国在应对"非典"时自主研发的专利药，主要功效是清瘟解毒、宣肺泄热。它是中国唯一获得国家科技进步二等奖的流行性感冒中药，也是中国第一个进入美国FDA临床研究以治疗流感的中药。

自新冠肺炎疫情发生以来，以岭药业（002603）在疫苗尚不具备全面接种条件、防疫物资短缺的情况下，通过销售和捐赠，助力世界疫情防控。以岭药业向伊拉克、尼泊尔和泰国等"一带一路"沿线国家捐赠了价值超过350万元的连花清瘟胶囊，帮助这些国家抗击新冠肺炎疫情。连花清瘟胶囊于2020年4月获批"新型冠

---

① 柏杨、何梦薇、朴哲范编写，数据来自同花顺数据库。

状病毒肺炎轻型、普通型"新适应症，作为"三药三方"之一。在专家和官方的倡导下，这种中药变得越来越受欢迎，成为中国家庭的家中常备药，并畅销海外。截至2022年5月，连花清瘟胶囊已在全球近30个国家和地区获得注册批文或进口许可，其中包括俄罗斯、加拿大、巴西、新加坡、印度尼西亚、厄瓜多尔、尼日利亚、科威特、利比里亚、莫桑比克、罗马尼亚、菲律宾、泰国、老挝、柬埔寨和哈萨克斯坦等。

受益于连花清瘟胶囊的热销，以岭药业营收和股价双双大涨。2020年上半年，连花清瘟产品实现营业收入20.24亿元，占该公司总营业收入的45.11%，较上一年同期增长50.35%，成为以岭药业上半年营收的绝对主力。相比上一年同期2 987.26万元，2020年以岭药业国外地区收入同比暴增918.37%，至3.04亿元。净资产收益率（ROE）由2019年8.01%上升到2020的13.81%（如图16-4所示），每股股价也自2020年3月的34.5元上涨至60.32元（如图16-5所示）。

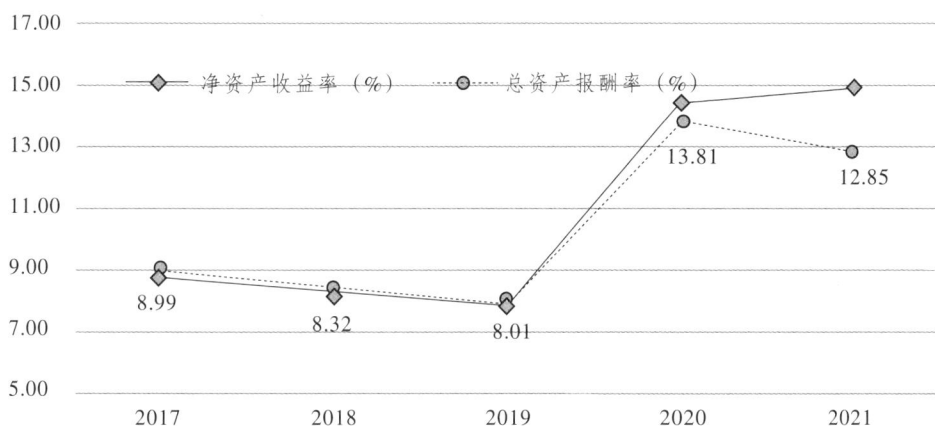

图16-4 2017—2021年以岭药业净资产收益率与总资产报酬率走势图

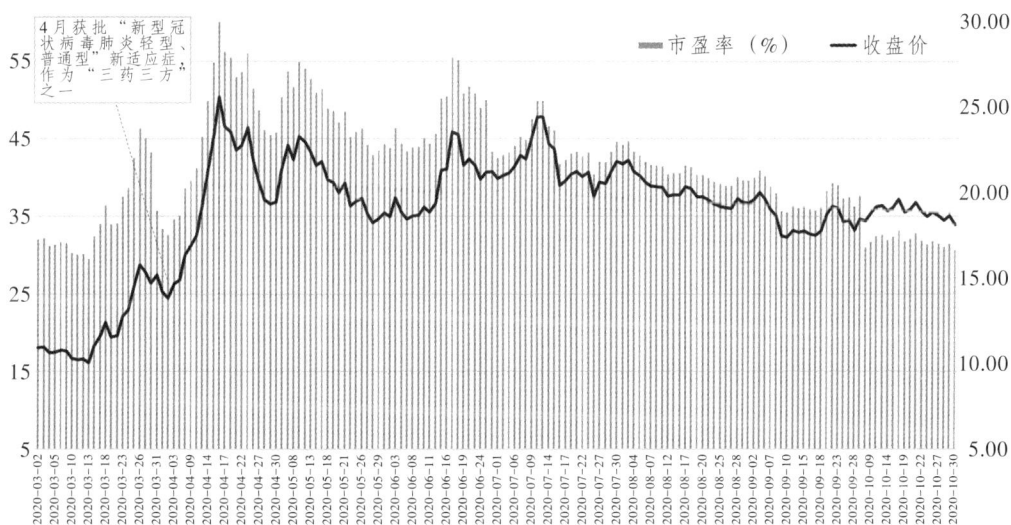

图16-5 2020年3月—2020年10月30日以岭药业收盘价与市盈率走势图

附录7 影响世界网络行业格局的我国BAT兼并收购

参考文献

［1］科普兰，韦斯顿，夏斯特里．金融理论与公司政策［M］．刘婷，张小涛，邢恩泉，译．4版．北京：中国人民大学出版社，2012.

［2］袁小勇，财务报表分析与商业决策［M］．北京：人民邮电出版社，2021.

［3］赫尔．期权、期货及其他衍生产品［M］．王勇，索吾林，译．10版．北京：机械工业出版社，2018.

［4］罗斯，威斯特菲尔德，杰富．公司理财［M］．吴世农，沈艺峰，王志强，译．11版．北京：机械工业出版社，2017.

［5］理查德，斯图尔特，弗兰克林.公司金融［M］．赵冬青，译．12版．北京：机械工业出版社，2017.

［6］伯克，德马佐．公司理财［M］．姜英兵，译．3版．北京：中国人民大学出版社，2014.

［7］刘淑莲．高级财务管理理论与实务［M］．3版．大连：东北财经大学出版社，2015.

［8］刘力，唐国正．公司财务［M］．2版．北京：北京大学出版社，2014.

［9］王济川，王小倩，姜宝法．结构方程模型：方法与应用［M］．北京：高等教育出版社，2011.

［10］饶育蕾，蒋波．行为公司金融：公司财务决策的理性与非理性［M］．北京：高等教育出版社，2010.

［11］黎子良，邢海鹏．金融市场中的统计模型和方法［M］．姚佩佩，译．北京：高等教育出版社，2009.

［12］汪昌云．金融衍生工具［M］．4版．北京：中国人民大学出版社，2020.

［13］上海财经大学金融学院《公司金融》编写组．公司金融［M］．北京：中国人民大学出版社，2013.

［14］杨丽荣．公司金融学［M］．4版．北京：科学出版社，2018.

［15］达摩达兰．应用公司财务［M］．芮萌，译．北京：中国人民大学出版社，2012.

［16］阿扎克．兼并、收购和公司重组［M］．李风云，译．北京：机械工业出版社，2011.

［17］博迪，默顿，克利顿．金融学［M］．曹辉，曹音，译．2版．北京：中国人民大学出版社，2018．

［18］布雷利，迈尔斯，艾伦．公司财务原理［M］．赵英军，译．北京：机械工业出版社，2012．

［19］科勒，多布斯，休耶特．价值：公司金融的四大基石［M］．金永红，倪晶晶，单丽翡，译．北京：电子工业出版社，2012．

［20］潜力，胡军，王青．公司金融［M］．北京：中国人民大学出版社，2021．

［21］阿斯奎思，韦斯．公司金融：金融工具、财务政策和估值方法的案例实践［M］．鲍栋，刘寅龙，译．北京：机械工业出版社，2020．

［22］霍顿．投资学——以Excel为分析工具［M］．蔡庆丰，译．北京：机械工业出版社，2010．

［23］克莱曼，弗里德森，特洛顿．公司金融：实用方法［M］．何旋，李斯克，单晨瑞，译．北京：机械工业出版社，2015．

［24］杨青，张剑宇，华凌昊．兼并与收购：中国式资本之道［M］．上海：复旦大学出版社，2019．